선생님이 들려주는
이 책으로 공부해야 하는 이유!

●● **낯선 비문학에 쉽게 다가가기** 비문학을 ⬛⬛⬛⬛⬛⬛⬛⬛⬛⬛⬛⬛ 학생들이 많습니다. 이 책은 비문학 독해가 낯선 학생들에게 비⬛⬛⬛⬛⬛⬛⬛⬛ 해야 하는지를 친절하게 알려 줍니다. 그리고 호기심을 유발하는 다⬛⬛⬛⬛ 제시하여 읽기에 흥미를 갖게 하고 비문학과 차차 친해질 수 있도록 하지요.   – 김경아 선생님

●● **수능까지 내다본 비문학 공부의 첫걸음** 최근 수능 국어에는 정보량이 많은 긴 비문학 지문이 출제되고 있습니다. 수능에서 비문학 독해 능력이 매우 중요해진 것이지요. 이러한 흐름을 볼 때 이제 중학생에게도 비문학 독해 학습이 꼭 필요해졌습니다. 수능까지 내다본 비문학 공부를 시작하기에 이 책은 더없이 좋은 교재입니다. 이 책은 비문학 독해의 개념과 방법을 안내하고 있고, 지문과 문제에서 수능 유형을 충실하게 반영하였습니다. 선생님이자 동시에 예비 중1 아이의 엄마로서, 우리 아이에게도 꼭 필요한 교재라는 생각이 들었습니다.   – 송경님 선생님

●● **깔끔하고 체계적인 구성으로 부담 없는 학습 가능** 이 책은 대체로 지문 1쪽 + 문제 1쪽의 2쪽 구성이 반복되는 단순하고 깔끔한 구성으로 되어 있습니다. 지문의 길이가 적절하고 문제도 2~3개 정도로 많지 않아서, 비문학에 익숙지 않은 중학생들이 부담스럽지 않게 접근할 수 있어요.   – 오정화 선생님

●● **독해력이 강조되는 요즘, 매우 필요하고 활용도 높은 교재** 독해력은 국어 공부뿐만 아니라 모든 학습의 바탕입니다. 독해력의 중요성은 갈수록 강조되고 있고, 자유 학기제나 자유 학년제를 시행하는 학교가 늘면서 교과서 밖 지문을 수업에 활용하는 경우도 많아지고 있습니다. 이 책으로 공부하면 독해력과 어휘력, 사고력을 기를 수 있고, 이는 학교 공부를 잘할 수 있는 바탕이 됩니다.   – 백승재 선생님

●● **자신의 독해를 점검할 수 있는 친절하고 자세한 해설** 이 책은 '정답과 해설'에 전 지문과 문제가 다시 수록되어 있습니다. 제시된 지문 해설을 차근차근 읽으며 지문 분석 능력을 향상시킬 수 있지요. 또 문제마다 정답과 오답의 이유를 상세히 설명해 두어, 지문에서 근거를 찾아 정답을 찾는 방법을 쉽게 익힐 수 있습니다. 본문 학습 후 '정답과 해설'을 보며 자신의 독해를 점검하면 자연스럽게 독해력이 신장되겠죠?   – 허은경 선생님

●● **중학생 수준에 맞는 내용 구성** 지문이 너무 길거나 문제가 너무 많으면 아이들이 지치기 쉽고 독해에 의욕을 잃을 수도 있습니다. 이 책은 지문 분량이 평균 4문단 정도여서 중학생이 읽기에 적절합니다. 글의 난이도도 중학생 수준에 맞추되 다소 쉬운 것과 보다 수준 높은 지문을 적절히 배합하여, 아이들이 학습의 성취감을 느끼며 더 높은 수준에 도전할 수 있도록 이끌어 줍니다.   – 이수진 선생님

●● **자기 주도 학습이 가능한 교재** 이 책은 자기 주도 학습에 효과적인 장치들을 두루 갖추고 있습니다. 지문을 읽기 전에 보조단의 말풍선을 읽으면 독해의 방향을 잡을 수 있어요. 그리고 지문마다 '독해력 Upgrade'가 있어 글을 읽고 문단별 핵심 내용을 정리해 볼 수 있고, '정답과 해설'이 체계적이고 자세해서 자신이 놓친 부분과 잘 이해하지 못한 부분을 쉽게 확인할 수 있어요.   – 양혜민 선생님

●● **필수 어휘를 익히며 어휘력이 탄탄해진다** 이 책은 학생들의 어휘력 향상을 적극적으로 도와줍니다. 매 지문마다 핵심 어휘를 예문으로 확인해 보는 어휘 문제를 제시하였고, 단원별로 어휘 테스트를 2회씩 제공하고 있습니다. 어휘의 뜻을 짚어 보고 예문에 적용해 보면서 어휘력을 업그레이드시킬 수 있어요.

— 김요셉 선생님

●● **독해의 원리에 따른 독해 습관 기르기** 이 책은 독해 실전에 앞서 사실적·추론적·비판적·창의적 독해의 원리를 제시하고 있습니다. 그리고 이러한 독해 원리를 적용하여 독해 훈련을 할 수 있도록 사실적·추론적·비판적·창의적 이해를 확인하는 문제들을 수록하였습니다. 따라서 '지문 읽기 + 문제 풀기'를 반복하면 독해의 원리에 따라 독해하는 습관을 형성할 수 있을 것입니다. — 고영옥 선생님

●● **기본 개념을 쌓고 문제 해결력도 키운다** 이 책의 지문들은 인문, 사회, 과학 등 각 영역의 주요한 기본 개념들을 다루고 있습니다. 지문을 주의 깊게 읽는 것만으로도 기본 개념을 쌓는 데 큰 도움이 됩니다. 그리고 내용을 파악하는 데 그치지 않고 사고의 확장성을 고려한 문제들이 제시되어서 문제 해결력도 키울 수 있습니다.

— 이한 선생님

●● **비문학 독해, 지금부터 꾸준히 하면 고등학교 국어 공부도 문제없다** 이 책은 총 세 권으로 구성되어 있고 권마다 48개의 지문이 수록되어 있습니다. 이 시리즈를 모두 공부하면 무려 144개의 지문을 읽게 되는 것이고, 문제 푸는 연습도 그만큼 많이 하게 되는 것이죠. 중학생 때 이 교재로 독해 연습을 해 나가면 고등학생이 되어서 내신 국어나 수능 국어 비문학을 접할 때 당황하지 않고 문제를 잘 풀어 갈 수 있을 것입니다.

— 박영민 선생님

●● **생각하는 힘을 기르고, 세상을 보는 시야가 넓어진다** 줄거리가 있어 이해하기 쉬운 문학에 비해, 비문학은 읽기 꺼려하는 학생들이 많습니다. 비문학 중에서도 학생마다 선호하는 영역이 달라서, 어떤 학생들은 과학을 싫어하기도 하고 어떤 학생들은 사회를 싫어하기도 해요. 하지만 편식이 몸에 좋지 않듯이 읽기도 마찬가지입니다. 중학생 시기에는 다양한 주제의 글을 두루 읽으며 배경지식을 쌓고, 각각의 주제에 대해 생각해 보는 것이 중요합니다. 이 책은 그러한 기회를 제공해 줌으로써 학생들이 생각하는 힘을 기르게 해 줍니다.

— 한혜연 선생님

●● **독해력에 날개를 달 절호의 기회** 항상 우리 아이들에게 읽기 훈련을 체계적으로 시키고 싶어 목말라 했는데, 반갑게도 이 책을 만날 수 있게 되어 기쁩니다. 이 책은 독해 학습에 효과적인 장치들을 체계적으로 구성한 교재입니다. 예비 중1이나 중1 때부터 이 책으로 공부하면, 아이들이 비문학 독해에 대해 가지고 있는 막연한 두려움을 조금씩 없애고 독해력을 무럭무럭 키울 수 있을 것입니다. 중학생들의 독해 실력과 국어 성적에 날개를 달아 줄 이 책을 추천합니다! — 강윤숙 선생님

교재 개발에 도움을 주신 모든 선생님들께 깊이 감사드립니다.

강기태 서울	강윤숙 인천	고기정 서울	고영옥 서울	김경아 군포	김요셉 서울
김지유 서울	박영민 인천	박용선 서울	백승재 김해	서화양 서울	송경님 이천
심희영 서울	양윤진 서울	양혜민 서울	오정화 서울	윤정희 서울	이수진 용인, 광주
이 한 서울	정은정 인천	최홍민 평택	한혜연 구리	허은경 서울	홍진아 서울

중학 국어

일등급
독해력

3

비문학, 어떻게 공부할까?

왜 비문학 독해를 공부해야 하나요?

하나 비문학 독해란 무엇인가요?
국어에서 '비문학 독해'란 문학 작품이 아닌 한 편의 완결된 글을 읽고 이와 연관된 문제를 푸는 것입니다.

둘 모든 학습의 바탕인 독해력을 기를 수 있습니다.
독해력이 부족하면 국어 공부를 잘할 수 없습니다. 그리고 국어 능력이 부족하면 다른 과목 역시 학업 성취를 기대하기 어렵습니다.

셋 다양한 독서를 통해 사고력을 기를 수 있습니다.
다양한 제재의 글을 읽다 보면 생각의 폭이 넓어집니다. 이러한 사고력은 중·고등학교 생활뿐만 아니라 미래의 삶을 설계하는 데에도 큰 도움이 됩니다.

넷 고등학교 공부의 토대가 됩니다.
최근 수능 국어에서 비문학 영역이 어렵게 출제되고 있으므로, 미리부터 이에 철저하게 대비해야만 수능에서 고득점을 받을 수 있습니다.

어떤 지문이 나오나요?

비문학에서는 인문, 사회, 과학, 기술, 예술, 융합 등 다양한 제재의 지문이 제시됩니다.

제재	지문의 성격
인문	철학, 역사, 심리학, 논리학, 윤리학 등과 관련된 지문이 출제됩니다. 인간의 삶을 둘러싼 매우 근원적인 문제를 다루고 있습니다.
사회	경제, 정치, 법, 언론, 문화 현상 등과 관련된 지문이 출제됩니다. 현대 사회의 특성이나 구체적인 사회 현상을 주로 다루고 있습니다.
과학	물리학, 화학, 생명 과학, 지구 과학 등과 관련된 지문이 출제됩니다. 꼭 알아야 할 중요한 과학 원리나 개념을 다루고 있습니다.
기술	정보 통신 기술, 의학 기술, 산업 기술 등과 관련된 지문이 출제됩니다. 최신 기술의 동향이나 원리를 주로 다루고 있습니다.
예술	미술, 음악, 영화, 사진, 건축 등과 관련된 지문이 출제됩니다. 예술 사조나 예술 기법, 특정 작품에 대한 비평을 주로 다루고 있습니다.
융합	인문·과학의 복합, 예술·기술의 복합과 같이 여러 제재의 내용이 혼합된 지문이 출제됩니다. 지문의 길이가 길고 내용이 어려운 경우가 많습니다.

어떤 문제가 출제되나요?

글을 읽을 때는 사실적 독해, 추론적 독해, 비판적 독해, 창의적 독해가 필요합니다. 따라서 비문학에서는 이러한 독해 능력을 평가하기 위한 문제 유형들이 출제됩니다.

독서의 방법	평가 내용	문제 유형
사실적 독해	글에 드러나 있는 정보를 있는 그대로 이해하고 파악했는가?	• 이 글의 내용과 일치하지 않는 것은? • 이 글의 중심 화제로 가장 적절한 것은?
추론적 독해	글의 전체 맥락을 활용하여 드러나 있지 않은 정보를 이끌어 낼 수 있는가?	• 이 글로 미루어 알 수 있는 것은? • 이 글을 바탕으로 추론한 내용으로 적절하지 않은 것은?
비판적 독해	지문의 내용과 글쓴이의 관점에 대해 비판적으로 판단할 수 있는가?	• 이 글을 읽은 독자의 반응으로 적절하지 않은 것은? • ㉠에 대한 반론으로 가장 적절한 것은?
창의적 독해	이해한 내용을 구체적인 사례나 다른 상황에 적용할 수 있는가?	• ㉠의 예로 가장 적절한 것은? • 이 글을 바탕으로 〈보기〉의 사례를 검토한 내용으로 적절하지 않은 것은?

어떻게 공부할까요?

하나 매일매일 일정한 분량을 꾸준하게 공부합니다.
다양한 글을 꾸준하게 읽는 것이 독해력 향상의 지름길입니다.

둘 비문학 지문의 특성과 문제 유형을 알아 둡니다.
비문학에서 주로 어떤 지문이 제시되는지, 어떤 문제 유형이 출제되는지 익혀 두면 지문 독해 및 문제 풀이에 도움이 됩니다.

셋 지문을 읽고 나면 내용을 요약하고 주제를 정리해 봅니다.
하나의 글에는 많은 정보가 담겨 있습니다. 독해 후에 문단별로 내용을 요약하고 전체 주제를 정리하는 연습을 반복해야 독해력이 향상됩니다.

넷 틀린 문제는 틀린 이유를 반드시 확인합니다.
비문학 문제는 지문 안에 답의 근거가 있습니다. 문제를 틀렸다면 지문을 다시 읽어 보고 왜 그 문제를 틀렸는지 확인해야 합니다.

다섯 모르는 어휘가 나왔을 때는 꼭 그 의미를 익혀 둡니다.
어휘의 사전적 의미를 익히고, 그 어휘가 문장에서 어떻게 활용되는지 확인합니다.

구성과 특징

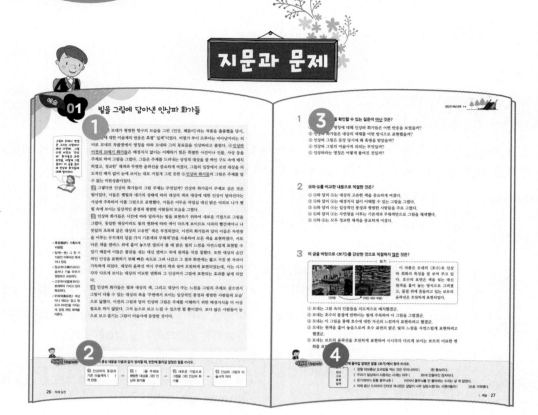

1 다양한 주제와 난이도의 지문
- 전국연합학력평가, 학업성취도평가 등에서 중학생이 읽을 만한 다양한 주제와 난이도의 지문을 엄선했습니다.
- 지문의 길이와 난이도 등을 고려하여 순차적으로 배치했습니다. 제시된 순서대로 공부하면서 점차 어려운 지문에 도전해 보세요.
- 지문 안내 장치를 마련하여 독해의 방향을 잡도록 했습니다.
- 필요에 따라 지문을 윤문한 경우도 있습니다.

2 독해 연습 장치인 독해력 Upgrade
- 글의 전체 흐름을 파악하고 문단별 중심 내용을 요약해 볼 수 있는 학습 장치를 제시했습니다.
- 빈칸을 채우며 독해력 향상 훈련을 해 보세요.

3 다양한 유형의 우수한 문제
- 사실, 추론, 비판, 창의 등 다양한 유형의 문제를 수록했습니다.
- 지문을 읽은 후 문제를 풀면서 지문을 바르게 독해했는지 꼭 확인해 보세요.

4 어휘 연습 장치인 어휘력 Upgrade
- 지문이나 문제에 나왔던 어휘의 의미를 제대로 알고 있는지 확인할 수 있는 학습 장치를 제시했습니다.
- 틀린 문제가 있다면, 복습을 통해 어휘의 뜻을 확실히 익혀 두세요.

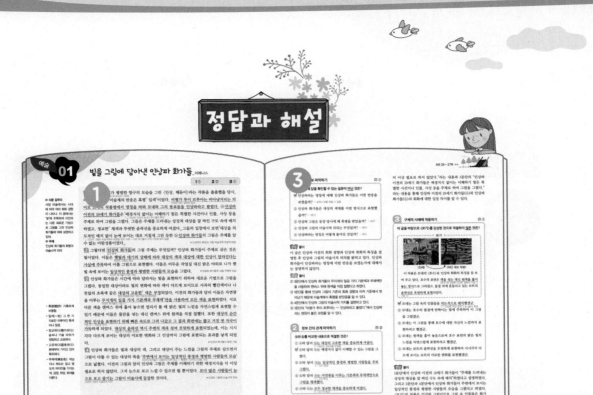

1 꼼꼼한 지문 분석과 주제

- 전 지문을 재수록한 다음 핵심 내용, 문장 간의 관계, 내용 전개 방식 등 글의 내용과 구조를 꼼꼼하게 분석했습니다.
- 독해의 방향을 제대로 잡았는지 확인할 수 있도록 지문 해제와 주제를 제시했습니다.
- 제시된 자료를 참고하여 지문을 바르게 독해했는지 확인해 보세요.

2 독해력 Upgrade 정답

- 〈독해력 Upgrade〉의 정답을 확인한 다음, 자신이 요약한 내용과 차이가 있는지 비교해 보세요.
- 차이가 있다면, 지문을 다시 읽으며 내용을 정리해 보세요.

3 친절한 문제 분석과 해설

- 전 문제를 재수록한 다음 〈보기〉와 선택지의 내용을 꼼꼼하게 분석했습니다.
- 정답과 오답의 이유를 알기 쉽게 풀어서 해설했습니다.
- 틀린 문제가 있다면, 틀린 이유를 정확하게 파악해 보세요.

4 어휘력 Upgrade 정답

- 〈어휘력 Upgrade〉의 정답을 확인한 다음, 어휘의 뜻을 바르게 알고 있는지 확인해 보세요.
- 틀린 문제가 있다면, 복습을 통해 어휘의 뜻을 확실히 익혀 두세요.

이 책의 차례

| 책 속의 책 | **정답과 해설** (전 지문과 문제를 재수록하여 알기 쉽게 해설하였습니다.)

학습 계획표

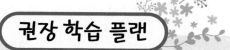

권장 학습 플랜

◎ 이 교재는 쉬운 지문부터 어려운 지문까지 순차적으로 공부할 수 있도록 구성하였습니다.

◎ 하루에 3지문씩 차례대로 공부하여 18일 안에 비문학 독해 공부를 마무리합니다.

학습 날짜(월/일)	학습 내용	틀린 문제	복습 계획
1일차 (월 일)	독해 원리 01 ~ 03		
2일차 (월 일)	독해 원리 04 ~ 06		
3일차 (월 일)	예술 01 ~ 03		
4일차 (월 일)	예술 04 ~ 06		
5일차 (월 일)	예술 07 ~ 09		
6일차 (월 일)	사회 01 ~ 03		
7일차 (월 일)	사회 04 ~ 06		
8일차 (월 일)	사회 07 ~ 09		
9일차 (월 일)	인문 01 ~ 03		
10일차 (월 일)	인문 04 ~ 06		
11일차 (월 일)	인문 07 ~ 09		
12일차 (월 일)	과학 01 ~ 03		
13일차 (월 일)	과학 04 ~ 06		
14일차 (월 일)	과학 07 ~ 09		
15일차 (월 일)	기술 01 ~ 03		
16일차 (월 일)	기술 04 ~ 06		
17일차 (월 일)	기술 07 ~ 09		
18일차 (월 일)	융합 01 ~ 03		

나만의 학습 플랜

◎ 자신의 학습 능력과 상황에 따라 꾸준하게 공부하는 것이 가장 중요합니다.

◎ 스스로 학습 계획을 세우고 반드시 지킬 수 있도록 노력해 보세요.

학습 날짜(월/일)	학습 내용	틀린 문제	복습 계획
1일차 (월 일)			
2일차 (월 일)			
3일차 (월 일)			
4일차 (월 일)			
5일차 (월 일)			
6일차 (월 일)			
7일차 (월 일)			
8일차 (월 일)			
9일차 (월 일)			
10일차 (월 일)			
11일차 (월 일)			
12일차 (월 일)			
13일차 (월 일)			
14일차 (월 일)			
15일차 (월 일)			
16일차 (월 일)			
17일차 (월 일)			
18일차 (월 일)			

독해 원리

비문학
문제 유형

사실적 독해 ①

핵심 정보 파악하기

핵심 정보 파악하기란?
- 글의 중심 화제, 중요한 정보, 주제 등을 파악할 수 있는지를 묻는 유형입니다.
- 글의 중심 내용을 찾거나 글의 표제와 부제로 적절한 것을 찾는 형태로 문제가 출제됩니다.
- 각 문단별 중심 내용을 바탕으로 글 전체의 흐름과 주제를 찾아낼 수 있어야 합니다.

핵심 정보를 파악하는 방법
- 각 문단별 중심 내용을 파악합니다.
- 문단별 내용을 바탕으로 글 전체의 중심 내용과 주제를 파악합니다.
- 파악한 핵심 정보가 글 전체의 내용을 포괄하고 있는지 확인합니다.

1 다음 글의 중심 내용으로 알맞은 것은?

> 우리나라 지폐의 수명은 다른 나라에 비해 짧다. 그것은 사람들이 지폐를 함부로 다루기 때문이다. 우리나라에서 1년에 폐기하는 지폐는 약 10억 3천만 장이다. 이렇게 폐기되는 지폐를 한 줄로 늘어놓으면 서울에서 부산까지 거리의 376배 정도나 된다고 한다. 폐기된 지폐만큼 새로 만드는 데 드는 비용은 약 670억 원이다. 우리가 지폐를 함부로 사용하지 않으면 그 비용을 절약할 수 있다. 지폐를 오래 사용하려면 지폐에 낙서를 하지 않거나, 침이나 음식물 등이 묻지 않게 해야 한다. 또 지폐를 지갑에 넣어 보관하는 것이 좋다. 그리고 무엇보다 지폐를 소중하게 여기는 마음을 가져야 한다.

① 폐기되는 지폐의 양 　　② 우리나라 지폐의 수명
③ 지폐를 만드는 데 드는 비용 　　④ 우리나라 사람들의 지폐 사용 습관
⑤ 지폐를 소중히 다루어 오래 사용하는 방법

2 다음 글의 논지⌄를 반영하는 표어를 만들고자 할 때 가장 적절한 것은?

⌄논지(論旨): 주장하는 말이나 글의 취지.

> 나는 우리나라가 세계에서 가장 아름다운 나라가 되기를 원한다. 가장 부강한 나라가 되기를 원하는 것은 아니다. 내가 남의 침략에 가슴이 아팠으니 내 나라가 남을 침략하는 것을 원치 아니한다. 우리의 부력(富力)⌄은 우리의 생활을 풍족히 할 만하고, 우리의 강력(強力)⌄은 남의 침략을 막을 만하면 족하다. 오직 한없이 가지고 싶은 것은 높은 문화의 힘이다. 문화의 힘은 우리 자신을 행복하게 하고 나아가서 남에게 행복을 주겠기 때문이다.
> － 김구, 〈나의 소원〉

⌄부력(富力): 재산을 지닌 정도.
⌄강력(強力): 힘이나 영향이 강함.

① 군사력을 증강하여 세계 평화 초석되자
② 세계인이 주목하는 자랑스런 우리 문화
③ 부지런히 노력하여 부자 나라 이룩하자
④ 사람은 책을 만들고 책은 사람을 만든다
⑤ 가슴 아픈 우리 역사 잊지 말고 기억하자

3 다음 글에서 글쓴이가 궁극적으로 말하고자 하는 것은?

옛날의 부모들이 취했던 방식이 모두 옳다고 생각하지는 않는다. 옛날의 부모에게는 독선˘의 경향이 있었고, 젊은이의 입장에서 자녀를 이해하려는 노력이 부족하였다. 그러나 인생에 대하여 확고한 신념을 가지고 자신만만하게 자녀를 가르칠 수 있었던 그들의 태도에는 분명히 본받을 만한 장점이 있다.

오늘의 부모들의 태도에도 좋은 점이 없지는 않다. 자녀들에게 친구가 되어 줌으로써 그들에게 친근감을 느낄 수 있게 하는 것은 좋은 일이다. 그러나 중요한 것은 자녀들이 부모를 감성적으로 좋아하도록 가까이하는 것이 아니라, 그들이 훌륭한 사회인으로 성장하도록 키우는 일이다.

반드시 옛것과 새것 중 하나만을 택할 필요는 없을 것이다. 옛것의 좋은 점과 새것의 좋은 점을 아울러 살리는 길도 찾아낼 수 있을 것이다.

▾ 독선(獨善): 자기 혼자만이 옳다고 믿고 행동하는 일.

① 옛날의 가정 교육의 방식은 모두 옳다.
② 오늘날의 가정 교육의 방식은 좋은 점이 없다.
③ 우리나라 부모들은 가정 교육에 전혀 관심이 없다.
④ 옛날과 오늘날의 가정 교육의 좋은 점을 조화시켜야 한다.
⑤ 사회 변화에 맞추어 새로운 가정 교육의 방법을 찾아야 한다.

4 다음 글에 표제와 부제를 붙인다고 할 때, 가장 적절한 것은?

과거에는 일반 시민들이 사회 문제에 관한 정보를 얻을 수 있는 수단이 거의 없었다. 따라서 일반 시민들은 신문과 같은 전통적 언론을 통해 정보를 얻었고, 전통적 언론은 주요 사회 문제에 대한 여론을 형성하는 데 강한 영향을 끼쳤다. 이처럼 전통적 언론이 여론을 형성하는 것을 '의제˘ 설정' 기능이라고 한다.

하지만 막강한 정보원으로 인터넷이 등장한 이후 전통적 언론의 영향력은 약화되고 있다. 그리고 인터넷을 통한 상호 작용 매체인 소셜 네트워킹 서비스(이하 SNS)가 등장한 이후에는 그러한 경향이 더 강화되고 있다. 일반 시민들이 SNS를 통해 문제를 제기하고 많은 사람들이 그 문제에 대해 중요하다고 생각하면 역으로 전통적 언론에서 뒤늦게 그 문제에 대해 보도하는 현상이 생기게 된 것이다. 이러한 현상을 일반 시민이 의제 설정을 주도한다는 점에서 '역의제 설정' 현상이라고 한다.

전통적 언론은 사회 문제 중에서 일부만을 골라서 의제로 설정한다. 역의제 설정 현상은 이러한 의제 설정의 치우침, 즉 편향성˘을 보완할 수 있다는 점에서 사회적으로 중요한 의미가 있다. 일반 시민들이 SNS를 통해 전통적 언론에서 다루지 않은 문제에 대해 논의거리를 제기하고 그에 대해 다른 사람들의 호응을 얻어 사회적으로 의미 있는 여론을 형성할 수 있게 된 것이다. 하지만 역의제 설정 현상이 긍정적인 면만 있는 것은 아니다. SNS에서는 진위 여부가 검증되지 못한 내용을 토대로 여론이 형성되는 경우도 있다.

▾ **독해 Tip**
표제와 부제
• 표제: 신문이나 잡지 기사의 제목으로, 기사의 중심적인 내용을 압축하여 표현한 것.
• 부제: 표제만으로 전달하기 어려운 내용을 구체화하여 나타낸 제목.

▾ 의제(議題): 회의에서 의논할 문제.

▾ 편향성(偏向性): 한쪽으로 치우친 성질.

① SNS에 기반한 여론 형성 − '역의제 설정' 현상을 중심으로
② 전통적 언론과 SNS의 한계 − '역의제 설정'의 부작용을 중심으로
③ 전통적 언론에서 SNS로의 변화 − '역의제 설정' 현상의 변천사를 중심으로
④ SNS와 전통적 언론의 상호 작용 − SNS를 이용한 정보 활용 방법을 중심으로
⑤ 전통적 언론이 SNS에 미치는 영향 − 전통적 언론에 의한 '의제 설정' 과정을 중심으로

세부 정보 파악하기

세부 정보 파악하기란?

✿ 글에 제시된 다양한 정보를 정확하게 이해하고 있는지를 묻는 유형입니다.

✿ 글에 나타난 내용과 선택지의 내용이 일치하는지를 확인하는 형태로 문제가 출제됩니다.

✿ 글의 핵심 정보뿐만 아니라 세부적인 내용까지 꼼꼼하게 확인하며 글을 읽어야 합니다.

세부 정보를 파악하는 방법

✿ 선택지의 내용을 먼저 훑어보고, 글을 읽으며 연관된 내용에 표시합니다.

✿ 글의 내용과 선택지의 내용을 일대일로 대응시켜 봅니다.

✿ 선택지의 내용이 글의 내용과 일치하는지 확인합니다.

1 다음 글을 읽은 독자가 확인할 수 <u>없는</u> 내용은?

> 오페라는 이른바 수준 있는 사람들이 즐기는 고상한 예술이라고 생각하는 사람들이 많다. 그런데 오페라 앞에 '거지'라든가 '서 푼짜리' 같은 단어를 붙인 '거지 오페라', '서 푼짜리 오페라'라는 것이 있다. 이렇게 어울리지 않는 단어들로 제목을 억지로 조합해 놓은 의도는 무엇일까?
>
> 영국 작가 존 게이는 당시 런던 오페라 무대를 점령했던 이탈리아 오페라에 반기를 들고, 1782년 이와는 완전히 대조적인 성격의 거지 오페라를 만들었다. 그는 이탈리아 오페라가 일반인의 삶과 거리가 먼 신화나 왕, 귀족들의 이야기를 소재로 한 데다가 영국 관객들이 이해하지 못하는 이탈리아어로 불린다는 점에 불만을 품었다. 그는 등장인물의 신분을 과감히 낮추고 음악 형식도 당시의 민요와 유행가를 곁들여 사회의 부패상을 통렬하게 풍자하였다. 이렇게 만들어진 거지 오페라는 이탈리아 오페라에 대항하는 서민 오페라로 런던에서 선풍적인 인기를 끌었다.
>
> 1928년에 독일의 극작가 브레히트는 작곡가 쿠르트 바일과 손잡고 거지 오페라를 번안*한 서 푼짜리 오페라를 만들었다. 그는 형식과 내용 면에서 훨씬 적극적이고 노골적으로 당시 사회를 비판한다. 이 극은 밑바닥 사람들의 삶을 통해 위정자들의 부패와 위선을 그려 계급적 갈등과 사회적 모순을 드러내고 있다.
>
> 이처럼 존 게이와 브레히트는 종전의 극과는 다른 형식과 내용의 극을 지향했다. 제목을 서로 어울리지 않는 단어들로 조합하고 새로운 형식을 도입한 이유는 기존의 관점을 뒤집어 보게 하려는 의도였다. 그 이면에는 사회의 부조리를 풍자하고자 하는 의도가 깔려 있었다.

▼ 번안(飜案): 원작의 내용이나 줄거리는 그대로 두고 풍속, 인명, 지명 따위를 시대나 풍토에 맞게 바꾸어 고침.

① 이탈리아 오페라의 발생 과정

② 서 푼짜리 오페라에 담겨 있는 내용

③ 존 게이와 브레히트가 추구한 극의 경향

④ 거지 오페라에 대한 당시 관객들의 호응

⑤ 거지 오페라로 제목을 붙인 작가의 의도

2 다음 글의 내용과 일치하지 <u>않는</u> 것은?

> 한 나라에서 사는 사람들끼리 방언 때문에 서로 의사소통이 안 된다거나 오해가 생긴다면 큰 문제가 아닐 수 없다. 그래서 나라에서는 특정 시대, 특정 지역, 특정 계층에서 사용하는 말을 정하여 모든 국민이 배우고 쓸 수 있게 하는데, 이런 말을 표준어라고 한다. 우리나라에서는 "표준어는 교양 있는 사람들이 두루 쓰는 현대 서울말로 정함을 원칙으로 한다."라고 규정하고 있다. 여기에서 '교양 있는 사람들'이라는 말은 계급적 조건을 나타내는 것으로서, '교양 없는 사람들'의 말은 표준어가 될 수 없음을 의미한다.
>
> 표준어가 아닌 말은 모두 방언이라고 한다. 방언은 특정한 지역이나 계층의 사람끼리 사용하므로, 그것을 사용하는 사람들 사이에 친근감을 느끼게 해 준다. 예를 들어, "혼저 옵서예."라고 할 때에 이 방언을 사용하는 사람들은 "어서 오십시오."라는 뜻을 금방 알 수 있으며, "잘 가입시다."라고 할 때에 그 방언을 사용하는 사람들은 "안녕히 가십시오."라는 의미로 잘 알아듣는다. 이런 말들은 다른 지방 사람들은 이해하기 어렵지만, 같은 지방 사람들끼리 사용하면 그만큼 친근감을 느낄 수 있다.

① 우리나라는 표준어를 제정하였다.
② 방언을 사용하면 의사소통이 쉬워진다.
③ 교양 없는 사람들의 말은 표준어가 될 수 없다.
④ 다른 지방의 사람들은 방언을 이해하기 어렵다.
⑤ 같은 지방 사람들끼리 방언을 사용하면 친근감을 느낀다.

3 다음 글의 내용과 일치하는 것은?

> 감기란 독감 바이러스 외의 다른 바이러스로 생기는 호흡기 염증성 질환을 통칭˙하는 질병이다. 예전에는 콧물, 기침, 재채기 같은 증상을 포괄적으로 감기라고 불렀지만 의학이 발달하면서 원인이 확실한 것들은 따로 부르고 있다. 현재까지 아데노바이러스를 비롯해 최소 100가지 이상의 바이러스가 감기를 일으킨다고 알려져 있다. 콧물, 기침, 재채기가 나고 목이 아프면 무조건 감기라고 생각하기 쉽지만 꼭 그렇지는 않다. 증상은 감기와 비슷하지만 실제는 다른 '사이비 감기'가 있다는 얘기이다.
>
> 감기와 가장 혼동하는 질병에는 '독감'이 있다. 독감은 종종 '감기가 악화된 것' 또는 '감기 중에 독한 것'이라고 오해를 받는다. 감기와 독감 모두 콧물, 기침이 나는데, 며칠이 지나면 낫는 감기와 달리 독감은 심할 경우 기관지염이나 폐렴으로 발전한다. 또 감기가 시기를 타지 않는 것과 달리 독감은 유행하는 시기가 정해져 있다.
>
> 독감은 유행성 감기 바이러스 때문에 생긴다. 감기는 백신을 만들 수 없지만 독감은 백신을 만들 수 있다. 왜냐하면 감기를 일으키는 바이러스는 워낙 다양하지만 독감을 일으키는 바이러스는 한 종류이기 때문이다. 단, 유행성 감기 바이러스는 변이가 심하게 일어나기 때문에 매년 백신을 새로 만들어야 한다.

˙통칭(統稱): 통틀어 가리킴.

① 아데노바이러스는 감기를 일으킬 수 있다.
② 콧물과 기침이 나면 무조건 감기라고 볼 수 있다.
③ 감기 중에 독한 것 또는 악화된 감기가 독감이다.
④ 독감과 감기는 백신으로 모두 다 치료가 가능하다.
⑤ 유행성 감기 백신은 평생 동안 한 번만 맞으면 된다.

원리 3 내용 전개 방식 파악하기

내용 전개 방식 파악하기란?
✿ 글에 사용된 내용 조직 방법이나 서술 방식을 파악하는 유형입니다.
✿ 정보를 효과적으로 전달하기 위한 글쓰기 전략이나 서술상의 특징을 묻는 문제가 출제됩니다.
✿ 정의, 비교, 대조, 예시, 분석, 유추 등의 설명 방법의 개념과 효과에 대해 이해하고 있어야 합니다.

내용 전개 방식을 파악하는 방법
✿ 글의 중심 내용과 세부 내용을 구분한 다음, 전체적인 글의 전개 과정을 분석합니다.
✿ 선택지에 제시된 설명 방식의 종류와 특징을 파악합니다.
✿ 제시된 설명 방식이 글에 사용되었는지 확인합니다.

1 다음 글에서 내용을 설명하는 방식으로 알맞은 것은?

> 흙 속의 미생물에서 감기약 성분을 얻는다면 믿을 수 있을까? 놀랍게도 과학자들은 흙 속의 미생물인 방선균에서 그 성분을 얻고 있다. 방선균이 만들어 내는 항생 물질♥은 의약품을 만드는 데 널리 이용된다. 우리가 사용하는 의약품 중 약 70%가 방선균이 만들어 낸 항생 물질을 원료로 한다. 감기약이나 안약, 피부 질환에 바르는 연고에서부터 암이나 결핵을 치료하는 약에 이르기까지 방선균의 쓰임은 다양하다.

♥항생 물질(抗生物質): 세균이나 미생물의 발육과 번식을 억제하는 물질.

① 항생 물질의 종류를 분류하여 설명하였다.
② 항생 물질의 쓰임을 예를 들어 설명하였다.
③ 항생 물질이 무엇인지 그 의미를 밝혀 설명하였다.
④ 항생 물질의 여러 가지 문제점을 분석하여 설명하였다.
⑤ 항생 물질이 만들어지는 과정을 인과 관계로 설명하였다.

2 다음 글에 나타난 서술 방식으로 가장 적절한 것은?

> 고구려의 고분 벽화는 고구려인의 실제 생활을 그린 것이 많은데, 여기에 등장하는 수많은 사람들은 각양각색의 옷을 입고 있다. 4세기의 것으로 추정되는 안악 3호분♥의 벽화에서 무덤 주인의 부인이 입고 있는 반팔 조끼는 자색 바탕에 당초 무늬와 흑색 끝단이 들어간 것이다. 춤추며 행렬하고 있는 두 여인의 저고리는 녹색 바탕에 홍색 소매 끝동을 붙인 것이고, 바지는 저고리의 바탕색과 같은 녹색이다. 바지 위에 덧입은 치마는 흰색 바탕에 홍색 끝단과 홍색 점박이 무늬가 있다. 이와 같이 우리 조상들이 입었던 옷은 흰옷에만 국한되어 있지 않음을 확인할 수 있다.

♥안악 3호분: 황해남도 안악군에 있는 고구려의 고분. 무덤 내부에는 고구려 고분 벽화 가운데 가장 크고 화려한 그림이 그려져 있다.

① 벽화에 그려진 옷의 무늬를 분류하고 있다.
② 벽화에 그려진 옷을 묘사하며 열거하고 있다.
③ 고구려 고유의 옷이 형성되어 온 과정을 밝히고 있다.
④ 벽화에 그려진 옷의 색깔을 현대의 것과 비교하고 있다.
⑤ 고구려의 옷 색깔이 화려할 수 있었던 원인을 추리하고 있다.

3 **다음 글의 서술 방식으로 가장 적절한 것은?**

> 공연의 질을 좌우하는 중요한 요소 중 하나는 음이 지속되는 잔향* 시간이다. 잔향 시간은 음에너지가 최대인 상태에서 일백만분의 일만큼의 에너지로 감소하는 데 걸리는 시간을 말한다. 콘서트홀 종류마다 알맞은 잔향 시간이 다르다. 오케스트라 전용 콘서트홀은 청중들이 풍성하고 웅장한 감동을 느낄 수 있도록 잔향 시간을 1.6~2.2초로 길게 설계하고, 오페라 전용 콘서트홀은 이보다는 소리가 덜 울려야 청중들이 대사를 잘 들을 수 있기 때문에 잔향 시간을 1.3~1.8초로 짧게 만든다. 예술의 전당에서, 주로 오케스트라가 공연하는 콘서트홀은 잔향 시간이 2.1초에 달하고, 오페라를 공연하는 콘서트홀은 잔향 시간이 1.3~1.5초이다.

▾ 잔향(殘響): 소리를 일으킨 물체가 진동을 그친 뒤에도 소리가 남아서 계속 들리는 현상. 실내 음향 효과를 내는 데 중요한 현상이다.

① 구성 요소를 분석하고 그 속성을 나열하고 있다.
② 문제의 원인을 분석하고 그 결과를 서술하고 있다.
③ 생소한 개념을 풀이하고 관련 사례를 제시하고 있다.
④ 현상을 기술하고 변화의 과정을 단계별로 밝히고 있다.
⑤ 과정을 시간 순으로 나열하고 일정 기준에 따라 분류하고 있다.

4 **다음 글의 내용 전개 방식으로 가장 적절한 것은?**

> 어떤 기업 광고에서 '콜럼버스의 달걀'을 소재로 하여 상식을 뛰어넘는 생각의 전환을 강조하는 것을 보았다. 아메리카 대륙 상륙이 무어 별거냐고 비아냥거리는 소리를 듣자, 콜럼버스는 그 자리에서 사람들에게 달걀을 세워 보라고 하였다. 사람들이 모두 실패한 후에 콜럼버스는 달걀을 집어 들고 퍽 하니 그 밑동을 깨서 세웠다. 이 이야기에는 어떤 일을 해 놓고 보면 별것 아닌 듯 생각하기 쉽지만, 언제나 '최초의 발상 전환'이 매우 어렵다는 메시지가 담겨 있다. 그러나 이 이야기에는 우리가 미처 깨닫지 못하고 있는 점 또한 숨겨져 있다.
>
> 달걀의 겉모양은 타원형이다. 애초부터 세울 이유가 없도록 설계되어 있는 것이다. 타원형의 달걀에는 둥지에서 구르더라도 그 둥지를 벗어나지 않도록 고안된 생명의 섭리가 숨어 있는 것이다. 만일 달걀이 타원형이 아닌 원형이었다면 한 번 구를 경우 자칫 둥지에서 멀리 이탈하기 쉬울 것이며, 모양이 모나게 각을 이루고 있다면 어미 새가 품기 곤란하였을 것이다. 따라서 달걀을 세워 보겠다는 것은 자연의 섭리와 생명의 법칙에 맞서는 행위인 것이다. 먹기 위해서도 아니면서, 둥지에서 벗어나지 않도록 만들어진 생명체를 자신이 원하는 자리에 굳이 고정해 버리겠다는 생각이 '콜럼버스의 달걀'에 담겨 있는 것이다. 그래서 그것은 상식을 깬 발상 전환의 모델이라기보다 소중한 생명을 파괴해서라도 자신의 목적을 달성하겠다는 탐욕적이고 반생명적인 발상으로 볼 수 있다.

▾ 인용(引用): 남의 말이나 글을 자신의 말이나 글 속에 끌어 씀.

① 통계 자료를 인용*하고 있다.
② 묻고 답하는 방식으로 서술하고 있다
③ 역사 속 인물 이야기를 활용하고 있다.
④ 전문가와 면담한 결과를 제시하고 있다.
⑤ 문제를 제기하고 해결 방안을 모색하고 있다.

내용 추론하기

내용 추론하기란?
✿ 글에 제시된 정보를 바탕으로 직접적으로 드러나 있지 않은 내용을 추리하도록 하는 유형입니다.
✿ 생략되거나 숨겨진 정보를 찾거나 정보 간의 논리적 관계를 추리하는 문제가 출제됩니다.
✿ 하나의 실마리를 통해 다른 사실을 이끌어 낼 수 있는 논리적 사고력이 필요합니다.

내용을 추론하는 방법
✿ 글의 중심 화제와 겉으로 드러나 있는 정보를 정확하게 파악합니다.
✿ 추론에 필요한 근거가 무엇인지 생각한 후, 그에 해당하는 정보를 글에서 찾습니다.
✿ 추론한 내용이 선택지에 적절하게 서술되어 있는지 확인합니다.

1 다음 글을 바탕으로 추론한 내용 중 적절하지 <u>않은</u> 것은?

> 지금과 달리 과거의 사진 찍기는 의식(儀式)이었다. 그 의식은 사진이 한 개인이나 가족의 순간적인 모습이 아니라 개인의 인격과 가족의 정체성˚을 드러낸다는 믿음에서 출발했다. 따라서 사진을 찍는 일은 엄숙했다. 이는 사진 이미지의 내구성˚과 그것을 생산해 내는 기술에 대한 외경심˚의 표현이기도 했다.

˚ **정체성(正體性):** 어떤 존재가 본질적으로 가지고 있는 특성.
˚ **내구성(耐久性):** 변하지 않고 오래 견디는 성질.
˚ **외경심(畏敬心):** 공경하고 두려워하는 마음.

① 과거에는 사진을 찍을 때 좀 더 격식을 갖추었겠군.
② 과거의 사진 찍기는 상대적으로 흔한 일이 아니었겠군.
③ 과거에는 대부분의 사람들이 사진을 소중히 간직했겠군.
④ 과거의 사진사는 요즘의 사진사보다 사람들의 성격을 더 잘 파악했겠군.
⑤ 과거에는 사진을 찍을 때 초상화를 그리는 것처럼 매우 신중하게 했겠군.

2 다음 글에서 추론할 수 있는 '사람들'의 인식으로 가장 적절한 것은?

> 요즘 정보 사회의 새로운 문제로 등장한 것이 바로 '정보 과잉˚ 현상'이다. 예전에는 어디에서 필요한 정보를 찾을지 몰라 고생했다면 지금은 오히려 정보가 너무 많아 문제가 된다. 정보 과잉으로 인해 현대인들은 '업그레이드 강박증'이라는 새로운 스트레스에 시달린다. 사람들은 끊임없이 새로운 정보를 추구하며, 이를 위해 정보 기술의 발달에도 민감해지고 있다. 그리하여 잠시라도 인터넷 통신망에서 벗어나면 정보에 뒤처진다는 정보 불안 의식이 확산되고 있는 것이다.

˚ **과잉(過剩):** 예정하거나 필요한 수량보다 많아 남음.

① 정보 사회에서 경쟁력은 정보 습득과 밀접한 관계가 있다.
② 정보 불안 의식은 정보 기술을 발달시키는 원동력이 된다.
③ 개인 정보 보안을 위해서는 정보 기술의 발달이 필요하다.
④ 국가의 경제 발전이 정보 기술 발달에 미치는 영향이 크다.
⑤ 정보의 출처는 정보의 유용성을 판단하기 위한 중요한 기준이다.

3 '공장식 농장'의 출현을 가져온 생각으로 가장 적절한 것은?

> 서구에서는 오랜 기간 동안 동물을 이성적 영혼이 없는 존재로 여기는 철학적 관념이 우세했다. 근세에 이르기까지도 동물 복지와 같은 것은 사실상 없었다고도 할 수 있다. 17세기 철학자인 르네 데카르트는 동물을 마치 시계와 같이 어떤 것도 전혀 느끼지 못하는 기계처럼 여겼다. 그래서 그 시대에는 완전히 의식이 있는 상태의 동물들을 마취나 진통제 처치도 하지 않고 생체 해부를 하는 일도 있었다. 그러한 경향이 오늘날까지 영향을 미쳐 동물을 마치 기계인 양 취급하는 공장식 농장의 출현을 가져왔다고 할 수 있다.

① 동물은 이성적 영혼을 지니고 있다.
② 동물은 인간과 동일한 감각을 가졌다.
③ 동물은 쾌락이나 고통을 느끼지 못한다.
④ 동물은 인간과 동반자적 관계를 맺고 있다.
⑤ 동물 역시 인간과 마찬가지로 복지가 필요하다.

4 다음 글에서 말하는 '주체적 독서인'의 독서 방법으로 가장 적절한 것은?

> 인기 도서는 상업성의 논리가 만들어 낸 책이고, 많은 경우 저급한 책이다. 다른 한편 인기 도서는 오랜 시간 공을 들여 만들어 낸 책이고, 드물긴 하지만 수준 높은 양서이다. 그러므로 인기 도서는 무조건 나쁜 책이라는 생각도, 인기 도서는 무조건 좋은 책이라는 생각도 바람직하지 않다. 인기 도서라고 하면 무조건 좋은 책이라며 신뢰하는 태도 또는 무조건 나쁜 책이라며 불신하는 태도 모두 바람직하지 않다는 것은 새삼 말할 필요도 없다.
>
> 그렇다면 인기 도서를 대하는 바람직한 태도는 무엇일까? 인기 도서를 대하는 바람직한 태도는 비판적인 태도이다. 책의 선정에서부터 독서에 이르기까지 비판적 태도를 견지하는 것이야말로 인기 도서의 생산, 유통, 소비의 과정을 지배하는 상품성의 논리에 휘둘리지 않게 하고, 독자 대중의 이성을 마비시킬 정도로 강력한 인기 도서의 흡인력으로부터 자신을 지키게 한다. 이런 태도를 견지할 때 우리는 자신의 주체적 판단으로 책을 택하고 구매하며, 책의 내용과 거리를 두고 성찰의 독서를 할 수 있는 주체적 독서인이 될 수 있다.
>
> 인기 도서가 된 책 속에는 많은 사람들을 사로잡을 만한 요소가 반드시 들어 있다. 주체적 독서인은 무턱대고 그런 요소에 휩쓸려 들지 않는다. 이것이 뜻하는 바는 무엇인가, 이것은 나에게 어떤 의미를 갖는 것인가 등의 질문을 계속해서 던지며 답을 찾고자 노력한다. 끊임없이 질문을 던지고 답하며 책을 읽는, 주체적 독서인의 비판적 독서야말로 우리를 가두고 있는 인기 도서 생산, 유통, 소비의 그물망으로부터 우리를 자유롭게 한다.

▾ 흡인력(吸引力): 빨아들이거나 끌어당기는 힘.

① 많은 사람이 읽는 책이면 따라 읽는다.
② 디자인이 좋은 책이면 무턱대고 읽는다.
③ 친구가 재미있다고 한 책만 골라 읽는다.
④ 나에게 어떤 의미가 있는지 질문하며 읽는다.
⑤ 출판사가 추천하는 책을 항상 신뢰하며 읽는다.

비판적 독해

비판의 적절성 판단하기

비판의 적절성 판단하기란?

✿ 글의 내용을 비판적이고 능동적으로 읽을 수 있는지를 평가하는 유형입니다.

✿ 비판의 기준과 내용이 타당한지, 독자의 반응이 적절한지를 묻는 문제가 출제됩니다.

✿ 글에 대한 정확한 이해를 바탕으로 이에 대한 비판과 반응이 타당한지 따져 보아야 합니다.

비판의 적절성을 판단하는 방법

✿ 글에 나타나 있는 관점이나 글쓴이의 주장을 정확하게 파악합니다.

✿ 비판의 기준이 되는 관점을 정리하고, 이를 바탕으로 다른 관점을 평가해 봅니다.

✿ 선택지에 언급된 내용의 근거를 지문에서 찾을 수 있는지 확인하고 비판의 적절성을 판단합니다.

1 (가)의 관점에 근거해 (나)를 비판한 내용으로 가장 적절한 것은?

> **가** 최근 각종 방송 드라마나 오락 프로그램에서 출연자가 특정 회사의 상표가 드러나는 옷을 입거나 자동차를 타는 장면을 흔히 볼 수 있게 되었다. 이렇게 상업적 의도를 감춘 채 프로그램 내에 배치된 제품이나 기업의 상징물 등을 소비자가 인식하도록 만드는 광고를 '간접 광고'라고 한다.
>
> 간접 광고는 시청자들의 몰입을 방해할 뿐만 아니라, 특정 기업이나 상품 등에 대한 무의식적인 각인˅ 효과를 시청자에게 심어 준다. 이렇게 되면 시청자들이 비판적 판단을 하지 못하고 간접 광고가 다루는 대상을 무조건적으로 신뢰하는 일이 벌어지게 된다. 또한 간접 광고로 인해 드라마나 오락 프로그램의 완성도가 떨어진다. 간접 광고의 대가로 광고주들은 방송 프로그램의 제작비를 지원하는데, 광고주들이 간접 광고를 더 길게 더 자주 넣도록 요구하기 때문이다. 한편 간접 광고는 시청자의 선택권을 빼앗는다는 점에서도 문제가 있다. 프로그램 앞뒤에 하는 광고는 시청자가 볼 것인가 말 것인가를 선택할 수 있지만, 간접 광고는 프로그램 내에 포함되어 있어 그렇게 할 수 없다.
>
> 그러므로 과도한 간접 광고가 가지고 있는 문제를 해결하기 위한 노력이 필요하다. 우선 법이나 규정을 명확히 하여 과도한 간접 광고를 막아야 한다. 더 나아가 법이나 규정을 위반했을 때 가하는 법적 제재도 광고주들이나 방송사가 부담을 느낄 정도로 강화해야 한다.
>
> **나** 최근 한류 열풍에 힘입어 우리나라 방송 프로그램 안에 등장하는 제품들이 외국에서 큰 인기를 얻고 있다. 이는 기업의 매출 증가에 도움을 주고 있으며 국가 경제 발전에도 긍정적인 기여를 하고 있다. 그러므로 간접 광고를 더욱 확대할 수 있도록 간접 광고에 대한 규제를 완화해야 한다.

˅ 각인(刻印): 머릿속에 새겨 넣듯 깊이 기억됨. 또는 그 기억.

① 간접 광고에 대한 규제를 강화하면 프로그램의 제작 여건이 악화될 것이다.

② 간접 광고에 대한 규제 완화는 프로그램에 대한 광고주의 관심을 떨어뜨린다.

③ 방송사의 요구를 반영하지 않은 규제 완화는 한류에 큰 도움을 주지 못할 것이다.

④ 기업의 매출을 고려할 때 간접 광고에 문제가 있더라도 어느 정도 인정해야 한다.

⑤ 간접 광고에 대한 규제 완화가 프로그램의 완성도를 떨어뜨려 오히려 한류에 악영향을 끼칠 것이다.

2 (나)의 관점에서 (가)를 비판할 때 제기할 수 있는 질문으로 가장 적절한 것은?

> **가** 한국 고대사에서 통일 신라 이전 시기를 '삼국 시대'라고 부른다. 그러나 기원전 1세기경부터 서기 562년까지 약 600년 동안은 '고구려, 백제, 신라, 가야' 사국(四國)이 있었고, 가야가 멸망하고 삼국(三國)만 유지된 기간은 100여 년 정도이다. 따라서 통일 신라 이전 시기를 '삼국 시대'라고 부르면 한국 고대사는 가야를 제외한 3국만의 역사로 축소된다. 가야를 포함한 4국이라는 인식은 한국 고대사를 올바로 이해하는 관건이며, 우리 민족의 역사 인식을 확장하는 방안이다.
>
> **나** 고대사에서 국가의 발전 단계는 소국들이 모여 연맹 왕국을 이루고, 나아가 왕권이 강화된 중앙 집권적 고대 국가로 성장하는 과정을 거친다. 고조선 이후 한반도에서 고대 국가로 성장한 나라는 고구려, 백제, 신라 3국뿐이었다. 가야는 5, 6세기까지 3국과 함께 존재하였지만 고대 국가로 성장하지 못하고 연맹 왕국 단계에 머무른 채 멸망하였다. 각 소국이 독자적인 정치 기반을 유지하여 지배력을 집중시키지 못했던 가야는 중앙 집권적인 고대 국가로 성장하지 못한 채 신라에 병합˅되었다.

▼ 병합(倂合): 둘 이상의 기구나 단체, 나라 따위가 하나로 합쳐짐.

① 가야의 각 소국들은 왜 멸망하였는가?
② 가야가 삼국과 같은 시대에 존재했었는가?
③ 고대 국가들 간의 협력 관계는 어떠하였는가?
④ 가야를 중앙 집권적 고대 국가로 인정할 수 있는가?
⑤ 연맹 왕국의 체제와 고대 국가의 체제는 왜 다른가?

3 다음 글을 읽은 독자의 반응으로 적절하지 <u>않은</u> 것은?

> 전통은 물론 과거로부터 이어 온 것을 말한다. 이 전통은 대체로 그 사회 및 그 사회의 구성원인 개인의 몸에 배어 있는 것이다. 그러므로 스스로 깨닫지 못하는 사이에 전통은 우리의 현실에 작용하는 경우가 있다. 그러나 과거에서 이어 온 것을 무턱대고 모두 전통이라고 한다면, 인습˅이라는 것과의 구별이 서지 않을 것이다. 우리는 인습을 버려야 할 것이라고는 생각하지만, 계승해야 할 것이라고는 생각하지 않는다. 여기서 우리는, 과거에서 이어 온 것을 객관화하고, 이를 비판하는 입장에 서야 할 필요를 느끼게 된다. 그 비판을 통해서 현재의 문화 창조에 이바지할 수 있다고 생각되는 것만을 전통이라고 불러야 할 것이다. 이같이 전통은 인습과 구별될 뿐더러, 또 단순한 유물과도 구별되어야 한다.
> 그러므로 어느 의미에서는 고정불변의 신비로운 전통이라는 것이 존재한다기보다 오히려 우리 자신이 전통을 찾아내고 창조한다고도 할 수가 있다. 따라서 과거에는 훌륭한 문화적 전통의 소산으로 생각되던 것이, 후대에는 버림을 받게 되는 예도 허다하다. 한편 과거에는 돌보아지지 않던 것이 후대에 높이 평가되는 일도 한두 가지가 아니다. 연암˅의 문학은 바로 그러한 예인 것이다.

▼ 인습(因襲): 예전의 풍습, 습관, 예절 따위를 그대로 따름.

▼ 연암(燕巖): 조선 정조 때의 실학자인 박지원의 호.

① 현재의 문화 창조에 이바지하고 있는 것이 무엇인지 판단해 보아야 하겠군.
② 과거에는 가치가 없다고 평가되던 것도 훌륭한 문화적 전통이 될 수 있겠군.
③ 전통에 해당하는 것과 인습에 해당하는 것을 구별해서 생각할 필요가 있겠군.
④ 과거에서 이어 온 것 중 어떤 것을 계승해야 할지 비판적 자세를 가져야 하겠군.
⑤ 새로운 실험 정신으로 창작한 문학 작품은 모두 민족 문화의 전통으로 보존될 가치가 있겠군.

원리 6 사례나 상황에 적용하기

사례나 상황에 적용하기란?

✿ 글의 내용을 이해한 후 이를 적용하거나 응용하는 능력을 평가하는 유형입니다.

✿ 글에 제시된 정보를 구체적 사례나 다른 상황에 적용할 수 있는지 묻는 문제가 출제됩니다.

✿ 글의 내용과 제시된 사례의 상관관계를 이해하고 유사성과 차이점을 분석할 수 있어야 합니다.

사례나 상황에 적용하는 방법

✿ 글에 나타나 있는 내용, 개념, 원리, 상황 등을 정확히 파악합니다.

✿ 글의 내용과 제시된 사례의 연관성, 유사성을 파악합니다.

✿ 이러한 연관성, 유사성에 부합하는 선택지가 무엇인지 확인합니다.

---

1 ㉠을 이해하기 위해 활용할 수 있는 사례로 가장 적절한 것은?

> 아직 문명화가 되지 않은 부족에게는 ㉠재난이나 고통이 닥쳤을 때 그것을 다른 대상에 전이♥하여 평안을 얻으려는 관습이 있다. 실론섬에서는 중병을 앓아 거의 죽음에 이르게 되는 경우에 '악마 춤'을 추는 사람을 초대한다. 춤꾼은 특이한 가면을 쓰고 춤을 추어, 병자에게서 병마♥를 꾀어내 자기에게로 끌어들인다. 이어서 춤꾼은 상여 위에 누워 마을 밖의 들로 운반된다. 그러면 본래의 병에 걸린 사람은 낫는다는 것이다.

♥전이(轉移): 자리나 위치 따위를 다른 곳으로 옮김.

♥병마(病魔): '병'을 악마에 비유하여 이르는 말.

① 의자에 앉아서 다리를 떨면 복이 나간다는 속설

② 밤에 휘파람이나 피리를 불면 뱀이 나온다는 속설

③ 밥을 먹고 나서 곧바로 누운 사람은 소가 된다는 속설

④ 첫 손님이 물건을 안 사면 그날 장사가 잘 안된다는 속설

⑤ 다래끼가 났을 때 속눈썹을 뽑아서 돌 위에 올려 두면 그 돌을 찬 사람에게 다래끼가 옮겨 간다는 속설

---

2 ⓐ를 공략할 수 있는 사례로 적절하지 않은 것은?

> 최근 50대 이상의 '활동적인 장년층'이라고 불리는 사람들이 등장했다. 이들은 과거의 장년층보다 건강하고 부유하며 세련된 취향을 즐긴다. 자신을 위해서라면 돈을 적극적으로 쓰는 이들은 실제 나이보다 어려 보이고 싶어 하는 성향이 강하다. 따라서 자신에 대한 투자와 소비에 과감하다. 이러한 성향은 기존의 '고령 친화 산업 시장'을 새롭게 변화시켰다. 이제 이들은 ⓐ새롭게 형성된 '장년층 대상의 시장'을 움직이는 경제의 주체가 되었다.

① A 악기 회사는 장년층을 대상으로 색소폰과 통기타 강좌를 개설하였다.

② B 의류 업체는 젊어 보이고 체형을 보완해 주는 옷을 장년층에게 선보였다.

③ C 피부과는 미백♥과 주름 개선 시술에 장년층만 전담하는 의사를 배치하였다.

④ D 은행은 안정적 자산 관리를 원하는 장년층을 위해 자산 관리 부서를 신설하였다.

⑤ E 전자 회사는 장년층의 나이를 고려하여 부가 기능을 없애고 걸고 받는 기능만 있는 휴대 전화를 출시하였다.

♥미백(美白): 살갗을 아름답고 희게 함.

3 (가)를 읽고 (나)의 '상인'에게 해 줄 수 있는 조언으로 가장 적절한 것은?

> **가** 고무신을 예로 들어 보자. 고무신은 오프라인 매장에서는 거의 판매가 되지 않는다. 종로 거리에 고무신 가게를 차리면 어떤 일이 일어날까? 하루 한두 명이 찾는 것으로는 사업을 유지하기가 힘들다. 그러나 인터넷에서는 오히려 장사가 잘될 수 있다는 것이다. 지금도 전국적으로 봤을 때 누군가는 고무신을 필요로 할 것이다. 절에 있는 스님일 수도 있고, 항상 발에 물을 적시는 농민일 수도 있다. 아니면 한복을 고집하는 어른일 수도 있다. 그러나 고무신을 취급하는 오프라인 매장이 점점 사라지고 있어 구하기가 힘이 든다. 이럴 경우 인터넷에서는 오히려 장사가 잘된다. 오프라인 매장에서는 하루 한두 명의 손님이 오기도 힘들지만 온라인에서는 전국적으로 수백 명, 수천 명이 이를 찾을 것이기 때문이다.
>
> **나** 명동에서 항아리를 파는 상인: "다양한 종류의 항아리를 진열해도 구경하는 사람들만 많지 사 가는 사람들은 적구나. 이러다 세도 못 내겠다. 어떻게 할까?"

① 항아리를 팔지 말고 다른 종류의 그릇을 파세요.
② 고객이 구경하기 편하게 가게 내부를 수리해 보세요.
③ 가게가 꼭 명동에 있을 필요는 없잖아요? 변두리로 옮기세요.
④ 누군가는 항아리가 필요할지도 몰라요. 온라인에서 팔아 보세요.
⑤ 항아리 가격이 너무 비싸서 그런 거 아녜요? 대폭 세일을 해 보세요.

4 다음 글을 바탕으로 ㉮에 대해 이해한 내용으로 가장 적절한 것은?

> 법 규범은 개별적 사건이나 행위들의 공통점을 묶어 범주화*한 것이어서 명료하게 해석되지 않는 경우도 있다. 이런 경우에는 법 규범의 적용에 어려움이 발생한다. 이처럼 법 규범의 해석에 모호한 상황이 발생할 경우, 구체적 사실이 법 규범을 충족하는지에 대한 해석이 필요하다. 이때 법 규범을 해석하는 관점의 차이에 따라 문제 해결 양상은 달라진다.
>
> 법 규범 해석의 관점으로는 '문자주의적 접근'과 '목적주의적 접근'이 있다. 전자가 법 규범을 그 문자의 일반적 의미나 법률의 문구적 의미를 중심으로 해석하는 것이라면, 후자는 법 규범의 근본 취지, 목적, 상황 등을 고려하여 해석하는 것이다. 예를 들어 ㉮'공원에서 탈것 금지'라는 규정이 있다고 하자. 어린아이용 세발자전거에 대한 출입 여부는 어떻게 판단할 것인가? 문자주의적 접근에 따르면, '탈것'의 사전적 의미나 법률의 문구적 의미를 중심으로 규정의 내용을 해석하여 출입의 허용 여부를 판단할 것이다. 하지만 목적주의적 접근에 따르면, 구체적 상황과 맥락 등을 고려하여 출입의 허용 여부를 결정할 것이다.

▼ 범주화(範疇化): 비슷한 성질을 가진 것이 일정한 기준에 따라 모여 하나의 종류나 부류로 묶이게 됨.

① 문자주의적 접근에 의하면 공원의 특성과 관련하여 탈것의 종류를 판단할 것이다.
② 문자주의적 접근에 의하면 공원 조성 목적에 따라 세발자전거의 출입을 허용할 것이다.
③ 목적주의적 접근에 의하면 사전적 정의에 의해 세발자전거의 출입을 금지할 것이다.
④ 목적주의적 접근에 의하면 어린아이용이라는 탈것의 용도와 규정의 취지를 고려하여 결정할 것이다.
⑤ 목적주의적 접근에 의하면 불명확한 법 규범을 우선 개정한 이후에 법 해석이 가능하다고 판단할 것이다.

독해 실전

아자! 힘내~

I

예술

빛을 그림에 담아낸 인상파 화가들

그림의 주제나 방법은 그리는 사람마다 매우 다양해. 그렇다면 서양의 '인상파' 화가들은 과연 무엇을, 어떻게 그렸을까? 이 글을 읽으며 인상파 화가들에 대해 알아보자.

1 1874년 모네가 평범한 항구의 모습을 그린 〈인상, 해돋이〉라는 작품을 출품했을 당시, 이 그림에 대한 미술계의 반응은 혹평♥ 일색♥이었다. 비평가 루이 르루아는 비아냥거리는 의미로 모네의 작품명에서 명칭을 따와 모네와 그의 동료들을 인상파라고 불렀다. ⓐ인상파 이전의 19세기 화가들은 배경지식 없이는 이해하기 힘든 특별한 사건이나 인물, 사상 등을 주제로 하여 그림을 그렸다. 그들은 주제를 드러내는 상징적 대상을 잘 짜인 구도 속에 배치하였고, 정교한♥ 채색과 뚜렷한 윤곽선을 중요하게 여겼다. 그들의 입장에서 보면 대상을 의도적인 배치 없이 눈에 보이는 대로 거칠게 그린 듯한 ⓑ인상파 화가들의 그림은 주제를 알 수 없는 미완성품이었다.

2 그렇다면 인상파 화가들의 그림 주제는 무엇일까? 인상파 화가들이 주제로 삼은 것은 빛이었다. 이들은 햇빛과 대기의 상태에 따라 대상의 색과 대상에 대한 인상이 달라진다는 사실에 주목하여 이를 그림으로 표현했다. 이들은 어두운 작업실 대신 밝은 야외로 나가 햇빛 속에 보이는 일상적인 풍경과 평범한 사람들의 모습을 그렸다.

3 인상파 화가들은 시간에 따라 달라지는 빛을 표현하기 위하여 새로운 기법으로 그림을 그렸다. 동일한 대상이라도 빛의 변화에 따라 색이 다르게 보이므로 사과의 빨간색이나 나뭇잎의 초록색 같은 대상의 고유한♥ 색은 부정되었다. 이전의 화가들과 달리 이들은 자연광을 이루는 무지개의 일곱 가지 기본색과 무채색♥만을 사용하여 모든 색을 표현하였다. 서로 다른 색을 캔버스 위에 흩어 놓으면 멀리서 볼 때 밝은 빛의 느낌을 자연스럽게 표현할 수 있기 때문에 이들은 물감을 섞는 대신 캔버스 위에 원색을 직접 칠했다. 또한 대상의 순간적인 인상을 표현하기 위해 빠른 속도로 그려 나갔고 그 결과 화면에는 짧고 거친 붓 자국이 가득하게 되었다. 대상의 윤곽선 역시 주변의 색과 섞여 흐릿하게 표현되었는데, 이는 시시각각 다르게 보이는 대상의 미묘한 변화와 그 인상까지 그림에 표현되는 효과를 낳게 되었다.

4 인상파 화가들은 빛과 대상의 색, 그리고 대상이 주는 느낌을 그림의 주제로 삼으면서 그림이 다룰 수 있는 대상의 폭을 '주변에서 보이는 일상적인 풍경과 평범한 사람들의 모습'으로 넓혔다. 이전의 그림과 달리 인상파 그림은 주제를 이해하기 위한 배경지식을 더 이상 필요로 하지 않았다. 그저 눈으로 보고 느낄 수 있으면 될 뿐이었다. 보다 많은 사람들이 눈으로 보고 즐기는 그림이 미술사에 등장한 것이다.

♥ 혹평(酷評): 가혹하게 비평함.
♥ 일색(一色): 그 한 가지로만 이루어진 특색이나 정경.
♥ 정교하다(精巧하다): 솜씨나 기술 따위가 정밀하고 교묘하다.
♥ 고유하다(固有하다): 본래부터 가지고 있어 특유하다.
♥ 무채색(無彩色): 색상이나 채도는 없고 명도의 차이만을 가지는 색. 검정, 하양, 회색을 이른다.

독해력 Upgrade ※각 문단의 중심 내용을 다음과 같이 정리할 때, 빈칸에 들어갈 알맞은 말을 쓰시오.

| 1 인상파의 등장과 기존 미술계의 (　　　)적 반응 | → | 2 (　　　)을 주제로 평범한 대상을 그린 인상파 화가들 | → | 3 새로운 기법으로 그림을 그린 인상파 화가들 | → | 4 인상파 그림의 미술사적 의의 |

1 이 글을 통해 답을 확인할 수 있는 질문이 <u>아닌</u> 것은?

① 인상파라는 명칭에 대해 인상파 화가들은 어떤 반응을 보였을까?
② 인상파 화가들은 대상의 색채를 어떤 방식으로 표현했을까?
③ 인상파 그림은 등장 당시에 왜 혹평을 받았을까?
④ 인상파 그림의 미술사적 의의는 무엇일까?
⑤ 인상파라는 명칭은 어떻게 붙여진 것일까?

2 ⓐ와 ⓑ를 비교한 내용으로 적절한 것은?

① ⓐ와 달리 ⓑ는 대상의 고유한 색을 중요하게 여겼다.
② ⓐ와 달리 ⓑ는 배경지식 없이 이해할 수 있는 그림을 그렸다.
③ ⓑ와 달리 ⓐ는 일상적인 풍경과 평범한 사람들을 주로 그렸다.
④ ⓑ와 달리 ⓐ는 자연광을 이루는 기본색과 무채색만으로 그림을 채색했다.
⑤ ⓐ와 ⓑ는 모두 정교한 채색을 중요하게 여겼다.

3 이 글을 바탕으로 〈보기〉를 감상한 것으로 적절하지 <u>않은</u> 것은?

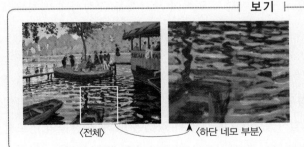

〈전체〉　〈하단 네모 부분〉

┤ 보기 ├

　이 작품은 모네의 〈호수〉로 인상파 회화의 특징을 잘 보여 주고 있다. 호수의 표면은 색을 섞는 대신 원색을 흩어 놓는 방식으로 그려졌고, 물결 위에 흔들리고 있는 보트의 윤곽선은 흐릿하게 표현되었다.

① 모네는 그림 속의 인물들을 의도적으로 배치했겠군.
② 모네는 호수의 물결에 반짝이는 빛에 주목하여 이 그림을 그렸겠군.
③ 모네는 이 그림을 통해 호수에 대한 자신의 느낌까지 표현하려고 했겠군.
④ 모네는 원색을 흩어 놓음으로써 호수 표면의 밝은 빛의 느낌을 자연스럽게 표현하려고 했겠군.
⑤ 모네는 보트의 윤곽선을 흐릿하게 표현하여 시시각각 다르게 보이는 보트의 미묘한 변화를 표현했겠군.

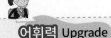 **어휘력** Upgrade　※다음의 빈칸에 들어갈 알맞은 말을 〈보기〉에서 찾아 쓰시오.

┤ 보기 ├
정교
고유
혹평
일색

1 정월 대보름날 오곡밥을 먹는 것은 우리나라의 (　　　)한 풍속이다.
2 우리가 일상에서 사용하는 시계는 아주 (　　　)하게 만들어진 장치이다.
3 옷가게마다 온통 꽃무늬옷 (　　　)이어서 꽃무늬를 안 좋아하는 수지는 살 게 없었다.
4 어제 끝난 드라마의 인터넷 게시판은 결말이 너무 실망스럽다는 시청자들의 (　　　)으로 가득했다.

예술 02

과학과 예술의 만남, 엑스레이 아트

엑스레이 사진은 보통 병원에서 환자를 대상으로 찍는 사진이라고 알고 있을 거야. 이 엑스레이 사진이 예술과 만나면 어떻게 될까? 글을 읽으며 궁금증을 풀어 보자.

1 최근 예술 분야에서는 과학 기술을 이용하여 새로운 장르를 개척˙하려는 시도가 이루어지고 있다. 이러한 배경을 바탕으로 등장한 예술의 하나가 바로 ㉠'엑스레이 아트(X-ray Art)'이다. 엑스레이 아트는 엑스레이 사진을 활용하여 만든 예술 작품을 의미한다.

2 엑스레이 아트의 거장인 닉 베세이는 엑스레이를 활용하여 오브제˙ 내부에 주목한 작품을 만들었다. 그는 〈튤립〉이라는 작품을 통해 꽃봉오리에 감추어진 암술과 수술을 드러냄으로써, 꽃의 보이지 않는 내부의 아름다움을 탐색하였다. 또한 〈셀피〉라는 작품을 통해 현대 사회의 외모 지상주의를 비판하기도 했다. 이 작품은 자기 얼굴을 찍는 사람의 모습을 엑스레이로 촬영한 것으로, 엑스레이로 인체를 촬영할 경우 외양이 드러나지 않는 점을 이용하여 창작 의도를 나타낸 것이다.

3 엑스레이 아트의 창작 의도를 구현하기 위해서는 오브제의 특성을 고려해야 한다. 이는 오브제의 재질과 두께에 따라 엑스레이의 투과율이 달라지기 때문이다. 이러한 이유로 엑스레이 아트에서는 엑스레이가 투과되지 않는 물질이 포함된 오브제를 배제˙하기도 하고, 역으로 이를 활용하기도 한다. 촬영을 할 때에는 오브제의 두께에 따라 엑스레이의 강도와 오브제에 엑스레이가 투과되는 시간을 조절해야 의도하는 명도의 사진을 얻을 수 있다. 또한 오브제와 근접한 거리에서 촬영해야 하는 엑스레이의 특성상, 가로 35cm, 세로 43cm인 엑스레이 필름의 크기보다 오브제가 클 경우 오브제를 여러 부분으로 나누어서 촬영한다. 한편 작품 창작 의도를 구현하는 데 오브제의 모든 구성 요소가 필요하지 않다면 오브제의 일부 구성 요소만 선택하여 창작 의도를 드러낼 수도 있다. 그리고 오브제가 겹쳐 있을 경우, 창작 의도와 다른 사진이 나올 수 있으므로 이를 고려하여 오브제를 적절하게 배치하고 촬영 각도를 결정한다.

4 이렇게 촬영한 엑스레이 사진은 컴퓨터 그래픽 작업을 거치는데, 창작 의도를 드러내기 위해 여러 장의 사진을 합성하기도 한다. 특히 항공기 동체˙와 같이 크기가 큰 대상을 오브제로 삼아 여러 날에 걸쳐 촬영할 경우, 촬영할 당시의 기온, 습도 등의 영향으로 각각의 사진들마다 명도가 다르게 나타날 수 있다. 그러므로 그래픽 작업을 통해 사진들의 명도를 보정한 뒤, 이 사진들을 퍼즐처럼 맞추어 하나의 사진으로 합성하여 작품을 완성한다.

5 엑스레이는 대상의 골격이나 구조를 노출하는 기술이라는 점에서 차가운 느낌을 주기도 한다. 하지만 이를 활용한 엑스레이 아트는 발상의 전환을 통해 감상자들에게 기존의 예술 작품과는 다른 미적 감수성을 불러일으킨다는 점에서 현대 예술의 외연˙을 넓히는 데 기여하였다는 평가를 받고 있다.

- ˙개척(開拓): 새로운 영역, 운명, 진로 따위를 처음으로 열어 나감.
- ˙오브제(objet): 일상 용품이나 물건을 본래의 용도로 쓰지 않고 예술 작품에 사용하는 기법 또는 그 물체.
- ˙배제(排除): 받아들이지 아니하고 물리쳐 제외함.
- ˙동체(胴體): 항공기의 날개와 꼬리를 제외한 중심 부분.
- ˙외연(外延): 일정한 개념이 적용되는 사물의 전 범위.

 독해력 Upgrade

※각 문단의 중심 내용을 다음과 같이 정리할 때, 빈칸에 들어갈 알맞은 말을 쓰시오.

| **1** 엑스레이 아트의 등장 배경과 개념 | → | **2** 엑스레이 아트의 작품 사례 | → | **3** ( )의 특성을 고려한 엑스레이 촬영 | → | **4** 엑스레이 사진의 ( ) 작업 | → | **5** 엑스레이 아트의 의의 |

1 ㉠의 의의로 가장 적절한 것은?

① 오브제를 찍은 사진에 의도적인 변형을 가하여 오브제의 실체를 감추는 예술이다.

② 실존하지 않는 대상을 그래픽 작업으로 만들어 사회의 병폐를 풍자하는 예술이다.

③ 인체나 사물의 외양을 있는 그대로 드러냄으로써 아름다움의 의미를 구현하는 예술이다.

④ 눈에 보이지 않을 만큼 작은 오브제를 가시화▼하여 대상의 본질에 대해 탐색하는 예술이다.

⑤ 겉으로 드러나지 않는 오브제의 내부를 의도적으로 보여 주어 예술의 영역을 확장한 예술이다.

▼ 가시화(可視化): 어떤 현상이 실제로 드러남. 또는 실제로 드러나게 함.

2 이 글을 바탕으로 할 때, 〈보기〉의 작품에 대해 보인 반응으로 적절하지 **않은** 것은?

┤ 보기 ├

〈버스〉는 실제 버스와 사람을 오브제로 삼아, 이를 여러 날에 걸쳐 각각 촬영한 뒤 합성한 엑스레이 아트이다. 작가는 작품의 창작 의도를 구현하는 데 필요한 바퀴나 차체 등의 일부 구성 요소들만 선택하였다. 그리고 버스의 측면이 보이도록 촬영하여 버스에 타고 있는 사람들의 여러 가지 자세와 인체 골격의 다양한 모습을 드러내고 있다.

닉 베세이, 〈버스〉

① 물체를 투과하는 엑스레이를 이용한 것은 일상적 시선으로는 볼 수 없는 인체 골격의 모습을 보여 주려는 의도였겠군.

② 바퀴나 차체 등의 일부 구성 요소만 선택한 것에는 필요하지 않은 부분을 배제하려는 작가의 의도가 반영된 것이겠군.

③ 버스의 측면이 보이도록 촬영한 것은 촬영 각도에 따라 엑스레이가 투과되지 않는 효과를 이용하기 위한 것이겠군.

④ 작품이 한 번에 촬영한 사진처럼 보이는 것은 컴퓨터 그래픽 작업을 통해 각 사진의 명도를 보정한 결과이겠군.

⑤ 엑스레이 필름보다 큰 실제 크기의 오브제를 선정하였기 때문에 촬영한 여러 장의 사진을 합성한 것이겠군.

어휘력 Upgrade ※다음의 빈칸에 들어갈 알맞은 말을 〈보기〉에서 찾아 쓰시오.

┤ 보기 ├
개척
외연
배제
가시화

1 현재 많은 기업들이 다양한 해외 시장을 (　　　)하기 위해 노력하고 있다.

2 공정한 판결을 내리기 위해서는 사적인 감정을 철저히 (　　　)해야 한다.

3 다음 동계 올림픽에 새로운 종목들을 추가하려는 움직임이 (　　　)되고 있다.

4 그 영화는 소재와 기법 면에서 한국 영화의 (　　　)을 확장한 작품이라고 볼 수 있다.

휜 나무가 보여 주는 전통 건축의 특성

휘어진 나무가 사용된 건축물을 본 적 있니? 우리 조상들은 휜 나무 그대로를 건축에 사용하곤 했어. 휜 나무를 버리거나 곧게 가공하지 않은 이유가 무엇일지 생각하며 글을 읽어 보자.

1 한국 전통 건축의 특징 중 하나는 친자연적이라는 것이다. 친자연적이란 일반적으로는 자연을 있는 그대로 받아들이는 것으로, 건축에서는 자연적인 재료의 가공˅을 최소화하여 있는 그대로 사용하는 것으로 나타나기도 한다. 이를 단적˅으로 잘 보여 주는 것이 휜 나무의 사용이다. 휜 나무는 궁궐에서부터 민가, 불교 건축에서 유교 건축에 이르기까지 두루 사용되었다.

2 먼저 하회 마을 병산 서원에 있는 만대루에는 휜 나무가 누각의 1층에 해당하는 하단 부분에서는 기둥으로, 2층에 해당하는 상단부에서는 보˅로 사용되었다. 휜 기둥이 하단을 받치고 상단부에서는 대들보 역할을 하는 것이다. 휜 나무가 기둥과 대들보로 사용되고 있어서 안정감을 위해 나무를 덧대거나 추가적인 구조물을 설치했을 것 같지만, 만대루에는 곧은 기둥이나 휜 기둥들이 과하지도 모자라지도 않게 사용되어 구조적인 안정성과 심미성을 동시에 나타낸다. 병산 서원의 백미˅로 평가받는 만대루는 이렇게 휜 기둥을 사용하여 자연 재료의 아름다움과 가치를 드러내고 있다.

3 휜 나무를 ㉠쓴 또 다른 건축물로 개심사의 범종각을 들 수 있다. 범종각에는 누각을 ㉡이루는 기둥 네 개에 모두 휜 나무가 사용되었다. 심하게 휘어져 있는 나무를 네 군데 모두 사용하다 보니 범종각은 금방이라도 쓰러질 듯 보인다. 하지만 곧은 나무를 사용한 누각과 ㉢다르지 않게 널따란 지붕을 거뜬히 잘 받치며 오랫동안 잘 유지되어 왔다. 개심사 범종각의 휜 기둥은 건축물에 율동감을 ㉣주면서, 동시에 자연적인 상태를 받아들이고 더 이상의 치장은 욕심이며 불필요한 것임을 깨닫게 하는 정신적 경계의 역할을 하고 있다. 엄숙한 불교 건축에 휜 나무를 그대로 사용함으로써 자연의 모습, 있는 그대로의 모습을 따르는 것이 이상적 가치라고 알려 준다.

˅가공(加工): 원자재나 반제품을 인공적으로 처리하여 새로운 제품을 만들거나 제품의 질을 높임.

˅단적(端的): 곧바르고 명백한 것.

˅보: 칸과 칸 사이의 두 기둥을 건너질러 도리와는 'ㄴ' 자 모양, 마룻대와는 '十' 자 모양을 이루는 나무.

˅백미(白眉): 흰 눈썹이라는 뜻으로, 여럿 가운데에서 가장 뛰어난 사람이나 훌륭한 물건을 비유적으로 이르는 말.

˅존중(尊重): 높이어 귀중하게 대함.

4 만대루와 개심사의 휜 기둥은 자연의 교훈을 깨닫게 한다. 자연이 아름다운 이유는 일부러 무엇을 하지 않아도 그 자체로 모든 것을 다 해 놓았기 때문일 것이다. 자연의 일부인

만대루

개심사 범종각

휜 나무는 부족하거나 모자란 것이 아니라, 그 자체로 하나의 독립적이며 완결된 생명체이다. 그러니 일부러 ㉤꾸미지 않고, 가공하지도 않는 것이 휘어 있는 나무 상태를 존중˅하는 것이다. 우리는 여기서 곧은 나무든 휘어진 나무든 모양에 상관없이 그 자체로 기둥의 역할을 충분히 해낼 수 있다는 선인들의 믿음과 평등 의식을 깨닫게 된다.

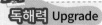

독해력 Upgrade

※각 문단의 중심 내용을 다음과 같이 정리할 때, 빈칸에 들어갈 알맞은 말을 쓰시오.

1 한국 전통 건축의 ( ) 특성을 보여 주는 휜 나무 ➡ **2** 만대루에 사용된 휜 나무의 역할과 효과 ➡ **3** 개심사 ( )에 사용된 휜 나무의 역할과 효과 ➡ **4** 만대루와 개심사의 휜 기둥이 주는 교훈

1 이 글을 통해 알 수 있는 내용으로 적절하지 <u>않은</u> 것은?

① 범종각의 휜 기둥들은 건물에 율동감을 준다.
② 휜 나무는 다양한 우리나라 전통 건축물에 사용되었다.
③ 친자연적 건축관은 한국 전통 건축의 특징 중 하나이다.
④ 만대루에는 안정성을 강화하기 위해 휜 기둥이 사용되었다.
⑤ 휜 기둥에는 자연 상태를 존중하고자 하는 의도가 담겨 있다.

2 이 글과 〈보기〉를 비교한 것으로 가장 적절한 것은?

┤ 보기 ├

　　1990년대 중반 프랭크 게리가 지은 '프레드 앤 진저 빌딩'은 건물을 받치는 기둥뿐만 아니라 건물 자체도 심하게 찌그러진 모습이다. 이 빌딩은 정형˚성을 강요하는 기존의 건축 경향을 현실성이 없는 가식이라 비판하는 건축 양식을 대표한다.

˚정형(正形): 바른 형상이나 형태.

① 휜 기둥과 달리 〈보기〉는 종교적 가치를 담고 있다.
② 휜 기둥과 달리 〈보기〉는 의도적으로 기둥을 휘게 만들었다.
③ 〈보기〉와 달리 휜 기둥은 현실에 대한 비판적 의도가 담겨 있다.
④ 〈보기〉는 휜 기둥처럼 정형적인 특징이 나타난다.
⑤ 〈보기〉는 휜 기둥처럼 기존의 건축 경향에 대한 발전적 대안으로 건축되었다.

3 문맥상 ㉠~㉤과 바꿔 쓰기에 적절하지 <u>않은</u> 것은?

① ㉠: 사용(使用)한　　　　② ㉡: 구성(構成)하는
③ ㉢: 상이(相異)하지　　　④ ㉣: 부과(賦課)하면서
⑤ ㉤: 치장(治粧)하지

어휘력 Upgrade　　※다음의 빈칸에 들어갈 알맞은 말을 〈보기〉에서 찾아 쓰시오.

┤ 보기 ├
백미
가공
단적
존중

1 한글은 세종 대왕의 애민 정신을 보여 주는 (　　　)인 예이다.
2 지난해 열린 졸업 연주회의 (　　　)는 단연 바이올린 독주였다.
3 개인의 자율성과 개성을 (　　　)하는 사회적 분위기가 널리 퍼지고 있다.
4 우리 회사는 외국에서 수입한 재료를 (　　　)하여 다시 수출하는 일을 한다.

발레는 어떻게 변화해 왔을까

'발레' 하면 무엇이 떠오를까? 환상적인 분위기? 하늘하늘한 의상? 아니면 화려하고 정확한 동작? 발레는 시대에 따라 그 특징이 다르게 나타나. 이 글을 읽으면서 발레의 역사에 대해 알아보자.

1 발레는 '춤을 추다'라는 의미의 이탈리아어 '발라레(ballare)'에서 나온 것으로, 이탈리아 궁중 무용이 16세기 후반 프랑스에 도입˘된 후 궁중 연희 형식을 거쳐 독립적인 공연 예술로 발전하였다. 발레는 일반적으로 낭만 발레와 고전 발레, 모던 발레로 구분되는데, 줄거리, 형식, 남녀 무용수의 역할, 의상 등에서 차이가 있다.

2 낭만 발레는 19세기 초 프랑스에서 기틀˘이 잡혔는데, 목가적 분위기의 무대를 배경으로 요정을 사랑한 인간, 시골 처녀의 비극적인 사랑 등의 낭만적˘인 줄거리가 전개된다. 낭만 발레는 어스름한 조명 아래 창백하고 가녀린 요정들이 공중을 떠다니듯이 춤추는 환상적이고 신비로운 장면으로 연출되어, 정교한 구성보다는 주인공인 여성 무용수를 돋보이게 하는 안무가 우선시되었다. 이 시기 발레의 주역˘은 여성 무용수들이었고, 남성 무용수들은 대개 여성 무용수를 들어 올렸다 내리거나 회전의 지지대 역할을 하는 보조자에 불과했다. 요정들이 하늘을 둥둥 떠다니는 느낌을 연출하기 위해 발끝을 수직으로 세우고 춤을 추는 '포인트 동작'이 등장했고, 여성 무용수들은 '로맨틱 튀튀'라고 부르는 하늘하늘하고 여러 겹으로 된 발목까지 오는 긴 의상을 입어서 움직일 때마다 우아한 느낌을 주었다.

3 19세기 후반 유럽에서 낭만 발레의 인기가 시들해진 가운데 러시아에서 고전 발레가 꽃을 피운다. 고전 발레는 전설이나 동화를 바탕으로 한 낭만적인 줄거리를 지니고 있다는 점에서는 낭만 발레와 비슷하다. 하지만 화려하고 입체적인 무대 장치를 배경으로 정형화된 아름다움을 구현하였다. 무용수의 화려한 기교를 다채롭게 보여 주기 위해 발레에 일정한 규칙과 절차가 도입되었고, 정교하고 정확한 동작을 바탕으로 안무가 정해졌다. 고전 발레는 남녀 주인공들이 화려한 기교를 보여 주는 2인무인 '그랑 파드되', 여러 명의 솔리스트들이 차례대로 등장하여 다채로운 1인무를 보여 주는 '디베르티스망' 등이 필수적인 구성 요소로 자리 잡았다. 남성 무용수들도 다양한 기교를 구사하는 무대의 주인공이 될 수 있었고, 여성 무용수들은 화려한 발동작이나 도약, 회전 등이 잘 보이도록 다리를 드러내는 짧고 빳빳한 '클래식 튀튀'를 주로 입었다.

4 20세기에는 기존 발레에서 반복되었던 정형화된 형식을 벗어난 모던 발레가 등장한다. 모던 발레는 특별한 줄거리 없이 특정 장면의 이미지나 주제를 무용수의 움직임 자체로 표현하는 것이 특징이다. 정해진 줄거리가 없기 때문에 무용수의 성별에 따른 역할 구분이 약화되고, 다양한 형태의 동작과 몸의 선 자체의 아름다움을 강조하다 보니 무대 장치나 의상도 점차 간결해졌다.

5 발레는 정해진 기본 동작을 바탕으로 구성되다 보니 언뜻 보면 비슷한 것처럼 보인다. 하지만 좀 더 자세히 살펴보면 시대적 흐름에 따라 형식과 표현이 정형화되었다가 점차 자유로워지고 다양해지는 방향으로 변화해 왔음을 알 수 있다.

˘도입(導入): 기술, 방법, 물자 따위를 끌어들임.
˘기틀: 어떤 일의 가장 중요한 계기나 조건.
˘낭만적(浪漫的): 현실에 매이지 않고 감상적이고 이상적으로 사물을 대하는 것.
˘주역(主役): 주된 역할. 또는 주된 역할을 하는 사람.

독해력 Upgrade ※각 문단의 중심 내용을 다음과 같이 정리할 때, 빈칸에 들어갈 알맞은 말을 쓰시오.

| **1** 발레의 발생 과정과 일반적 구분 | → | **2** 19세기 초 낭만 발레의 특징 | → | **3** 19세기 후반 ( ) 발레의 특징 | → | **4** 20세기 ( ) 발레의 특징 | → | **5** 시대에 따라 변화해 온 발레 |

1 **이 글을 바탕으로 〈보기〉와 같이 프레젠테이션 자료를 제작하려고 한다. ⓐ~ⓒ에 들어갈 내용이 바르게 짝지어진 것은?**

보기

1) 제목: 발레의 사조✓별 특징

2) 낭만 발레
- 19세기 초 [ⓐ]
- 여성 무용수가 주인공
- 환상적이고 신비로운 장면 연출
⋮

3) 고전 발레
- 19세기 후반 러시아
- 남성 무용수의 역할 [ⓑ]
- 정형화된 아름다움 구현
⋮

4) 모던 발레
- 20세기 이후
- 무용수의 성별에 따른 역할 구분 약화
- [ⓒ]
⋮

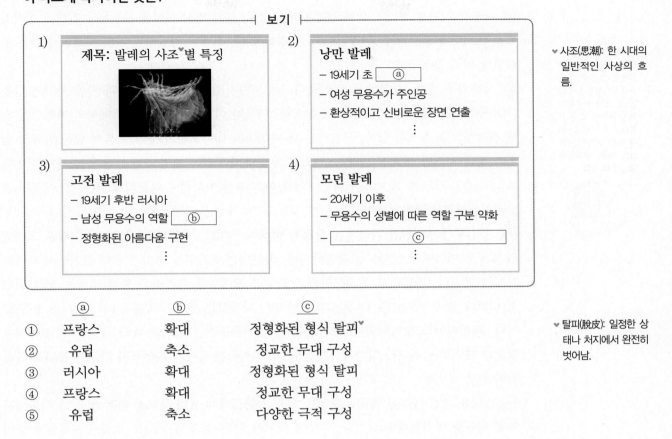

	ⓐ	ⓑ	ⓒ
①	프랑스	확대	정형화된 형식 탈피✓
②	유럽	축소	정교한 무대 구성
③	러시아	확대	정형화된 형식 탈피
④	프랑스	확대	정교한 무대 구성
⑤	유럽	축소	다양한 극적 구성

✓ 사조(思潮): 한 시대의 일반적인 사상의 흐름.

✓ 탈피(脫皮): 일정한 상태나 처지에서 완전히 벗어남.

2 **3을 고려할 때, 〈보기〉에 대한 독자의 반응으로 적절하지 않은 것은?**

보기

〈호두까기 인형〉은 차이콥스키의 곡을 바탕으로 만든 대표적인 고전 발레이다. 크리스마스이브에 호두까기 인형을 선물 받은 주인공 클라라가 꿈속에서 왕자로 변한 인형과 함께 생쥐 군대 등을 물리치고 과자 나라를 여행한다는 내용이다. 1막에는 크리스마스 파티 및 쥐들과의 전투 장면을, 2막에는 과자 나라의 여행을 담고 있다. 2막에 등장하는 클라라와 왕자의 행복한 결혼식 장면의 '그랑 파드되'는 명장면으로 손꼽힌다. 또한 2막에 나오는 아라비아 춤, 중국 춤, 스페인 춤 등 이국적✓인 춤들의 '디베르티스망'도 유명하다.

① 고전 발레답게 동화적인 이야기가 바탕이 되었군.
② 클라라 역의 여성 무용수는 '클래식 튀튀'를 입겠군.
③ 이 작품에는 무용수의 화려한 기교가 다채롭게 드러나겠군.
④ 1막의 크리스마스 파티 장면에서는 화려하고 입체적인 무대 장치를 사용하겠군.
⑤ 2막에서는 주인공들의 2인무와 이국적인 느낌의 집단 군무가 화려하겠군.

✓ 이국적(異國的): 자기 나라가 아닌 다른 나라에 특징적인 것.

어휘력 Upgrade ※다음의 빈칸에 들어갈 알맞은 말을 〈보기〉에서 찾아 쓰시오.

보기: 도입 / 주역 / 탈피 / 기틀

1 이번 정상 회담으로 평화의 (　　　)을 다지게 되었다.
2 영화는 연극이 갖는 시간과 공간의 제약성을 (　　　)하였다.
3 불교는 외래 사상 중에서 우리나라에 가장 먼저 (　　　)된 종교이다.
4 축구부 주장인 민재는 이번 결승전에서 팀의 승리를 이끈 (　　　)이다.

프레임, 사각형 너머의 세계를 담다

친구랑 각자 하늘 사진을 찍었는데, 친구 사진은 구름이 가득하고 내 사진은 구름 한 점 없었어. 드넓은 하늘 중 서로 다른 부분에 '프레임'을 씌운 거지. 프레임의 의미에 대해 생각하며 글을 읽어 보자.

1 사진의 시간은 셔터에 의해 결정된다. 사진의 공간 역시 셔터를 누르는 순간에 고정되기 때문에 셔터가 모든 것을 결정한다고 볼 수도 있다. 그러나 엄밀히 말하면 사진의 공간은 프레임에 의해 결정된다.

2 프레임은 일견˘ 사진을 둘러싼 울타리에 지나지 않아 보인다. 사물과 사물 사이에 금을 그어 구분 짓는 경계선으로나 보일 뿐이다. 더욱이 이 프레임은 이미 카메라의 파인더에 의해 사각형으로 정해져 있다. 사진가는 그 파인더로 내다보면서 자기가 찍고 싶은 만큼의 범위를 정해 셔터만 누르면 된다. 그것으로 사진의 테두리는 저절로 형성된다. 따라서 파인더로 내다보고 찍으면 그 네모난 파인더의 물리적 형태가 사진에 테두리로 남는 것, 이것이 곧 프레임이라고 생각하기 쉽다.

3 그러나 ㉠프레임과 파인더는 완전히 별개의 것이다. 파인더의 네모꼴이 그대로 프레임의 네모로 이어지는 것까지는 분명하지만, 파인더는 프레임을 정하기 위한 장치이지 프레임 자체는 아니다. 파인더가 유리창이라고 한다면 프레임은 유리창을 통해 보이는 일정 범위의 세계라 할 수 있다. 유리창은 고정적이지만, 바라보는 세계는 작가의 시선에 따라 유동적˘이다. 파인더는 고정적이지만, 프레임은 작가의 움직이는 시선을 따라 유동한다. 프레임은 단순한 테두리가 아니라 작가가 본 세계의 테두리라는 점에서 파인더의 단순한 물리적 틀을 넘어선다.

4 관심을 가진 사물에 테두리를 씌워 다른 사람들에게 보여 주고자 하는 것은 그 사물에서 어떤 의미를 발견했다는 뜻이다. 아무런 의미가 없는 것 같아 보여도 그것이 프레임에 둘러싸여 나타났다면, 그것은 적어도 작가가 어떤 의미를 제시하고자 했다는 뜻이 된다. 아무런 의미 없이 굳이 테두리를 씌워 보여 줄 까닭이 없다. 헛짚을 수는 있을 것이다. 자기는 무슨 의미가 있다고 생각해서 테두리를 씌워 놓았지만 아무 뜻도 찾을 수 없는 때가 이런 경우인데, 그 역시 일단 의미화하기 위한 작업이었다는 점만은 인정할 수 있을 것이다.

5 삼라만상˘은 애초에 아무런 의미가 없는 물체들이다. 이러한 중성적 사물에 어떤 뜻을 부여˘하는 작업, 그것이 바로 '프레임 씌우기'이다. 곧 프레임을 씌운다는 것은 작가의 의식 작용이요, 의지 실현 작업인 것이다. 작가의 주관적 프레임을 통해 드러내는 행위, 그것이 프레이밍 (framing, 따내기)이다.

˘일견(一見): 한 번 봄. 또는 언뜻 봄.

˘유동적(流動的): 끊임 없이 흘러 움직이는 것.

˘삼라만상(森羅萬象): 우주에 있는 온갖 사물과 현상.

˘부여(附與): 사람에게 권리 · 명예 · 임무 따위를 지니도록 해 주거나, 사물이나 일에 가치 · 의의 따위를 붙여 줌.

독해력 Upgrade

※각 문단의 중심 내용을 다음과 같이 정리할 때, 빈칸에 들어갈 알맞은 말을 쓰시오.

| **1** 사진의 공간과 ( )의 관계 | → | **2** 프레임에 대해 갖기 쉬운 오해 | → | **3** 프레임과 파인더의 ( ) | → | **4** 작가의 창조적 ( ) 작업인 프레임 씌우기 | → | **5** 프레이밍의 의미 |

1 글쓴이의 집필 계획 중, 이 글에 반영되지 <u>않은</u> 것은?

> • **제목:** 사진의 프레임
>
> • **내용 전개**
>   1. 처음: 사진 공간과 프레임의 관계를 말한다. ··· ①
>   2. 중간: 파인더와 프레임의 차이점을 밝히고, 프레임의 의미를 설명한다. ·············· ②
>   3. 끝: 프레이밍은 작가의 창조적 의미화임을 강조한다. ····································· ③
>
> • **서술 방법**
>   1. 인과의 방법으로 중심 대상의 문제점을 드러낸다. ··· ④
>   2. 비유의 방법으로 대상의 본질을 쉽게 이해하게 한다. ·· ⑤

2 ㉠에 대한 이해로 가장 적절한 것은?

① 프레임은 파인더의 한계를 벗어날 수 없다.

② 프레임은 고정적이고, 파인더는 유동적이다.

③ 파인더는 공간을 선택하는 과정이고, 프레임은 그 결과이다.

④ 파인더는 기계적인 틀이고, 프레임은 작가가 선택한 세계이다.

⑤ 프레임과 파인더는 그 구조와 기능에 있어서 아무 상관이 없다.

3 **4**~**5**를 바탕으로 〈보기〉를 이해한 것으로 적절하지 <u>않은</u> 것은?

> ┤ 보기 ├
>
> 드문드문 <u>세상을 끊어 내어</u> / 한 며칠 눌렀다가
> 벽에 걸어 놓고 바라본다. / 흰 하늘과 쭈그린 아낙네들이
> <u>벽 위에 납작하게 뻗어 있다.</u> / 가끔 심심하면
> 여편네와 아이들도 / 한 며칠 눌렀다가 벽에 붙여 놓고
> <u>하나님 보시기 어떻습니까?</u> / 조심스럽게 물어본다.
>
> ― 김혜순, 〈납작납작 박수근 화법을 위하여〉
>
> 이 시는 박수근 화백의 〈세 여인〉이란 그림을 보고 쓴 시이다. 문학과 다른 예술 장르가 어떻게 넘나들 수 있는가를 보여 주는 좋은 예로, 같은 대상을 그림과 시로 표현할 때 작가에 의해 어떻게 변용˘되는가를 볼 수 있다.

˘ 변용(變容): 용모가 바뀜. 또는 그렇게 바뀐 용모.

① '세상을 끊어 내어'는 사진가의 '프레이밍'에 해당한다고 할 수 있겠군.

② 시 작품은 화가의 그림을 시인이 다시 '프레이밍'한 것이라 할 수 있겠군.

③ 대상이 같으면 예술 장르가 다르더라도 작품의 의미가 같아짐을 알 수 있겠군.

④ '납작하게 뻗어 있다'는 것은 화가의 '의미화'인 동시에 시인의 '의미화'라고 볼 수 있겠군.

⑤ '하나님 보시기 어떻습니까'는 시인의 프레이밍이 독자에게 확장되는 효과가 있겠군.

※다음의 빈칸에 들어갈 알맞은 말을 〈보기〉에서 찾아 쓰시오.

┤ 보기 ├
부여
변용
유동적
일견

1 기상청은 북상하는 이번 태풍의 진로가 (   )이라고 예보했다.

2 한국에 수용된 성리학은 한국적 토양에 맞게 (   ) 과정을 거쳐 정착되었다.

3 정은이는 평소에는 게으르지만 어떤 동기가 (   )되기만 하면 누구보다도 열심히 한다.

4 민아와 진아는 너무 닮아서 (   ) 쌍둥이처럼 보이기도 하지만 실은 연년생 자매이다.

현대 화가들이 주목한 유년기 화풍

그림을 '잘 그렸다'고 평가하는 기준은 뭘까? 어린아이가 그린 것처럼 삐뚤삐뚤한 그림도 '잘 그린' 그림이라고 할 수 있을까? 현대 화가들은 이 질문에 어떻게 답할지 생각하며 글을 읽어 보자.

1 중세 회화에 등장하는 아이들은 아이 특유의 신체적 특성이 고려되지 않은 채 그저 어른을 작게 그린 '축소된 어른'의 모습으로 묘사되었다. 그런 면에서 현대 회화의 작가들은 16세기 초 카로토의 〈그림을 든 빨간 머리 소년〉이라는 작품에 주목한다. 이 작품 속에 등장하는 소년은 아이 특유의 신체적 특성과 장난기 머금은 웃음을 통해 아동만의 매력을 보여 준다.

2 이 작품은 아이를 아이답게 묘사했다는 점 외에, 아이가 그린 그림이 소재로 쓰였다는 점에서도 주목을 받는다. 아주 오랫동안 아이가 그린 그림이 서구 회화에 등장하지 않았기 때문이다. [A]에는 작품 속 소년이 그린 것처럼 보이는 그림 [B]가 등장하는데, 전문가에 따르면 [B]는 그림 속 소년보다는 더 어린 아이가 그린 것으로 보인다고 한다. 즉, [B]는 진짜 소년이 그린 그림이라기보다는 화가가 생각하는 아이의 그림이라는 얘기다. 카로토는 대상을 눈에 보이는 것과 똑같이 재현˚하는 것을 중시했던 당시 르네상스 회화의 경향과는 다르게, 상상한 것을 꾸밈없이 순수하게 드러내는 아이들의 표현 방식을 따랐던 것이다. 그 이유는 카로토가 르네상스 이래로 내려오는 사실적 재현이 유일한 가치가 아님을 인식했기 때문이라고 볼 수 있다.

[A]　　　　[B]
카로토, 〈그림을 든 빨간 머리 소년〉

3 르네상스를 거치면서 실물을 꼭 닮게 그리는 기술은 거의 완성 단계에 도달했고 19세기에 카메라까지 발명되면서, 도처에서 사물을 꼭 빼닮은 이미지를 볼 수 있게 되었다. 이런 현실은 당시 화가들에게는 위기였고, 그래서 새로운 출발로 선택한 방식이 근원으로 ⓐ돌아가는 것이었다. 그리하여 몇몇의 현대 화가들은 사회화를 겪지 않은 아동을 상상력과 잠재력의 근원으로 보고, 유년기의 화풍으로 돌아가기로 했던 것이다.

4 현대 화가들이 이처럼 유년기의 화풍으로 돌아가려 했던 것은 결코 사실적 묘사 '능력'이 부족해서가 아니다. 미술사를 ㉠사실적 재현 기술의 발전 과정으로 보는 사람들에게는 이러한 유년기 화풍이 미숙˚함의 산물일 수 있다. 하지만 미술사를 움직이는 것은 '능력'이 아니라 '의지'라고 말한 미술사학자 알로이스 리글처럼 미술사를 ㉡상이한˚ '표현 의지'들이 교차하는 장(場)으로 보는 사람들에게는 유년기 화풍이 어른의 것과는 완전히 다른 예술 의지의 표현일 것이다. 현대 화가들이 유년기 화풍에 주목한 것은 바로 이러한 점 때문이다.

5 이러한 변화는 현대 회화의 과제가 외부의 '재현'에서 내면의 '표현'으로 바뀐 것과 관련이 있다. 원근법처럼 대상을 '보이는 대로' 재현하기 위해 사용되는 방법은 오히려 '표현'에 방해가 될 수 있다. '느끼는 대로' 그리는 데 필요한 것은 학습되지 않은, 순수함과 솔직함이기 때문이다. 이런 의미에서 현대 화가들의 시도는 '퇴화'가 아니라, '창조적 역행˚'이라 할 수 있다.

- ▾재현(再現): 다시 나타남. 또는 다시 나타냄.
- ▾미숙(未熟): 일 따위에 익숙하지 못하여 서투름.
- ▾상이하다(相異하다): 서로 다르다.
- ▾역행(逆行): 보통의 방향과 반대 방향으로 거슬러 나아감.

독해력 Upgrade　　※각 문단의 중심 내용을 다음과 같이 정리할 때, 빈칸에 들어갈 알맞은 말을 쓰시오.

| **1** (　　　　)의 일반적 특징에서 벗어난 카로토의 작품 | → | **2** 아이들의 표현 방식을 따른 카로토의 그림 | → | **3** 현대 화가들이 (　　　　) 화풍에 주목한 배경 | → | **4** 현대 화가들이 유년기 화풍에 주목한 이유 | → | **5** 현대 화가들의 시도에 대한 평가 |

1 이 글을 읽고 알 수 있는 내용으로 가장 적절한 것은?

① 중세 회화에 등장하는 아이들은 특유의 신체적 특징이 충실히 반영된 모습이었다.
② 중세 시대부터 아이들이 그린 그림은 서구 회화에서 꾸준하게 관심을 받고 있었다.
③ 르네상스 시기의 화가들은 외형을 사실적으로 묘사하는 데에 큰 관심을 갖고 있었다.
④ 사진의 등장으로 당시의 화가들은 실물을 꼭 닮게 그리는 기술을 완성할 수 있었다.
⑤ 현대 화가들은 재현 기술의 발전을 위해 사회화를 겪지 않은 아이들이 그린 그림에 주목하였다.

2 ㉠과 ㉡의 입장에서 〈보기〉의 작품을 이해한 것으로 적절하지 않은 것은?

┤ 보기 ├

이 작품은 화가 김점선(1946~2009)의 도롱뇽알 그림 연작 중 하나이다. 화가는 아이의 그림 연습장을 우연히 보고, 자신의 어린 시절 기억을 표현하였다고 한다.

① ㉠은 〈보기〉의 작품을 아이가 그린 그림처럼 미숙하다고 볼 것이다.
② ㉠은 〈보기〉의 작품을 보이는 대로 재현하는 기법을 강조한 것으로 볼 것이다.
③ ㉡은 〈보기〉의 작품을 '유년기의 화풍'으로 화가의 내면을 표현한 것으로 볼 것이다.
④ ㉡은 '느끼는 대로' 그린 화가의 표현 의지가 〈보기〉의 작품에 드러나 있는지에 주목할 것이다.
⑤ ㉡은 '재현' 능력보다는 화가 내면에 있는 순수함과 솔직함이 〈보기〉의 작품에 담겨 있는지에 주목할 것이다.

3 ⓐ와 문맥적 의미가 가장 유사한 것은?

① 기계가 잘 돌아간다.
② 물레방아가 빙글빙글 돌아간다.
③ 우리는 돌아가면서 점심을 산다.
④ 일이 바쁘게 돌아가서 정신이 없다.
⑤ 원점으로 돌아가 다시 생각해 보자.

어휘력 Upgrade ※다음의 빈칸에 들어갈 알맞은 말을 〈보기〉에서 찾아 쓰시오.

┤ 보기 ├
미숙
상이
역행
재현

1 운전 기술이 (　　　)하다면 눈이 올 때에는 운전을 하지 않는 편이 좋다.
2 매주 덕수궁 앞에서는 세자가 왕으로 즉위하는 가례 의식이 (　　　)된다.
3 두 사람은 서로 (　　　)한 의견을 가지고 있지만, 대화를 통해 합의점을 찾으려고 하였다.
4 일부 후보들이 저지른 불법 행위는 깨끗한 선거 문화 정착이라는 시대적 요구에 (　　　)하는 행위이다.

관객을 사로잡는 영화의 전략

영화를 보면 화면이 주인공의 얼굴로 가득 찰 때도 있고, 많은 등장인물의 모습이 한꺼번에 담길 때도 있어. 어떤 원리에 따라 장면을 제시하는 것인지 생각하며 글을 읽어 보자.

1 영화는 시각적 원리로 구성되는 하나의 예술 장르이다. 이와 관련하여 영화 이론가인 스테판 샤프는 영화에 대한 기존의 연구가 주제적인 측면에 대해서만 주의를 기울여 왔다고 비판하면서, 촬영 기법과 장면의 유기적° 배열 등에 주목해야 한다고 주장하였다. 이를 위해 영화를 숏° 단위로 분석하여, 인물과 상황을 효과적으로 표현할 수 있는 장치로 분리 병치, 다중 변각, 모화면 등을 제시하였다.

2 분리 병치란 화면에 피사체들을 하나씩 번갈아 보여 주는 숏의 배열을 말한다. 즉 대화 중인 A, B 두 사람이 피사체일 때, 한 화면에 한 사람씩 A, B, A, B와 같은 순서로 보여 주는 방식이다. 예를 들어, 자동차의 앞 좌석에 두 인물이 앉아 있을 때, 왼쪽 인물의 우측 모습을 보여 주고 다음 화면에 옆에 있는 인물의 좌측 모습을 보여 주는 것이다. 분리 병치를 활용하면 피사체 각각의 정서나 상황을 더욱 효과적으로 드러낼 수 있다. 이때 관객은 분리된 두 화면을 하나의 장면으로 인식하게 된다.

3 다중 변각이란 서로 다른 시점으로 하나의 피사체를 촬영하여 얻은 숏을 불규칙하게 배열하는 것을 말한다. 다중 변각의 목적은, 긴 장면에서 관객의 지루함을 덜고, 동일 피사체를 다양한 각도로 보여 줌으로써 그 피사체를 입체적으로 느끼게 하는 것이다. 또한 다중 변각은 한 장소 내의 대상을 다양하게 연출할 때에도 유용하게 활용된다. 예를 들어, 주인공이 춤을 추는 장면에서 행위의 입체감과 역동성을 표현하고 싶을 때, 인물의 전체적인 행위를 보여 주기보다는 인물의 팔, 다리 등의 각 부위를 여러 각도로 클로즈업한 숏을 불규칙하게 배열하면 연출자가 의도한 효과를 구현할 수 있다.

4 모화면이란 원거리 촬영을 통해 사건 전체를 포착한 숏을 말한다. 모화면은 사건이 부드럽게 연속될 수 있도록 하는 장치로 한 장면이 진행되는 동안 최소한 두 번쯤 다시 설정된다. 중간에 모화면을 재설정하는 이유는 사건이 계속 진행되고 있음을 보여 주기 위함이다. 이러한 모화면은 분리 병치나 다중 변각과 같은 구성 요소들과 적절하게 배열되어 연출자가 의도한 다양한 효과를 연출할 수 있게 해 준다.

5 스테판 샤프는 영화 창조 과정을 통해 영화의 미학적 본질을 밝혀 보고자 하였다. 그는 "영화가 그 자신의 미적 체계와 조화의 법칙을 가진 하나의 예술임을 정의°할 수 있는 시각적 구조에 대한 원리들을 찾아내야 한다."라고 하면서 영화 형식의 탁월함°이 내용의 표현을 위한 최상의 수단이라고 보았다. 또한 이러한 시각적 구성 요소들을 유기적으로 조직할 수 있는 규칙을 연구하는 것이 궁극적°으로 영화의 본질에 도달할 수 있는 길이라고 주장하였다.

▾유기적(有機的): 생물체처럼 전체를 구성하고 있는 각 부분이 서로 밀접하게 관련을 가지고 있어서 떼어 낼 수 없는 것.
▾숏(shot): 카메라가 한 번 촬영하기 시작해서 끝날 때까지의 연속된 한 화면 단위.
▾정의(定義): 어떤 말이나 사물의 뜻을 명백히 밝혀 규정함. 또는 그 뜻.
▾탁월하다(卓越하다): 남보다 두드러지게 뛰어나다.
▾궁극적(窮極的): 더할 나위 없는 지경에 도달하는 것.

독해력 Upgrade ※각 문단의 중심 내용을 다음과 같이 정리할 때, 빈칸에 들어갈 알맞은 말을 쓰시오.

| **1** 영화의 형식에 주목해야 한다는 ( )의 주장 | → | **2** 분리 병치의 의미와 효과 | → | **3** ( )의 의미와 목적 및 효과 | → | **4** ( )의 의미와 효과 | → | **5** 영화의 형식적 탁월함을 추구해야 한다는 주장 |

1 이 글을 바탕으로 할 때 '스테판 샤프'의 영화관과 가장 가까운 것은?

① 영화는 대상을 기계적으로 재현하고 현실화할 뿐이다.
② 영화는 문화와 역사에 대한 이해를 바탕으로 만들어져야 한다.
③ 영화는 여러 시각적 형식들이 적절하게 구조화된 하나의 예술이다.
④ 영화는 세계에 관한 사상(思想)과 전망을 설명하는 하나의 매체이다.
⑤ 영화는 기술적인 진보에 따라 사실적인 재현력이 높아 갈수록 예술성에서 멀어진다.

2 다음은 영화 콘티˘의 일부분이다. 이 글을 바탕으로 이해한 내용으로 적절하지 **않은** 것은?

▾ 콘티(continuity): 영화
나 텔레비전 드라마의
촬영을 위하여 각본을
바탕으로 필요한 모든
사항을 기록한 것.

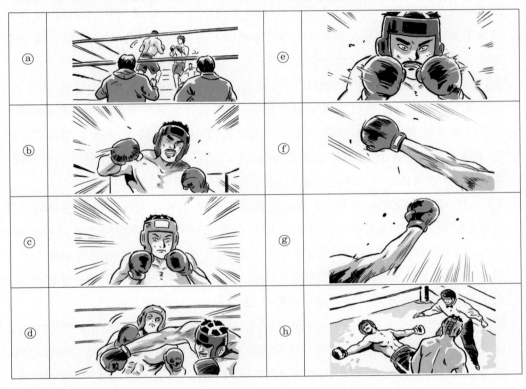

① ⓐ는 하나의 사건 전체를 포착하기 위한 모화면으로 설정하려는 의도를 담고 있군.
② ⓑ~ⓒ는 등장인물들을 번갈아 보여 줌으로써 인물 사이의 긴장감을 세밀하게 드러내려
는 의도를 담고 있군.
③ ⓓ는, 등장인물들의 행위가 다시 한 장면에 포착된 점으로 보아, 사건이 종료되고 있음
을 보여 주기 위함이겠군.
④ ⓔ~ⓖ에는 다양한 각도에서의 촬영을 통해 등장인물의 행위를 역동적이고 입체적으로
느끼게 하려는 의도가 담겨 있군.
⑤ ⓗ는 사건의 흐름을 알려 주기 위해 재설정된 모화면으로 볼 수 있겠군.

어휘력 Upgrade

※다음의 빈칸에 들어갈 알맞은 말을 <보기>에서 찾아 쓰시오.

┌─ 보기 ─┐
궁극적
유기적
정의
탁월
└─────┘

1 인생을 한마디로 (   )하는 것은 쉽지 않은 일이다.
2 글 전체를 이루는 요소나 성분은 (   )으로 얽혀 있다.
3 그는 뛰어난 연주자일 뿐만 아니라 지휘자로서의 자질도 (   )하다.
4 극심한 지구의 오염은 (   )으로는 인류의 멸망을 초래할지도 모른다.

마음까지 담으려 한 조선 시대의 초상화

우리 조상들은 초상화를 그릴 때 겉모습뿐만 아니라 인물의 바람직한 내면까지 담아내려고 했어. 이 글을 읽으며 조선 시대 초상화의 특징을 알아보자.

1 조선 시대에는 조상과 성현의 높은 덕행을 기리고 권계(勸誡)♥하기 위해 제사를 중요시했다. 조선 시대 자화상을 비롯한 대다수의 초상화는 이러한 점에 많은 영향을 받았다.

2 조선 시대 대부분의 초상화는 별도의 배경이나 현실 공간에 대한 묘사 없이 초상화의 주인공만이 다소곳이 화폭에 자리 잡고 있는 것을 확인할 수 있다. 이는 대상 인물을 시각적으로 강조하여 한 사람에게만 주의를 집중할 수 있도록 함으로써 보는 이에게 경건한♥ 태도를 갖도록 하기 위한 것이다. 그리고 주인공의 얼굴이 정면에서 좌측이나 우측으로 돌려진 칠분면이나 팔분면을 취하게 하고 시선은 얼굴과 같은 방향으로 처리했는데, 이는 보는 이로 하여금 안정감을 느끼게 하고 화폭 속 인물에 대해 공경심을 불러일으키게 한다. 또한 얼굴을 강조하기 위해 손을 노출시키지 않거나 예의 바른 공수 자세를 취하게 한 것도 숭앙♥심(崇仰心)을 느끼게 하기 위한 것이다.

3 조선 시대 초상화가는 담담하고 절제된 군자의 자세나 반듯하고 흐트러짐 없는 모습을 대상의 외모와 복장을 통해 그려 내고자 했다. 예를 들면 임금의 초상인 어진은 용포를 입은 군주의 외모를 통해 위풍당당한 모습을 표현했고, 공신상의 경우도 관복을 입은 외모를 통해 위엄 있는 모습을 나타냈다. 그리고 사대부상의 경우 야복♥으로 욕심 없는 은일의 태도를 표현하거나 관복으로 유학자의 풍채♥를 보여 주기도 했다.

4 조선 시대 초상화는 얼굴이나 의복을 표현하는 데 있어서 시대의 추이♥에 따라 인물의 실체감을 더 강조하는 화법으로 변모해 갔다. 특히 안면이나 옷 주름의 음영 묘사는 평면적인 묘사 기법에서 후기로 갈수록 안면이나 옷 주름 선 주변에 형성된 음영을 나타내어, 입체적인 느낌이 더욱 뚜렷해진다. 그런데 이러한 변화도 인물이 지닌 바람직한 성정♥을 효과적으로 드러내려는 노력이라는 점에는 변함이 없었다.

5 이처럼 조선 시대 초상화는 인물의 모습을 사실적으로 재현함과 동시에 인물이 지닌 바람직한 성정을 표현했다. 즉 조선 시대 초상화가는 초상화 속 인물과 실제 인물과의 내외적인 닮음을 추구하였던 것이다. 이러한 초상화는 제사를 지내는 사람들이 마음속으로 공경할 수 있도록 커다란 크기로 사당이나 서원에 걸렸고, 우리 조상들은 초상화 속 인물을 단순한 그림 속 인물이 아닌 조상과 성현 그 자체로 인식했다.

♥ 권계(勸誡): 착한 일은 권장하고 악한 일은 제재함.

♥ 경건하다(敬虔하다): 공경하며 삼가고 엄숙하다.

♥ 숭앙(崇仰): 공경하여 우러러봄.

♥ 야복(野服): 야인이 입는 옷. 여기서는 관복이 아닌 평상복을 이르는 말.

♥ 풍채(風采): 드러나 보이는 사람의 겉모양.

♥ 추이(推移): 일이나 형편이 시간의 경과에 따라 변하여 나감. 또는 그런 경향.

♥ 성정(性情): 성질과 심정. 또는 타고난 본성.

독해력 Upgrade ※각 문단의 중심 내용을 다음과 같이 정리할 때, 빈칸에 들어갈 알맞은 말을 쓰시오.

| **1** ( )의 영향을 받은 조선 시대 초상화 | → | **2** 공경심을 유도하기 위한 표현 방식 | → | **3** ( )와 복장을 통한 인물의 성정 표현 | → | **4** ( )을 강조하는 방향으로 변모해 간 화법 | → | **5** 내외적인 닮음을 추구한 조선 시대 초상화 |

1 '조선 시대 초상화'에 대한 설명으로 적절하지 <u>않은</u> 것은?

① 조선 시대 초상화는 조상과 성현에 대한 제사의 영향을 받았다.
② 조선 시대 초상화에서 인물의 시선은 얼굴과 같은 방향으로 처리되었다.
③ 조선 시대 초상화는 대상의 외모와 복장을 통해 절제된 군자의 자세를 드러냈다.
④ 조선 시대 초상화의 커다란 크기는 초상화를 보는 사람들의 마음가짐과 관련 있다.
⑤ 조선 시대 초상화는 인물의 성정을 드러내기 위해 평면적인 묘사 기법을 유지했다.

2 이 글을 읽고 아래 그림을 감상한 내용으로 적절하지 <u>않은</u> 것은?

〈강세황 70세 자화상〉은 조선 후기작으로, 팔분면에 머리에는 관모를 쓰고 의복은 야복을 입은 전신부좌상♥이다.

⇨

[감상 내용]

• 인물의 손을 드러내지 않은 것으로 보아 얼굴을 부각하려고 한 것이겠군. ……………………………………… ①
• 야복을 입은 것으로 보아 인물의 위풍당당한 모습을 드러내려고 한 것이겠군. ……………………………………… ②
• 옷 주름 선 주변에 음영을 표현한 것으로 보아 입체감을 나타내려고 한 것이겠군. ……………………………………… ③
• 안면을 우측으로 돌려 팔분면을 취한 것으로 보아 안정감을 느끼게 하려고 한 것이겠군. ……………………………… ④
• 특별한 현실 공간을 표현하지 않은 것으로 보아 보는 사람이 인물에만 집중하도록 한 것이겠군. …………………… ⑤

♥전신부좌상: 바닥에 앉은 모습으로 그린 전신상.

어휘력 Upgrade

※다음의 빈칸에 들어갈 알맞은 말을 〈보기〉에서 찾아 쓰시오.

보기
경건
추이
풍채
성정

1 새로운 분야에 투자하기 위해서는 산업의 전반적인 (   )를 잘 살펴야 한다.
2 그는 허허 웃는 너털웃음에 사람 좋아 보이는 당당한 (   )를 가진 사람이었다.
3 3·1 운동 100주년을 맞아 광장에 모인 시민들은 태극기를 향해 (   )하게 묵념했다.
4 고향을 떠나 도시로 오신 어머니는 순박한 (   )을 지닌 고향 마을 사람들을 자주 그리워하신다.

정해진 건은 없다, 우연성 음악

악보는 하나인데 연주할 때마다 다른 음악이 되는 것이 가능할까? '우연성 음악'은 그것이 가능해. 글을 읽으며 우연성 음악에 대해 알아보자.

1 '우연성 음악(Aleatoric)'이란 주사위를 뜻하는 라틴어 '알레아(Alea)'에서 유래된 용어로, 서양 음악의 전통적 통념˅에서 벗어나 작곡이나 연주 과정에 우연성을 도입함으로써 불확정성을 추구하는 음악을 일컫는다. 우연성 음악은 현대 음악이 지나치게 추상화되거나 정밀하게 구성된 음만을 추구한다는 비판에서 출발하였는데, 대표적인 음악가로 케이지와 슈톡하우젠이 있다.

2 케이지는 인간의 의도가 배제된 무작위(無作爲)˅의 상태가 가장 자연스러운 상태라고 주장하는 동양의 주역 사상을 접한 후, 작곡에 있어 인위적인 요소들을 제거하면 소리가 자연스럽게 구성될 수 있다고 생각하였다. 그래서 케이지는 작품을 창작하는 과정에 우연의 요소를 도입하여, 음의 높이나 강약 또는 악기나 음악 형식을 작곡가의 의도에 따라 결정하지 않고 동전이나 주사위를 던져 결정하는 방법을 사용하였다.

3 우연적 방법을 사용한 케이지의 대표적 작품으로는 1951년 작곡된 〈피아노를 위한 변화의 음악〉이 있다. 케이지는 이 곡을 작곡할 때 작품 전체의 형식 구조만 정해 놓고 세 개의 동전을 던져 음의 고저와 장단, 음가 등을 결정하였다. 다시 말해서 곡의 전체 구조는 합리적 사고에 의해, 세부적인 요소는 비합리적인 우연성에 의해 선택된 것이다.

4 케이지의 영향을 받은 슈톡하우젠은 음악의 우연성이 통계적 사고를 하는 과정에서 발생한다고 보고, 음악적 요소들의 관계에서 가변성˅이 형성될 때 다양한 음악적 표현이 가능하다고 생각했다. 기존의 음악처럼 고정된 악보를 제시하여 정해진 연주 방법과 진행 순서로 연주하는 것이 아니라, 단편적인 여러 악구만 제시하고 연주자가 이를 임의로 조합하는 우연성에 의해 연주해도 얼마든지 음악적 표현이 가능하다고 본 것이다.

5 슈톡하우젠의 〈피아노 소품 XI〉은 19개의 단편적인 악구로만 구성된, 단 한 페이지의 악보로 된 작품이다. 각 악구의 끝에는 박자, 빠르기, 음의 세기 등과 같은 지시어가 적혀 있는데, 연주자는 악구 중 하나를 선택하여 자신이 생각한 박자, 빠르기, 음의 세기로 연주를 시작하고, 해당 악구의 연주가 끝나면 임의로 선택한 다른 악구로 이동한다. 이때 각 악구의 뒷부분에 다음 악구를 연주하는 방식이 지시되어 있기 때문에, 그다음 악구는 바로 직전 악구의 지시어대로 연주해야 한다. 그리고 동일한 악구를 두 번째로 다시 연주할 때에는 해당 악구 앞부분의 괄호 안에 적힌 옥타브 변경 지시에 따라 연주한다. 이러한 과정을 반복하다 어느 한 악구를 세 번째로 연주하게 되면 끝난다. 따라서 이 작품은 처음에 선택한 악구를 연달아 세 번 연주하고 끝내는 짧은 연주 방법부터, 모든 악구를 두 번씩 반복한 후 마지막에 임의의 한 악구를 선택하여 끝내는 방법까지 다양한 방식으로 연주할 수 있다.

6 이러한 우연성 음악 은 하나의 작품이 작곡되고 연주되는 과정이 고정된 것이 아니라, 작곡가의 창작 과정과 이를 실현하는 연주자에 의해 다양하게 나타날 수 있다는 것을 보여

˅통념(通念): 일반적으로 널리 통하는 개념.

˅무작위(無作爲): 일부러 꾸미거나 뜻을 더하지 아니함.

˅가변성(可變性): 일정한 조건에서 변할 수 있는 성질.

˅지평(地平): 사물의 전망이나 가능성 따위를 비유적으로 이르는 말.

독해력 Upgrade   ※각 문단의 중심 내용을 다음과 같이 정리할 때, 빈칸에 들어갈 알맞은 말을 쓰시오.

| 1 우연성 음악의 개념과 등장 배경 | → | 2 작품 창작 과정에 우연의 요소를 도입한 ( ) | → | 3 우연적 방법을 사용한 케이지의 대표적 작품 | → | 4 연주의 우연성에 주목한 ( ) | → | 5 우연적 방법으로 연주하는 슈톡하우젠의 작품 | → | 6 우연성 음악의 ( ) |

주었다. 때문에 음악을 바라보는 고정 관념에서 벗어나 음악의 지평˚을 넓혔다는 평가를 받고 있다.

1 우연성 음악 에 대한 이해로 가장 적절한 것은?

① 작곡가와 연주자의 지위가 동등하다는 것을 강조하였다.

② 작품에 대한 평가는 연주자의 능력에 의해 결정되는 것임을 보여 주었다.

③ 누구나 음악을 작곡하고 연주하는 것이 가능함을 보여 줌으로써 음악의 지평을 넓혔다.

④ 음악의 창작과 실현에 관한 발상˚의 전환을 통해 불확정성이 음악의 중요한 요소가 될 수 있음을 보여 주었다.

⑤ 작품의 의미를 제대로 파악하기 위해서는 작곡과 연주에 대한 청중의 배경지식이 중요하다는 것을 강조하였다.

˅ 발상(發想): 어떤 생각을 해 냄. 또는 그 생각.

2 5에 제시된 방법으로 〈보기〉의 악보를 연주한다고 할 때, 이에 대한 이해로 적절하지 않은 것은?

┤ 보기 ├

○ 첫 악구 연주 방법: B를 선택, 2/4박자, 보통 빠르기로

○ 연주 순서: B → A → E → C → B → A → C → D → A

A （한 옥타브 낮게） 4/4박자, 느리게

B （한 옥타브 높게） 2/4박자, 매우 빠르게

C （한 옥타브 높게） 2/4박자, 모든 박 악센트

D （두 옥타브 낮게） 2/4박자, 아주 느리게

E （한 옥타브 낮게） 3/4박자, 보통 빠르기

① 악구 A는 모두 2/4박자로 연주되는군.

② 악구 B와 D는 모든 박을 악센트로 연주해야 하는 경우가 생기는군.

③ 악구 C는 처음에는 '보통 빠르기'로, 두 번째는 '느리게'로 연주되는군.

④ 악구 D 다음에 A가 아닌 C를 선택해도 연주는 끝나겠군.

⑤ 악구 E는 원래의 음보다 한 옥타브 낮은 음으로 연주되는군.

어휘력 Upgrade ※다음의 빈칸에 들어갈 알맞은 말을 〈보기〉에서 찾아 쓰시오.

┤ 보기 ├

통념
발상
가변성
지평

1 새로운 유전자의 발견은 유전 공학의 새 （　　　）을 열었다.

2 미(美)의 기준은 시대나 상황에 따라 달라지는 （　　　）을 지닌다.

3 경쟁이 치열한 광고업계에서 살아남기 위해서는 기발하고 참신한 （　　　）이 필요하다.

4 국악을 전공한 그 젊은 연주자는 국악은 대중성이 없다는 （　　　）을 깨기 위해 노력하고 있다.

[01~04] 다음 단어와 그 뜻풀이를 바르게 연결하시오.

01 존중 •   • ㉠ 높이어 귀중하게 대함.

02 기틀 •   • ㉡ 성질과 심정. 또는 타고난 본성.

03 성정 •   • ㉢ 어떤 일의 가장 중요한 계기나 조건.

04 권계 •   • ㉣ 착한 일은 권장하고 악한 일은 제재함.

[05~08] 〈보기〉의 글자들을 조합하여 다음의 뜻풀이에 알맞은 단어를 쓰시오.

| 보기 |
| 기 공 교 변 화 가 성 퇴 가 |

05 진보 이전의 상태로 되돌아감.   (   )

06 일정한 조건에서 변할 수 있는 성질.   (   )

07 기술이나 솜씨가 아주 교묘함. 또는 그런 기술이나 솜씨.   (   )

08 원자재나 반제품을 인공적으로 처리하여 새로운 제품을 만들거나 제품의 질을 높임.   (   )

[09~12] 다음의 빈칸에 들어갈 알맞은 단어를 〈보기〉에서 찾아 쓰시오.

| 보기 |
| 주역 백미 정의 일색 |

09 〈춘향전〉은 한국 고전 문학의 (   )로 꼽히는 작품이다.

10 행복은 여러 철학자들에 의해 끊임없이 (   )되어 왔다.

11 콘크리트 (   )인 삭막한 공간 속에서 도시인은 삶의 여유를 잃고 산다.

12 공민왕 때 관리로 등용된 신진 사대부들은 조선 왕조 건국의 (   )으로 활동하였다.

[13~16] 제시된 초성과 뜻풀이를 참고하여 다음의 빈칸에 알맞은 단어를 쓰시오.

13 ㄷ ㅇ : 기술, 방법, 물자 따위를 끌어 들임.
 예 삼국 시대의 건축술은 불교의 (   )과 함께 발전을 이루었다.

14 ㅇ ㅎ : 보통의 방향과 반대 방향으로 거슬러 나아감.
 예 그는 상대 후보의 공약이 국가 발전에 (   )하는 정책이라고 비판하였다.

15 ㅈ ㅎ : 다시 나타남. 또는 다시 나타냄.
 예 이 박물관에는 고대인들의 생활 모습을 (   )해 놓은 모형이 있다.

16 ㅂ ㅅ : 어떤 생각을 해 냄. 또는 그 생각.
 예 다수를 위해 소수의 희생을 기꺼이 감수해야 한다는 것은 위험한 (   )이다.

[17~20] 다음의 밑줄 친 부분과 바꿔 쓸 수 있는 말을 〈보기〉의 단어를 활용하여 쓰시오.

| 보기 |
| 배제하다 탈피하다 미숙하다 상이하다 |

17 희준은 농사일에 <u>서툴러서</u> 일을 시작한 지 하루 만에 앓아누웠다.   (   )

18 회의에 계속 불참하는 사람들을 이번 프로젝트에서 <u>빼기로</u> 했다.   (   )

19 우리 옆집에 사는 형제는 서로 외모가 무척 닮았지만 성격은 매우 <u>다르다</u>.   (   )

20 우리 사회가 더욱 발전하려면 획일주의와 권위주의에서 <u>벗어나야</u> 한다.   (   )

어휘력은 독해력의 기초!

• 나의 어휘력은 몇 점?   _____개 / 20개
• 18개 이상을 맞혔다면?   어휘의 기초가 튼튼합니다.
• 17개 이하로 맞혔다면?   본문에 제시된 지문과 어휘를 다시 공부한 다음 문제를 풀어 보세요.

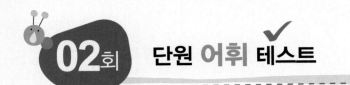
[01~04] 다음 단어와 그 뜻풀이를 바르게 연결하시오.

01 외연 •　　　• ㉠ 가혹하게 비평함.

02 혹평 •　　　• ㉡ 우주에 있는 온갖 사물과 현상.

03 사조 •　　　• ㉢ 한 시대의 일반적인 사상의 흐름.

04 삼라　•　　　• ㉣ 일정한 개념이 적용되는 사물의
　　만상　　　　　 전 범위.

[05~08] 〈보기〉의 글자들을 조합하여 다음의 뜻풀이에 알맞은 단어를 쓰시오.

┤ 보기 ├
평 풍 색 채 념 탐 지 통

05 일반적으로 널리 통하는 개념.　　　　　　(　　　)

06 드러나 보이는 사람의 겉모양.　　　　　　(　　　)

07 사물의 전망이나 가능성 따위를 비유적으로 이르는
말.　　　　　　　　　　　　　　　　　(　　　)

08 드러나지 않은 사물이나 현상 따위를 찾아내거나 밝히기 위하여 살피어 찾음.　　　　　　　(　　　)

[09~12] 다음의 빈칸에 들어갈 알맞은 단어를 〈보기〉에서 찾아 쓰시오.

┤ 보기 ├
인위적 유동적 유기적 궁극적

09 심리학은 (　　　)으로 인간의 행동을 이해하기 위한
학문이다.

10 사람은 다른 사람과 (　　　) 관계를 맺고 사는 사회
적 동물이다.

11 예측하기 어려운 요인들 때문에 경제 성장에 대한 전
망도 (　　　)이다.

12 환경 오염의 주된 요인은 사람들이 (　　　)으로 발생
시키는 오염 물질이다.

[13~16] 제시된 초성과 뜻풀이를 참고하여 다음의 빈칸에 알맞은 단어를 쓰시오.

13 ㄱ ㅇ : 본래부터 가지고 있는 특유한 것.
예 한복은 우리 민족 (　　　)의 전통 복식이다.

14 ㅇ ㅇ : 쓸모가 있음.
예 호수와 바다가 많은 나라에서는 수상 비행기가
(　　　)하게 쓰인다.

15 ㄱ ㅊ : 새로운 영역, 운명, 진로 따위를 처음으로 열
어 나감.
예 그는 자기 힘으로 운명을 (　　　)해 나가려는 진
취적인 사람이다.

16 ㅊ ㅇ : 일이나 형편이 시간의 경과에 따라 변하여 나
감. 또는 그런 경향.
예 우리나라 농가 소득의 (　　　)를 보면 농업 외적
인 소득이 늘어나는 양상이다.

[17~20] 다음의 밑줄 친 부분과 바꿔 쓸 수 있는 말을 〈보기〉의 단어를 활용하여 쓰시오.

┤ 보기 ├
구현하다 탁월하다 치장하다 부여하다

17 언니는 봄을 맞아 집 거실과 마당을 새롭게 꾸몄다.
(　　　)

18 현수는 이야기를 재미있게 하는 데 뛰어난 능력을 가
지고 있다.　　　　　　　　　　　　　　(　　　)

19 청소년에게 선거권을 주는 것이 타당한지에 대해 토
론하기로 했다.　　　　　　　　　　　　(　　　)

20 그의 시는 삶의 진실을 세련된 언어로 나타낸 작품으
로 평가받고 있다.　　　　　　　　　　　(　　　)

어휘력은 독해력의 기초!

• 나의 어휘력은 몇 점?　　　　＿＿＿＿＿＿＿개 / 20개
• 18개 이상을 맞혔다면?　　어휘의 기초가 튼튼합니다.
• 17개 이하로 맞혔다면?　　본문에 제시된 지문과 어휘를 다시 공부한
　　　　　　　　　　　　다음 문제를 풀어 보세요.

독해 실전

아자! 힘내~

II

사회

나이, 어떤 방식으로 세는 것이 좋을까

나는 중학교 3학년이고 16살이야. 그런데 외국에서 온 앤디는 태어난 연도가 나랑 같은데 자기가 14살이라고 했어. 왜 이런 일이 생기는 건지 이 글을 읽으며 알아보자.

1 우리나라에서는 새해가 되면 전 국민 모두 한 살씩 나이를 더 먹는다. 이렇게 나이를 세는 방식을 '세는나이' 또는 '한국식 나이'라고 한다. 그런데 우리나라에서는 '세는나이' 외에 '만 나이'도 쓰인다. '만 나이'는 0세부터 시작해서 출생일에 나이를 더하는 나이 셈법이다.

2 나이 계산 방식이 두 가지이다 보니 생활에서 혼란을 겪는 경우가 많다. 가령 극장에서 영화를 볼 수 있는지, 선거 날 투표를 할 수 있는지와 같은 고민부터 '만 나이'를 기재˚해야 하는 공문서에 '세는나이'로 잘못 기재하는 일까지 혼란스러운 일이 비일비재˚하다. 이러한 혼란을 줄일 수 있는 방법은 '만 나이'로 나이 셈법을 통일하는 것이다. 그 이유는 다음과 같다.

3 첫째, '만 나이'를 사용하는 것이 법의 규정에 부합˚한다. 우리 민법은 1962년부터 '만 나이'를 사용할 것을 명시하고 있다. 그래서 공문서나 법조문, 보험 문서에서는 공식적으로 '만 나이'를 사용한다. 2013년 개정된 민법을 보면, '만 20세'로 표기했던 성년의 나이를 '만' 자를 뺀 '19세'로 바꾸었다. 이 개정안은 법률적으로 나이를 셀 때에는 '만 나이'로 계산해야 한다는 것을 상징적으로 보여 주는 것이다.

4 둘째, '만 나이'는 '세는나이'에 비해 계산 방식이 더 합리적이다. 아래 그림에서 2014년 12월 26일에 태어난 아이를 통해 '만 나이'와 '세는나이'의 차이를 살펴보자. '세는나이' 셈법으로 이 아이는 태어난 순간 1살이 되고, 며칠 뒤 2015년 1월 1일이 되면 바로 2살이 된다. 출생 후 1살을 더하기까지의 기간이 출생일에 따라 모두 다르다. 반면 '만 나이' 셈법으로 이 아이는 2015년 12월 26일이 되었을 때 1살을 더하게 된다. 누구나 출생일에서 1살을 더하기까지의 기간이 동일한 것이다.

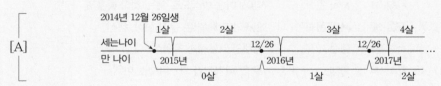

[A]

- 기재(記載): 문서 따위에 기록하여 올림.
- 비일비재(非一非再): 같은 현상이나 일이 한두 번이나 한둘이 아니고 많음.
- 부합(符合): 사물이나 현상이 서로 꼭 들어맞음.
- 서력기원: 기원 원년 이후. 주로 예수가 태어난 해를 원년으로 하여 이름.
- 환산(換算): 어떤 단위나 척도로 된 것을 다른 단위나 척도로 고쳐서 헤아림.

5 셋째, '만 나이'의 사용은 국제 사회의 흐름에도 부합한다. 사실 '세는나이'는 우리나라에서만 쓰이는 나이 셈법이다. 근대 이전에는 동아시아의 여러 국가가 '세는나이'를 사용하였다. 그러나 중국, 일본, 베트남 등의 국가는 근대화를 거치면서 '세는나이'의 방법을 버리고 '만 나이'만을 사용하고 있다. 대부분의 국가에서 종교와 관계없이 서력기원˚을 쓰고 있듯, 우리도 '만 나이'를 사용하는 문화를 정착시켜야 한다.

6 우리나라의 나이 셈법을 '만 나이'로 통일하면 일상생활에서 겪는 여러 가지 혼란을 피할 수 있다. 또한 공공 기관, 기업, 병원 등에서 '세는나이'를 '만 나이'로 환산˚해서 적용하는 데 따르는 사회적 비용도 줄일 수 있다. 사회 관습과 사회 인식을 개선해야 하므로 시간이 다소 걸릴 수 있겠지만 '만 나이'로 통일해야 하는 이유는 충분해 보인다.

독해력 Upgrade

※각 문단의 중심 내용을 다음과 같이 정리할 때, 빈칸에 들어갈 알맞은 말을 쓰시오.

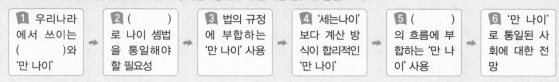

1 우리나라에서 쓰이는 ( )와 '만 나이' → **2** ( )로 나이 셈법을 통일해야 할 필요성 → **3** 법의 규정에 부합하는 '만 나이' 사용 → **4** '세는나이'보다 계산 방식이 합리적인 '만 나이' → **5** ( )의 흐름에 부합하는 '만 나이' 사용 → **6** '만 나이'로 통일된 사회에 대한 전망

1 〈보기〉는 이 글의 내용을 요약한 것이다. 빈칸에 들어갈 말로 가장 적절한 것은?

┤ 보기 ├

　우리나라는 '만 나이'와 '세는나이'를 혼용˘하고 있으므로 실생활에서 혼란을 겪는 경우가 많다. '만 나이'는 민법에 명시되어 있는 공식적인 나이 셈법이고, '세는나이'에 비해 합리적이다. 또한 (　　　　　　　　　　　). 따라서 우리나라에서 사용되는 나이 셈법을 '만 나이'로 통일해야 한다.

˘ 혼용(混用): 한데 섞어 쓰거나 어울러 씀.

① 현재의 나이 셈법에 개선이 필요한 시점이다.
② '만 나이'의 사용은 국제 사회의 흐름에 부합한다.
③ 공문서나 법조문, 보험 문서에서 '만 나이'를 사용한다.
④ 사회 관습과 사회 인식을 개선하는 데 시간이 걸릴 수 있다.
⑤ 개정된 민법에서 성년의 나이를 '만' 자를 빼 '19세'로 바꾸었다.

2 [A]의 기능에 대한 설명으로 가장 적절한 것은?

① 글에 나타나지 않은 사례를 추가한다.
② 글의 모든 근거를 종합하여 보여 준다.
③ 앞으로 제기할 문제를 압축적으로 제시한다.
④ 두 대상이 지닌 차이를 시각적으로 드러낸다.
⑤ 제기한 문제 상황에 대한 해결 방안을 제시한다.

3 이 글을 바탕으로 할 때, 〈보기〉에 대해 보인 반응으로 적절하지 <u>않은</u> 것은?

┤ 보기 ├

　서영이는 2014년 12월 26일에 태어났고, 옆집의 현우는 2015년 1월 1일에 태어났다. 그리고 윗집의 민준이는 2015년 12월 27일에 태어났다.

① '세는나이'를 사용할 때, 현우와 민준이는 항상 나이가 같아.
② '만 나이'를 사용할 때, 현우는 2016년 1월 1일이 되었을 때 1살이 더해져.
③ '세는나이'를 사용할 때, 2015년 1월 1일에 서영이는 2살이고 현우는 1살이야.
④ 중국이나 일본의 방식으로 나이를 세면, 서영이는 2015년 1월 1일에 1살이 더해져.
⑤ '만 나이'를 사용할 때, 세 명 모두 출생일에서 1살을 더하기까지의 기간은 동일해.

어휘력 Upgrade　※다음의 빈칸에 들어갈 알맞은 말을 〈보기〉에서 찾아 쓰시오.

┤ 보기 ├
부합
기재
환산
비일비재

1 지원서에 (　　　)한 내용이 사실과 다를 경우에는 합격이 취소된다.
2 그것은 아주 오래된 고대 유물이기 때문에 그 가치를 돈으로 (　　　)할 수 없다.
3 인간을 위해 만든 제도가 오히려 인간을 부자유하게 만드는 일은 (　　　)하다.
4 시립 도서관에서는 시민들의 요구에 (　　　)하는 독서 프로그램을 제공하고자 한다.

02 인류와 함께해 온 문화 현상, 문신

요즘에는 문신을 한 사람을 드물지 않게 볼 수 있어. 옛날 사람들도 문신을 했을까? 문신은 왜 하는 걸까? 이 글을 읽으며 문신의 특성에 대해 알아보자.

1 문신(文身)은 말 그대로 몸에 새기는 무늬이다. 문신 문화에 관한 고고학이나 인류학, 그리고 역사학의 자료를 참조하면 문신은 특정 문화권에 한정된 현상이 아니라 인류 보편의 문화 현상이었다. 알프스에서 발견된 5천여 년 전 청동기 시대의 사냥꾼 미라에도 문신이 있었고 19세기 또는 20세기 초까지 석기 시대의 삶을 살고 있었던 남태평양의 섬이나 중국 서남부의 여러 민족들도 문신 습속˚을 지니고 있었다. 우리 역시 삼한 시대에 문신 습속이 있었다.

2 인류 문화의 보편적 현상인 문신은 고통스러운 신체 장식술을 통해 특정한 사회적 의미를 표현한다. 역사서의 기록이나 구술 전승에 따르면 문신은 어로·수렵 등 생산 활동 중에 있을 수 있는 동물들의 공격으로부터 신체를 보호하는 주술적 기능을 수행했다. 또 문신에는 문신을 하지 않거나 다른 형태의 문신을 한 종족과 동일 문신의 종족을 구별해 주는 종족 표지 기능도 있었다. 그리고 문신은 위치나 형태를 통해 신분의 고하(高下)나 결혼의 유무 등 사회적 신분을 표시하는 기능도 수행하는데 이때 문신하기는 일종의 통과 의례이다. 그러나 문신에는 이와 같은 종교적·실용적 기능 외에도 미적 기능이 있다. 옷이 신분을 드러내는 표지이면서 동시에 아름다움의 표현이듯이 문신 역시 문신 사회에서는 아름다움의 표현이었다.

3 오늘날에도 원시 사회의 문신이 지니고 있던 이런 기능들은 축소되거나 변형된 채 여전히 지속되고 있다. 집단적 성격을 가지고 있던 주술 문신은 늘 승부에 몸을 던지는 스포츠 선수들의 몸 위에 남아 있다. 그들은 문신을 통해 심리적 위안을 얻고 승리를 기원한다. 문신의 미적 기능 역시 눈썹을 그리는 미용 문신의 이름으로 여성들의 신체에 남아 있으며, 예술 문신이라는 이름의 새로운 장르로 태어나고 있는 중이다. 한편, 종족 표지의 기능을 수행하던 문신은 범죄 집단에서 구성원들의 결속력을 강화하기 위한 수단으로 왜곡˚되어 나타나기도 한다.

4 우리 사회에서 문신은 죄의 대가로 새기는 형벌 문신의 영향과 유가적(儒家的) 신체관의 유산 때문에 반사회적·반윤리적 이미지를 불러일으키는 불온한˚ 상징물로 간주˚된다. 하지만 다른 한편에서 그것은 유가적 신체관으로부터 자유로운 세대들의 자의식을 드러내는 도전적 상징물이고, 몸을 화폭으로 삼아 새겨 내는 전위적 예술이기도 하다.

5 중세와 근대를 거치면서 그간 우리 사회에서는 신체를 부모와 가족을 매개로 국가에 연계된 것으로 인식해 왔다. 몸을 잘 간수하는 것이 효(孝)의 시작이었고, 필요하면 몸을 산화(散花)하는 것이 충(忠)의 표현이었다. 그러나 새로운 세대들에게 몸은 더 이상 그런 관계 속에 있지 않다. 그들에게는 '이것은 나의 몸'이라는 의식이 있기 때문이다. 문신을 비롯한 피어싱·보디 페인팅과 같은 신체 장식술과 변형술은 바로 이런 의식을 반영한 것이다. 이들

˚ **습속(習俗):** 습관이 된 풍속.

˚ **왜곡(歪曲):** 사실과 다르게 해석하거나 그릇되게 함.

˚ **불온하다(不穩하다):** 사상이나 태도 따위가 통치 권력이나 체제에 순응하지 않고 맞서는 성질이 있다.

˚ **간주(看做):** 상태, 모양, 성질 따위가 그와 같다고 봄. 또는 그렇다고 여김.

˚ **지표(指標):** 방향이나 목적, 기준 따위를 나타내는 표지.

독해력 Upgrade ※각 문단의 중심 내용을 다음과 같이 정리할 때, 빈칸에 들어갈 알맞은 말을 쓰시오.

| 1 인류 문화에 보편적으로 나타나는 문신 | → | 2 원시 사회에서 문신의 (   ) | → | 3 오늘날 문신의 기능과 종류 | → | 4 문신에 대한 세대별 인식의 (   ) | → | 5 다양성 존중의 (   )가 될 수 있는 문신 |

의 의식 안에서 문신은 윤리의 차원을 벗어나 개인적 취향의 문제로 재탄생할 것이다. 21세기 우리 사회에서 문신은 ㉠'차이들의 원만한 공존'을 재는 상징적 지표˚의 하나이다.

1 이 글의 내용과 일치하지 <u>않는</u> 것은?

① 문신은 인류 문화의 보편적 현상이다.
② 미용 문신은 문신의 미적 기능과 연관된다.
③ 문신은 특정한 사회적 의미를 표현할 수 있다.
④ 원시 사회의 문신의 기능은 점점 확대되어 현대에도 지속된다.
⑤ 우리 사회에서 문신의 부정적 이미지는 유가적 신체관에 기인˚한다.

˚ 기인(起因): 어떠한 것에 원인을 둠.

2 이 글에서 사용한 설명 방법으로 적절하지 <u>않은</u> 것은?

① 대상의 개념을 정의하여 설명하고 있다.
② 대상의 기능을 구분하여 설명하고 있다.
③ 대상을 친숙한 것에 빗대어 설명하고 있다.
④ 실제의 구체적 사례를 들어 설명하고 있다.
⑤ 대상에 대한 인식의 차이를 대조하여 설명하고 있다.

3 ㉠이 실천된 사례로 가장 적절한 것은?

① 정부에서는 이산가족의 교류를 꾸준히 추진하고 있다.
② 임시 공휴일 지정에 대한 여론 조사 결과 찬성과 반대가 비슷하게 나왔다.
③ 우리 회사는 인종이나 국적이 다른 사람도 보통의 한국인과 똑같이 대우한다.
④ 인터넷에서 유행하는 줄임말이나 신조어가 다양한 연령에서 널리 쓰이고 있다.
⑤ 담임 선생님께서 반 아이들의 서로 다른 의견을 절충한 새로운 안을 제시하였다.

어휘력 Upgrade　※다음의 빈칸에 들어갈 알맞은 말을 〈보기〉에서 찾아 쓰시오.

┌ 보기 ┐
습속
지표
간주
기인

1 고대인들은 자연적 현상을 모두 신의 행위로 (　　　)하였다.
2 두 연구의 결과가 이렇게 다른 것은 조사 방법의 차이에 (　　　)한다.
3 인생의 (　　　)를 잃고 방황하는 사람들에게 필요한 것은 애정 어린 관심이다.
4 예전에는 감꽃이 떨어지면 그것을 실에 엮어서 목걸이를 만드는 (　　　)이 있었다.

조세의 효율성과 공평성

국가는 국민으로부터 거두어들인 세금으로 나라를 운영해. 세금을 걷을 때 어떤 점이 고려되어야 하는지 이 글을 통해 알아보자.

1 조세는 국가의 재정을 마련하기 위해 경제 주체인 기업과 국민들로부터 거두어들이는 돈이다. 그런데 국가가 조세를 강제로 부과하다 보니 경제 주체의 의욕을 떨어뜨려 경제적 순손실을 초래˚하거나 조세를 부과하는 방식이 공평하지 못해 불만을 야기하는 문제가 나타난다. 따라서 조세를 부과할 때는 조세의 효율성과 공평성을 고려해야 한다.

2 우선 ㉠조세의 효율성에 대해서 알아보자. 상품에 소비세를 부과하면 상품의 가격 상승으로 소비자가 상품을 적게 구매하기 때문에 상품을 통해 얻는 소비자의 편익˚이 줄어들게 되고, 생산자가 상품을 팔아서 얻는 이윤도 줄어들게 된다. 소비자와 생산자가 얻는 편익이 줄어드는 것을 경제적 순손실이라고 하는데 조세로 인하여 경제적 순손실이 생기면 경기가 둔화˚될 수 있다. 이처럼 조세를 부과하게 되면 경제적 순손실이 불가피하게 발생하게 되므로, 이를 최소화하도록 조세를 부과해야 조세의 효율성을 높일 수 있다.

3 ㉡조세의 공평성은 조세 부과의 형평성을 실현하는 것으로, 조세의 공평성이 확보되면 조세 부과의 형평성이 높아져서 조세 저항을 줄일 수 있다. 공평성을 확보하기 위한 기준으로는 편익 원칙과 능력 원칙이 있다. 편익 원칙은 조세를 통해 제공되는 도로나 가로등과 같은 공공재˚를 소비함으로써 얻는 편익이 클수록 더 많은 세금을 부담해야 한다는 원칙이다. 이는 공공재를 사용하는 만큼 세금을 내는 것이므로 납세자의 저항이 크지 않지만, 현실적으로 공공재의 사용량을 측정하기가 쉽지 않다는 문제가 있고 조세 부담자와 편익 수혜자가 달라지는 문제도 발생할 수 있다.

4 능력 원칙은 개인의 소득이나 재산 등을 고려한 세금 부담 능력에 따라 세금을 내야 한다는 원칙으로 조세를 통해 소득을 재분배하는 효과가 있다. 능력 원칙은 수직적 공평과 수평적 공평으로 나뉜다. 수직적 공평은 소득이 높거나 재산이 많을수록 세금을 많이 부담해야 한다는 원칙이다. 이를 실현하기 위해 특정 세금을 내야 하는 모든 납세자에게 같은 세율을 적용하는 비례세나 소득 수준이 올라감에 따라 점점 높은 세율을 적용하는 누진세를 시행하기도 한다. 수평적 공평은 소득이나 재산이 같을 경우 세금도 같게 부담해야 한다는 원칙이다. 그런데 수치상의 소득이나 재산이 동일하더라도 실질적인 조세 부담 능력이 달라, 내야 하는 세금에 차이가 생길 수 있다. 예를 들어 소득이 동일하더라도 부양가족의 수가 다르면 실질적인 조세 부담 능력에 차이가 생긴다. 이와 같은 문제를 해결하여 공평성을 높이기 위해 정부에서는 공제˚ 제도를 통해 조세 부담 능력이 적은 사람의 세금을 감면해 주기도 한다.

- ♥초래(招來): 어떤 결과를 가져오게 함.
- ♥편익(便益): 편리하고 유익함.
- ♥둔화(鈍化): 느리고 무디어짐.
- ♥공공재(公共財): 모든 사람들이 공동으로 이용할 수 있는 재화나 서비스.
- ♥공제(控除): 받을 몫에서 일정한 금액이나 수량을 뺌.

독해력 Upgrade   ※각 문단의 중심 내용을 다음과 같이 정리할 때, 빈칸에 들어갈 알맞은 말을 쓰시오.

| **1** 조세 부과 시 고려해야 하는 효율성과 공평성 | → | **2** 조세의 (   )을 확보하기 위한 방법 | → | **3** 조세의 공평성을 확보하기 위한 편익 원칙 | → | **4** 조세의 공평성을 확보하기 위한 (   ) 원칙 |

1 ㉠과 ㉡에 대한 설명으로 적절하지 <u>않은</u> 것은?

① ㉠은 조세가 경기에 미치는 영향과 관련되어 있다.

② ㉡은 납세자의 조세 저항을 완화♥하는 데 도움이 된다.

③ ㉠은 ㉡과 달리 소득 재분배를 목적으로 한다.

④ ㉡은 ㉠과 달리 조세 부과의 형평성을 실현하는 것이다.

⑤ ㉠과 ㉡은 모두 조세를 부과할 때 고려해야 하는 요건이다.

♥완화(緩和): 긴장된 상태나 급박한 것을 느슨하게 함.

2 〈보기〉는 경제 수업의 일부이다. 이 글을 바탕으로 할 때, 선생님의 질문에 적절하게 답한 학생을 모두 골라 바르게 묶은 것은?

┤ 보기 ├

선생님: 여러분, 아래 표는 소득 기준으로, A, B, C의 세금 공제 내역을 가정한 것입니다. 표를 보고 조세의 공평성이 어떻게 적용되었는지 각자 분석해 볼까요?

구분	소득(만 원)	세율(%)	공제액(만 원)	납부액(만 원)	공제 항목
A	3,000	5	0	150	공제 없음
B	3,000	5	100	50	부양가족 2인
C	4,000	10	100	300	부양가족 2인

성근: A와 달리 B에게 공제 혜택을 부여함으로써 조세의 공평성이 약화되고 있어요. ┈┈┈┈┈ ㄱ

수지: B가 A와 달리 부양가족 공제를 받은 것은 실질적인 조세 부담 능력을 고려한 것이네요. ┈┈┈┈┈ ㄴ

현욱: B와 C의 납부액에 차이가 있는 것은 편익 원칙을 적용하여 세금을 징수했기 때문이에요. ┈┈┈┈┈ ㄷ

유미: B의 세율이 5%이고, C의 세율이 10%인 것은 수직적 공평을 위한 누진세가 적용된 결과겠네요. ┈┈┈┈┈ ㄹ

① ㄱ, ㄷ 　　② ㄴ, ㄹ 　　③ ㄷ, ㄹ

④ ㄱ, ㄴ, ㄷ 　　⑤ ㄱ, ㄴ, ㄹ

어휘력 Upgrade

※다음의 빈칸에 들어갈 알맞은 말을 〈보기〉에서 찾아 쓰시오.

┤ 보기 ├
공제
편익
둔화
초래

1 안전 불감증은 대형 참사를 (　　　)할 수도 있다.

2 이익은 수익에서 비용을 (　　　)한 잔액을 의미하는 개념이다.

3 경기가 연장전에 이르자 선수들의 움직임이 눈에 띄게 (　　　)되었다.

4 규정은 국민을 위해 존재하는 것이므로 국민 생활의 (　　　)을 향상시키는 차원에서 다뤄져야 한다.

물 한 바가지가 가져다주는 이익

마트에서 하는 시식 행사나 1+1 행사를 본 적 있을 거야. 인터넷 쇼핑몰에서 할인 쿠폰을 주는 경우도 많지. 이런 것들은 어떤 효과를 노리는 것인지 생각하며 글을 읽어 보자.

1 과거 수도 시설이 보편화되기 이전에는 가정마다 수동 펌프로 물을 끌어 올려 사용했는데, 펌프질만으로는 물을 끌어 올리기 어려워 물 한 바가지를 넣어 펌프질을 했다. 이때 펌프에서 물이 나오게끔 도움을 주는 소량의 물이 바로 마중물이다. 이렇게 마중물과 같이 작은 자극이 원인이 되어 더 큰 효과를 일으키는 것을 마중물 효과라 한다.

2 처음 정부의 마중물 효과는 경제 불황의 극복을 위해 일시적으로 재정 지출을 확대하거나 재정 수입을 감소하는 등의 자극을 주어 경제 활동을 활성화시켜 침체된 경기가 회복되도록 하는 것이었다. 이런 마중물 효과는 정부의 경제 활성화 정책을 넘어 장학 사업 같은 사회사업 분야 및 기업의 마케팅 활동 등 우리 생활 전반에까지 그 영역이 확대되었다. 특히 기업은 마중물 효과를 마케팅 전략으로 활발히 사용하게 되었다.

3 기업이 마중물 효과를 통해 도달해야 하는 목표는 단순한 단기간의 이윤 증대가 아니다. 기업은 다양한 종류의 마중물을 이용해 타사 제품에 비해 자사 제품이 가지고 있는 제품의 가치를 홍보하여 자사 제품에 대한 소비자의 긍정적 평가를 높이려 한다. 이를 바탕으로 마중물의 제공이 중단되더라도 소비자의 꾸준한 구매를 통해 기업의 이익이 장기적으로 지속되도록 하는 것이 마중물을 활용한 마케팅의 궁극적인 목표이자 마중물 효과이다. 그래서 기업은 적지 않은 자금을 투입하여 제품 체험 행사, 1개를 사면 1개를 더 주는 덤 마케팅, 대형 마트의 시식 행사, 할인 쿠폰 제공 등 다양한 형태의 마중물로 소비자의 구매를 유도한다. 이때 소비자가 마중물을 힘들이지 않고 거저 얻은 것으로 생각하여, 지나친 소비 활동을 하는 공돈 효과˙를 일으킨다면 기업은 더 큰 이윤 창출˙을 기대할 수도 있다.

4 하지만 기업의 마중물 마케팅이 항상 성공적인 결과를 얻는 것은 아니다. 기업의 의도가 소비자에게 제대로 전달되지 못하여 마중물을 제공하지 않자 제품에 대한 구매가 원상태로 돌아가거나 오히려 하락했다면, 마중물 효과는 단지 광고나 판매 촉진 활동과 같은 일시적인 매출 증대 행위에 그칠 수밖에 없다. 또한 마중물에 투입한 비용이 과도하여 매출은 증가하였지만 이윤이 남지 않는 경우와, 마중물을 투입하였는데도 기업의 매출에 변화가 없어서 오히려 기업의 이윤이 감소하는 경우가 있다. 뿐만 아니라 마중물이 일반 소비자들에게 골고루 혜택을 주지 못하고 일부 체리피커˙들에게 독점된다면 기업의 이윤 창출은 더욱 어려워질 수도 있다.

5 그러나 이런 위험을 알면서도 지금도 많은 기업에서는 소비자의 지갑이 열리기를 기대하며 다양한 마중물을 동원하여 이익을 극대화하는 데에 총력˙을 기울인다. 그러므로 소비자는 할인이나 끼워 주기와 같은 기업의 조삼모사(朝三暮四)식 가격 정책에 흔들리기보다는 합리적인 소비를 해야 한다. 단순하게 마중물이 주는 혜택에 집중하기보다는 자신에게 꼭 필요한 상품을 꼭 필요한 만큼만 구매하려는 소비자의 현명한 선택이 필요한 것이다.

˙공돈 효과: 기대하지 않았던 이익(공돈)을 얻게 되면 전보다 더 위험을 감수하려는 현상.

˙창출(創出): 전에 없던 것을 처음으로 생각하여 지어내거나 만들어 냄.

˙체리피커: 상품의 구매 실적은 낮으면서 제공되는 다양한 부가 혜택이나 서비스를 최대한 활용하는 소비자.

˙총력(總力): 전체의 모든 힘.

독해력 Upgrade ※각 문단의 중심 내용을 다음과 같이 정리할 때, 빈칸에 들어갈 알맞은 말을 쓰시오.

| **1** ( ) 효과의 개념 | → | **2** 정부와 기업 등에서 두루 사용되는 마중물 효과 | → | **3** 기업이 마중물 효과로 도달하고자 하는 목표 | → | **4** 기업의 마중물 마케팅이 ( ) 하는 경우 | → | **5** 마중물 마케팅에 대한 ( )의 바람직한 태도 |

1 **이 글을 이해한 내용으로 가장 적절한 것은?**

① 마중물 효과는 기업의 마케팅 전략으로 처음 시작되었다.

② 마중물 효과로 기업이 이익을 높이는 데 체리피커들은 큰 기여를 한다.

③ 마중물로 제공되는 혜택이 크면 클수록 마중물 효과는 더욱 잘 일어난다.

④ 마중물 효과는 상품 구매에 대한 소비자의 심리 변화를 기반으로 발생한다.

⑤ 마중물 마케팅을 실시하는 기업의 최종 목표는 소비자들의 현명한 소비를 촉구♥하는 것 이다.

♥촉구(促求): 급하게 재 촉하여 요구함.

2 **3 ~ 4 를 참고하여 〈보기〉를 이해한 내용으로 적절하지 않은 것은?**

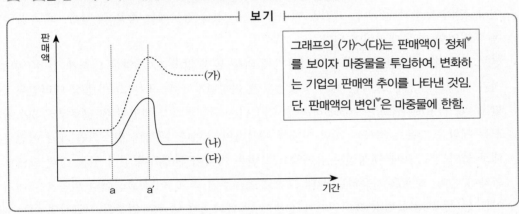

┤ 보기 ├

그래프의 (가)~(다)는 판매액이 정체♥를 보이자 마중물을 투입하여, 변화하는 기업의 판매액 추이를 나타낸 것임. 단, 판매액의 변인♥은 마중물에 한함.

♥정체(停滯): 사물이 발 전하거나 나아가지 못 하고 한자리에 머물러 그침.

♥변인(變因): 성질이나 모습이 변하는 원인.

① (가), (나)로 보아 a에서 a′ 동안에 마중물이 투입된 것으로 볼 수 있다.

② (가)는 기업이 의도하던 대로 이익이 창출된 경우이다.

③ (나)는 a에서 a′ 기간 중에 판매액이 증가된 것을 보니 기업의 이윤도 증가했다.

④ (나)는 단기적으로 판매액이 증가되었다가 원상태로 돌아간 것으로 보아 기업의 이익이 장기적으로 지속된 것은 아니다.

⑤ (다)는 제품의 판매액이 변함없는 것으로 보아 기업의 이윤은 감소했다.

어휘력 Upgrade

※다음의 빈칸에 들어갈 알맞은 말을 〈보기〉에서 찾아 쓰시오.

┤ 보기 ├
촉구
정체
창출
총력

1 민간단체들은 정부가 환경 보호 운동에 앞장설 것을 (   )했다.

2 선거일을 하루 앞두고 후보들이 마지막 유세에 (   )을 다하였다.

3 주말이 되면 이 도로는 교외로 나들이 가는 차량으로 극심한 (   )를 이룬다.

4 컴퓨터 기술의 발전은 새로운 일자리의 (   )과 실업의 증가라는 양면적 결과를 가져왔다.

미성년자의 계약

중학생도 계약을 할 수 있을까? 정답은 '혼자서는 못 한다'야. 법에서 그렇게 정하고 있기 때문이지. 이 글을 통해 미성년자의 계약에 관해 자세히 알아보자.

1️⃣ 청소년들이 게임 사이트에 가입하거나 휴대 전화를 구입할 때는 부모의 동의가 있어야 한다. 어른들은 그렇지 않은데, 왜 청소년만 이러한 동의가 있어야 할까? 계약과 같은 법률 행위를 하여 권리를 얻거나 의무를 지려면 자신의 의사로 판단하고 결정할 수 있는 능력이 있어야 한다. 예를 들어, 태어난 지 얼마 안 된 아기나 만취한 어른은 의사 능력이 있다고 할 수 없다. 그런데 의사 능력의 유무를 구분하는 기준을 정하기는 어렵다. 우리 민법에는 의사 능력의 판단 여부를 쉽게 파악할 수 있도록 하기 위해서 일정한 조건에 해당하는 경우에 의사 능력이 없다고 일률적ᵛ으로 취급하는 '제한 능력자 제도'를 두고 있다. 개인의 의사 능력 유무를 묻지 않고, 제한 능력자라는 사실만으로 단독으로는 유효한 법률 행위를 할 수 없도록 정한 것이다. 대표적인 제한 능력자로, 만 19세 미만의 사람인 미성년자가 있다.

2️⃣ 제한 능력자인 미성년자가 계약과 같은 법률 행위를 할 때에는 반드시 미성년자의 법정 대리ᵛ인의 동의를 얻어야 한다. 이것은 국가가 미성년자를 특별히 보호해야 할 대상, 즉 사회적 약자로 인식하고 있기 때문이다. 미성년자의 법정 대리인은 1차적으로 친권자, 즉 부모이다. 만약 부모가 없거나, 있지만 대리를 할 수 없을 경우에는 조부모, 삼촌, 고모 등과 같은 후견인이 법정 대리인이 된다.

3️⃣ 그렇다면 미성년자가 법정 대리인의 동의를 얻지 않고 한 계약은 어떻게 될까? 미성년자가 계약으로 인한 효과를 원하지 않는다면 미성년자 본인 또는 그의 법정 대리인이 취소할 수 있다. 이를 취소권이라고 하는데, 취소권은 미성년자가 성인이 된 날로부터 3년 이내, 또는 계약을 맺은 날로부터 10년 이내에 행사하여야 한다. 계약이 취소되면 계약 이전의 상태로 돌아간다. 이때 미성년자는 계약으로 얻은 이익이 현재까지 남아 있는 상태 그대로 반환해야 한다. 상품은 사용하던 상태 그대로 돌려주면 되고, 미납 요금이나 위약금은 내지 않아도 된다. 그러나 법정 대리인이나 성년이 된 계약자가 대금의 일부를 지급하면 이는 계약을 추인ᵛ한 것으로 간주하여 계약을 취소할 수 없다. 또 미성년자가 거짓말로 사업자에게 자신을 성년이라고 믿게 하거나, 법적 대리인의 동의가 있는 것처럼 사업자를 속였을 때에도 계약을 취소할 수 없다.

4️⃣ 그런데 미성년자가 부모님의 동의 없이 계약을 맺을 때, 그 계약은 언제든지 취소할 수 있기 때문에 사업자는 불안한 상태에 놓이게 된다. 이에 따라 우리 민법에는 미성년자와 정상적으로 거래한 상대방에 대한 보호 방안도 마련되어 있다. 사업자에게 미성년자의 법정 대리인에게 일정 기간을 정하여 계약을 취소할 것인지에 대한 확답을 요구할 수 있는 권리인, 최고권(催告權)을 부여하고 있다. 이때 유예ᵛ 기간 내에 확답이 없는 경우에는 추인한 것으로 본다. 또 사업자가 미성년자 측의 추인이 있기 전에 계약이 잘못되었음을 알게 되었을 때는 그 즉시 계약을 철회ᵛ할 수 있는 권리도 사업자에게 부여하고 있다.

ᵛ일률적(一律的): 태도나 방식 따위가 한결같은 것.

ᵛ대리(代理): 남을 대신하여 일을 처리함. 또는 그런 사람.

ᵛ추인(追認): 지나간 사실에 대해 추후에 인정하거나 동의함을 뜻함.

ᵛ유예(猶豫): 일을 결행하는 데 날짜나 시간을 미룸. 또는 그런 기간.

ᵛ철회(撤回): 이미 제출하였던 것이나 주장하였던 것을 다시 회수하거나 번복함.

독해력 Upgrade

※각 문단의 중심 내용을 다음과 같이 정리할 때, 빈칸에 들어갈 알맞은 말을 쓰시오.

| 1️⃣ 제한 능력자 제도 소개 | → | 2️⃣ 미성년자의 법률 행위에 반드시 필요한 ( ) | → | 3️⃣ ( )의 개념과 취소권 행사가 불가능한 경우 | → | 4️⃣ 미성년자와 정당하게 거래한 사업자에 대한 보호 방안 |

1 이 글의 내용과 일치하는 것은?

① 계약은 권리나 의무를 갖게 되는 법률 행위이다.
② 친권자와 후견인은 동시에 법정 대리인이 될 수 있다.
③ 나이는 법적으로 의사 능력 유무의 판단 기준이 될 수 없다.
④ 성인이 한 계약은 계약자의 의사 능력 유무와 상관없이 유효하다.
⑤ 미성년자와 계약을 맺은 모든 사업자는 법의 보호를 받지 못한다.

2 이 글로 미루어 볼 때, <보기>의 '결과'에 있는 빈칸에 들어갈 항목을 바르게 묶은 것은?

┤ 보기 ├

인터넷 법률 상담소입니다. **미성년자가 부모의 동의를 받지 않고 맺은 계약**의 취소 여부를 간단히 판단할 수 있는 점검표를 아래와 같이 제공하고 있습니다.

● 모든 질문에 답을 하시면 아래에 결과가 나옵니다.

질문 항목	선택	
	예	아니요
㉮ 성인이 된 지 3년 이내, 계약한 날로부터 10년 이내인가요?	✓	
㉯ 부모님이나 성년이 된 계약자가 계약 대금의 일부를 지급했나요?	✓	
㉰ 법정 대리인의 동의를 얻은 것처럼 사업자를 속였나요?		✓
㉱ 사업자가 보내온 최고장을 받고, 거기에 적힌 기간 안에 계약을 취소하겠다는 확답을 했나요?		✓

⇩

| 결과 | [   ]로 인해 계약 취소가 '불가능'합니다. |

① ㉮, ㉯   ② ㉮, ㉰   ③ ㉯, ㉰
④ ㉯, ㉱   ⑤ ㉰, ㉱

어휘력 Upgrade

※다음의 빈칸에 들어갈 알맞은 말을 <보기>에서 찾아 쓰시오.

┤ 보기 ├
대리
철회
유예
일률적

1 그 시험은 가족이나 친지가 응시 원서를 (   )로 접수할 수 있다.
2 장마가 시작되는 바람에 예정되었던 건물 철거를 일주일 (   )하였다.
3 이탈리아가 2024년 여름 올림픽을 유치하려던 계획을 (   )하기로 했다.
4 사람마다 개성이 다양하므로 (   )인 잣대로 사람의 잠재력을 평가할 수는 없다.

소득 분배의 불평등을 측정하는 방법

사람마다 벌어들이는 금액에는 차이가 있어. 그런데 이러한 소득의 차이가 크게 나는지 적게 나는지를 측정할 수 있다고 해. 어떤 방법들이 있는지 이 글을 통해 알아보자.

1 시장 경제 체제에서 사람들은 타고난 능력이나 자신에게 주어지는 기회가 다르기 때문에 소득에서 차이가 날 수밖에 없다. 그렇다면 한 사회에서 소득의 분배가 얼마나 불평등한지를 측정하는 방법에는 무엇이 있을까? 일반적으로 소득 분배의 불평등 정도를 측정하기 위해 '10분위 분배율', '로렌츠 곡선', '지니 계수' 등을 사용하고 있다.

2 ㉠10분위 분배율이란 가장 가난한 사람들로부터 가장 부유한 사람들까지 일렬로 배열하여 10개의 계층으로 나눈 후, 하위 소득 계층 40%의 소득 점유˘율을 상위 소득 계층 20%의 소득 점유율로 나눈 것을 말한다. 이때 나온 값이 작을수록 불평등한 소득 분배를 의미한다. 10분위 분배율은 측정이 간단하면서도 소득 분배 정책의 주 대상이 되는 하위 40% 소득 계층의 소득 분배 상태를 직접 나타낼 수 있고, 이를 상위 계층의 소득 분배 상태와 비교할 수 있다는 장점이 있다. 이 때문에 10분위 분배율은 소득 분배 측정 방법 가운데 가장 널리 사용된다.

3 계층별 소득 분배를 측정하는 또 다른 지표로는 ㉡로렌츠 곡선을 들 수 있다. 로렌츠 곡선은 정사각형 상자의 가로축에는 인구 누적˘ 비율을, 세로축에는 소득 누적 점유율을 표시한다. 만약 모든 사람들이 똑같은 소득을 얻고 있다면 로렌츠 곡선은 그림의 점선과 같이 대각선으로 나타나게 된다. 그러나 실제로는 소득의 불평등으로 인해 로렌츠 곡선은 대각선보다 오른쪽 아래에 있는 것이 보통이다. 일반적으로 로렌츠 곡선이 평평하여 대각선에 가까울수록 평등한 소득 분배를, 많이 구부러져 직각에 가까울수록 불평등한 소득 분배를 나타낸다.

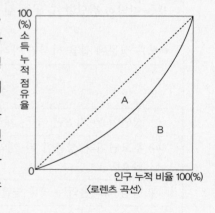

〈로렌츠 곡선〉

4 로렌츠 곡선은 소득 분배의 불평등 정도를 그림으로 나타내 한눈에 쉽게 파악할 수 있는 장점을 지니고 있다. 예를 들어 우리나라의 로렌츠 곡선이 미국의 그것보다 더 대각선에 가깝게 나타난다면, 우리나라의 소득 분배가 미국보다 평등하다는 의미이다. 그러나 여러 나라를 비교할 때는 나라의 수만큼 곡선을 그려야 한다는 불편한 점이 있다. 또한 한 좌표 안에 여러 나라의 로렌츠 곡선을 그리다 보면 서로 엇갈리면서 교차˘하는 경우가 나타날 수 있는데, 이때는 나라별 소득 분배 상태를 비교하기가 어렵게 된다.

5 로렌츠 곡선의 단점을 보완˘하여 사용되는 지표가 바로 ㉢지니 계수이다. 위의 그림처럼 대각선 아래의 삼각형은 로렌츠 곡선을 기준으로 A와 B로 나누어진다. 지니 계수는 A의 넓이를 A와 B를 합한 넓이로 나눈 값이다. 지니 계수는 로렌츠 곡선이 대각선에 가까울수록 영(0)에 가까운 값을, 대각선에서 멀어질수록 1에 가까운 값을 갖지만, 10분위 분배율과는

˘ 점유(占有): 물건이나 영역, 지위 따위를 차지함.

˘ 누적(累積): 포개어 여러 번 쌓음. 또는 포개져 여러 번 쌓임.

˘ 교차(交叉): 서로 엇갈리거나 마주침.

˘ 보완(補完): 모자라거나 부족한 것을 보충하여 완전하게 함.

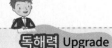

독해력 Upgrade ※각 문단의 중심 내용을 다음과 같이 정리할 때, 빈칸에 들어갈 알맞은 말을 쓰시오.

1 소득 분배의 (   ) 정도를 측정하는 방법들 → **2** (   )의 개념과 특징 → **3** 로렌츠 곡선을 통한 소득 분배 측정 → **4** 로렌츠 곡선의 장단점 → **5** (   )의 개념과 특징

반대로 그 값이 클수록 더욱 불평등한 소득 분배 상태를 나타낸다. 이렇듯 지니 계수는 소득 분배 상태를 숫자로 간단하게 나타낼 수 있는 장점이 있는 반면 특정 소득 계층의 소득 분배 상태를 나타내지 못한다는 한계를 가진다.

1 ㉠~㉢에 대한 설명으로 적절한 것은?

① ㉠은 ㉡과 달리 소득 분배의 불평등 정도를 그림으로 단순하게 나타낼 수 있다.
② ㉠은 ㉢과 달리 특정 계층의 소득 점유율을 알 수 있다.
③ ㉡이 ㉢보다 여러 나라의 소득 분배 상태를 수치로 비교하기에 유리하다.
④ ㉢이 ㉠보다 소득 분배를 측정하는 보편적인 방법이다.
⑤ ㉠의 값이 커질수록 ㉡과 ㉢의 값도 커진다.

2 이 글을 바탕으로 〈보기〉를 해석한 내용 중 적절하지 않은 것은?

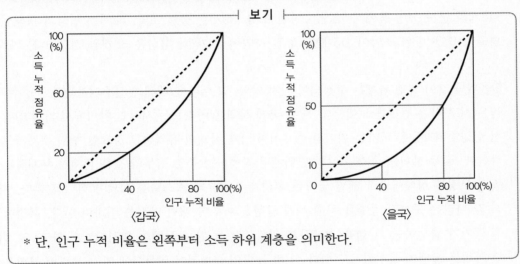

* 단, 인구 누적 비율은 왼쪽부터 소득 하위 계층을 의미한다.

① 갑국의 소득 분배가 을국의 소득 분배보다 더 평등하다.
② 갑국의 지니 계수가 을국의 지니 계수보다 1에 더 가깝다.
③ 갑국보다 을국의 하위 40% 계층의 소득 점유율이 더 낮다.
④ 갑국의 10분위 분배율이 을국의 10분위 분배율보다 더 크다.
⑤ 갑국의 경우 상위 20% 계층이 전체 소득의 40%를 차지하고 있다.

어휘력 Upgrade ※다음의 빈칸에 들어갈 알맞은 말을 〈보기〉에서 찾아 쓰시오.

보기
교차
누적
보완
점유

1 몸의 내부에 ( )된 중금속은 인체에 치명적인 해를 입힌다.
2 동해안은 한류와 난류가 ( )하고 있어서 좋은 어장으로 손꼽힌다.
3 그 상품은 소비자들의 관심과 흥미를 끌면서 빠른 속도로 시장을 ( )하였다.
4 상대방의 약점과 단점을 서로 ( )해 주는 사이라면 더없이 좋은 친구가 될 수 있다.

국가와 국가를 연결하는 끈, 동맹

게임이나 놀이를 할 때 다른 사람과 '동맹'을 맺어 본 적 있을 거야. 동맹은 국가끼리 맺기도 하는데 종류가 여러 가지야. 이 글을 읽으며 국가 간의 동맹에 대해 알아보자.

1 국가는 자국의 힘이 외부의 군사적 위협을 견제하기에 충분치 않다고 판단할 때나, 역사와 전통 등의 가치가 위협받는다고 느낄 때 다른 나라와 동맹을 맺는다. 동맹 결성의 핵심적인 이유는 동맹을 통해서 확보되는 이익이며 이는 동맹 관계 유지의 근간˘이 된다.

2 동맹의 종류는 그 형태에 따라 방위 조약, 중립 조약, 협상으로 나눌 수 있다. 먼저 방위 조약은 조약에 서명한 국가들 중 어느 한 국가가 침략을 당했을 경우, 다른 모든 서명국들이 공동 방어를 위해서 참전하기를 약속하는 것이다. 다음으로 중립 조약은 서명국들 중 한 국가가 제3국으로부터 침략을 받더라도, 서명국들 간에 전쟁을 선포하지 않고 중립을 지킬 것을 약속하는 것이다. 마지막으로 협상은 서명국들 중 한 국가가 제3국으로부터 침략을 당했을 경우, 서명국들 간에 공조˘ 체제를 유지할 것인지에 대해 차후에 협의할 것을 약속하는 것이다. 정리하면 세 가지 유형 중 방위 조약의 경우는 동맹국의 전쟁에 개입해야 한다는 강제성이 있기에 동맹국 간의 정치·외교적 관계의 정도가 매우 가깝다. 또한 조약의 강제성으로 인해 전쟁 발발˘ 시 동맹 관계 속에서 국가가 펼칠 수 있는 정치·외교적 자율성은 매우 낮다. 즉 방위 조약이 동맹국 간의 자율성이 가장 낮고, 다음으로 중립 조약, 협상 순으로 자율성이 높아진다. 한 연구에 따르면, 1816년부터 1965년까지 약 150년 간 맺어진 148개의 군사 동맹 중에서 73개는 방위 조약, 39개는 중립 조약, 36개는 협상의 형태인데, 평균 수명은 방위 조약이 115개월, 중립 조약이 94개월, 협상은 68개월 정도였다. 따라서 _____ ㉮ _____

3 위와 같이 동맹 관계는 고정되어 있지 않다. 그 이유에 대해 현실주의자들과 구성주의자들은 서로 다른 견해를 보이는데, 이는 국제 사회를 바라보는 시각의 차이에서 기인한다. 우선 현실주의자들은 국가는 이기적 존재이며 국제 사회의 유일하고 중요한 행위 주체라고 생각한다. 국제 사회는 국가 이상의 단위에서 작동하는 중앙 정부와 같은 존재가 부재하는 일종의 무정부 상태이므로 개별 국가는 힘의 논리로부터 스스로를 지켜야 한다고 본다. 따라서 각 나라는 군사적 동맹을 통해 세력 균형을 이루어 패권 안정을 취하려 한다. 특정한 패권 국가가 출현하면 그 힘을 견제하기 위한 국가들 간의 동맹이 형성되기도 하고, 그 힘에 편승˘하는 동맹이 형성되기도 한다. 이렇듯 힘의 균형점이 이동함에 따라 세력의 균형을 끊임없이 찾는 과정에서 동맹 관계는 변할 수 있다고 보는 것이다.

4 구성주의자들 역시 현실주의자들처럼 동맹 관계가 고정된 약속이 아니라, 상황에 따라 변할 수 있는 약속이라고 본다. 구성주의자들은 무정부적 국제 사회를 힘의 분배와 균형 등의 요소로 분석할 수 없다고 비판하며, 관계에 주목한다. 구성주의자들은 국제 사회의 구성원들이 상호 작용을 하여 상호 간 역할과 가치를 형성하면서 국제 사회 환경의 변화를 만들어 낸다고 본다. 상호 작용의 변화에 따라 동맹은 달라질 수 있는데, 타국이나 국제 사회에

▼ 근간(根幹): 사물의 바탕이나 중심이 되는 중요한 것.
▼ 공조(共助): 여러 사람이 함께 도와주거나 서로 도와줌.
▼ 발발(勃發): 전쟁이나 큰 사건 따위가 갑자기 일어남.
▼ 편승(便乘): 세태나 남의 세력을 이용하여 자신의 이익을 거둠을 비유적으로 이르는 말.
▼ 파기(破棄): 계약, 조약, 약속 따위를 깨뜨려 버림.

독해력 Upgrade

※각 문단의 중심 내용을 다음과 같이 정리할 때, 빈칸에 들어갈 알맞은 말을 쓰시오.

| **1** 국가 간에 동맹을 맺는 이유 | → | **2** 방위 조약, 중립 조약, ( )의 개념과 특징 | → | **3** 동맹 관계의 변화에 대한 현실주의자들의 견해 | → | **4** 동맹 관계의 변화에 대한 ( )들의 견해 |

대한 인식이 긍정적이고 국제 사회에서의 구성원들의 역할이 가치가 있다고 판단될 때, 긍정적인 동맹 관계를 맺고 평화로울 수 있지만, 그렇지 않으면 동맹은 파기˘될 수 있다고 본 것이다.

1 ㉮에 들어갈 내용으로 적절한 것은?

① 동맹 관계가 멀고 자율성이 높을수록 그 수명이 연장되었음을 알 수 있다.
② 동맹 관계가 멀고 자율성이 낮을수록 그 수명이 단축되었음을 알 수 있다.
③ 동맹 관계가 가깝고 자율성이 높을수록 그 수명이 연장되었음을 알 수 있다.
④ 동맹 관계가 가깝고 자율성이 낮을수록 그 수명이 단축되었음을 알 수 있다.
⑤ 동맹 관계가 가깝고 자율성이 낮을수록 그 수명이 연장되었음을 알 수 있다.

2 이 글을 바탕으로 〈보기〉를 이해한 내용으로 적절하지 <u>않은</u> 것은?

┤ 보기 ├

A국은 B국과 방위 조약을 맺고 동맹 관계를 유지해 왔다. 그런데 국제 정세˘의 변화에 따라 A국은 B국과의 동맹을 파기하고 C국과 중립 조약을 새로 체결했다. 그런데 A국의 여론은 이러한 변화에 반대하였다.

▾ 정세(政勢): 정치상의 동향이나 형세.

① A국이 B국과 동맹을 파기하기 전에는, A국은 B국의 전쟁에 참전해야 할 의무가 있었겠군.
② A국이 C국과 동맹을 맺은 후에는, B국과 C국 사이에 전쟁이 발발하더라도 A국은 참전하지 않아야 하겠군.
③ 현실주의자들은 A국과 B국의 동맹이 파기된 이유를, B국에 대한 A국 구성원들의 신뢰가 약화되었기 때문이라고 설명하겠군.
④ 구성주의자들은 A국 구성원들이 C국에 부정적 인식을 가지게 된다면, C국과의 동맹 관계는 유지되기 힘들 것이라고 설명하겠군.
⑤ 구성주의자들은 A국에서 변화에 반대하는 여론이 형성된 이유를, C국보다 B국에 대한 긍정적 인식이 작용했기 때문이라고 설명하겠군.

어휘력 Upgrade　※다음의 빈칸에 들어갈 알맞은 말을 〈보기〉에서 찾아 쓰시오.

┤ 보기 ├
공조
근간
파기
편승

1 섬유 산업은 우리나라 경제 성장의 (　　　)이 되었다.
2 세입자가 임의적으로 계약을 (　　　)하면 계약금을 돌려받지 못한다.
3 이번 사업이 실패한 것은 각 부서 간의 (　　　)가 제대로 이루어지지 않았기 때문이다.
4 A방송사에서 만든 여행 프로그램의 인기에 (　　　)한 유사 프로그램들이 쏟아져 나오고 있다.

사회 08

소비자의 지갑이 열리는 가격

물건을 사려고 가격을 살펴볼 때 그것이 비싸다거나 혹은 저렴하다고 생각한 적이 있을 거야. 그렇다면 사람들은 어떤 가격대에서 구매를 결심하게 될까? 이 글을 읽으며 자세히 알아보자.

1 어떤 제품에 대해 판매자가 가격을 제시하면 소비자는 그 가격을 해석하고 그 가격에 담겨 있는 의미를 평가해서 제품의 구매 여부를 결정한다. 이 일련의 과정을 가격 지각 과정이라 한다.

2 가보(A. Garbor)와 그레인저(C. Granger)는 소비자들을 대상으로 한 설문 조사 결과를 통해 소비자의 가격 지각을 설명하고자 했다. 그들은 먼저, 설문 대상자들에게 특정 가격을 제시하여 해당 제품의 구매 의사 여부를 조사했다. 구매한다는 대답이 나오면 다른 가격을 순차적으로 묻는 과정을 계속했고, 구매하지 않는다는 대답이 나오면 그 까닭이 가격이 비싸서 그러한 것인지 아니면 싸서 그러한 것인지를 물었다. 그리하여 소비자들이 수용할 수 있는 '하한 가격 한계'와 '상한 가격 한계'를 발견하였다.

3 하한 가격 한계는 가격이 너무 낮아서 소비자가 품질을 의심하여 해당 제품을 구매하려는 의사가 전혀 없는 최저 수용 가격을 말하고, 상한 가격 한계는 가격이 너무 높아서 소비자가 제품의 구매를 경제적이지 않다고 판단하여 해당 제품을 구매하려는 의사가 전혀 없는 최고 수용 가격을 말한다. 조사 결과 설문 대상자들이 수용할 수 있는 하한 가격 한계 위로 가격을 ㉠올리면, 지나치게 낮은 가격 때문에 그 제품의 품질을 의심해서 구매하지 않겠다는 확률이 줄어들었다. 그리고 설문 대상자들이 수용할 수 있는 상한 가격 한계 밑으로 가격을 내리면, 가격이 하락함에 따라, 가격이 너무 높아서 구매하지 않겠다는 확률이 줄어들었다. 그리고 최저 수용 가격과 최고 수용 가격의 사이, 즉 소비자가 수용할 수 있는 가격 범위 사이에 판매자가 제품을 팔 수 있는 최적 가격이 형성된다. 다시 말해, 소비자가 너무 비싸게도 너무 싸게도 느끼지 않아 해당 제품을 구매할 확률이 가장 높은 가격이 판매자가 제품을 효과적으로 팔 수 있는 최적 가격인 것이다.

4 한편 소비자가 새로운 제품의 구매를 고려할 때, 그 제품의 가격이 높거나 낮다고 지각하는 것은 개인이 그 상품에 대해 자신의 기준을 반영하기 때문이다. 일반적으로 소비자가 현재 구매하려는 물건과 유사한 물건을 구매했던 경험이 있다면 그것을 기준으로 준거 가격을 설정하고 이를 바탕으로 제품의 구매를 결정한다. 하지만 유사 제품에 대해 구매 경험이 없다면 소비자는 제품에 대해 외적으로 제시되는 새로운 가격 정보를 이용하여 제품의 구매를 결정한다. 이때 전자는 내적 준거 가격을, 후자는 외적 준거 가격을 기준으로 제품의 구매 여부를 판단하는 것이라 할 수 있다. 즉 내적 준거 가격이란 소비자가 경험한 정보를 통해 형성된, 소비자의 마음속에 있는 추상적인 가격을 말하며 외적 준거 가격이란 특정 제품의 생산자 가격, 상점에서 제시하는 정상 가격, 혹은 경쟁사 가격 등의 새로운 가격 정보를 말한다.

- 일련(一連): 하나로 이어지는 것.
- 지각(知覺): 알아서 깨달음. 또는 그런 능력.
- 준거(準據): 사물의 정도나 성격 따위를 알기 위한 근거나 기준.
- 추상적(抽象的): 어떤 사물이 직접 경험하거나 지각할 수 있는 일정한 형태와 성질을 갖추고 있지 않은 것.

독해력 Upgrade ※각 문단의 중심 내용을 다음과 같이 정리할 때, 빈칸에 들어갈 알맞은 말을 쓰시오.

1 (　　　　) 과정의 개념 → 2 가보와 그레인저의 설문 조사와 그 결과 → 3 하한 가격 한계와 상한 가격 한계 및 (　　　　)의 개념 → 4 구매 결정 시 기준이 되는 내적 준거 가격과 외적 준거 가격

1 **이 글을 통해 알 수 <u>없는</u> 것은?**

① 정상 가격의 변화 추이
② 하한 가격 한계의 개념
③ 소비자의 가격 지각 과정
④ 내적 준거 가격 결정의 기준
⑤ 가보와 그레인저의 설문 내용

2 **이 글을 바탕으로 〈보기〉를 이해한 내용으로 적절하지 <u>않은</u> 것은?**

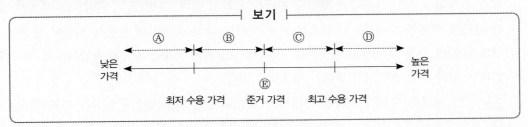

① Ⓐ에서 소비자는 제품의 품질을 의심할 수 있겠군.
② Ⓐ에서는 최적 가격이 형성될 수 있으나 Ⓓ에서는 최적 가격이 형성될 수 없겠군.
③ 소비자가 수용할 수 있는 가격은 Ⓑ와 Ⓒ 구간에서 형성되겠군.
④ Ⓓ에서 소비자가 물건을 구매하지 않으려는 것은 경제적이지 않다고 판단한 결과이겠군.
⑤ 동일 물건에 대해 Ⓔ가 사람마다 차이가 날 수 있는 이유는 유사한 물건을 구매했던 과거 경험이 다르기 때문일 수 있겠군.

3 **㉠과 문맥적 의미가 가장 유사한 것은?**

① 그는 손을 올려 거부 의사를 밝혔다.
② 명절 아침에 할아버지께 절을 올렸다.
③ 태어난 아기의 이름을 호적에 올려야 한다.
④ 학교 주변에서는 차의 속력을 올려서는 안 된다.
⑤ 내년에 결혼식을 올리려면 준비를 서둘러야 한다.

어휘력 Upgrade ※다음의 빈칸에 들어갈 알맞은 말을 〈보기〉에서 찾아 쓰시오.

┌ 보기 ┐
일련
지각
준거
추상적

1 심사 위원은 뚜렷한 심사의 (   )를 제시해야 한다.
2 한밤중의 산속은 너무 캄캄해서 방향을 (   )할 수도 없다.
3 그녀의 작품은 주로 무의식이나 꿈 등 (   ) 세계를 다루고 있다.
4 언론 개혁을 포함한 (   )의 사회 개혁들은 대통령이 내걸었던 공약이다.

꼭 알아야 할 민법과 형법의 중요 원칙

우리 사회가 복잡한 만큼 법의 종류도 매우 다양해. 그중 대표적인 법으로 민법과 형법이 있어. 두 법이 각각 어떤 경우에, 어떤 원칙에 따라 적용되는지 알아보자.

1 인간은 집단생활을 하기 때문에 분쟁이 발생할 수밖에 없다. 그래서 문제가 발생하는 것을 예방하거나 문제를 원만히 해결하기 위해 규칙을 만든다. 여러 규칙 중 사회 구성원들의 합의에 따라 만들어지고 강제성을 가진 규칙을 법이라고 한다. 이때 강제성은 공공의 이익을 실현하기 위해 사회 구성원들이 동의할 때만 발휘될 수 있다.

2 대표적인 법에는 ㉠민법과 형법이 있다. 민법은 국가 기관이 아닌, 사람들 간의 권리관계를 다루는 법률로서 재산 관계와 가족 관계로 구성되어 있다. 근대 사회에서 형성된 민법의 원칙은 오늘날까지도 중요하게 여겨지고 있다. 중요 원칙 중 하나는 개인의 사유 재산에 대해 절대적 지배를 인정하고 국가를 비롯한 단체나 개인은 다른 사람의 사유 재산 행사에 간섭하지 못한다는 것이다. 그리고 다른 사람에게 끼친 손해는 그 행위가 위법이고 동시에 고의나 과실에 의한 경우에만 책임을 진다는 원칙도 있다. 그런데 이 원칙들은 경제적 강자가 경제적 약자를 지배하는 수단으로 악용˚되기도 하여 20세기에 들면서 제한이 생겼다. 그 결과 개인의 사유 재산에 대한 지배는 여전히 보장되지만 공공복리에 적합하도록 행사해야 한다는 것과 같은 수정된 원칙들이 적용되고 있다.

3 반면, 형법은 범죄와 형벌을 규정하는 법률로서 ㉡'죄형 법정주의'라는 기본 원칙이 있다. 죄형 법정주의는 범죄의 행위와 그 범죄에 대한 처벌을 미리 법률로 정해 두어야 한다는 것이다. 그래서 범죄 발생 당시에는 없었던 법이 나중에 생겨도 그것을 소급˚해서 적용할 수 없다. 또한 민법과 달리 어떤 사항을 직접 규정한 법규가 없을 때, 그와 비슷한 사항을 규정한 법규를 유추하여 적용할 수도 없다.

4 형법을 위반한 범죄가 발생하면, 먼저 수사 기관이 수사를 한다. 수사를 개시˚하는 단서로는 고소, 고발, 인지가 있는데, 이 중 고소는 피해자가 하는 반면 고발은 제3자가 한다. 일반적으로 범죄는 수사 기관이 인지하는 것만으로도 수사를 시작할 수 있다. 하지만 명예 훼손죄, 폭행죄 등은 수사를 진행했더라도 피해자가 원하지 않으면 처벌하지 않는다. 수사 결과 피의자˚가 죄를 범했다고 의심할 만한 충분한 이유가 있다면 구속 영장을 받아 체포해 구속한다. 만약 범죄를 실행 중인 경우는 구속 영장 없이 체포 가능한데, 이 경우 48시간 이내에 구속 영장을 신청해야 하고, 법원은 신청서가 접수된 시간으로부터 48시간 이내에 구속 영장의 발부 여부를 결정해야 한다. 수사 결과 범죄 혐의가 인정되면 검사는 재판을 청구하는데 이를 기소라고 한다. 이때 검사는 피의자의 나이, 환경, 동기 등을 참작하여 기소를 하지 않을 수 있다. 기소로 재판 절차가 시작되면 법원은 사건을 심리˚하여 범죄 사실이 확인된 경우 유죄를 선고한다. 유죄가 인정되면 법원이 형을 선고하고 집행 절차에 들어간다.

˚악용(惡用): 알맞지 않게 쓰거나 나쁜 일에 씀.

˚소급(遡及): 과거에까지 거슬러 올라가서 미치게 함.

˚개시(開始): 행동이나 일 따위를 시작함.

˚피의자(被疑者): 수사 기관으로부터 범죄의 의심을 받게 되어 수사를 받고 있는 자.

˚심리(審理): 재판의 기초가 되는 사실이나 법률적 판단을 심사하는 행위.

독해력 Upgrade ※각 문단의 중심 내용을 다음과 같이 정리할 때, 빈칸에 들어갈 알맞은 말을 쓰시오.

| **1** 법의 개념 | → | **2** 대표적인 법의 하나인 (　　　)의 개념과 원칙 | → | **3** 대표적인 법의 하나인 형법의 개념과 (　　　　) 원칙 | → | **4** 형법의 적용을 받는 사건의 법적 절차 |

1 ㉠에 대한 설명으로 적절하지 <u>않은</u> 것은?

① 경제적 강자로부터 경제적 약자를 보호하기 위해 원칙이 수정되었다.
② 국가 기관이 아닌 사람들 간의 권리관계에 문제가 생겼을 경우 적용한다.
③ 위법한 행위가 발생했을 때 의도적으로 잘못을 한 경우에만 책임을 물을 수 있다.
④ 20세기에 들면서 공공복리에 적합하지 않을 경우 개인의 재산권 행사를 제한할 수 있게 되었다.
⑤ 개인이 재산을 사용하는 것에 대해 국가나 타인이 간섭하지 못한다는 원칙이 근대 사회에서 형성되었다.

2 ㉡과 관련 있는 말로 적절한 것은?

① 착한 사람은 법이 필요 없고 나쁜 사람은 법망▾을 피해 간다.
② 법의 생명은 논리에 있는 것이 아니라 경험에 있다.
③ 형법의 반은 이익보다는 해를 끼칠지 모른다.
④ 법률이 없으면 범죄도 없고 형벌도 없다.
⑤ 철학 없는 법학은 출구 없는 미궁이다.

▾ 법망(法網): 법의 그물이라는 뜻으로, 죄를 지은 사람에게 제재를 할 수 있는 법률이나 그 집행 기관을 비유적으로 이르는 말.

3 4를 바탕으로 〈보기〉를 이해한 내용으로 적절한 것은?

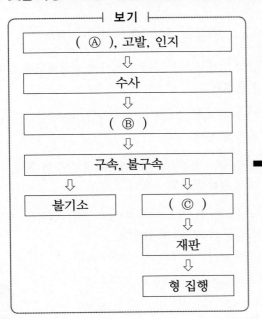

┤ 보기 ├
(Ⓐ), 고발, 인지
↓
수사
↓
(Ⓑ)
↓
구속, 불구속
↓ ↓
불기소   (Ⓒ)
↓
재판
↓
형 집행

➡

• Ⓐ는 범죄의 피해자와 연관이 있는 제3자가 하는군. ·························· ①

• 명예 훼손죄, 폭행죄는 Ⓐ가 없어도 수사를 진행할 수 있어. ··············· ②

• 범죄를 실행 중인 범인을 Ⓑ하였을 경우 48시간 이내에 구속 영장을 발부받아야 해. ························· ③

• 범죄 혐의가 인정될 경우 반드시 Ⓒ를 해야 해. ·························· ④

• 재판에서 심리를 담당하는 주체가 Ⓒ의 여부를 결정하겠군. ················· ⑤

어휘력 Upgrade

※다음의 빈칸에 들어갈 알맞은 말을 〈보기〉에서 찾아 쓰시오.

┤ 보기 ├
개시
소급
악용
인지

1 인류의 기원은 200만 년 전으로 (   )해 올라간다.
2 지난주에 판매를 (   )한 이 상품은 기존 상품들보다 인기가 높다.
3 인터넷의 익명성을 (   )하는 사례가 늘고 있어 그 대책이 필요한 때이다.
4 모두가 이번 사태의 심각성을 (   )하고 해결 방안을 찾기 위해 노력했다.

[01~04] 다음 단어와 그 뜻풀이를 바르게 연결하시오.

01 교차 •

• ㉠ 어떠한 것에 원인을 둠.

02 준거 •

• ㉡ 서로 엇갈리거나 마주침.

03 기인 •

• ㉢ 과거에까지 거슬러 올라가서 미치게 함.

04 소급 •

• ㉣ 사물의 정도나 성격 따위를 알기 위한 근거나 기준.

[05~08] 〈보기〉의 글자들을 조합하여 다음의 뜻풀이에 알맞은 단어를 쓰시오.

┤ 보기 ├
구 환 용 산 보 촉 완 악

05 급하게 재촉하여 요구함. (   )

06 알맞지 않게 쓰거나 나쁜 일에 씀. (   )

07 모자라거나 부족한 것을 보충하여 완전하게 함.
(   )

08 어떤 단위나 척도로 된 것을 다른 단위나 척도로 고쳐서 헤아림. (   )

[09~12] 다음의 빈칸에 들어갈 알맞은 단어를 〈보기〉에서 찾아 쓰시오.

┤ 보기 ├
혼용 지표 개시 비일비재

09 상부의 지시에 따라 작전을 (   )하였다.

10 문화는 한 나라의 국력과 미래의 가능성을 보여 주는 (   )이다.

11 1898년 9월에 창간된 《황성신문》은 한글과 한자를 (   )한 일간 신문이다.

12 드라마는 여름에 겨울 장면을 촬영해야 하는 일이 (   )해서 해외 촬영을 하는 경우가 많다.

[13~16] 제시된 초성과 뜻풀이를 참고하여 다음의 빈칸에 알맞은 단어를 쓰시오.

13 ㅊ ㄹ : 어떤 결과를 가져오게 함.
예 청소년기에 과도하게 다이어트를 하면 영양의 불균형을 (   )하여 건강을 해칠 수 있다.

14 ㅍ ㄱ : 계약, 조약, 약속 따위를 깨뜨려 버림.
예 양국 간의 공동 성명은 한쪽의 일방적인 (   )로 흐지부지되었다.

15 ㅈ ㅊ : 사물이 발전하거나 나아가지 못하고 한자리에 머물러 그침.
예 고속 도로 하행선은 추석 귀성객들의 차량들로 인해 (   )가 계속되고 있다.

16 ㄱ ㅈ : 일정한 작용을 가함으로써 상대편이 지나치게 세력을 펴거나 자유롭게 행동하지 못하게 억누름.
예 그는 상대편 수비수들에게 집중적인 (   )를 당했지만 끝내 역전 골을 넣었다.

[17~20] 다음의 밑줄 친 부분과 바꿔 쓸 수 있는 말을 〈보기〉의 단어를 활용하여 쓰시오.

┤ 보기 ├
기원하다 유도하다 유예하다 점유하다

17 담임 선생님은 학생들이 독서에 집중하도록 분위기를 이끌었다. (   )

18 지금 이 차를 구입하면 일정 기간 동안 할부금 납입을 미룰 수 있다. (   )

19 그 회사는 앞선 기술로 경쟁력을 갖추어 동종 업계에서 우위를 차지하고 있다. (   )

20 국민들은 한 명도 다치지 않고 좋은 성적을 거두기를 바라며 선수단을 응원했다. (   )

어휘력은 독해력의 기초!

• 나의 어휘력은 몇 점? _____개 / 20개
• 18개 이상을 맞혔다면? 어휘의 기초가 튼튼합니다.
• 17개 이하로 맞혔다면? 본문에 제시된 지문과 어휘를 다시 공부한 다음 문제를 풀어 보세요.

[01~04] 다음 단어와 그 뜻풀이를 바르게 연결하시오.

01 일련 •
 • ㉠ 하나로 이어지는 것.

02 근간 •
 • ㉡ 정치상의 동향이나 형세.

03 감면 •
 • ㉢ 사물의 바탕이나 중심이 되는 중요한 것.

04 정세 •
 • ㉣ 매겨야 할 부담 따위를 덜어 주거나 면제함.

[05~08] <보기>의 글자들을 조합하여 다음의 뜻풀이에 알맞은 단어를 쓰시오.

┤ 보기 ├
편 지 조 각 승 화 완 공

05 알아서 깨달음. 또는 그런 능력. ( )

06 긴장된 상태나 급박한 것을 느슨하게 함. ( )

07 여러 사람이 함께 도와주거나 서로 도와줌. ( )

08 세태나 남의 세력을 이용하여 자신의 이익을 거둠을 비유적으로 이르는 말. ( )

[09~12] 다음의 빈칸에 들어갈 알맞은 단어를 <보기>에서 찾아 쓰시오.

┤ 보기 ├
둔화 공식적 추상적 보편화

09 인구 증가율이 계속해서 ( )되고 있다.

10 서양식 건물이 ( )되면서 전통 한옥을 찾아보기가 어려워졌다.

11 친한 친구 사이일지라도 ( )인 자리에서는 높임말로 서로를 대접하는 것이 예의이다.

12 '나무, 돌, 꽃'은 구체적 개념을 나타내는 명사이고, '자유, 평등, 인류애'는 ( ) 개념을 나타내는 명사이다.

[13~16] 제시된 초성과 뜻풀이를 참고하여 다음의 빈칸에 알맞은 단어를 쓰시오.

13 ㅇ ㄱ : 사실과 다르게 해석하거나 그릇되게 함.
 예 많은 역사가들은 드라마나 영화가 역사를 허구화하고 ( )한다고 비판한다.

14 ㄴ ㅈ : 포개어 여러 번 쌓음. 또는 포개져 여러 번 쌓임.
 예 그 선수는 반칙이 ( )되어서 다음 시합에 나갈 수 없다.

15 ㅊ ㅊ : 전에 없던 것을 처음으로 생각하여 지어내거나 만들어 냄.
 예 현재의 선거 풍토를 대폭 개선해 새로운 정치 문화를 ( )해야 한다.

16 ㅊ ㅎ : 이미 제출하였던 것이나 주장하였던 것을 다시 회수하거나 번복함.
 예 버스 회사 노조가 파업을 ( )하고 업무에 복귀하였다.

[17~20] 다음의 밑줄 친 부분과 바꿔 쓸 수 있는 말을 <보기>의 단어를 활용하여 쓰시오.

┤ 보기 ├
발발하다 간주하다 부합하다 기재하다

17 우리 할아버지께서 태어나신 해에 제2차 세계 대전이 일어났다. ( )

18 환경 보호 단체들은 골프장 건설을 환경 파괴 행위로 여겨 적극적으로 반대했다. ( )

19 그 두 나라는 이해관계가 들어맞는 분야에 한해서 협력하기로 했다. ( )

20 지원서에 쓴 내용이 사실과 다를 경우에는 합격이 취소된다. ( )

어휘력은 독해력의 기초!

• 나의 어휘력은 몇 점? _____개 / 20개
• 18개 이상을 맞혔다면? 어휘의 기초가 튼튼합니다.
• 17개 이하로 맞혔다면? 본문에 제시된 지문과 어휘를 다시 공부한 다음 문제를 풀어 보세요.

독해 실전

아자! 힘내~

인문

이름에 담긴 우리 삶과 문화

조선 시대를 배경으로 한 드라마를 보면 '돌쇠', '먹쇠' 같은 이름이 자주 등장해. 그런데 요즘은 왜 그런 이름을 가진 사람이 없을까? 이 글을 읽으면 그 이유를 알게 될 거야.

1 〈늑대와 춤을〉이라는 영화를 인디언 사회에서의 이름 붙이기를 보여 준 작품으로 기억하는 사람들이 많다. 이 영화에서, 늑대와 춤을 추듯 노는 주인공의 모습을 보고 마을 사람들은 그의 이름을 '늑대와 춤을'이라고 하였다. 이러한 이름 붙이기는 너무 즉흥적˚으로 보이지만 한 공동체에서 그 구성원에게 의미를 부여하는 일이라는 점에서는 우리의 이름 붙이기와 다를 바가 없다. 다른 점이 있다면 인디언들은 사건을 지시하는 문장을 곧바로 이름으로 사용하였고, 우리는 이를 명사형으로 바꿔 이름을 만든다는 것뿐이다.

2 고구려를 세운 사람은 '주몽'이었다. 주몽은 '활을 잘 쏘는 사람'에게 붙이는 이름이었다. 또한 백제 무왕의 어릴 적 이름은 '맛둥'이었다. 그는 선화 공주를 데려와 결혼하고 싶었다. 그래서 그는 장사치가 되었다. 마를 팔면서 노래를 부르고 다녔고, 선화 공주를 데려올 계책˚을 성공시켰기 때문에 그에게 '맛둥'이라는 이름이 붙은 것이다. '맛둥'은 '마를 파는 사람'이라는 의미였다. 지금이야 그런 이름을 짓는 사람은 없겠지만 우리 할아버지 세대만 해도 어떤 특성이 곧바로 이름이 되어 버린 경우가 자주 있었다. '돌쇠'는 '돌처럼 단단하게 생긴 사람'에게, '먹쇠'는 '먹기를 좋아하는 사람'에게 붙는 이름이었다. 결국 사람의 특성이나 역할을 그 이름으로 삼은 것은 작은 공동체에서 한 사람을 다른 사람과 구별 짓는 일이었다.

3 그러나 지금 인디언 사회에서 '늑대와 춤을'과 같은 이름을 찾기 힘든 것처럼, 공동체의 삶의 양식이 변하면 이에 따라 이름 붙이는 관습˚도 함께 변화를 겪게 된다. 우리의 경우는 어떤가? 우리 주변에는 '주몽', '맛둥', '돌쇠', '먹쇠' 등과 같이 사람의 특성이나 역할을 표시하는 이름을 가진 사람은 드물다. 이러한 변화는 삶의 양식이 변하는 것과 깊은 관련을 맺는다.

4 유교적 전통 안에서 혈연으로 이루어진 공동체를 유지하는 것이 중요한 일이 되면서, 이름은 서열을 나타내는 중요한 징표가 되기도 하였다. 처음 만난 친척도 그 이름만 들으면 그 사람과의 서열 관계를 쉽게 파악할 수 있도록 하기 위해, 항렬˚을 정해 이름자를 정하는 것도 우리의 전통이 ㉠되었다. '철수', '민수', '영수' 등과 같은 예의 이름이 많은 것은 이러한 사회에서는 그 사람의 특징이나 역할과 상관없이 서열을 표시하는 글자를 중심으로 이름을 지었기 때문이다.

5 그러나 이런 이름 붙이기는 서구적인 문화 양식이 자리 잡아 가면서 많은 변화를 겪고 있다. 한편에서는 서열에 따른 이름 붙이기가 지속되고 있지만, 다른 한편으로는 이름의 미적인 측면에 관심을 기울이고 있다. '초롱', '아름', '어진' 등 고유어 이름이 확산되는 것도 이름의 양식을 변화시키는 요인이라고 할 수 있다. 특히 이러한 양상은 서구식 발음 구조가 많은 영향을 미친 것으로 보인다. 로마자 표기의 단순화를 고려해 발음을 단순화하고, 받침이 없는 단어를 선호하며, 받침이 있더라도 'ㄱ, ㅂ'보다는 'ㄴ, ㅁ' 등을 선호하는 점이 이를 잘 보여 준 예라 할 수 있다.

˚ **즉흥적(卽興的):** 그 자리에서 일어나는 감흥이나 기분에 따라 하는 것.
˚ **계책(計策):** 어떤 일을 이루기 위하여 꾀나 방법을 생각해 냄. 또는 그 꾀나 방법.
˚ **관습(慣習):** 어떤 사회에서 오랫동안 지켜 내려와 그 사회 성원들이 널리 인정하는 질서나 풍습.
˚ **항렬(行列):** 같은 혈족의 직계에서 갈라져 나간 계통 사이의 대수 관계를 나타내는 말. 형제자매 관계는 같은 항렬로 같은 돌림자를 써서 나타낸다.

독해력 Upgrade ※각 문단의 중심 내용을 다음과 같이 정리할 때, 빈칸에 들어갈 알맞은 말을 쓰시오.

| **1** 인디언 사회를 통해 본 이름 붙이기의 의미 | → | **2** 사람의 ( ) 이나 역할을 그 사람의 이름으로 삼은 예 | → | **3** 공동체의 삶의 양식과 이름 붙이기 관습의 관계 | → | **4** ( ) 전통에 따른 혈연 공동체의 이름 붙이기 | → | **5** ( )에 따른 이름 붙이기 관습의 변화 |

1 이 글을 통해 파악할 수 있는 내용으로 적절하지 <u>않은</u> 것은?

① 서구적인 문화 양식은 현재 우리의 이름 양식에 영향을 주고 있다.
② 인디언 사회에서 이름 짓기는 구성원에게 의미를 부여하는 일이었다.
③ 이름을 붙이는 관습이 변하면 공동체 구성원의 삶의 양식도 함께 변한다.
④ 서열 관계를 중시한 이름 짓기는 유교적 전통이 있는 혈연 공동체에서 사용되어 왔다.
⑤ 과거에 우리 민족은 공동체 내에서 사람들을 구별하려고 사람의 특성으로 이름을 지었다.

2 이 글에 나온 '이름 짓기' 유형˘에 따라 지은 이름이 <u>아닌</u> 것은?

① 얼굴이 고와서 '곱단'
② 몸집이 크고 튼튼해서 '우람'
③ 우리말을 잘 살려서 쓴 '다솜'
④ 형제인 '대한(大韓)'과 '민국(民國)'
⑤ 사촌 형제인 '영주(英柱)'와 '동주(東柱)'

˘ 유형(類型): 성질이나 특징 따위가 공통적인 것끼리 묶은 하나의 틀. 또는 그 틀에 속하는 것.

3 의미상 ㉠과 유사한 것은?

① 요즘은 사업이 그럭저럭 <u>되고</u> 있다.
② 그에게 그녀는 삶의 목표가 <u>되었다</u>.
③ 우리 국토의 대부분은 산으로 <u>되어</u> 있다.
④ 이 안(案)에 찬성하는 사람이 50명이 <u>되었다</u>.
⑤ <u>되지</u> 않는 소리 하지 말고 일이나 열심히 해라.

어휘력 Upgrade　※다음의 빈칸에 들어갈 알맞은 말을 <보기>에서 찾아 쓰시오.

| 보기 |
| 유형 |
| 관습 |
| 즉흥적 |
| 계책 |

1 머리를 짜내 보았으나 별 뾰족한 (　　　)이 떠오르지 않았다.
2 시험공부를 할 때는 그 시험의 문제 출제 (　　　)을 파악하는 것이 중요하다.
3 잼 세션(jam session)은 재즈 연주자들이 악보 없이 하는 (　　　)인 연주이다.
4 익산 김병순 고택은 유교적인 (　　　)을 따르면서도 새로운 건축 양식을 수용하고 있다.

낯섦에 머무르라 조언한 장자

친구랑 대화가 잘 안 통해서 답답했던 경험이 있니? 남과 잘 소통하려면 어떻게 해야 할까? 중국의 사상가인 장자의 이론에서 이에 대한 조언을 구해 보자.

1 장자는 타자와의 소통이라는 과제를 자신의 철학적인 문제로 끌어안고 집요하게 사유˘했던 사람이다. 장자는 다음과 같은 '송나라 상인 이야기'를 통해 타자와 마주친 상황을 설명한다. "송나라 상인이 모자를 밑천 삼아 월나라로 장사를 떠난다. 그러나 월나라 사람들은 머리를 짧게 깎고 문신을 하고 있어 모자가 필요하지 않았다." 월나라에서 모자를 팔려던 송나라 상인은 전혀 다른 문화 속에서 '낯섦'과 마주친 것이다. 장자는 자신에게 낯선 공간이야말로 타자와 만날 수 있는 공간이기 때문에 '낯섦'에 머물러야 한다고 조언한다.

2 장자가 이렇게 조언한 이유는 무엇일까? 이 질문에 답하기 위해서는 장자가 언급한 '성심(成心)'이라는 말에 주목할 필요가 있다. 성심이란 온전한 마음이 아니라 치우친 마음으로 자기의 입장을 극대화하여 고정된 자기 관점을 고집하는 것이다. 우리는 이러한 성심에 따라 각자의 관점을 절대적 판단 기준으로 삼고, 그 결과 '나는 옳고 남은 그르다'는 분별을 고착˘시킨다. 그리고 이러한 성심이 타자와의 소통과 조화를 방해하게 된다.

3 그렇다면 타자와 만났을 때, 이러한 성심은 어떤 문제를 일으키는가? 장자는 다음과 같은 '바닷새 이야기'를 통해 그 해답을 제시한다. "옛날 바닷새가 노나라 서울 밖에 날아와 앉았다. 노나라 임금은 이 새를 아름다운 종묘˘ 안으로 데리고 와 술을 권하고, 아름다운 궁궐의 음악을 연주해 주고, 소와 돼지, 양을 잡아 대접하였다. 그러나 새는 어리둥절해하고 슬퍼하기만 하다가 사흘 만에 죽어 버리고 말았다. 이는 자기를 기르는 방법으로 새를 기른 것이지, 새를 기르는 방법으로 새를 기른 것이 아니다." 분명 바닷새와 같은 야생의 새는 사람들의 손길을 거부할 것이고, 사람들이 즐기는 것과 먹고 마시는 음식을 함께할 수 없다. 바닷새는 특정 기호가 아니라 그들의 고유한 성질에 따른 특성을 지니고 있기 때문에 그러한 것이다.

4 결국 바닷새가 죽은 것은 노나라 임금이 자신의 성심에 따라 '새'라는 타자와 관계를 맺고자 했기 때문이다. 다시 말해서 바닷새를 '나'와는 다른 '새'로서 대하지 못하고 나와 같은 '사람'으로서 대했기 때문이다. 이처럼 우리가 타자를 기성˘의 선입견 등으로 가득 찬 마음, 즉 성심에 따라 타자를 나로 인식하고자 할 때 타자와의 소통은 원천적으로 막힐 뿐 아니라 조화로운 관계 또한 어그러지게 된다.

5 이런 점을 감안할 때 우리는 장자의 철학을 '소통(疏通)'의 개념으로 이해할 수 있다. 즉 '막힌 것을 터 버린다'는 '소(疏)' 개념과 '타자와 연결한다'는 '통(通)' 개념에서, '트임'이라는 타자로의 개방성을 상징하는 '소(疏)' 개념은 결국 '비움'이라는 단계를 거쳐야 한다.

6 ㉠성심을 따르는 자기중심적 생각을 비움으로써 타자와의 다름을 인정한다면 타자와의 실질적인 소통이 가능할 수 있다. 장자가 고민한 타자와의 소통의 문제는 갈수록 많은 갈등을 안고 살아가고 있는 현대 사회에서 매우 중요한 의미를 가진다고 볼 수 있다.

▾ 사유(思惟): 대상을 두루 생각하는 일.

▾ 고착(固着): 어떤 상황이나 현상이 굳어져 변하지 않음.

▾ 종묘(宗廟): 중국 제왕가 조상의 위패를 두던 묘.

▾ 기성(旣成): 이미 이루어짐. 또는 그런 것.

독해력 Upgrade

※각 문단의 중심 내용을 다음과 같이 정리할 때, 빈칸에 들어갈 알맞은 말을 쓰시오.

| **1** 송나라 상인 이야기를 통한 ( )의 조언 | → | **2** ( )의 개념과 문제점 | → | **3** 장자가 제시한 바닷새 이야기 | → | **4** 바닷새 이야기가 보여 주는 성심의 문제 | → | **5** ( )의 개념으로 이해할 수 있는 장자 철학 | → | **6** 장자 철학의 현대적 의의 |

1 이 글에 대한 적절한 설명을 〈보기〉에서 골라 바르게 묶은 것은?

┤ 보기 ├

ㄱ. 예화를 인용하여 주요 개념에 대한 이해를 돕고 있다.
ㄴ. 질문하는 방식을 활용하여 독자의 주의를 환기하고 있다.
ㄷ. 핵심 쟁점에 대한 상반된 두 관점을 비교, 분석하고 있다.
ㄹ. 문제가 되는 현상을 제시하고 그 변화 과정을 개괄♥하고 있다.

♥ 개괄(槪括): 중요한 내용이나 줄거리를 대강 추려 냄.

① ㄱ, ㄴ　　　　　② ㄱ, ㄷ　　　　　③ ㄴ, ㄷ
④ ㄴ, ㄹ　　　　　⑤ ㄷ, ㄹ

2 ㉠에 담긴 관점을 바탕으로 〈보기〉의 학생에게 해 줄 조언으로 가장 적절한 것은?

┤ 보기 ├

[질문]: 저는 중3 여학생입니다. 부모님과 대화가 통하지 않아 짜증 나고 답답할 때가 많아요. 친구 사귀는 것도 일일이 간섭하시고 친구들과 전화하는 것도 싫어하세요. 도대체 왜 그러시는지 정말 이해할 수 없고 집에 있기가 싫어져요.
[대답]: _____

① 부모님과 갈등이 발생했을 때는 섣부르게 대화를 시도하지 마세요. 억지로 대화를 시도하는 것은 오히려 역효과가 날 수 있습니다.
② 혼자의 힘으로 부모님과의 갈등을 해결하는 것은 어려울 때가 있습니다. 대화를 중재♥할 수 있는 사람과 함께 부모님과의 대화를 시도해 보시기 바랍니다.
③ 대개 중학생쯤 되면 부모님과의 대화에 어려움을 느끼게 되지요. 그럴 때는 자신을 먼저 돌아보고 자기중심적인 생각에서 벗어나 열린 마음으로 대화를 해 보세요.
④ 자신의 의사를 존중받기 위해서는 자신의 상황을 부모님께 합리적으로 이해시키는 과정이 매우 중요합니다. 다양한 대화 방법을 통해 부모님을 이해시켜 보시기 바랍니다.
⑤ 오랜 경험에서 얻은 부모님들의 판단이 유익한 경우가 많이 있습니다. 어느 것이 옳은지 스스로 판단하기 어려울 때는 무조건 부모님이 시키는 대로 따르는 자세가 필요합니다.

♥ 중재(仲裁): 분쟁에 끼어들어 쌍방을 화해시킴.

어휘력 Upgrade

※다음의 빈칸에 들어갈 알맞은 말을 〈보기〉에서 찾아 쓰시오.

┤ 보기 ├
고착
사유
중재
기성

1 선생님이 경수와 지호의 다툼을 (　　　)했다.
2 그는 새로운 정책이 빈부 격차를 (　　　)시킬 위험이 있다고 비판했다.
3 이 책은 작가 및 여러 학자들이 영화에 대해 깊이 (　　　)한 내용을 담고 있다.
4 이번에 출시되는 휴대 전화는 화면이 어둡다는 (　　　) 제품의 문제점을 보완한 것이다.

실패를 합리화하기 위한 셀프 핸디캐핑

자기 자신에게 일부러 핸디캡을 주는 이유가 뭘까? 불리한 조건 때문에 일이 실패할 수도 있는데 말이야. 심리학에서는 이를 어떻게 설명하는지 알아보자.

1 우리는 일상생활에서 중요한 일을 앞두고 스스로 불리한 조건을 만드는 경우를 흔히 볼 수 있다. 심리학에서는 이를 스스로에게 핸디캡˚을 준다는 의미로 '셀프 핸디캐핑(self-handicapping)'이라 부른다. 셀프 핸디캐핑이란 일상생활에서 자신의 중요한 어떤 특성이 평가의 대상이 될 가능성이 있고, 동시에 거기에서 좋은 평가를 받을 수 있을지 불확실한 경우, 과제 수행을 방해할 불리한 조건을 스스로 만들어 내어 그 불리한 조건을 다른 사람에게 주장하는 것을 말한다. 중요한 시험 전날, 공부는 하지 않고 영화를 보러 간 학생이 다음 날 아침에 등교하자마자 다른 학생들에게 들으라는 듯 자신이 어제 본 영화의 내용에 대해 큰 소리로 떠드는 경우가 이에 해당한다.

2 심리학자인 아킨과 바움가드너는 셀프 핸디캐핑을 위치와 형태의 두 가지 측면에서 분류했다. 위치에 따른 분류는 불리한 조건을 자신의 내부에서 찾느냐 아니면 자신의 외부에서 찾느냐를 기준으로 셀프 핸디캐핑을 나누는 것이다. 즉, 약물이나 알코올의 섭취, 노력의 억제 등은 내적 셀프 핸디캐핑에, 불리한 수행 조건이나 곤란˚한 목표를 선택하는 것은 외적 셀프 핸디캐핑에 해당한다. 형태에 따른 분류는 성공 가능성을 떨어뜨릴 수 있는 불리한 조건을 스스로 만드는가, 아니면 자신이 처한 기존의 불리한 조건을 주장하는가에 따라 각각 획득적 셀프 핸디캐핑과 주장적 셀프 핸디캐핑으로 나누는 것이다.

3 이러한 셀프 핸디캐핑은 수행할 과제가 본인에게 중요할수록 일어나기 쉽다고 알려져 있다. 또한 앞으로 수행할 과제에서 계속해서 성공할 수 있을지에 대해 확신할 수 없거나, 자존심 같은 성격적 특성이 두드러질 때도 셀프 핸디캐핑이 일어나기 쉽다고 한다.

4 그런데 사람들은 왜 셀프 핸디캐핑을 사용하는 것일까? 우선 불리한 조건을 스스로 만들어 두면 과제 수행에 실패했을 때는 물론이고 성공했을 때도 자신에게 유리한 평가를 이끌어 낼 가능성이 있기 때문이다. 과제 수행에 실패했다면 불리한 조건이 좋은 핑계가 될 수 있을 것이고 반대로 운 좋게 과제 수행에 성공했다면 불리한 조건에도 불구하고 뛰어난 능력으로 성공한 사람으로 평가를 받을 수 있는 것이다. 그리고 타인의 셀프 핸디캐핑에 대한 사람들의 반응도 셀프 핸디캐핑의 유혹에 빠지게 하는 이유가 될 수 있다. 왜냐하면 사람들은 누가 셀프 핸디캐핑을 사용한다는 것을 알더라도 그 사람과의 평소 관계를 고려해서 당사자 앞에서는 그것을 직접적으로 지적하지는 않기 때문이다.

5 하지만 연구 결과 셀프 핸디캐핑이 그렇게 효과적이지는 못한 것으로 나타났다. 셀프 핸디캐핑을 사용함으로써 당장은 자신에 대한 부정적인 평가를 약하게 할 수도 있지만, 계속 사용하다 보면 결국에는 '핑계만 대는 사람'이라고 낙인˚찍히게 된다는 것이다. 또한 자기 개발을 위한 노력을 덜 하게 되어 결국 자신의 능력을 키울 수 있는 기회를 원천 봉쇄˚하는 것이 되고 말 수도 있다.

▼ 핸디캡(handicap): 자신에게 특별히 불리하게 작용하는 여건.
▼ 곤란(困難): 사정이 몹시 딱하고 어려움. 또는 그런 일.
▼ 낙인(烙印): 다시 씻기 어려운 불명예스럽고 욕된 판정이나 평판을 이르는 말.
▼ 봉쇄(封鎖): 굳게 막아 버리거나 잠금.

독해력 Upgrade

※각 문단의 중심 내용을 다음과 같이 정리할 때, 빈칸에 들어갈 알맞은 말을 쓰시오.

| **1** 셀프 핸디캐핑의 개념과 예 | → | **2** (   )와 형태에 따른 셀프 핸디캐핑의 분류 | → | **3** 셀프 핸디캐핑이 일어나기 쉬운 상황 | → | **4** 사람들이 셀프 핸디캐핑을 사용하는 (   ) | → | **5** 셀프 핸디캐핑의 긍정적 측면과 (   ) 측면 |

1 이 글에서 알 수 있는 '셀프 핸디캐핑'의 특징으로 적절한 것은?

① 나이가 어릴수록 자주 사용한다.
② 친밀한 관계에서는 사용하지 않는다.
③ 과제 수행의 실패 원인을 모호하게♥ 한다.
④ 자신의 능력을 향상♥시키는 동기가 되기도 한다.
⑤ 위치적 요인보다는 형태적 요인에 더 큰 영향을 받는다.

♥모호하다(模糊하다): 말이나 태도가 흐리터분하여 분명하지 않다.

♥향상(向上): 실력, 수준, 기술 따위가 나아짐. 또는 나아지게 함.

2 '셀프 핸디캐핑'을 일어나게 하는 요인으로 볼 수 없는 것은?

① 타인의 평가
② 평가의 공정성
③ 과제의 중요도
④ 개인의 성격적 특성
⑤ 과제 성공의 불확실성

3 **2**를 바탕으로 〈보기〉를 해석한 내용으로 적절하지 않은 것은?

| 보기 |

㉮	중요한 시합을 앞두고 오히려 게으름을 피우며 운동을 소홀히 한 수영 선수 ○군은 경기에서 진 후 평소 최선을 다하지 않았기 때문에 실패한 것이라고 부모와 코치에게 이야기했다.
㉯	수험생 □군은 합격할 가능성이 있는 △△대학을 지원하지 않고, 합격할 가능성이 전혀 없는 ◇◇대학에 지원하여 불합격한 후 주변 사람들에게 ◇◇대학에 지원했다가 떨어졌다고 이야기했다.

① 열심히 노력하지 않는 것을 보니 ㉮는 '내적 셀프 핸디캐핑'의 예라고 볼 수 있군.
② 스스로 시합에서 우승할 가능성을 떨어뜨리고 있는 것을 보니 ㉮는 '획득적 셀프 핸디캐핑'이라고 할 수 있군.
③ 합격할 가능성이 전혀 없는 대학에 지원하는 것을 보니 ㉯는 '외적 셀프 핸디캐핑'의 예라고 볼 수 있군.
④ 합격할 가능성이 있는 대학을 포기하는 것을 보니 ㉯는 '주장적 셀프 핸디캐핑'이라고 할 수 있군.
⑤ ㉮와 ㉯는 모두 불리한 조건을 만들어 자신에게 유리한 평가를 이끌어 내기 위한 핑계로 삼았군.

어휘력 Upgrade ※다음의 빈칸에 들어갈 알맞은 말을 〈보기〉에서 찾아 쓰시오.

| 보기 |
| 곤란 |
| 낙인 |
| 봉쇄 |
| 모호 |

1 그 건물은 철거를 앞두고 일반인의 출입이 (　　　)되었다.
2 지훈이는 질문에 답하기가 (　　　)하였는지 어색하게 웃으며 대답을 피했다.
3 그녀의 표정은 너무 (　　　)해서 기뻐하는 것인지 슬퍼하는 것인지 알 수가 없다.
4 늑대가 나타났다는 거짓말을 반복하던 양치기 소년에게는 거짓말쟁이라는 (　　　)이 붙어 다녔다.

스피노자의 '코나투스' 개념

인간의 본질에 대해 서양의 철학자인 스피노자는 '코나투스'라는 개념을 들어 설명했어. 이 글을 읽으며 코나투스에 대해 알아보자.

1 스피노자의 윤리학을 이해하기 위해서는 코나투스(Conatus)라는 개념이 필요하다. 스피노자에 따르면 실존하는 모든 사물은 자신의 존재를 유지하기 위해 노력하는데, 이것이 바로 그 사물의 본질인 코나투스라는 것이다. 정신과 신체를 서로 다른 것이 아니라 하나로 보았던 그는 정신과 신체에 관계되는 코나투스를 충동이라 부르고, 다른 사물들과 같이 인간도 자신을 보존하고자 하는 충동을 갖고 있다고 보았다. 특히 인간은 자신의 충동을 의식할 수 있다는 점에서 동물과 차이가 있다며 인간의 충동을 욕망이라고 하였다. 즉 인간에게 코나투스란 삶을 지속하고자 하는 욕망을 의미한다.

2 스피노자에 따르면 코나투스를 본질로 지닌 인간은 한번 태어난 이상 삶을 지속하기 위해 힘쓴다. 하지만 인간은 자신의 힘만으로 삶을 지속하기 어렵다. 인간은 다른 것들과의 관계 속에서만 삶을 유지할 수 있으므로 언제나 타자와 관계를 맺는다. 이때 타자로부터 받은 자극에 의해 신체적 활동 능력이 증가하거나 감소하는 변화가 일어난다. 감정을 신체의 변화에 대한 표현으로 보았던 스피노자는 신체적 활동 능력이 증가하면 기쁨의 감정을 느끼고, 신체적 활동 능력이 감소하면 슬픔의 감정을 느낀다고 생각했다. 또한 신체적 활동 능력이 감소하는 것과 슬픔의 감정을 느끼는 것은 코나투스가 감소하고 있음을 보여 주는 것, 다시 말해 삶을 지속하고자 하는 욕망이 줄어드는 것이라고 여겼다. 그래서 인간은 코나투스의 증가를 위해 자신의 신체적 활동 능력을 증가시키고 기쁨의 감정을 유지하려고 노력한다는 것이다.

3 한편 스피노자는 선악의 개념도 코나투스와 연결 짓는다. 그는 사물이 다른 사물과 어떤 관계를 맺느냐에 따라 선이 되기도 하고 악이 되기도 한다고 말한다. 코나투스의 관점에서 보면 선이란 자신의 신체적 활동 능력을 증가시키는 것이며, 악은 자신의 신체적 활동 능력을 감소시키는 것이다. 이를 정서의 차원에서 설명하면 선은 자신에게 기쁨을 주는 모든 것이며, 악은 자신에게 슬픔을 주는 모든 것이다. 한마디로 인간의 선악에 대한 판단은 자신의 감정에 따라 결정된다는 것을 의미한다.

4 이러한 생각을 토대로 스피노자는 코나투스인 욕망을 긍정하고 욕망에 따라 행동하라고 이야기한다. 슬픔은 거부하고 기쁨을 지향♥하라는 것, 그것이 곧 선의 추구♥라는 것이다. 그리고 코나투스는 타자와의 관계에 영향을 받으므로 인간에게는 타자와 함께 자신의 기쁨을 증가시킬 수 있는 공동체가 필요하다고 말한다. 그 안에서 자신과 타자 모두의 코나투스를 증가시킬 수 있는 기쁨의 관계를 형성하라는 것이 스피노자의 윤리학이 우리에게 하는 당부이다.

♥지향(志向): 어떤 목표로 뜻이 쏠리어 향함. 또는 그 방향이나 그쪽으로 쏠리는 의지.
♥추구(追求): 목적을 이룰 때까지 뒤쫓아 구함.

독해력 Upgrade ※각 문단의 중심 내용을 다음과 같이 정리할 때, 빈칸에 들어갈 알맞은 말을 쓰시오.

| **1** 스피노자의 윤리학에서 코나투스의 의미 | ⇒ | **2** 인간에게 있어 감정과 ( ), 코나투스의 관계 | ⇒ | **3** 코나투스의 관점에서 본 ( )의 의미 | ⇒ | **4** 코나투스에 대한 스피노자의 주장 |

1 이 글에서 다룬 내용으로 적절하지 **않은** 것은?

① 코나투스의 의미
② 정신과 신체의 유래[♥]
③ 감정과 신체의 관계
④ 감정과 코나투스의 관계
⑤ 코나투스와 관련한 인간과 동물의 차이

> [♥]유래(由來): 사물이나 일이 생겨남. 또는 그 사물이나 일이 생겨난 바.

2 이 글에 나타난 선악에 대한 스피노자의 입장으로 적절하지 **않은** 것은?

① 자신에게 기쁨을 주는 것은 선이다.
② 선악은 사물 자체가 가지고 있는 성질이다.
③ 선악에 대한 판단은 타자와의 관계에 따라 달라진다.
④ 자신의 신체적 활동 능력을 감소시키는 것은 악이다.
⑤ 기쁨의 관계 형성이 가능한 공동체는 선의 추구를 위해 필요하다.

3 이 글을 바탕으로 〈보기〉를 이해한 내용으로 가장 적절한 것은?

┤ 보기 ├

쇼펜하우어는 욕망을 인간과 세계의 본질로 생각했다. 그의 관점에서 보면 인간을 포함한 모든 사물은 욕망을 충족하기 위해 노력하지만, 채우고 채워도 욕망은 완전히 충족될 수 없다. 그래서 그는 삶을 욕망의 결핍[♥]이 주는 고통의 시간이라고 말했고, 이러한 고통으로부터 벗어나기 위해 욕망을 부정하면서 욕망을 절제[♥]해야 한다는 금욕주의를 주장했다.

> [♥]결핍(缺乏): 있어야 할 것이 없어지거나 모자람.
> [♥]절제(節制): 정도에 넘지 아니하도록 알맞게 조절하여 제한함.

① 쇼펜하우어는 스피노자처럼, 욕망을 부정적으로 판단하고 있군.
② 쇼펜하우어는 스피노자처럼, 인간은 욕망에 따라 행동해야 한다고 보고 있군.
③ 쇼펜하우어는 스피노자처럼, 삶을 욕망의 결핍이 주는 고통의 시간이라고 여겼군.
④ 쇼펜하우어는 스피노자와 달리, 욕망을 인간의 본질로 보고 있군.
⑤ 쇼펜하우어는 스피노자와 달리, 인간이 욕망에서 벗어나야 한다고 보고 있군.

어휘력 Upgrade ※다음의 빈칸에 들어갈 알맞은 말을 〈보기〉에서 찾아 쓰시오.

┤ 보기 ├
결핍
유래
절제
추구

1 체내에 산소가 (　　　)되면 생명이 위험해진다.
2 자유와 평등은 인류가 영원히 (　　　)해 나가야 할 이상이다.
3 그는 건강을 위해 자극적인 음식을 (　　　)하고 채소류를 많이 먹는 식습관을 길렀다.
4 마라톤은 승리의 소식을 전하려고 쉬지 않고 달렸던 한 병사의 이야기에서 (　　　)한 것이다.

실록은 어떻게 만들어졌을까

'조선왕조실록'이라는 말을 들어본 적이 있을 거야. 우리나라의 역사를 이해하는 데 매우 중요한 기록물이지. '실록'을 왜, 그리고 어떻게 만들었는지 자세히 알아보자.

1 실록은 제왕 한 사람씩의 재위 기간 동안의 역사를 날짜 순서에 따라 기록한 책이다. 처음에는 사마천의 《사기(史記)》를 '사실을 있는 그대로 기록한 역사'란 뜻으로 해석해 실록이라고 평(評)하기도 했으나, 실제로 '실록'이라는 이름을 붙이지는 않았다. 중국에서는 주흥사의 《양황제실록》이 처음이며, 당나라 이후 실록이 편찬되었다.

2 우리나라에서는 고려 시대부터 실록이 편찬되었고, 본격적인 편찬은 조선에 들어서이다. 조선 시대에도 고려 시대의 예에 따라서 왕이 즉위하면 앞선 왕의 실록을 편찬하였다. 시정♥을 기록하는 관청인 춘추관에 별도로 실록청 또는 일기청을 열고 총재관·도청당상·도청낭청·각방당상·각방낭청 등을 임명하였다. 실록의 편찬 작업에서 사초(史草)라 부르는 사관♥들의 기록이 가장 기본 자료로 쓰였고, 여러 관청의 기록물도 참고하였다. 사초는 춘추관에서 매일 기록한 시정기(時政記)와 춘추관 소속의 관리들이 개인적으로 기록한 문서를 스스로 보관했다가 실록을 편찬할 시기에 제출하는 기일이 정해졌다.

3 모든 자료들을 모아 1차로 작성된 원고를 초초(初草)라고 하며, 이를 다시 수정·보완해 두 번째 원고인 중초(中草)를 만들고, 다시 한번 수정하고 문체를 다듬어 정초(正草)라 불리는 완성된 원고를 만들었다. 정초는 교서관에서 세 벌을 활자로 인쇄해 춘추관과 지방의 외사고에 보관되었다. 보관된 실록은 엄격한 보관·관리가 이루어져 왕도 볼 수 없었고, 꼭 보아야 할 때는 관리를 보내 필요한 부분만 등서♥해 볼 수 있을 뿐이었다. 이는 사관의 직필♥을 보장하기 위한 조처♥였다.

4 이러한 실록은 후세에 기록을 남겨서 참고 자료로 활용하기 위해 편찬하였다. 그래서 국가에서 추진하는 중요한 일에 과거의 사례를 알고자 실록을 보관하고 있는 사고(史庫)에 사람을 보내서 실록을 베껴 오도록 하였다. 한편 실록은 그 자체가 하나의 역사로서, 이전 국왕이 어떻게 국가를 운영하였는지를 평가하는 기초 자료의 구실을 하였다. 따라서 국왕들은 사관의 기록에 관심을 가지지 않을 수 없었다. 실록을 국왕조차도 함부로 볼 수 없게 만든 까닭이었다. 물론 국왕이 강제로 실록의 기록을 열람한 경우도 있다. 연산군은 만들어지고 있던 실록의 사초를 열람하여 사화(士禍)를 일으키기도 하였다. 그러나 국왕이 실록을 열람하는 것은 국왕의 지위를 포기하기 전에는 쉽지 않은 일이었다.

5 그런데 실록 편찬은 후대에 참고가 되기 위한 것이기도 하였지만, 1차적인 목적은 선왕의 업적을 총정리하는 데에 있었다. 이러한 총정리의 목적은 무엇이었을까? 바로 당대에 무엇을 할 것인지를 확인하는 것이었다. 다시 말해 선왕대에 이루지 못하였던 과제를 확인하고 이것을 이어받는 절차였다. 막연하게 이전 시대를 총체적♥으로 부정하면서 반대 방향으로 가는 것을 선(善)으로 여기는 것이 아니었다. 계승할 대상과 부정할 대상에 관해 총체적인 백서를 마련하는 작업이 곧 실록의 편찬이었다.

♥ 시정(時政): 그 당시의 정치나 행정에 관한 일.

♥ 사관(史官): 역사의 편찬을 맡아 초고를 쓰는 일을 맡아보던 벼슬.

♥ 등서(謄書): 원본에서 베껴 옮김.

♥ 직필(直筆): 무엇에도 영향을 받지 아니하고 사실을 그대로 적음.

♥ 조처(措處): 제기된 문제나 일을 잘 정돈하여 처리함. 또는 그러한 방식.

♥ 총체적(總體的): 있는 것들을 모두 하나로 합치거나 묶은 것.

독해력 Upgrade ※각 문단의 중심 내용을 다음과 같이 정리할 때, 빈칸에 들어갈 알맞은 말을 쓰시오.

| **1** ( )의 개념과 효시 | → | **2** 우리나라의 실록 편찬 체계 | → | **3** 실록의 편찬 ( )과 보관 및 관리 | → | **4** 실록의 역할 | → | **5** 실록 편찬의 궁극적 ( ) |

1 이 글에서 언급되지 <u>않은</u> 것은?

① 실록의 개념

② 실록의 보존 기간

③ 실록의 편찬 기관

④ 실록의 편찬 시기

⑤ 실록의 보관 장소

2 이 글을 통해 알 수 있는 '실록 편찬'의 궁극적 목적으로 적절한 것은?

① 선왕의 여러 가지 행적˅을 종합적으로 정리하기 위해

② 선왕의 국정 운영을 평가하는 기초 자료를 제공하기 위해

③ 국가의 중요한 일을 기록해 후세에 참고 자료로 활용하기 위해

④ 선왕대의 과제를 확인하여 당대에 무엇을 할 것인지 파악하기 위해

⑤ 앞 시대를 부정하고 후대 왕이 새로운 역사를 열어 가는 데 도움을 주기 위해

˅ 행적: 평생 동안 한 일 이나 업적.

3 이 글과 〈보기〉를 읽은 학생의 반응으로 적절하지 <u>않은</u> 것은?

┤ 보기 ├

　《국조보감》은 조선 왕조 역대 군주의 가언(嘉言)˅과 선정(善政) 가운데서 중요한 것을 뽑아 연대순으로 기록한 편년체 사서이다. 《국조보감》에 인용된 사료는 대체로 실록의 편찬에 이용된 사료 가운데서 선택하였으므로 실록의 내용과 비슷하였으며, 실록의 내용과 비교할 때 요약한 것이 많다. 따라서 사료적 가치라는 면에서는 실록에 견주어 그다지 주목받지 못하고 오히려 실록을 보완하는 자료로서 인식되어 왔다. 또한 후대의 군주들에게 감계˅하는 것이 목적이었으므로, 일부 적합하지 않은 내용은 아예 수록하지 않거나 기사의 일부분을 삭제 · 변경하기도 하였다.

　실록이 그 기록의 치밀함과 보존의 엄정성 때문에 쉽게 참고하지 못했던 것과 달리 《국조보감》은 국왕들에게 따라야 할 전범˅과 반성의 재료로써 제공되어 항상 쉽게 볼 수 있었다.

˅ 가언(嘉言): 본받을 만한 좋은 말.

˅ 감계(鑑戒): 지난 잘못을 거울로 삼아 다시는 잘못을 되풀이하지 아니하도록 하는 경계.

˅ 전범(典範): 본보기가 될 만한 모범.

① 실록은 《국조보감》과 편찬 목적에 차이가 있었군.

② 실록은 《국조보감》에 비해 사료로서의 가치가 더 높겠군.

③ 《국조보감》은 실록에 비해 역사를 객관적으로 기술하였군.

④ 《국조보감》은 왕이 항상 열람할 수 있어서 쉽게 참고할 수 있었겠군.

⑤ 실록과 《국조보감》은 역사를 시간 순서대로 기록하였군.

어휘력 Upgrade　※다음의 빈칸에 들어갈 알맞은 말을 〈보기〉에서 찾아 쓰시오.

┤ 보기 ├

전범
조처
총체적
행적

1 두 대에 걸쳐 삼국 통일의 위업을 이룬 그 (　　　)은 역사에 길이 남을 것이다.

2 오늘날 수학은 명확성을 지향하는 여러 다른 학문의 (　　　)으로 인식되고 있다.

3 뮤지컬 총감독은 음악, 안무, 출연진, 무대 시설 등 공연을 (　　　)으로 책임진다.

4 작업자들은 이와 같은 안전사고가 재발하지 않도록 단단히 (　　　)해 달라고 요구하였다.

망각은 왜 일어날까

수업을 들을 때는 내용을 다 알겠는데 며칠 지나면 잊어버릴 때가 많아. 왜 자꾸 내용을 잊는 걸까? 이에 대해서는 세 가지 입장에서 각각 다르게 설명할 수 있어.

1 인간을 흔히 망각의 동물이라고 한다. 망각이란 기억과 반대되는 개념으로 일종의 기억 실패에 해당한다. 기억은 외부의 정보를 기억 체계에 맞게 부호로 바꾸어 저장 및 인출하는 것으로 부호화 단계, 저장 단계, 인출 단계로 나뉜다. 심리학에서는 기억 실패가 기억의 세 단계 중 어느 단계에서 일어난다고 보느냐에 따라 망각 현상을 각기 다르게 설명한다.

2 ㉠부호화 단계와 관련하여 망각을 설명하는 입장에서는 외부 정보가 부호화되는 과정에서 정보의 일부가 생략되거나 왜곡되어 망각이 일어난다고 본다. 부호화란 외부 정보를 기억의 체계에 맞게 변환하는 과정으로, 부호에는 음운 부호와 의미 부호 등이 있다. 음운 부호는 외부 정보가 발음될 때 나는 소리에 초점을 둔 부호이고, 의미 부호는 외부 정보의 의미에 초점을 둔 부호이다. 가령 '8255'라는 숫자를 부호화할 때, [팔이오오]라는 소리로 부호화하는 것은 전자에 해당하고, '빨리 오오.'와 같이 의미로 부호화하는 것은 후자에 해당한다. 의미 부호는 외부 정보가 갖는 의미에 집중하여 부호화하는 것이므로, 음운 부호에 비해 정교화가 잘 일어난다. 정교화는 외부 정보를 배경지식이나 상황 맥락 등의 부가˘ 정보와 밀접˘하게 관련시키는 것이다. 부호화 단계에서 망각을 설명하는 학자들은 정교화가 잘된 정보가 그렇지 않은 정보보다 기억에 유리하여 망각이 잘 일어나지 않는다고 주장한다.

3 ㉡저장 단계에서 망각이 일어난다고 보는 입장에서는 망각을 부호화 단계에서의 문제가 아니라, 저장 단계에서 정보가 사라지는 현상으로 설명한다. 즉 망각은 부호화가 되어 저장된 정보 중 사용하지 않는 정보가 시간의 경과에 따라 상실되어 일어난다는 것이다. 독일의 심리학자 에빙하우스는 학습을 통해 저장된 단어가 시간의 경과에 따라 망각되는 양상˘을 알아보는 실험을 하였다. 그 결과 학습이 끝난 직후부터 망각이 일어나기 시작해서 1시간이 지나자 학습한 단어의 약 44% 정도가 망각되었다. 이를 근거로 저장 단계에서 망각을 설명하는 학자들은 망각은 저장 단계에서 일어나는 현상이며 시간의 흐름에 비례하여 나타난다고 주장하였다. 그리고 학습 직후 복습을 해야 학습 효과가 높다는 것을 강조하였다.

4 ㉢인출 단계에서 망각이 일어난다고 보는 입장에서는 망각을 저장된 정보가 제대로 인출되지 못하여 나타나는 현상으로 설명한다. 즉 망각은 저장된 정보가 사라지는 것이 아니라, 이를 밖으로 끄집어내지 못해서 나타난다는 것이다. 저장된 정보를 인출해 내기 위해서는 적절한 인출 단서˘가 필요하다. 일반적으로 저장된 정보와 인출 단서가 밀접할 경우 인출이 잘 되지만, 그렇지 않으면 인출 실패로 망각이 일어날 가능성이 크다. 가령 '사랑'이라는 단어를 인출할 때 이와 의미상 연관이 큰 '애인'이라는 단어를 인출 단서로 사용하면 인출이 잘 되지만, 이와 관련이 먼 '책상'이라는 단어를 인출 단서로 사용하면 인출이 잘 되지 않는다. 인출 단계에서의 망각은 저장된 정보를 인출할 만한 단서가 부족하거나 부적절해서 나타나는 현상이므로, 시간이 흐르더라도 적절한 인출 단서만 제시되면 저장된 정보가 떠오를 수 있다.

˘ 부가(附加): 주된 것에 덧붙임.
˘ 밀접(密接): 아주 가깝게 맞닿아 있음. 또는 그런 관계에 있음.
˘ 양상(樣相): 사물이나 현상의 모양이나 상태.
˘ 단서(端緒): 어떤 문제를 해결하는 방향으로 이끌어 가는 일의 첫 부분.

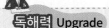
독해력 Upgrade ※각 문단의 중심 내용을 다음과 같이 정리할 때, 빈칸에 들어갈 알맞은 말을 쓰시오.

1 망각의 개념과 망각에 대한 심리학의 여러 관점	→	**2** (　　　) 단계에서 망각이 일어난다고 보는 입장	→	**3** (　　　) 단계에서 망각이 일어난다고 보는 입장	→	**4** (　　　) 단계에서 망각이 일어난다고 보는 입장

1 '음운 부호'와 '의미 부호'에 대한 설명으로 적절한 것은?

① '음운 부호'는 외부 정보를 배경지식이나 맥락에 따라 수정한 것이다.

② '음운 부호'는 외부 정보를 그것에서 연상˚되는 의미로 처리하는 부호이다.

③ '의미 부호'는 외부 정보를 기억의 체계에 맞게 전환하는 데 필요한 부가 정보이다.

④ '음운 부호'와 달리 '의미 부호'로 입력된 정보는 망각되지 않는다.

⑤ '의미 부호'는 '음운 부호'에 비해 부호화 과정에서 정교화가 잘 이루어진다.

˅연상(聯想): 하나의 관념이 다른 관념을 불러일으키는 현상.

2 ㉠~㉢에서 단어 학습과 관련된 〈보기〉의 대화를 설명한다고 할 때, 그 내용으로 적절하지 않은 것은?

┤ 보기 ├

다련: 단어를 외울 때 기존에 알고 있는 단어와 연관 지어서 암기하면 좀 더 오래 기억할 수 있어.

수민: 단어를 소리로 외우지 않고 용례를 보며 의미에 집중하여 외우는 것이 오래 기억되지만, 시간이 많이 걸린다는 것이 흠이야.

예린: 단어 시험 볼 때는 다 맞았는데, 시험이 끝난 후 며칠 뒤에 다시 보니 그 단어들이 기억나지 않아 속상해.

서정: 외운 단어를 잊어버리지 않으려면, 학습 직후부터 반복적으로 복습을 하는 것이 최고인 것 같아.

석현: 좀 전까지도 알고 있는 단어였는데, 갑자기 말하려니까 혀끝에서만 빙빙 돌 뿐 생각이 나지 않아 답답해.

① ㉠: 다련은 단어를 정교화하는 것이 기억에 효과적이라는 것을 언급하고 있다.

② ㉠: 수민은 단어를 음운 부호로 부호화하는 과정이 시간이 많이 걸린다는 것을 말하고 있다.

③ ㉡: 예린이 단어들을 기억하지 못하는 것은 시간의 경과에 따라 저장 단계에서 망각이 일어났기 때문이다.

④ ㉡: 서정이 복습을 중요하게 여기는 이유는 학습 직후부터 망각이 시작되기 때문이다.

⑤ ㉢: 석현에게 단어와 관련이 큰 적절한 인출 단서를 주면 단어가 생각날 수도 있다.

어휘력 Upgrade

※다음의 빈칸에 들어갈 알맞은 말을 〈보기〉에서 찾아 쓰시오.

┤ 보기 ├
밀접
부가
양상
연상

1 설 연휴 기간의 귀경길 교통 상황은 의외로 원활한 (   )을 보였다.

2 이번 제품은 기존 기능에 새로운 기능이 (   )되었기 때문에 가격이 좀 더 올랐다.

3 이날 경기는 친선전이라기보다는 마치 올림픽 결승전을 (   )하게 하는 접전이었다.

4 농민은 소비자와 분리되어 있는 것이 아니라 먹거리를 매개로 (   )하게 연관되어 있다.

불안에서 답을 찾은 하이데거

'불안'은 우리 삶에 어떤 영향을 줄까? 보통은 부정적인 영향을 준다고 생각하겠지만, 그 반대로 생각한 학자가 있어. 이 글을 읽으며 불안에 대한 하이데거의 생각을 알아보자.

1 우리는 흔히 '불안'을 부정적인 감정, 극복해야 할 감정으로 여긴다. 그런데 여기 불안을 긍정적인 의미로 바라보고 있는 한 학자가 있다. 그는 바로 독일의 실존주의 철학을 대표하는 하이데거이다. 하이데거가 바라본 불안의 의미를 알기 위해서는 하이데거의 철학 전반에 대해 살펴볼 필요가 있다.

2 돌멩이나 개, 소는 '존재'가 무엇인가라는 의문을 갖지 않는다. 오직 인간만이 '존재'란 무엇인가를 생각한다. 그런 인간을 하이데거는 '현존재(現存在)'라고 이름 붙였다. 현존재라는 말을 사용함으로써 하이데거는 인간을 존재에 대한 의문을 가지는 독특한 존재로 간주한다.

3 현존재는 세계 안에 거주하고 있으며 현존재와 세계는 떼려야 뗄 수 없는 관계에 있다. 하이데거는 현존재와 세계의 관계를 '도구 연관'으로 설명했다. 도구 연관이란 세계의 모든 것들은 서로 수단－목적의 관계로 이루어져 있는데 이 관계가 반복적으로 이어진다는 것을 의미한다. 그래서 세계 속 사물은 다른 사물의 수단이 되고 동시에 또 다른 사물의 목적이 될 수 있다. 하이데거가 설명하는 도구 연관 네트워크는 궁극적으로 현존재의 생존을 위한 것이며 도구 연관 네트워크의 최종 목적의 자리에는 현존재가 있다.

4 그런데 바로 여기에서 문제가 발생한다. 인간은 현존재인 자신을 위해 사물을 도구로 사용하지만 그 사물에 얽매일 수 있다. 현존재가 목적으로서의 위상°을 지니지 못하고 도구에 종속°되어 자기 자신으로 살아가지 못하게 됨으로써 현존재는 세계 속의 도구와 수단 속에서 잊히는 것이다. 이것은 현존재의 퇴락°을 의미한다.

5 하이데거는 이러한 상태에서 벗어날 수 있는 가능성을 불안에서 찾는다. 불안은 우리가 특수한 사물이나 상황을 통해 구체적으로 느끼는 공포와는 다르다. 불안은 인간이라는 존재에게만 고유하게 있는 것으로 어떤 구체적 대상에 대한 것이 아니라 인간의 삶이 가지는 유한성에서 오는 것이다. 인간의 유한성을 인식하고 여기에서 오는 불안을 느끼는 사람은 자기의 본래적이고 고유한 삶을 살아갈 수 있다. 불안이 있기에 인간은 현존재의 퇴락에서 벗어나 수단이 아닌 목적으로서 현존재의 위상을 가질 수 있는 것이다.

6 인간의 유한성을 외면하는 사람은 비본래적인 세상에 몰두°함으로써 불안을 느끼지 않고 일상인의 위치로 살아간다. 그러나 인간의 유한성에서 유래하는 불안을 느끼는 현존재는 자신의 본래성을 회복할 수 있다. 불안을 느끼는 현존재만이 주체적이고 능동적으로 최종 목적으로서의 삶을 살아갈 수 있는 것이다. 하이데거가 불안을 긍정적으로 바라보는 이유가 바로 여기에 있다.

° **위상(位相):** 어떤 사물이 다른 사물과의 관계 속에서 가지는 위치나 상태.
° **종속(從屬):** 자주성이 없이 주가 되는 것에 딸려 붙음.
° **퇴락(頹落):** 지위나 수준 따위가 뒤떨어짐.
° **몰두(沒頭):** 어떤 일에 온 정신을 다 기울여 열중함.

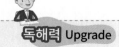

독해력 Upgrade ※각 문단의 중심 내용을 다음과 같이 정리할 때, 빈칸에 들어갈 알맞은 말을 쓰시오.

| 1 불안을 통념과 다르게 인식한 하이데거 | → | 2 하이데거가 이름 붙인 ( )의 의미 | → | 3 ( )의 의미와 체계 | → | 4 현존재가 겪을 수 있는 문제 상황 | → | 5 ( )에 대한 하이데거의 견해 | → | 6 하이데거가 불안을 긍정적으로 여긴 이유 |

1 이 글에서 궁극적으로 추구하는 삶으로 가장 적절한 것은?

① 인간의 한계를 부정하며 도전적으로 살아가는 삶
② 과거 자신의 삶을 되돌아보고 반성하며 살아가는 삶
③ 자신이 가진 것들을 다른 사람들과 나누며 살아가는 삶
④ 인간 삶의 한계와 자신의 본질을 생각하며 살아가는 삶
⑤ 인간을 위해 존재하는 것들을 소중히 생각하며 살아가는 삶

2 이 글을 바탕으로 〈보기〉를 이해할 때 적절하지 않은 것은?

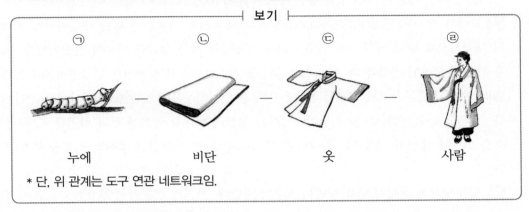

| 보기 |

누에 — 비단 — 옷 — 사람

* 단, 위 관계는 도구 연관 네트워크임.

① ㉠과 ㉡은 수단 – 목적의 관계이다.
② ㉠과 ㉡은 존재에 대한 의문을 갖지 않는다.
③ ㉡과 ㉢은 모두 수단인 동시에 목적이다.
④ ㉢과 ㉣은 현존재로서 세계 안에서 존재한다.
⑤ ㉠, ㉡, ㉢은 궁극적으로 ㉣을 위해 존재한다.

3 이 글과 〈보기〉의 '불안'에 대한 이해로 적절한 것은?

| 보기 |

인간은 세계 속에서 자유롭게 자신의 삶을 결정한다. 그런데 그 결정에는 항상 책임이 뒤따르기 때문에 인간은 '불안'을 느낀다. 이를 극복하기 위해 인간은 자유에 걸맞은 신중함을 내면화˘하게 된다.

˘ 내면화(內面化): 정신적·심리적으로 깊이 마음속에 자리 잡힘. 또는 그렇게 되게 함.

① 이 글과 〈보기〉는 '불안'을 극복의 대상으로 여기고 있다.
② 이 글과 〈보기〉는 '불안'이 인간에게 미치는 영향을 밝히고 있다.
③ 이 글과 〈보기〉는 '불안'을 해소할 수 있는 방법을 제시하고 있다.
④ 이 글은 〈보기〉와 달리 '불안'을 인간이라면 누구나 느끼는 것으로 설명하고 있다.
⑤ 〈보기〉는 이 글과 달리 '불안'을 인간과 사물 사이의 관계에서 기인하는 것으로 보고 있다.

어휘력 Upgrade ※다음의 빈칸에 들어갈 알맞은 말을 〈보기〉에서 찾아 쓰시오.

| 보기 |
내면화
몰두
위상
종속

1 그는 평생 벼슬을 하지 않고 소박하게 살며 학문에만 (　　　)하였다.
2 부모의 습관과 생활 태도는 자녀에게 무의식적으로 (　　　)되기 쉽다.
3 미국에 진출한 그 야구 선수는 뛰어난 실력을 발휘하여 한국인의 (　　　)을 높여 주었다.
4 경제적으로 특정 국가에 (　　　)되면 정치나 외교 등에서도 불리한 위치에 설 수밖에 없다.

조선 성리학의 호락논쟁

조선 사회를 지배한 학문은 성리학이야. 그런데 성리학자라고 해서 모두 의견이 같지는 않았어. 이 글을 통해 조선 후기에 벌어진 성리학자들의 논쟁에 대해 알아보자.

1 중세 사회가 단일한 가치로 통일된 절대주의적 사회라면, 현대 사회는 다양한 가치의 공존을 인정하는 상대주의적 사회라고 할 수 있다. 조선의 건국과 함께 성리학이 통치 이념으로 자리 잡은 이래로 조선 성리학자들은 하늘이 인간에게 준 본성이 착하다는 성선(性善)을 절대적인 가치관으로 받아들이고 ㉠이것을 수양과 교화˘의 근거로 삼았다. 그러나 불교와 양명학은 이러한 인간관에 대해 의심을 품고 있었다. 만약 성선의 가치관이 파기된다면, 선악 판단이 불가능한 혼란으로 떨어지게 될 것이기 때문에 조선 성리학자들에게 상대주의적 가치관에 대한 대응은 조선 전기 동안 중요한 문제였다.

2 17세기 말 시작된 호락논쟁(湖洛論爭)은 상대주의적 가치관에 대한 대응이면서 성리학이 태생적으로 안고 있던 가치 상대주의의 가능성에 대한 심각한 내부적 논쟁이었다. 이들은 인간의 본성인 인성과 타 존재의 본성인 물성이 다르다고 주장하는 인물성이론(人物性異論)의 호론과 근본적으로 서로의 본성은 같다는 인물성동론(人物性同論)의 낙론으로 나뉘었다. 호론은 불교, 양명학 등이 불러일으키는 성선의 절대성 약화를 우려˘하였다. 그래서 호론은 인성과 물성이 다르다는 입장을 기본으로 하여 인간 본성인 성선의 회복을 주창˘하였다.

3 반면 낙론은 현실적 대응 방법이 호론과 달랐다. 낙론의 선조격인 김창협은 호론의 주장을 따를 경우 발생할 도덕적 규율에 의한 억압과 욕망의 질식 상태를 인정할 수 없었다. 즉 욕망은 부정되어야 하지만 엄연한 현실이라고 본 것이다. 욕망을 인간 본성의 또 다른 모습으로 인정함으로써 결국 낙론은 모든 사물마다 고유한 각각의 가치가 있음을 인정하였다. 이러한 상대적 가치에 대한 인정으로 고유한 가치를 지닌 모든 사물을 관찰을 통해 새롭게 이해하려는 태도가 대두˘하였다.

4 19세기의 조선 성리학자에게 모든 것이 가치 있다는 낙론의 주장은 사물에 대한 관심을 불러일으켰다. 그래서 추사 김정희는 고증을 통해 과거의 사물에 대해 철저하게 탐구하고자 하였고, 최한기는 김정희와 달리 사물을 과학적이고 합리적으로 이해할 수 있는 방법으로 지리·천문·의학 등의 서양 학문에 관심을 가졌다.

5 스스로의 노력을 통해 조선 성리학자들은 근대의 상대주의적 가치관이 자리 잡을 수 있는 토대를 마련하는 데까지 나아갔다. 하지만 봉건적 사고에서 벗어나기 위한 마지막 탈피의 순간에 일본의 강점으로 역사적 학문적 단절을 맞게 됨으로써 이러한 노력은 더 이상의 발전을 보지 못하고 중단되고 말았다.

▼교화(教化): 가르치고 이끌어서 좋은 방향으로 나아가게 함.
▼우려(憂慮): 근심하거나 걱정함. 또는 그 근심과 걱정.
▼주창(主唱): 주의나 사상을 앞장서서 주장함.
▼대두(擡頭): 머리를 쳐든다는 뜻으로, 어떤 세력이나 현상이 새롭게 나타남을 이르는 말.

독해력 Upgrade ※각 문단의 중심 내용을 다음과 같이 정리할 때, 빈칸에 들어갈 알맞은 말을 쓰시오.

| **1** 조선 전기 성리학자들이 인식한 문제 | → | **2** 호락논쟁의 두 입장과 (　　)의 회복을 주창한 호론 | → | **3** 사물의 상대적 (　　)를 인정한 낙론 | → | **4** 사물에 대한 관심을 불러일으킨 (　　)의 주장 | → | **5** 상대주의적 가치관의 발전과 중단 |

1 이 글을 통해 이끌어 낸 내용으로 적절하지 <u>않은</u> 것은?

① 불교와 양명학에는 상대주의적 가치관이 들어 있다.
② 호론의 본성관은 전통 성리학자들의 태도와 상반된다.
③ 호락논쟁은 필연˅적인 성리학적 과제로부터 비롯하였다.
④ 낙론의 주장은 사물에 대한 학문적 탐구의 길을 열었다.
⑤ 조선 성리학의 근대적 발전은 외부의 힘에 의해 단절되었다.

> ˅ 필연(必然): 사물의 관련이나 일의 결과가 반드시 그렇게 될 수밖에 없음.

2 ㉠의 본질을 담고 있는 주장은?

> 1428년 진주에 사는 김화가 저지른 인륜을 어긴 범죄에 대하여 ①김화를 엄벌하자는 주장과 ②제도를 정비해야 한다는 주장이 대립되었다. 이때 세종은 ③무엇보다 천성˅을 회복해야 한다며 세상에 효행의 풍습을 널리 알릴 수 있는 서적을 간행해서 ④백성들이 항상 읽게 하는 것이 좋겠다는 취지˅에서 《삼강행실도》를 만들었다. 이 책에는 ⑤모든 사람이 알기 쉽게 하자며 매 편마다 그림을 넣었다.

> ˅ 천성(天性): 본래 타고난 성격이나 성품.
> ˅ 취지(趣旨): 어떤 일의 근본이 되는 목적이나 긴요한 뜻.

3 이 글을 바탕으로 〈보기〉를 이해한 것으로 적절하지 <u>않은</u> 것은?

─┤ 보기 ├─

> 연암 박지원은 〈허생전〉을 통해 당대 사회에 대한 자신의 가치관을 드러내고 있다. 글 공부에 매진˅하던 허생은 상업 행위로 이룬 거대한 부를 바탕으로 사회적 문제를 해결하였다. 그리고 청나라를 오랑캐로 규정한 북벌론으로 기득권을 유지하던, 당대의 지배층을 맹공˅하였다. 특히 청나라의 선진 문물을 수용하자는 북학파의 주장에 이러한 박지원의 사고가 큰 영향을 주었다.

> ˅ 매진(邁進): 어떤 일을 전심전력을 다하여 해 나감.
> ˅ 맹공(猛攻): 맹렬히 나아가 적을 침.

① 허생은 인물성동론의 태도로 청인을 인식하고 있었겠군.
② 북벌론은 낙론보다는 호론의 입장에 근거한 것이었겠군.
③ 북학파와 지배층은 사회적 문제 해결의 관점이 달랐겠군.
④ 지배층은 조선인과 청인의 본성을 모두 성선으로 보았겠군.
⑤ 박지원은 인간의 욕망에 대해 긍정적으로 인식하고 있었겠군.

어휘력 Upgrade ※다음의 빈칸에 들어갈 알맞은 말을 〈보기〉에서 찾아 쓰시오.

┤ 보기 ├
취지
우려
대두
주창

1 약을 너무 자주 먹으면 위가 손상될 (　　　)가 있다.
2 인구의 노령화는 이제 어느 나라에서든지 심각한 사회 문제로 (　　　)하고 있다.
3 동학에서는 신분의 귀천이 없는 평등사상을 (　　　)하여 농민들의 호응을 얻었다.
4 노벨 평화상은 세계 평화에 기여한 공이 큰 사람에게 시상한다는 (　　　)로 제정되었다.

짧고 강렬한 논증을 위한 생략 삼단 논법

'삼단 논법'에 대해서는 아마 들어봤을 거야. 그렇다면 '생략 삼단 논법'은 무엇일까? 삼단 논법 앞에 덧붙은 '생략'이 무엇을 뜻하는지 생각하며 글을 읽어 보자.

1 우리가 아는 일반적인 삼단 논법은 형식적으로 보통 두 개의 전제˘와 한 개의 결론, 즉 세 개의 언어적 표현으로 이루어진다. 가령 '모든 사람은 죽는다.'(전제 1), '소크라테스는 사람이다.'(전제 2)에서 '그러므로 소크라테스는 죽는다.'(결론)를 이끌어 내는 식이다. 여기에서 전제의 일부를 생략할 수 있는데, 이것을 '생략 삼단 논법'이라 한다. '모든 사람은 죽는다.'라는 전제는 누구나 다 알고 있는 사실이기 때문에 생략하고, '소크라테스는 사람이기 때문에 죽는다.'라고만 해도 충분하다는 것이다.

2 그러면 어떤 전제를 생략할 수 있을까? 아리스토텔레스는 전제가 '확실한 지표'이거나 '일반적 통념'일 때 생략할 수 있다고 했다. 누구나 인정할 수 있는 절대적이고 보편타당˘한 지식이 '확실한 지표'이다. 가령 '물은 1기압일 때, 100℃에서 끓는다.'와 '지금은 1기압이고 물은 100℃이다.'에서 '그러므로 지금 물이 끓을 것이다.'라는 결론을 이끌어 낼 수 있다. 따라서 '물은 1기압일 때, 100℃에서 끓는다.'를 생략하고 '지금 1기압이고 물이 100℃이니, 물이 끓을 거야.'라고만 해도 된다. 왜냐하면 '물은 1기압일 때, 100℃에서 끓는다.'라는 사실은 '확실한 지표'이기 때문에 굳이 말할 필요가 없는 것이다.

3 다음으로 '일반적 통념'도 생략할 수 있다. 예를 들어 '부모는 자식을 사랑한다.'나 '건강한 사람은 오래 산다.'와 같이 그 사회가 일반적으로 받아들이는 상식이 '일반적 통념'이다. 아리스토텔레스는 이것을 보편타당하지는 않지만 '사실이 됨 직한 것'이라고 불렀다. 이러한 전제들은 '확실한 지표'와 같이 '절대적'이라고 말할 수는 없지만, 아주 '빈번하게˘' 일어나는 것이기 때문에 생략할 수 있다는 것이다. 가령 '이 그림은 명작이다. 그래서 가격이 높다.'라는 문장이 있다고 하자. 이 문장은 '모든 명작은 가격이 높다. 이 그림은 명작이다. 따라서 이 그림은 가격이 높다.'라는 삼단 논법에서 '모든 명작은 가격이 높다.'라는 전제를 생략한 것이다. 이 전제는 사람들에게 일반적으로 받아들여지는 통념이기 때문에 생략할 수 있다.

4 우리가 일상생활에서 접하는 속담, 격언에는 '확실한 지표'나 '일반적 통념'을 생략한 삼단 논법이 흔히 사용된다. 짧은 문구 안에 논증을 담아야 하기 때문이다. 또한 '확실한 지표'나 '일반적 통념'인 전제를 생략하면 누구나 아는 진부한˘ 내용을 반복하는 데에서 오는 싫증을 덜어 낼 수 있다. 이러한 과정을 통해 자연스러운 맛을 살려 낼 수 있기 때문에 표현이 더 강렬하고 생기 있게 된다. 한편 광고에서는 자기가 강조하고 싶은 전제를 오히려 생략하여, 그것을 사람들이 마치 '확실한 지표'나 '일반적 통념'처럼 생각하게 하는 기법으로 생략 삼단 논법을 매우 유용하게 이용하기도 한다.

▾전제(前提): 추리를 할 때, 결론의 기초가 되는 판단.

▾보편타당(普遍妥當): 특별하지 않고 사리에 맞아 타당함.

▾빈번하다(頻繁하다): 번거로울 정도로 거듭하는 횟수가 잦다.

▾진부하다(陳腐하다): 사상, 표현, 행동 따위가 낡아서 새롭지 못하다.

독해력 Upgrade ※각 문단의 중심 내용을 다음과 같이 정리할 때, 빈칸에 들어갈 알맞은 말을 쓰시오.

| **1** 생략 삼단 논법의 개념 | → | **2** 생략할 수 있는 전제인 ( )의 개념과 예 | → | **3** 생략할 수 있는 전제인 ( )의 개념과 예 | → | **4** 일상생활에서 활용되는 생략 삼단 논법 |

1 **이 글을 통해 알 수 있는 내용이 <u>아닌</u> 것은?**

① 누구나 인정하는 보편타당한 전제는 생략 가능하다.
② '확실한 지표'는 사회에서 절대적으로 받아들여지는 지식이다.
③ 생략 삼단 논법은 논증 과정에서의 모순♥을 줄이기 위해 고안♥되었다.
④ '일반적 통념'은 빈번하게 일어나는 일이기 때문에 생략이 가능하다.
⑤ 사회가 일반적으로 받아들이는 통념이 반드시 옳은 것은 아니다.

♥ 모순(矛盾): 어떤 사실
의 앞뒤, 또는 두 사실
이 이치상 어긋나서
서로 맞지 않음을 이
르는 말.

♥ 고안(考案): 연구하여
새로운 안을 생각해
냄. 또는 그 안.

2 **〈보기〉는 어느 광고문을 분석한 결과와 그에 대한 반응이다. 이 글로 보아 ㄱ~ㄹ 중 적절한 반응을 모두 고른 것은?**

┤ 보기 ├

〈광고문〉
"나는 자연 그대로의 것을 좋아하고, 내 얼굴은 ○○○ 제품을 좋아한다."

– 어느 화장품 광고에서

〈분석〉
[전제 1] 나는 자연 그대로의 것을 좋아한다.
[전제 2] ○○○ 제품은 자연 그대로의 것이다.
[결　론] 그러므로 내 얼굴은 ○○○ 제품을 좋아한다.

〈반응〉
ㄱ. [전제 2] 대신 [전제 1]을 생략하면 [결론]은 확실한 지표가 되겠군.
ㄴ. [전제 2]는 누구나 아는 진부한 내용이기 때문에 자연스러운 맛을 살리기 위해 생략되
었군.
ㄷ. [전제 2]를 '확실한 지표'나 '일반적 통념'처럼 생각하게 만들어 누구나 인정하는 당연
한 사실로 여기게 했군.
ㄹ. 강조하고자 하는 [전제 2]를 숨기는 방식으로 생략 삼단 논법을 교묘히♥ 이용하여 소
비자의 구매를 유도하고 있군.

♥ 교묘히(巧妙히): 재치
있게 약삭빠르고 묘한
솜씨나 재주 따위로.

① ㄱ, ㄴ　　　　　② ㄱ, ㄹ　　　　　③ ㄴ, ㄷ
④ ㄴ, ㄹ　　　　　⑤ ㄷ, ㄹ

어휘력 Upgrade　※다음의 빈칸에 들어갈 알맞은 말을 〈보기〉에서 찾아 쓰시오.

┤ 보기 ├
고안
교묘
빈번
진부

1 그 선수는 (　　　)하게 몸을 움직여서 공격자 반칙을 유도했다.
2 그녀는 자신이 (　　　)한 새로운 연주법을 이번 콘서트에서 실험했다.
3 삼각주는 대체로 지대가 낮고 습하여 홍수가 (　　　)하게 발생하는 지형이다.
4 그 영화는 너무 (　　　)한 내용이어서, 끝까지 안 봐도 누구나 결말을 예상할 수 있다.

[01~04] 다음 단어와 그 뜻풀이를 바르게 연결하시오.

01 기성 •

• ㉠ 본보기가 될 만한 모범.

02 전범 •

• ㉡ 이미 이루어짐. 또는 그런 것.

03 계책 •

• ㉢ 어떤 일의 근본이 되는 목적이나 긴요한 뜻.

04 취지 •

• ㉣ 어떤 일을 이루기 위하여 꾀나 방법을 생각해 냄.

[05~08] 〈보기〉의 글자들을 조합하여 다음의 뜻풀이에 알맞은 단어를 쓰시오.

┤ 보기 ├

해 적 입 봉 소 견 선 행 쇄

05 굳게 막아 버리거나 잠금. ( )

06 평생 동안 한 일이나 업적. ( )

07 어려운 일이나 문제가 되는 상태를 해결하여 없애 버림. ( )

08 어떤 대상에 대하여 이미 마음속에 가지고 있는 고정적인 관념이나 관점. ( )

[09~12] 다음의 빈칸에 들어갈 알맞은 단어를 〈보기〉에서 찾아 쓰시오.

┤ 보기 ├

절대적 주체적 즉흥적 총체적

09 상황극은 많은 준비나 무대 장치가 없이 ( )으로도 진행할 수 있다.

10 심사위원들은 기능적 측면을 ( )인 기준으로 삼아 심사했다.

11 국제화 시대에는 외래문화를 ( )으로 받아들이는 지혜가 필요하다.

12 사회는 여러 요소가 유기적으로 관계를 맺고 있는 하나의 ( )인 결합체이다.

[13~16] 제시된 초성과 뜻풀이를 참고하여 다음의 빈칸에 알맞은 단어를 쓰시오.

13 ㅊ ㄱ : 목적을 이룰 때까지 뒤좇아 구함.
㈅ 기업들의 공통된 목표는 이윤을 ( )하는 것이다.

14 ㅁ ㅈ : 아주 가깝게 맞닿아 있음. 또는 그런 관계에 있음.
㈅ 교육은 국가의 장래와 ( )하게 관련을 맺고 있다.

15 ㄷ ㅅ : 어떤 문제를 해결하는 방향으로 이끌어 가는 일의 첫 부분.
㈅ 경찰은 사건의 ( )를 찾으려고 현장을 샅샅이 조사했다.

16 ㄷ ㄷ : 머리를 쳐든다는 뜻으로, 어떤 세력이나 현상이 새롭게 나타남을 이르는 말.
㈅ 경기가 어려워지면서 만성적 실업난이 사회의 큰 문제로 ( )되었다.

[17~20] 다음의 밑줄 친 부분과 바꿔 쓸 수 있는 말을 〈보기〉의 단어를 활용하여 쓰시오.

┤ 보기 ├

곤란하다 유래하다 전환하다 향상되다

17 향토색이 짙은 문학 작품은 다른 나라말로 번역하기가 힘들다. ( )

18 과학 기술의 눈부신 발전으로 생활 수준이 과거보다 훨씬 나아졌다. ( )

19 남성들이 신는 구두나 여성들의 굽 높은 구두는 서양에서 생겨난 것이다. ( )

20 이 기계는 태양 광선을 전기로 바꾸는 기능을 한다. ( )

어휘력은 독해력의 기초!

• 나의 어휘력은 몇 점? _____개 / 20개

• 18개 이상을 맞혔다면? 어휘의 기초가 튼튼합니다.

• 17개 이하로 맞혔다면? 본문에 제시된 지문과 어휘를 다시 공부한 다음 문제를 풀어 보세요.

[01~04] 다음 단어와 그 뜻풀이를 바르게 연결하시오.

01 종속 •

• ㉠ 대상을 두루 생각하는 일.

02 사유 •

• ㉡ 주의나 사상을 앞장서서 주장함.

03 교화 •

• ㉢ 자주성이 없이 주가 되는 것에 딸려 붙음.

04 주창 •

• ㉣ 가르치고 이끌어서 좋은 방향으로 나아가게 함.

[05~08] <보기>의 글자들을 조합하여 다음의 뜻풀이에 알맞은 단어를 쓰시오.

┌─── 보기 ├───
순 환 두 기 성 천 모 몰
└────────────────┘

05 본래 타고난 성격이나 성품. ( )

06 주의나 여론, 생각 따위를 불러일으킴. ( )

07 어떤 일에 온 정신을 다 기울여 열중함. ( )

08 어떤 사실의 앞뒤, 또는 두 사실이 이치상 어긋나서 서로 맞지 않음을 이르는 말. ( )

[09~12] 다음의 빈칸에 들어갈 알맞은 단어를 <보기>에서 찾아 쓰시오.

┌─── 보기 ├───
고안 모호 중재 연상
└────────────────┘

09 그 치과의 전화번호 '2875'는 대번에 '이빨 치료'를 ( )하게 한다.

10 기후 변화 때문에 여름이 길어지고, 봄·가을의 경계가 ( )해지고 있다.

11 극지방의 사람들은 강한 추위로부터 몸을 보호할 수 있는 의복과 집을 ( )하였다.

12 유럽 공동체가 파견한 평화 감시단이 두 나라 사이의 갈등을 ( )하고 있다.

[13~16] 제시된 초성과 뜻풀이를 참고하여 다음의 빈칸에 알맞은 단어를 쓰시오.

13 ㄱ ㅍ : 있어야 할 것이 없어지거나 모자람.
예 현대인은 ( )된 영양소를 보충하기 위해 영양제를 복용하기도 한다.

14 ㅁ ㅈ : 어떤 일을 전심전력을 다하여 해 나감.
예 올림픽을 앞둔 국가 대표 선수들이 선수촌에서 훈련에 ( )하고 있다.

15 ㄱ ㅅ : 어떤 사회에서 오랫동안 지켜 내려와 그 사회 성원들이 널리 인정하는 질서나 풍습.
예 명절 때 차례를 지내는 일은 우리의 오랜 ( )이다.

16 ㅈ ㅎ : 어떤 목표로 뜻이 쏠리어 향함. 또는 그 방향이나 그쪽으로 쏠리는 의지.
예 서경이는 얼마 전부터 육식을 줄이고 채식 생활을 ( )하고 있다.

[17~20] 다음의 밑줄 친 부분과 바꿔 쓸 수 있는 말을 <보기>의 단어를 활용하여 쓰시오.

┌─── 보기 ├───
극복하다 빈번하다 절제하다 우려하다
└────────────────┘

17 한약을 먹는 동안에는 기름진 음식을 <u>삼가는</u> 것이 좋다. ( )

18 춘향과 몽룡은 난관을 <u>물리치고</u> 마침내 사랑을 이루었다. ( )

19 그들은 나라와 민족의 장래를 <u>걱정하며</u> 밤새 이야기를 나누었다. ( )

20 북극해는 얼음덩이가 떠다니기 때문에 해상 사고가 <u>잦은</u> 지역이다. ( )

┌─────────────────────────┐
│ **어휘력은 독해력의 기초!** │
│ • 나의 어휘력은 몇 점? _____개 / 20개 │
│ • 18개 이상을 맞혔다면? 어휘의 기초가 튼튼합니다. │
│ • 17개 이하로 맞혔다면? 본문에 제시된 지문과 어휘를 다시 공부한 │
│   다음 문제를 풀어 보세요. │
└─────────────────────────┘

독해 실전

아자! 힘내~

IV 과학

톡톡 튀는 소리의 세계

바닷속에 있는 물고기의 위치를 어떻게 알 수 있을까? 바로 음파의 속성을 이용하는 거야. 여기에 어떤 과학적 원리가 적용되는지 파악하며 글을 읽어 보자.

1 소리는 진동으로 인해 발생한 파동˘이 전달되는 현상으로, 이때 전달되는 파동을 음파라고 한다. 음파는 일정한 방향으로 나아가려는 직진성이 있고, 물체에 부딪치면 반사되는 성질을 갖고 있다.

2 음파는 주파수의 크기에 따라 고주파와 저주파로 나뉜다. 고주파는 직진성이 강하고 작은 물체에도 반사파가 잘 생기며 물에 흡수되는 양이 많아 수중에서의 도달 거리가 짧다. 반면, 저주파는 직진성이 약하고 작은 물체에는 반사파가 잘 생기지 않으며 물에 흡수되는 양이 적어 수중에서의 도달 거리가 길다.

3 음파는 파동을 전달하는 물질의 밀도가 높을수록 속도가 빨라진다. 그래서 음파의 속도는 공기 중에 비해 물속에서 훨씬 빠르다. 또한 음파의 속도는 물의 온도나 압력에 따라 변화한다. 일반적으로 수온이나 수압이 높아질 경우 속도가 빨라지고, 수온이나 수압이 낮아지면 속도는 느려진다. 300m 이내의 수심에서 음파는 초당 약 1,500m의 속도로 나아간다.

4 한편 음파는 이러한 속성을 바탕으로 어업과 해양 탐사, 지구 환경 조사, 군사적 용도 등으로 폭넓게 사용된다. 음파를 활용˘하는 대표적인 예로는 물고기의 위치를 탐지하는 어군˘ 탐지기와 지구 온난화˘와 관련된 실험을 들 수 있다.

5 어군 탐지기는 음파가 물체에 부딪쳐 반사되는 원리를 이용한 기기이다. 고깃배에서 발신한 음파가 물고기에 부딪쳐 반사되는 방향과 속도를 분석하여 물고기가 있는 위치를 알아낸다. 예를 들어 어군 탐지기가 특정 방향으로 발신한 음파가 0.1초 만에 반사되어 돌아왔다면, 목표물은 발신 방향으로 75m(1,500m/s × 0.1s × 0.5) 거리에 있음을 알 수 있다. 일반적으로 가까운 거리에 있는 물고기를 찾을 때에는 반사파가 잘 생기는 고주파를 사용한다. 이에 반해 먼 거리에 있는 물고기 떼를 찾을 때에는 도달 거리가 긴 저주파를 사용한다.

6 음파를 활용하면 지구 온난화 연구에 대한 기초 자료를 얻을 수도 있다. ㉠미국의 한 연구팀은 미국 서부 해안의 특정 지점에서 발신한 음파가 호주 해안의 특정 지점에 도달하는 시간을 주기적으로 측정˘하였다. 이를 통해 연구팀은 수온이 지속적으로 높아지고 있다는 결론을 내렸다. 연구팀은 이러한 결과가 ㉡지구 온난화를 입증˘할 수 있는 증거 중의 하나라고 주장하였다.

▾파동(波動): 물결의 움직임과 같은 진동이 주변으로 퍼져 가는 현상.
▾활용(活用): 충분히 잘 이용함.
▾어군(魚群): 물고기의 떼.
▾지구 온난화(地球溫暖化): 지구의 기온이 높아지는 현상.
▾측정(測定): 일정한 양을 기준으로 하여 같은 종류의 다른 양의 크기를 잼.
▾입증(立證): 어떤 증거 따위를 내세워 증명함.

독해력 Upgrade

※각 문단의 중심 내용을 다음과 같이 정리할 때, 빈칸에 들어갈 알맞은 말을 쓰시오.

| **1** 음파의 개념과 성질 | → | **2** 음파의 종류 및 고주파와 ( )의 특징 | → | **3** 밀도, 온도 및 압력에 따른 음파의 ( ) 차이 | → | **4** 음파의 활용 범위와 대표적인 예 | → | **5** 음파를 활용한 ( ) 탐지기의 원리 | → | **6** 음파를 활용한 지구 온난화 연구 |

1 **이 글을 통해 알 수 있는 내용이 <u>아닌</u> 것은?**

① 소리는 파동이 전달되는 현상이다.
② 물의 밀도는 공기의 밀도보다 높다.
③ 수중에서 음파는 물을 매개˘로 전달된다.
④ 음파의 속도는 수압에 따라 달라질 수 있다.
⑤ 멀리 있는 물체일수록 반사파의 양은 많아진다.

˘매개(媒介): 둘 사이에
서 양편의 관계를 맺
어 줌.

2 **〈보기〉의 ⓐ와 ⓑ에 대해 설명한 내용으로 적절하지 <u>않은</u> 것은?**

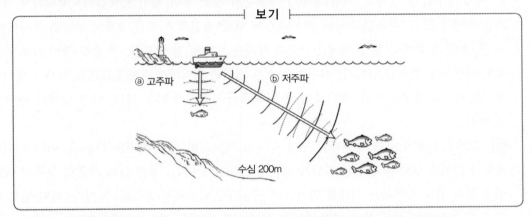

① ⓐ나 ⓑ로 물고기를 찾을 수 있는 것은 음파가 반사되어 돌아왔기 때문이군.
② ⓐ나 ⓑ가 0.1초 만에 고깃배로 돌아왔다면 물고기는 75m 거리에 있겠군.
③ ⓐ는 ⓑ에 비해 작은 물체에도 반사파가 잘 발생하므로 작은 물고기를 찾을 때 유리하겠군.
④ ⓐ는 직진성이 약하기 때문에 가까운 곳에 있는 물고기를 찾는 데 이용되는군.
⑤ ⓑ가 먼 곳에 있는 물고기를 찾는 데 이용되는 것은 물에 흡수되는 음파의 양이 적기 때문이군.

3 **ⓛ을 고려하여 ㉠의 결과를 추론한 내용으로 가장 적절한 것은?**

① 음파의 양이 증가하는 추세를 보였겠군.
② 음파의 속도가 느려지는 추세를 보였겠군.
③ 음파의 주파수가 높아지는 추세를 보였겠군.
④ 음파의 도달 거리가 길어지는 추세를 보였겠군.
⑤ 음파의 도달 시간이 짧아지는 추세를 보였겠군.

 어휘력 Upgrade ※다음의 빈칸에 들어갈 알맞은 말을 〈보기〉에서 찾아 쓰시오.

보기
매개
입증
측정
활용

1 그 사고는 목격자가 없어 (　　　)이 불가능했다.
2 이 아이템을 어떻게 (　　　)할지에 대하여 의논해 보자.
3 편지는 그와 나를 이어 주는 (　　　)의 역할을 하고 있다.
4 환경부는 각 도시의 공기 오염도 (　　　) 결과를 발표하였다.

살아남기 위한 생물종들의 전략

멀리 떨어져 있는 친구와는 다툴 일이 없겠지만, 가까이 사는 친구와는 다툴 일이 많겠지? 사람만 그런 건 아니야. 동일한 지역을 차지한 생물종들 간에는 어떤 일이 벌어질까?

1 어떤 환경에서 개개의 종이 차지하는 위치를 '생태적 지위'라고 하는데, 이는 서식▼ 장소, 먹이 사슬 등의 생태적 환경에 의해 형성되는 지위를 말한다. 예를 들어, 열대 지역의 나무도마뱀의 생태적 지위는 견딜 수 있는 온도 범위, 서식할 수 있는 나뭇가지의 크기, 먹이가 되는 곤충의 종류 등 많은 요소들로 이루어진다. 생태적 지위가 유사한 종들이 지리적으로 멀리 떨어진 채 서식하고 있는 경우 이들을 '이소성 개체군'이라고 하고, 반대로 동일한 지리적 영역을 차지하고 있는 경우에는 이들을 '동소성 개체군'이라 한다.

2 이소성 개체군의 경우 지리적으로 격리▼되어 있기 때문에 자원을 둘러싼 종들 간의 경쟁은 존재하지 않을 것이다. 그럼 동소성 개체군의 경우 어떤 일이 발생할까? 생태학자 가우스는 원생생물▼인 '아우렐리아'와 '카우다툼'에 대한 실험으로 종간 경쟁의 결과를 조사했다. 이 두 종을 각각 배양▼했을 때에는 각각의 개체군은 모두 잘 살지만, 두 종을 함께 기르자 한 종이 사라지는 결과를 얻었다. 이처럼 동소성 개체군 사이에서는 필연적으로 경쟁이 일어나게 되는데, 그 경쟁의 결과 어떤 종이 군집 내에서 사라지게 되는 경우, 이를 '경쟁적 배제'라고 한다.

3 그런데 실제의 자연 생태계를 보면 동소성 개체군이 공존▼하기도 하는데, 이는 이들이 제한된 자원을 둘러싼 경쟁을 피했기 때문에 가능한 일이다. 예를 들어 주행성 동물과 야행성 동물은 서로 활동하는 시간을 달리하여 경쟁을 줄임으로써 공존할 수 있다. 이와 같이 생존에 꼭 필요한 자원을 여러 가지 방법을 통해 나누어 갖는 것을 '분서'라고 한다. 분서의 방식에는 장소를 나누어 서식하는 방식, 먹이를 먹는 활동 시간대를 달리하는 방식 등이 있다.

4 제한된 자원을 둘러싼 경쟁의 결과는 동소성 개체군과 이소성 개체군의 체형 구조를 비교함으로써도 확인할 수 있다. 예를 들어, A섬과 B섬에 각각 살고 있는 이소성 개체군인 조류의 경우 종간 경쟁이 없기 때문에 동일한 먹이를 먹고, 이로 인해 부리의 크기가 유사하다. 그런데 이들이 동일한 지리적 영역을 이룬 채 살게 되면 서로 다른 크기의 씨앗을 먹도록 부리의 크기가 달라지는 체형의 변화가 일어나게 된다. 이처럼 동소성 개체군의 경우 같은 자원을 두고 다툼을 벌이는 일이 없도록 서로 체형의 구조가 달라지기도 한다. 이러한 체형 구조의 변화를 '형질 치환'이라고 한다.

5 현재 생태계에 존재하는 모든 생물종들은 필연적으로 발생할 수밖에 없는 경쟁에 적응하면서, 경쟁적 배제와 분서, 형질 치환 등의 과정을 거친 존재들이라고 할 수 있다.

▼ 서식(棲息): 생물 따위가 일정한 곳에 자리를 잡고 삶.
▼ 격리(隔離): 다른 것과 통하지 못하게 사이를 막거나 떼어 놓음.
▼ 원생생물(原生生物): 단세포 생물을 통틀어 이르는 말.
▼ 배양(培養): 인공적인 환경을 만들어 동식물 세포와 조직의 일부나 미생물 따위를 가꾸어 기름.
▼ 공존(共存): 서로 도와서 함께 존재함.

독해력 Upgrade

※각 문단의 중심 내용을 다음과 같이 정리할 때, 빈칸에 들어갈 알맞은 말을 쓰시오.

| **1** 생태적 지위 및 이소성 개체군과 동소성 개체군의 개념 | → | **2** 동소성 개체군에서 어떤 종이 사라지는 현상인 경쟁적 ( ) | → | **3** 동소성 개체군에서 필요한 자원을 나누어 갖는 현상인 ( ) | → | **4** 동소성 개체군에서 체형의 구조가 달라지는 현상인 형질 ( ) | → | **5** 필연적으로 발생하는 경쟁에 적응하며 변화해 온 생물종들 |

1 이 글에 대한 설명으로 적절하지 <u>않은</u> 것은?

① 예시를 통해 독자의 이해를 돕고 있다.

② 용어의 개념을 밝히면서 내용을 전개하고 있다.

③ 질문을 던지는 형식으로 독자의 관심을 유발하고 있다.

④ 권위자의 주장을 인용하여 통념˅의 오류를 지적하고 있다.

⑤ 차이점을 중심으로 대상을 두 종류로 나누어 설명하고 있다.

˅통념(通念): 일반적으로 널리 통하는 개념.

2 이 글을 바탕으로 <보기>에 대해 보인 반응으로 적절하지 <u>않은</u> 것은?

┤ 보기 ├

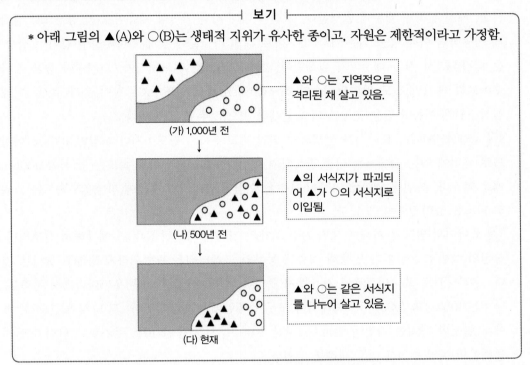

＊아래 그림의 ▲(A)와 ○(B)는 생태적 지위가 유사한 종이고, 자원은 제한적이라고 가정함.

▲와 ○는 지역적으로 격리된 채 살고 있음.

(가) 1,000년 전

▲의 서식지가 파괴되어 ▲가 ○의 서식지로 이입됨.

(나) 500년 전

▲와 ○는 같은 서식지를 나누어 살고 있음.

(다) 현재

① (가)의 A와 B는 '이소성 개체군'으로 '경쟁적 배제'가 없었겠군.

② (나)의 A와 B는 '동소성 개체군'이 되면서 자원을 둘러싼 경쟁이 생겼겠군.

③ (나)의 상태가 계속 유지된다면 A나 B는 '형질 치환'이 일어날 수도 있겠군.

④ (나)의 A와 B가 먹이를 먹는 시간대를 달리한다면 A와 B는 '이소성 개체군'이 되겠군.

⑤ (다)의 A와 B는 장소를 나누어 서식하는 방식을 통해 '경쟁적 배제'를 피한 상태이겠군.

어휘력 Upgrade ※다음의 빈칸에 들어갈 알맞은 말을 <보기>에서 찾아 쓰시오.

┤ 보기 ├
공존
격리
배양
서식

1 그 연구실에서는 콜레라균의 (   )에 성공했다.

2 이곳은 (   ) 환경이 좋아 새들이 많이 모여든다.

3 흉악한 범죄자는 사회로부터 장기간 (   )를 시켜야 한다.

4 냉전 시대가 종식된 이후 세계는 차츰 화해와 (   ) 체제로 바뀌기 시작하였다.

모든 것을 삼키는 쓰나미

뉴스 혹은 영화에서 쓰나미가 밀려오는 것을 본 적이 있을 거야. 우리나라에서도 쓰나미가 발생한 적이 있을까? 실제로 쓰나미가 발생하면 어떻게 할지 생각하며 글을 읽어 보자.

1 보통, 해일은 태풍이나 저기압에 의해 생기는 경우가 대부분인데, 이 해일을 폭풍 해일 또는 저기압 해일이라고 한다. 이와 달리 해저 지진이나 해저 지형의 융기˚와 침강˚ 등에 의해 해수면이 변화하면서 발생한 해파(海波)에 의한 해일도 있다. 이를 쓰나미 혹은 지진 해일이라 한다.

2 쓰나미(tsunami)는 나루[津]와 파도[波]가 합쳐진 일본 말로 '항구의 파도'를 의미한다. 지진 해일을 쓰나미라고 부르자고 지진 관련 학회나 국제 회의 등에서 합의한 적은 없지만, 1946년 '알래스카 지진 해일' 이후 세계적으로 통용˚되고 있다. 이는 태평양에 인접한 일본이 이런 지진 해일의 피해를 많이 받았다는 사실과 관련이 깊다.

3 쓰나미는 대부분 해저판 경계 지역에서 발생하는 큰 지진에 의한 단층 운동, 해저 화산 분출, 해저 산사태 때문에 발생한다. 지진에 의해 바다 밑바닥 지층이 수직 방향으로 갑작스레 이동하면 이때 방출˚되는 에너지가 바로 위의 바닷물에 전해져 바닷물이 갑자기 상승 또는 하강하면서 지진 해일파가 발생한다. 2004년 12월, 인도네시아, 스리랑카 등을 강타한 수마트라 해저 지진도 안다만-순다 해구(trench)에서 인도-호주판이 유라시아판 아래로 갑작스럽게 이동한 단층 운동에 의해 발생한 것으로 추정˚되고 있다.

4 외해(外海)에서 쓰나미가 발생하게 되면 파고˚는 1m 정도이지만 파장이 100km 이상이므로 근처에 있는 배에서는 이를 관측하기 어렵다. 쓰나미의 이동 속도는 약 시속 900km로 매우 빠르다. 그런데 해안에 가까이 올수록 수심이 얕아지기 때문에 파(波)의 속도는 느려지고 파고는 높아질 수밖에 없다.

5 쓰나미의 발생과 피해에 대한 가장 오래된 기록은 기원전 1500년 에게해의 산토리니 화산섬의 폭발로 쓰나미가 발생해 지중해 동부와 크레타섬을 광범위하게 황폐화˚했다는 것이다. 우리나라도 쓰나미로부터 자유롭지 못하다. 실제 1900년 이후 우리나라에서 관측된 쓰나미는 1983년과 1993년 두 차례이며 모두 동해안에서 발생하였다. 그 당시 일본 서쪽 해저에서 발생한 강력한 지진의 여파로 1시간 30분~3시간 동안 10분 주기로 쓰나미가 몰려와 동해안의 여러 지역에 많은 피해를 주었다.

6 쓰나미는 다른 해일과 발생 원인이 다르므로 대처 방법도 달라야 한다. 먼저, 해안 가까운 곳에서 발생한 쓰나미는 몇 분 이내에 해안으로 밀려오므로 지진 경보를 듣고 대피할 여유가 없다. 따라서 땅이 심하게 흔들리면 무조건 해안 지역의 주민은 높은 지대로 대피하여야 한다. 해안에서 먼 거리에서 발생한 쓰나미에 대해서는 기상청이 해일 특보를 사전에 발표하므로 재해 대책 요원의 안내에 따라 대피하면 된다.

˅ 융기(隆起): 땅이 기준면에 대하여 상대적으로 높아짐.
˅ 침강(沈降): 지각의 일부가 아래쪽으로 움직이거나 꺼짐.
˅ 통용(通用): 일반적으로 두루 씀.
˅ 방출(放出): 비축하여 놓은 것을 내놓음.
˅ 추정(推定): 미루어 생각하여 판정함.
˅ 파고(波高): 파도의 높이.
˅ 황폐화(荒廢化): 집, 토지, 삼림 따위를 거두지 않고 그냥 두어 거칠고 못 쓰게 됨.

독해력 Upgrade

※각 문단의 중심 내용을 다음과 같이 정리할 때, 빈칸에 들어갈 알맞은 말을 쓰시오.

| **1** 쓰나미의 개념과 의미 | → | **2** 쓰나미라는 말의 ( ) | → | **3** 쓰나미의 ( ) 원인 | → | **4** 쓰나미의 위험성 | → | **5** 쓰나미에 대한 역사적 기록 및 피해 사례 | → | **6** 쓰나미의 ( ) 방법 |

1 이 글을 과학 잡지에 싣는다고 할 때, 제목으로 가장 적절한 것은?

① 쓰나미의 두 얼굴
② 쓰나미의 탄생과 죽음
③ 대양의 폭군, 쓰나미의 정체
④ 여름철 불청객, 쓰나미의 모든 것
⑤ 역사 속으로의 여행, 자연 재해 쓰나미

2 〈보기〉에서 글을 쓰는 과정에 반영된 것을 골라 바르게 묶은 것은?

┤ 보기 ├
ㄱ. 쓰나미의 의미 및 유래
ㄴ. 쓰나미를 예방하기 위한 노력
ㄷ. 쓰나미와 폭풍 해일의 피해 비교
ㄹ. 쓰나미에 대한 역사적 기록 및 피해 사례

① ㄱ, ㄴ   ② ㄱ, ㄹ   ③ ㄴ, ㄷ   ④ ㄴ, ㄹ   ⑤ ㄷ, ㄹ

3 ❹를 참고하여 〈보기〉와 같이 외해˚에서 쓰나미 경보 발령을 접했을 때, 배의 안전을 위한 대처 방안으로 가장 적절한 것은?

▾ 외해(外海): 육지로 둘러싸이지 아니한, 육지에서 멀리 떨어진 바다.

┤ 보기 ├
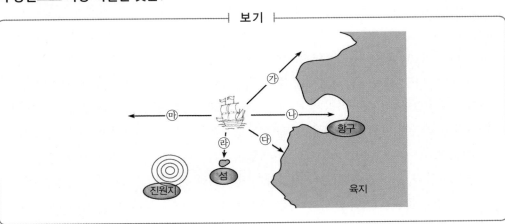

① 진원지와 최대한 멀어지기 위해 ㉮의 방향으로 이동한다.
② 항구 내로 대피하기 위해 ㉯의 방향으로 이동한다.
③ 가장 가까운 해안으로 대피하기 위해 ㉰의 방향으로 이동한다.
④ 가장 가까운 섬에 상륙하기 위해 ㉱의 방향으로 이동한다.
⑤ 육지와 멀어지기 위해 ㉲의 방향으로 이동한다.

어휘력 Upgrade   ※다음의 빈칸에 들어갈 알맞은 말을 〈보기〉에서 찾아 쓰시오.

┤ 보기 ├
방출
추정
통용
황폐화

1 무분별한 개발은 지구촌 전체의 (   )를 초래한다.
2 은행이 자금을 (   )하여 기업의 숨통이 조금 트였다.
3 러시아 정부는 옛 소련 지폐의 (   )을 전면 중단한다고 발표했다.
4 그 과학자는 자신의 (   )을 뒷받침하는 몇 가지 가설을 제시했다.

왕따는 싫어, 화학적 친화력

구리 광물에서 순수한 구리를 얻기 위해서는 구리와 결합하고 있는 원소를 제거해야 해. 이때 이용되는 개념이 화학적 친화력이야. 글을 읽으며 화학적 친화력에 대해 알아보자.

1 자연 상태의 산화 구리에서 구리를 얻기 위해 숯(탄소)을 넣고 가열하는 방법은 옛날부터 사용해 왔다. 화학적인 관점에서 보면 이것은 산소가 구리보다 탄소와 더 잘 결합하는 성질을 이용한 것이라고 할 수 있다. 18세기 이후 화학자들은 화합물을 만들 때 물질 간에는 더 잘 결합하는 정도, 즉 화학적 친화력˘이 있다고 보고 이를 규명˘하기 위해 노력하였다.

2 18세기 말 베리만은 화학적 친화력의 규칙을 밝히기 위해 물질 간의 상대적 인력을 추론하려 했다. 예를 들어, 어떤 화합물 AB에서 물질 B가 다른 물질 C에 의해서는 쫓겨나지만 또 다른 물질 D에 의해서는 쫓겨나지 않았다면 A에 대한 친화력은 $C > B > D$의 순이 된다. 그는 이와 같은 방법으로 그때까지 알려진 물질들의 친화력표를 작성하였다. 이를 받아들인 화학자들은 친화력표를 정교하게˘ 만들다 보면 어떤 규칙을 발견할 수 있을 것이라고 생각했다. 그러나 이 방법으로는 화학적 친화력을 일으키는 힘의 실체를 규명하기 어려웠다.

3 친화력에 대한 연구는 19세기에 돌턴이 제안한 원자 가설을 수용˘하면서 변화를 맞이하게 된다. 베르셀리우스는 원자가 가진 전기적 성질을 친화력의 근원으로 생각하고 이전의 문제를 해결하려고 했다. 베르셀리우스는 당시 발견된 볼타 전지의 전극에서 기체와 금속이 분리되는 현상을 연구하여 원자는 (+) 또는 (−) 2가지 전하를 가지고 있으며, (−)전하를 가진 원자는 전기력에 의해 (+)전하를 가진 원자와 결합한다고 주장했다. 이 이론은 다른 전하를 가진 원소끼리 결합하는 것은 잘 설명할 수 있었지만, 같은 전하를 가진 원소끼리 더 강하게 결합하는 것을 설명하기는 어려웠다.

4 베르셀리우스가 해결하지 못했던 문제는 20세기 이후 원자의 실체가 규명되면서 설명할 수 있게 되었다. 원자는 (+)전하를 가진 핵과 (−)전하를 가진 전자가 전기적 균형을 이루고 있다. 그리고 핵 주위에는 일정 거리를 두고 전자가 들어갈 수 있는 여러 겹의 껍질이 있는데, 가장 바깥 껍질, 즉 최외각을 채우면 안정된 상태가 된다. 최외각에 전자가 남거나 모자라는 원자들은 전자를 버리거나 얻어 이온이 됨으로써 안정된 상태가 되려고 한다. 이온들끼리는 전기적 인력에 의해 서로 결합할 수 있는데, 이는 이전에 베르셀리우스가 설명했던 것이기도 하다. 그런데 최외각에 전자를 채우는 것은 원자들끼리 전자를 공유˘하는 것으로도 가능하다. 최외각에 전자가 모자라는 원자끼리 전자를 공유하여 결합하면 두 원자 모두 최외각의 전자를 채워 보다 안정된 결합을 할 수 있다. 그래서 현재는 화학적 친화력을 원자들이 보다 안정된 상태가 되려는 경향으로 설명하고 있다.

˘친화력(親和力): ① 다른 사람들과 사이좋게 잘 어울리는 능력. ② 원자들이 간에 서로 결합하여 어떤 화합물로 되려는 경향.

˘규명(糾明): 어떤 사실을 자세히 따져서 바로 밝힘.

˘정교하다(精巧하다): 내용이나 구성 따위가 정확하고 치밀하다.

˘수용(受容): 어떠한 것을 받아들임.

˘공유(共有): 두 사람 이상이 한 물건을 공동으로 소유함.

독해력 Upgrade　※각 문단의 중심 내용을 다음과 같이 정리할 때, 빈칸에 들어갈 알맞은 말을 쓰시오.

| **1** 화학적 친화력의 (　　)과 실체 규명을 위한 노력 | → | **2** (　　　　) 말 연구의 성과와 한계 | → | **3** 19세기 연구의 성과와 한계 | → | **4** 20세기 이후 연구의 성과 |

정답과 해설 66쪽 ▶▶

1 2를 참고할 때, 〈보기〉의 실험을 통해 추론*할 수 있는 산소에 대한 친화력 순서로 올바른 것은?

■ 추론(推論): 어떠한 판단을 근거로 삼아 다른 판단을 이끌어 내는 것. 겉으로 드러난 정보를 바탕으로 드러나지 않은 정보를 파악한다.

┤ 보기 ├

실험 1: 산화 철과 칼륨을 반응시켰더니 산화 칼륨이 생성되었다.
실험 2: 산화 철에 은을 반응시켰더니 아무런 변화가 없었다.

(단, 실험 1과 실험 2의 조건은 같다.)

① 철 > 칼륨 > 은　　② 칼륨 > 철 > 은　　③ 은 > 철 > 칼륨
④ 철 > 은 > 칼륨　　⑤ 칼륨 > 은 > 철

2 〈보기〉는 이 글의 내용을 설명하기 위해 찾은 자료이다. 자료를 활용하기 위한 계획으로 적절하지 <u>않은</u> 것은?

┤ 보기 ├

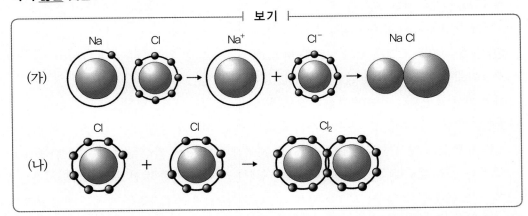

① (가)는 Na가 최외각 전자를 버리는 것을 보여 주므로 원자가 이온화하려는 경향을 설명하는 자료로 활용한다.
② (가)는 전기적 인력에 의해 결합이 이루어짐을 보여 주므로 베르셀리우스의 주장을 설명하는 자료로 활용한다.
③ (나)는 최외각에 전자가 모자라는 원자끼리의 결합을 보여 주므로 전자를 공유하는 결합을 설명하는 자료로 활용한다.
④ (나)는 같은 성질을 가진 원자끼리도 결합함을 보여 주므로 베르셀리우스가 설명하지 못했던 결합을 보여 주는 자료로 활용한다.
⑤ (가)와 (나) 모두에서 Cl이 전자를 얻고 있으므로 화학 결합은 전자를 얻는 것임을 설명하는 자료로 활용한다.

어휘력 Upgrade　　※다음의 빈칸에 들어갈 알맞은 말을 〈보기〉에서 찾아 쓰시오.

┤ 보기 ├
공유
규명
수용
정교

1 그의 소설은 구성이 매우 (　　　)하다.
2 주민들은 사건의 진상 (　　　)을 촉구하였다.
3 정보의 (　　　)는 정보화 시대에 매우 중요한 것이다.
4 외래문화를 무비판적으로 (　　　)한다면 문화적 정체성을 잃을 수도 있다.

지구의 하루가 길어지는 이유

지금은 1년이 365일 이지만 아주 먼 옛날 에도 그랬을까? 우리는 눈치를 채기가 어렵지만, 지구의 하루는 점점 길어지고 있다고 해. 그 이유가 무엇일지 생각하며 글을 읽어 보자.

1 산호 화석에 나타난 미세한 성장선을 세면 산호가 살던 시기의 1년의 날수를 알 수 있다. 산호는 낮과 밤의 생장˅ 속도가 다르기 때문에 하루의 변화가 성장선에 나타나고 이를 세면 1년의 날수를 알 수 있는 것이다. 이런 방법으로 웰스는 약 4억 년 전인 중기 데본기의 1년이 지금의 365일보다 더 많은 400일 정도임을 알게 되었다. 1년의 날수가 줄어들었다는 것은 지구의 하루가 길어졌다는 말이 된다.

2 그렇다면 지구의 하루는 왜 길어지는 것일까? 그것은 바로 지구의 자전이 느려지기 때문이다. 지구의 자전은 달과 밀접한 관련을 맺고 있다. 지구가 달을 끌어당기는 힘이 있듯이 달 또한 지구를 끌어당기는 힘이 있다. 달은 태양보다 크기는 작지만 지구와의 거리는 태양보다 훨씬 가깝기 때문에 지구의 자전에 미치는 영향은 달이 더 크다. 달의 인력은 지구의 표면을 부풀어 오르게 한다. 그리고 이 힘은 지구와 달 사이의 거리에 따라 다르게 작용하여 달과 가까운 쪽에는 크게, 그 반대쪽에는 작게 영향을 미치게 된다. 결국 지구 표면은 달의 인력과 지구–달의 원운동에 의한 원심력˅의 영향을 받아 그림처럼 양쪽이 부풀어 오르게 된다.

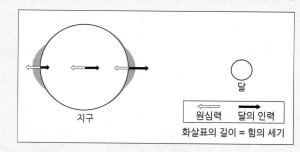

지구 / 달 / 원심력 / 달의 인력 / 화살표의 길이 = 힘의 세기

3 이때 달과 가까운 쪽 지구의 '부풀어 오른 면'은 지구와 달을 잇는 직선에서 벗어나 지구 자전 방향으로 앞서게 되는데, 그 이유는 지구가 하루 만에 자전을 마치는 데 비해 달은 한 달 동안 공전 궤도를 돌기 때문이다. 달의 인력은 이렇게 지구 자전 방향으로 앞서가는 부풀어 오른 면을 반대 방향으로 다시 당기고, 그로 인해 지구의 자전은 방해를 받아 속도가 느려진다. 한편 지구보다 작고 가벼운 달의 경우에는 지구보다 더 큰 방해를 받아 자전 속도가 더 빨리 줄게 된다.

4 이렇게 지구와 달은 서로의 인력 때문에 자전 속도가 줄게 되는데, 이 자전 속도와 관련된 운동량은 '지구–달 계'˅ 내에서 달의 공전 궤도가 늘어나는 것으로 보존된다. 왜냐하면 일반적으로 외부에서 작용하는 힘이 없다면 운동량은 보존되기 때문이다. 이렇게 하여 결국 달의 공전 궤도는 점점 늘어나고, 달은 지구로부터 점점 멀어지는 것이다.

5 실제로 지구의 자전 주기는 매년 100만분의 17초 정도 느려지고 달은 매년 38㎜씩 지구에서 멀어지고 있다. 이처럼 지구의 자전 주기가 점점 느려지기 때문에 지구의 1년의 날수는 점차 줄어들 수밖에 없다. 그러나 이렇게 느려지더라도 하루가 25시간이 되려면 2억 년은 넘게 시간이 흘러야 한다.

˅ 생장(生長): 생물이 나서 자람.

˅ 지구–달의 원운동에 의한 원심력: 지구–달의 공통 질량 중심을 기준으로 회전하는 원운동에 의해 생기는 힘으로, 지구의 모든 지역에서 힘의 크기는 동일함.

˅ 지구–달 계: 태양이나 다른 천체의 영향력이 없다고 가정한, 지구와 달로 이루어진 계.

독해력 Upgrade

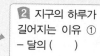
※각 문단의 중심 내용을 다음과 같이 정리할 때, 빈칸에 들어갈 알맞은 말을 쓰시오.

| **1** 데본기 때보다 줄어든 현재 1년의 날수 | → | **2** 지구의 하루가 길어지는 이유 ① – 달의 (　　) | → | **3** 지구의 하루가 길어지는 이유 ② – 지구의 (　　) 속도 변화 | → | **4** 지구와 달의 인력으로 인한 달의 (　　) 궤도 변화 | → | **5** 지구의 자전 주기 변화와 지구와 달의 거리 변화 |

1 **이 글의 내용 전개 방식으로 가장 적절한 것은?**

① 현상에 대한 이론의 변화를 통시적˘으로 고찰하고 있다.
② 현상에 대한 문제점을 지적하고 해결 방안을 제시하고 있다.
③ 현상이 일어나는 원인을 밝히고 미래의 상황을 예측하고 있다.
④ 현상과 관련된 다양한 이론을 병렬˘식으로 나열하여 소개하고 있다.
⑤ 현상과 관련된 이론의 한계를 분석하고 새로운 가설˘을 제안하고 있다.

> ▾ 통시적(通時的): 시간
> 의 경과에 따라 나타
> 나는 사물의 변화와
> 관련되는 것.
> ▾ 병렬(竝列): 나란히 늘
> 어놓음.
> ▾ 가설(假說): 어떤 사실
> 을 설명하려고 임시로
> 세운 이론.

2 **이 글을 바탕으로 〈보기〉의 A~E에 대해 설명할 때, 적절하지 않은 것은?**

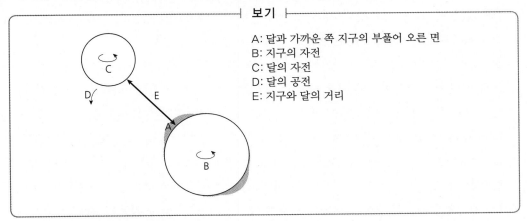

┤ 보기 ├

A: 달과 가까운 쪽 지구의 부풀어 오른 면
B: 지구의 자전
C: 달의 자전
D: 달의 공전
E: 지구와 달의 거리

① 달의 인력과 지구 – 달의 원운동에 의한 원심력으로 A가 나타난다.
② B의 주기가 D의 주기보다 빨라 A가 지구와 달을 잇는 직선에서 벗어나 앞서게 된다.
③ B의 진행 방향으로 앞서 나간 A를 달의 인력이 그 반대 방향으로 다시 끌어당긴다.
④ 지구의 인력이 달에 작용하여 C의 속도가 느려진다.
⑤ 운동량을 보존하기 위해 D의 궤도와 E는 점점 줄어든다.

3 **이 글을 통해 알 수 있는 내용으로 가장 적절한 것은?**

① 인력의 크기는 지구와 달의 거리에 비례하여 커지는군.
② 지구의 자전 속도가 느려질수록 1년의 날수가 늘어나는군.
③ 달은 지구와 멀어지며 '지구 – 달 계'의 운동량을 줄이게 되는군.
④ 달의 인력이 지구에 미치는 힘은 지구의 모든 부분에 일정하게 작용하는군.
⑤ 달과 반대쪽의 지구 표면이 부풀어 오른 것은 달의 인력보다 지구 – 달의 원운동에 의한
  원심력의 영향이 크기 때문이군.

어휘력 Upgrade

※다음의 빈칸에 들어갈 알맞은 말을 〈보기〉에서 찾아 쓰시오.

┤ 보기 ├

가설
병렬
생장
통시적

1 이 품종은 (   )이 무척 빠르다.
2 한국 문학사의 흐름을 (   )으로 살펴볼 필요가 있다.
3 한눈에 볼 수 있도록 물건들을 (   )로 배치하는 게 좋겠어.
4 그 교수는 자신의 (   )을 증명하기 위해 실험을 진행하고 있다.

인체의 화학 공장, 간

간은 우리 몸속에서 500가지가 넘는 일을 하기 때문에 인체의 화학 공장이라고 불리고 있어. 간이 어떻게 이렇게 많은 일을 할 수 있는지 생각하며 글을 읽어 보자.

1 우리 몸 안에서 가장 큰 장기는 간으로, 커다란 크기만큼 하는 일이 많아서 '인체의 화학 공장'이라고 한다. 우선 우리가 음식을 섭취하게 되면 위나 장에서 영양소를 흡수하게 되는데, 여기서 흡수된 여러 영양소는 대부분 혈액을 통해 간으로 이동한다. 간은 그 영양소들을 몸에서 요구하는 다른 영양소로 만들거나, 우리 몸을 위해 저장하기도 한다. 이런 것들이 가능한 이유는 간의 구조와 혈액의 공급 방식 때문이다.

2 간은 육각형 기둥 모양의 간소엽이라는 작은 공장들로 이루어져 있고 그 내부는 간의 주요 기능을 수행하는 간세포로 채워져 있다. 간소엽의 중심부에는 중심 정맥이 놓여 있어 간을 거친 혈액을 간정맥으로 보내 심장으로 흐르게 한다. 그리고 육각형 기둥의 각 모서리에는 간문맥, 간동맥, 담관이 지나가고 있는데, 간문맥과 간동맥은 혈액이 다른 장기에서 간으로 유입되는 관이고, 담관은 담즙이 간에서 배출되는 관이다.

3 인체의 거의 모든 장기의 혈액 순환은 혈액이 동맥으로 들어와 모세 혈관을 거치면서 산소와 영양소의 교환이 이루어진 다음에 정맥을 통해 나가는 방식이다. 그러나 간의 혈액 순환은 예외적으로 혈액이 간동맥과 간문맥이라는 2개의 혈관을 통해서 들어와 미세 혈관을 지나 중심 정맥으로 흘러 나간다. 동맥인 '간동맥'을 통해서 들어오는 혈액은 산소를 운반하고, 소장과 간을 연결하는 혈관인 '간문맥'을 통해서 들어오는 혈액은 위나 장에서 흡수된 영양소를 간으로 이동시킨다. 이 두 혈관들은 간소엽 내부에서 점차 가늘어져 '시누소이드'라는 미세 혈관으로 합쳐진다. 시누소이드를 흐르는 혈액은 대사 활동에 필요한 산소와 영양소를 간세포에 공급하고, 간세포의 대사 활동의 결과물인 대사산물과 이산화 탄소 같은 노폐물♥ 등을 흡수하는데 이러한 과정을 '물질 교환'이라 한다. 이렇게 시누소이드를 거친 혈액은 중심 정맥으로 유입된 후, 다시 간정맥으로 합쳐져 심장으로 들어간다.

4 이러한 혈액 순환을 통해서 간에서는 단백질 합성이 일어난다. 식사를 통해 몸으로 들어온 단백질은 위나 장에서 아미노산의 형태로 분해되어 혈액과 함께 간으로 이동된다. 간세포는 시누소이드를 통해 공급된 아미노산을 분해하여 혈액 응고♥에 관여하는 새로운 단백질을 합성한다. 이때 아미노산이 분해되는 과정에서 유독♥ 물질인 암모니아가 생성되는데, 간은 이것을 요소로 변화시켜 콩팥으로 보내어 몸 밖으로 배출하게 한다. 또한 간은 비타민 A를 저장하기도 하고, 지방의 소화를 촉진♥시키는 담즙을 생산하여 담관을 통해 쓸개로 보내기도 한다.

5 그러나 간의 일부 기능은 간세포만으로 감당할 수 없어서 간은 다른 세포의 도움을 받아야 한다. 간세포와 시누소이드 사이에 존재하는 세포들 중 쿠퍼 세포는 몸 안으로 들어온 바이러스를 면역♥ 체계에 노출시켜 몸이 면역 작용을 할 수 있도록 유도한다. 이처럼 간은 1분마다 1.4L의 혈액을 여과하면서 복잡하고 중요한 기능을 담당하여 우리 몸이 건강을 유지할 수 있도록 하고 있는 것이다.

♥ 노폐물(老廢物): ① 낡아서 소용없는 물건. ② 생물체의 신진대사 과정에서 만들어지는 불필요한 찌꺼기.
♥ 응고(凝固): 액체 따위가 엉겨서 뭉쳐 딱딱하게 굳어짐.
♥ 유독(有毒): 독성이 있음.
♥ 촉진(促進): 다그쳐 빨리 나아가게 함.
♥ 면역(免疫): 몸속에 들어온 항원에 대해 항체가 만들어져서 다시 발병하지 않도록 저항력을 가지는 일.

독해력 Upgrade

※각 문단의 중심 내용을 다음과 같이 정리할 때, 빈칸에 들어갈 알맞은 말을 쓰시오.

1 인체에서 여러 중요한 기능을 하는 간	→	**2** 간과 ( )의 구조	→	**3** 간의 ( ) 순환 방식	→	**4** 다양한 간의 역할	→	**5** 우리 몸의 건강 유지를 돕는 간

1 이 글에서 알 수 있는 내용으로 적절하지 <u>않은</u> 것은?

① 쿠퍼 세포는 몸이 면역 작용을 할 수 있도록 돕는다.
② 간은 우리 몸에 필요한 영양소를 만들거나 저장한다.
③ 간에서 나온 혈액은 간정맥을 통해 심장으로 흐른다.
④ 간으로 이동된 요소는 간동맥에 의해 몸 밖으로 배출된다.
⑤ 간은 다른 장기와 달리 2개의 혈관으로 혈액을 공급받는다.

2 〈보기〉는 간소엽 의 일부를 확대한 그림이다. 이 글을 바탕으로 ⓐ~ⓔ를 이해한 내용으로 적절하지 <u>않은</u> 것은?

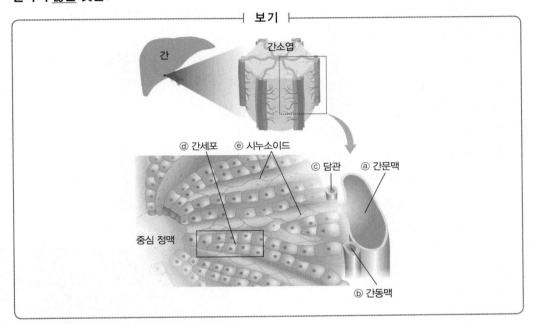

① 장에서 흡수된 영양소는 ⓐ를 통해서 간으로 들어오는군.
② 간에서 만들어진 담즙은 ⓒ를 통해 쓸개로 보내지는군.
③ ⓓ는 ⓔ에서 산소와 영양소를 공급받아 대사 활동을 하는군.
④ ⓔ에서 만들어진 노폐물은 중심 정맥으로 보내지는군.
⑤ ⓔ는 ⓐ와 ⓑ가 간소엽 내부에서 점차 가늘어져 합쳐진 것이군.

어휘력 Upgrade　　※다음의 빈칸에 들어갈 알맞은 말을 〈보기〉에서 찾아 쓰시오.

보기
노폐물
면역
유독
촉진

1 예방 주사를 맞은 사람은 그 병에 (　　　)이 되었다.
2 광고는 판매를 (　　　)시키기 위한 가장 대표적인 수단이다.
3 운동이 지나치면 근육에 (　　　)이 쌓여 피로를 느끼게 된다.
4 최근 아동용 장난감에서 (　　　) 성분이 발견되어 사회적으로 큰 파장을 일으켰다.

아름다운 체조 연기의 비밀

스포츠에서 선수들이 보여 주는 동작에는 과학적 원리가 담겨 있는 것들이 많아. 체조 선수들의 회전 연기에는 어떤 과학적 원리가 담겨 있는지 이 글을 통해 알아보자.

1 체조 선수들의 연기를 지켜보고 있으면 유난히 회전 연기가 많은 것을 알 수 있다. 철봉에서 뛰어올라 공중에서 두세 바퀴를 회전하고 멋지게 착지˚하는 연기는 그야말로 탄성을 자아내게 한다. 그러면서 한편으로는 여러 가지 궁금증이 생긴다. 체조 선수가 회전할 때 팔이나 다리를 굽힌 채 회전하는 이유는 무엇일까? 어떻게 순식간에 몇 바퀴를 돌 수 있을까? 결론부터 말하자면 체조 선수들의 회전 연기 속에는 예술적인 측면 외에도 물리 현상에 대한 이해를 바탕으로 한 다분히 과학적인 행동이 섞여 있다.

2 어떤 물체가 회전하기 위해서는 최초의 돌림힘˚이 있어야 한다. 돌림힘이 없으면 물체는 회전할 수 없다. 돌림힘이 발생하여 물체가 회전하게 되었을 때, 회전하는 모든 물체가 갖는 물리량을 각운동량이라고 한다. 각운동량은 회전체의 질량과 속도, 그리고 회전 반경˚을 곱한 값이다. 일단 생겨난 각운동량은 외부의 돌림힘이 더해지지 않는 한, 회전하는 동안에 질량과 속도, 회전 반경의 곱이 항상 같은 값을 유지하면서 그 운동량을 ㉠보존˚하려 하는데 이것을 '각운동량 보존의 법칙'이라 한다.

3 우리가 일상생활 속에서 접하는 물리 현상 중에서도 각운동량 보존의 법칙이 적용˚되는 경우를 쉽게 찾아볼 수 있다. 예를 들어 회전의자에 사람이 앉아 있는 경우, 의자를 적당히 회전시킨 후에 추가로 돌림힘을 주지 않은 상태에서 양팔을 벌리면 회전 속도가 느려진다. 다시 양팔을 가슴 쪽에 모으면 회전 속도는 빨라진다. 대략 머리와 엉덩이를 잇는 신체 중심축을 회전축이라고 할 때, 양팔을 벌리면 회전 반경은 커지나 전체적인 질량은 변하지 않으므로 각운동량 보존의 법칙에 의해 회전 속도가 느려지게 되는 것이다. 반대로 양팔을 가슴 쪽으로 모으면 다시 회전 반경이 작아졌으므로 속도는 빨라질 수밖에 없다.

4 체조 선수들의 회전 연기도 마찬가지다. 체조 선수가 천천히 회전하기를 원할 때는 몸을 펴서 속도와 회전수를 최대한 줄이지만, 빠른 회전을 원할 때는 몸을 굽혀 회전 반지름을 최소화하는 것이다. 그리고 체조 선수들은 공중회전 회전 후 착지하는 순간 팔을 힘껏 펼쳐 보이는데 이는 관중을 위한 쇼맨십일 수도 있지만 각운동량 보존의 법칙을 생각한다면 회전 속도를 줄여 안전하게 착지하기 위한 과학적 행동으로 볼 수 있다.

˚ 착지(着地): 공중에서 땅으로 내림.
˚ 돌림힘(토크, torque): 물체에 작용하여 물체를 회전시키는 원인이 되는 물리량.
˚ 회전 반경: 회전의 중심축으로부터 물체까지의 거리, 즉 반지름.
˚ 보존(保存): 잘 보호하고 간수하여 남김.
˚ 적용(適用): 알맞게 이용하거나 맞추어 씀.

독해력 Upgrade ※각 문단의 중심 내용을 다음과 같이 정리할 때, 빈칸에 들어갈 알맞은 말을 쓰시오.

| **1** 체조 선수들의 회전 연기에 대한 의문 | → | **2** 각운동량과 각운동량 보존 법칙의 ( ) | → | **3** 각운동량 보존의 법칙이 적용된 ( ) | → | **4** 체조 선수들의 회전 연기에 담긴 과학적 원리 |

1 이 글을 통해 알 수 있는 내용이 <u>아닌</u> 것은?

① 각운동량의 개념
② 각운동량의 발생 조건
③ 각운동량 보존의 사례
④ 회전축이 각운동량에 미치는 영향
⑤ 회전체의 질량과 회전 속도의 관계

2 다음은 철봉 경기 해설의 일부이다. 이 글을 통해 확인할 수 <u>없는</u> 것은?

경기 장면	해설 내용	경기 장면	해설 내용
	회전 속도를 최대한 늦추려면 몸을 펼 수 있는 한 쪽 펴야 합니다. ……… ①		저렇게 발을 철봉에 대고 돌면 몸을 폈을 때보다 같은 힘이라도 회전 속도가 빨라지게 됩니다. ……… ②
	몸을 붙여서 회전 반지름을 최소화했기 때문에 회전 속도가 빨라져서 여러 번의 회전이 가능한 것입니다. ……… ③		무릎을 굽혀서 자세를 최대한 낮추는 것은 회전 속도를 줄여 안전하게 착지하려는 계획적 행동입니다. ……… ④
	1등 한 선수의 키가 가장 작네요. 모든 조건이 같다면 작은 선수가 회전 속도나 회전수에서 유리할 수 있습니다. ……… ⑤		

3 ㉠의 의미를 포함하고 있는 말로 볼 수 <u>없는</u> 것은?

① 아이는 모래를 <u>가지고</u> 장난하기를 좋아한다.
② 그 사람의 목걸이를 오랫동안 <u>간직하고</u> 있다.
③ 이 양식은 겨우살이를 위해 <u>갈무리</u>된 것이다.
④ 스승님은 연구 결과를 논문으로 <u>남기고</u> 있다.
⑤ 어머니께서 물려주신 것이라 소중히 <u>지니고</u> 있다.

▾갈무리: 물건 따위를 잘 정리하거나 간수함.

어휘력 Upgrade

※다음의 빈칸에 들어갈 알맞은 말을 〈보기〉에서 찾아 쓰시오.

보기
갈무리
보존
적용
착지

1 법은 누구에게나 공평하게 (   )되어야 한다.
2 그 고문서는 (   ) 상태가 별로 좋지 않았다.
3 어머니는 텃밭에서 수확한 채소의 (   ) 때문에 바쁘셨다.
4 낙하산 부대 장병들은 안전하게 (   )할 수 있는 장소를 찾고 있다.

인류의 생존을 위협하는 바이러스

1918년에 발생했던 스페인 독감으로 무려 5천만 명에 가까운 사람이 목숨을 잃었다고 해. 이러한 유행병을 일으킨 것은 바로 '바이러스'야. 바이러스의 특징과 위험성에 대해 구체적으로 알아보자.

1 모든 생명체는 바이러스에 감염될 수 있다. 바이러스는 물질대사에 필요한 단백질을 스스로 합성하지 못하기 때문에 생존에 필요한 모든 물질을 숙주˚ 세포에서 얻는다. 그런데 모든 생명체들은 그들의 주위 환경의 변화에 따라서 끊임없이 변화하고 있다. 그렇기 때문에 생명체를 숙주로 삼아 살아가는 바이러스는 숙주의 변화 속도보다 더 빠른 속도로 변하지 않으면 생존 경쟁에서 도태˚될 위험에 빠지게 된다. 따라서 바이러스는 어떤 미생물보다 더 높은 유전적 다양성을 지닌다. 이러한 바이러스의 다양성은 '돌연변이'나 '재편성'과 깊은 관련이 있다.

2 ㉠'돌연변이(mutation)'란 유전자를 구성하는 기본 단위인 뉴클레오티드의 치환, 삭제 또는 삽입이 일어남으로써 유전 정보가 바뀌는 것을 말한다. 일반적으로 바이러스는 핵산과 단백질로 구성되어 있으며, DNA 바이러스와 RNA 바이러스로 나누어진다. RNA 바이러스는 유전자 복제 오류를 스스로 교정할 능력이 없기 때문에 돌연변이가 발생할 확률이 DNA 바이러스에 비해 약 10만~1000만 배 높다. 대표적인 RNA 바이러스로는 인플루엔자 바이러스, 사스코로나 바이러스 그리고 에볼라 바이러스 등이 있다.

3 한편 ㉡'재편성(reassortment)'은 분절화된 게놈˚을 가지는 바이러스들 사이에서 일어날 수 있는데, 인플루엔자 바이러스에서 잘 나타난다. 인플루엔자 바이러스는 단일 가닥의 RNA가 8조각으로 나뉘어 하나의 게놈을 구성하고 있으며, 바이러스의 증식˚이 일어나기 위해서는 8조각의 RNA가 다 함께 있어야 한다. 사람, 조류, 돼지, 말 등을 감염시킬 수 있는 인플루엔자 바이러스는 상동성(相同性)은 있으나 완전히 일치하지는 않는다. 그런데 사람의 인플루엔자 바이러스와 조류의 인플루엔자 바이러스가 동시에 돼지에 침투하여 증식할 경우, 각각의 8개 게놈 조각이 서로 섞여 재편성이 일어난다. 이렇게 만들어진 바이러스는 생명체에 기존 바이러스와는 다른 항원˚으로 작용한다.

4 그런데 인체의 면역 체계는 새롭게 만들어진 바이러스를 위험 인자로 인식하지 못하기 때문에 바이러스의 감염과 증식에 대해 속수무책˚인 상태가 된다. 이와 같은 현상을 항원의 '대변이(antigenic shift)'라 하며, 이러한 '대변이'는 전 세계적인 유행병을 일으킬 수 있다. 세계적으로 유행한 독감은 대개 이와 같은 '대변이'에 의해 일어난 것으로, 스페인 독감, 아시아 독감, 홍콩 독감, 조류 독감, 신종 플루(H1N1) 등이 그 예이다.

5 이처럼 바이러스는 유전적 변이를 통한 다양성을 추구하며, 다양성은 바이러스의 생존 전략이라고 할 수 있다. 우리 주변에는 인류의 생존을 위협하는 많은 바이러스가 있다. 그러므로 바이러스의 변화를 예의 주시하며, 백신의 개발, 세계적 보건 의료 체계 확립 등 지속적이고 장기적인 대응책을 마련해 나가는 지혜가 필요하다.

˚숙주(宿主): 기생 생물에게 영양을 공급하는 생물.

˚도태(淘汰): 환경이나 조건에 적응하지 못하여 사라져 없어짐.

˚게놈(Genom): 낱낱의 생물체가 가진 한 쌍의 염색체.

˚증식(增殖): 생물이나 조직 세포 따위가 세포 분열을 하여 그 수를 늘려 감.

˚항원(抗原): 생체 내에서 면역 반응을 일으켜 항체를 만들게 하는 물질.

˚속수무책(束手無策): 손을 묶은 것처럼 어찌할 도리가 없어 꼼짝 못 함.

독해력 Upgrade

※각 문단의 중심 내용을 다음과 같이 정리할 때, 빈칸에 들어갈 알맞은 말을 쓰시오.

| **1** 높은 유전적 ( )을 지닌 바이러스 | → | **2** 바이러스의 생존 전략 ① － ( ) | → | **3** 바이러스의 생존 전략 ② － ( ) | → | **4** 세계적인 유행병을 일으킬 수 있는 변종 바이러스 | → | **5** 인류의 생존을 위협하는 바이러스와 그에 대한 대응 방법 |

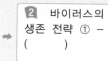
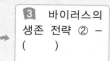

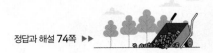
1 이 글을 통해 해결할 수 있는 의문이 <u>아닌</u> 것은?

① 바이러스의 구성 요소는 무엇인가?
② 바이러스의 생존 전략은 무엇인가?
③ 바이러스에 대응하기 위한 방법은 무엇인가?
④ 바이러스가 증식하기 위한 숙주의 조건은 무엇인가?
⑤ 바이러스가 인류의 생존에 위협이 되는 이유는 무엇인가?

2 이 글을 바탕으로 할 때, <보기>의 ⓐ~ⓔ에 대한 설명으로 적절하지 <u>않은</u> 것은?

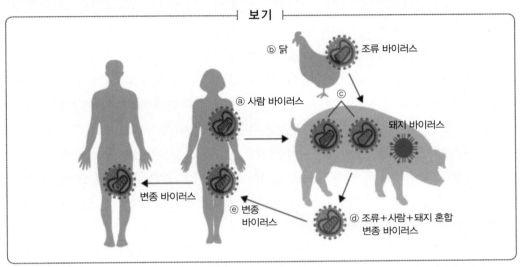

① ⓐ: 유전적 다양성의 결과로 생긴 바이러스의 일종이다.
② ⓑ: 조류 바이러스에 대한 숙주 역할을 한다.
③ ⓒ: 두 바이러스는 상동성은 있으나 완전히 일치하지는 않는다.
④ ⓓ: 뉴클레오티드의 치환, 삭제 또는 삽입을 통해 만들어진다.
⑤ ⓔ: 인체의 면역 체계가 위험 인자로 인식하지 못한다.

3 ㉠과 ㉡에 대한 설명으로 가장 적절한 것은?

① ㉠과 ㉡은 모두 인플루엔자 바이러스에서 잘 일어난다.
② ㉠과 ㉡은 모두 게놈 조각의 급격한 변화가 일어난다.
③ ㉠과 ㉡은 모두 DNA 바이러스에서 더 잘 일어난다.
④ ㉠은 ㉡과 달리 단백질의 합성과 분해 과정에서 일어난다.
⑤ ㉡은 ㉠과 달리 유전자 복제 오류의 교정 과정에서 일어난다.

어휘력 Upgrade

※다음의 빈칸에 들어갈 알맞은 말을 <보기>에서 찾아 쓰시오.

┌─ 보기 ─┐
도태
속수무책
숙주
증식
└───────┘

1 오늘은 현미경을 통해 세균의 (   ) 과정을 관찰해 보자.
2 그의 기습 공격에 나는 (   )으로 당할 수밖에 없었다.
3 겨우살이는 참나무나 버드나무 따위를 (   )로 하여 영양을 얻는다.
4 이 지역에서 날개에 무늬가 없는 나방은 천적에 의해 (   )가 이루어졌다.

소인국과 거인국 사람들은 존재할 수 없을까

걸리버보다 12배 작은 소인, 걸리버보다 12배 큰 거인은 존재할 수 있을까? 그런 사람은 소설에서나 가능할 뿐 현실에서는 불가능해. 왜 그런지 생각하며 글을 읽어 보자.

1 조나단 스위프트의 〈걸리버 여행기〉에는 소인국과 거인국 사람들이 등장한다. 그들은 걸리버와 같은 인간의 형태를 지니고 있으며, 소인국 사람들은 걸리버보다 12배 작게, 거인국 사람들은 걸리버보다 12배 크게 묘사되어 있다. 물론 이와 같은 일은 소설 속에서나 가능한 일이다. 그렇다면 현실에서는 왜 불가능할까?

2 우선, 면적과 부피의 관계를 살펴보자. 예를 들어, 각 변의 길이가 1m인 주사위의 표면적은 1m×1m×6(개)=6㎡, 부피는 1m×1m×1m=1㎥이다. 변의 길이를 2배로 늘리면 표면적은 24㎡, 부피는 8㎥로 커진다. 즉 길이가 L배 길어지면 표면적은 L^2, 부피는 L^3에 비례하여 커지게 되는데, 이러한 법칙을 '면적–부피의 법칙'이라 한다. 이 법칙은 밀도가 일정하고 형태를 그대로 유지한 채 크기만 바뀌는 경우라면 물체가 어떤 형태이든 그대로 적용된다.

3 소인국 사람과 거인국 사람에게도 이 법칙을 적용할 수 있다. 걸리버의 키와 몸무게를 174㎝, 68㎏이라고 가정하면, 소인의 키는 걸리버의 1/12인 14.5㎝이고, 거인의 키는 걸리버보다 12배 더 큰 약 21m이다. 물체의 밀도가 일정하다면 무게는 부피에 비례하기 때문에 소인은 걸리버의 $1/12^3$인 40g, 거인은 걸리버보다 12^3배 더 무거운 117t 정도 ⓐ나가게 된다. 그런데 이렇게 되면 소인국 사람과 거인국 사람들은 정상적인 생활을 할 수 없게 된다.

4 인간과 같은 항온˚ 동물은 체온을 일정하게 유지하기 위해서 몸에서 끊임없이 에너지를 생산하고 발산˚해야만 한다. 그런데 세포의 대사 활동을 통해 생산되는 열에너지는 몸의 부피에 비례하고, 적정 체온을 유지하기 위해 체외로 발산되는 열에너지는 몸의 표면적에 비례한다. '면적–부피의 법칙'을 적용하면 소인국 사람은 걸리버에 비해 부피는 $1/12^3$로, 표면적은 $1/12^2$로 줄어든다. 이는 에너지 생산량은 $1/12^3$이나 줄었는데 몸 밖으로 나가는 에너지의 양은 $1/12^2$밖에 줄지 않았다는 것을 의미한다. 생산되는 에너지의 양보다 발산되는 에너지의 양이 더 많아진 소인국 사람은 체온을 유지하는 것이 힘들어질 것이다.

5 거인국 사람도 심각한 상황에 처하게 된다. 동물은 근육의 힘으로 무게를 지탱하는데, 근육이 낼 수 있는 힘의 세기는 근육의 단면적에 비례한다. 만일 근육 모양을 그대로 유지한 채 몸의 길이가 2배가 된다면, '면적–부피의 법칙'에 따라 근육 단면적이 2^2인 4배가 되어 힘의 세기도 4배로 커지게 된다. 거인국 사람은 걸리버보다 12배 더 크기 때문에 다리 힘의 세기는 12^2배 늘어나지만 무게는 12^3배 늘어난다. 이는 거인국 사람의 무게가 다리로 버틸 수 있는 힘의 세기보다 커진다는 것을 뜻한다. 결국 거인국 사람은 다리가 부러지거나 땅에 주저앉게 될 것이다.

6 크기는 형태를 결정하는 중요한 요인이다. 그뿐만 아니라 크기는 생명체의 생존 방식과도 연관이 깊다. 만약 ㉠〈걸리버 여행기〉의 등장인물들이 실제로 존재한다고 가정한다면, 소인국과 거인국 사람들은 결코 인간의 형태와 생존 방식을 지니고 있지 못할 것이다.

˚항온(恒溫): 늘 일정한 온도.
˚발산(發散): ① 감정 따위를 밖으로 드러내어 해소함. ② 속에 들어 있는 열이나 냄새, 성분 따위가 밖으로 퍼져 나감.

독해력 Upgrade

※각 문단의 중심 내용을 다음과 같이 정리할 때, 빈칸에 들어갈 알맞은 말을 쓰시오.

| **1** 소인국과 거인국 사람들의 존재 가능성에 대한 의문 | → | **2** 면적–부피의 법칙의 개념 | → | **3** 소인국과 거인국 사람들의 키와 무게 유추 | → | **4** ( )국 사람들이 존재할 수 없는 이유 | → | **5** ( )국 사람들이 존재할 수 없는 이유 | → | **6** ( )와 연관이 깊은 생명체의 생존 방식 |

1 이 글에 대한 설명으로 적절하지 <u>않은</u> 것은?

① 예시˚를 통해 독자의 이해를 돕고 있다.

② 다른 대상과의 비교를 통해 설명하고 있다.

③ 핵심 개념을 밝히면서 내용을 전개하고 있다.

④ 질문을 던짐으로써 독자의 관심을 유발˚하고 있다.

⑤ 전문가의 의견을 인용하여 현상의 원인을 분석하고 있다.

˚예시(例示): 예를 들어
보임.

˚유발(誘發): 어떤 것이
다른 일을 일어나게
함.

2 이 글을 읽고 ㉠에 대하여 추론한 내용으로 가장 적절한 것은?

① 소인국 사람은 대사 활동을 줄일수록 생존에 유리하겠군.

② 거인국 사람은 근육이 낼 수 있는 힘의 세기가 작아지겠군.

③ 소인국 사람은 가늘어진 다리로 인해 땅에 주저앉게 되겠군.

④ 거인국 사람은 비정상적으로 다리가 굵어야 걸을 수 있겠군.

⑤ 소인국 사람은 근육의 단면적을 늘려야만 움직일 수 있겠군.

3 ⓐ의 문맥적 의미와 가장 유사한 것은?

① 그녀의 반지는 값이 많이 <u>나가</u> 보인다.

② 차가 시동을 넣자 천천히 앞으로 <u>나갔다</u>.

③ 그는 이미 10년 넘게 한 직장을 <u>나가고</u> 있다.

④ 한번 든 독감이 겨우내 <u>나가지</u> 않아 고생을 했다.

⑤ 기사가 신문에 <u>나가자</u> 사회가 온통 들쑤신 듯했다.

어휘력 Upgrade

※다음의 빈칸에 들어갈 알맞은 말을 〈보기〉에서 찾아 쓰시오.

┌─ 보기 ─┐
발산
예시
유발
항온
└─────┘

1 인간의 몸은 (   )을 유지한다.

2 그의 난폭 운전이 교통 체증을 (   )했다.

3 나는 적절한 (   )를 들어 가면서 그에게 내용을 쉽게 설명해 주었다.

4 그 행사는 청소년들이 건전하게 욕구를 (   )할 수 있는 좋은 기회가 될 것이다.

[01~04] 다음 단어와 그 뜻풀이를 바르게 연결하시오.

01 유독 •　　　• ㉠ 파도의 높이.

02 추정 •　　　• ㉡ 독성이 있음.

03 파고 •　　　• ㉢ 미루어 생각하여 판정함.

04 통시적 •　　• ㉣ 시간의 경과에 따른 사물의 변화와 관련되는 것.

[05~08] <보기>의 글자들을 조합하여 다음의 뜻풀이에 알맞은 단어를 쓰시오.

┤ 보기 ├
숙 예 설 가 시 주 기 용

05 예를 들어 보임.　　　　　　　　(　　)

06 기생 생물에게 영양을 공급하는 생물.　(　　)

07 땅이 기준면에 대하여 상대적으로 높아짐.(　　)

08 어떤 사실을 설명하려고 임시로 세운 이론. (　　)

[09~12] 다음의 빈칸에 들어갈 알맞은 단어를 <보기>에서 찾아 쓰시오.

┤ 보기 ├
공존 도태 입증 황폐화

09 인간은 자연과 더불어 조화롭게 (　　)해야 한다.

10 공원이 쓰레기로 (　　)되지 않도록 함께 노력해야 한다.

11 변호사는 피고인의 무죄를 (　　)하기 위해 백방으로 노력했다.

12 그는 치열한 경쟁 사회에서 (　　)되지 않기 위해 열심히 일했다.

[13~16] 제시된 초성과 뜻풀이를 참고하여 다음의 빈칸에 알맞은 단어를 쓰시오.

13 ㅊ ㅈ : 다그쳐 빨리 나아가게 함.
예 그 정책은 문화 상품의 수출을 (　　)할 것으로 기대된다.

14 ㅂ ㅊ : 비축하여 놓은 것을 내놓음.
예 그 회사는 산업 폐기물을 무단으로 (　　)하여 조사를 받고 있다.

15 ㅁ ㄱ : 둘 사이에서 양편의 관계를 맺어 줌.
예 광고는 생산자와 소비자를 (　　)하는 역할을 한다.

16 ㅊ ㅎ ㄹ : 다른 사람들과 사이좋게 잘 어울리는 능력.
예 그의 좋은 인상과 구수한 입담은 사람들과의 (　　)을 높여 주었다.

[17~20] 다음의 밑줄 친 부분과 바꿔 쓸 수 있는 말을 <보기>의 단어를 활용하여 쓰시오.

┤ 보기 ├
규명하다 서식하다 수용하다 측정하다

17 열목어는 1급수에서만 산다. 　　　　(　　)

18 오늘 야식을 먹고 몸무게를 재 보니 3킬로그램이나 늘어 있었다. 　　　　　　　　　　(　　)

19 남의 말을 무비판적으로 받아들이는 것은 매우 위험한 일이다. 　　　　　　　　　　(　　)

20 그 사건의 진상을 밝히는 데에는 적지 않은 시간이 걸릴 것이다. 　　　　　　　　　　(　　)

어휘력은 독해력의 기초!
- 나의 어휘력은 몇 점? _____개 / 20개
- 18개 이상을 맞혔다면? 어휘의 기초가 튼튼합니다.
- 17개 이하로 맞혔다면? 본문에 제시된 지문과 어휘를 다시 공부한 다음 문제를 풀어 보세요.

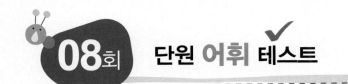

[01~04] 다음 단어와 그 뜻풀이를 바르게 연결하시오.

01 적용 •

02 증식 •

03 침강 •

04 항온 •

• ㉠ 늘 일정한 온도.

• ㉡ 알맞게 이용하거나 맞추어 씀.

• ㉢ 생식이나 분열에 의해 그 수가 늘어남.

• ㉣ 지각의 일부가 아래쪽으로 움직이거나 꺼짐.

[05~08] 〈보기〉의 글자들을 조합하여 다음의 뜻풀이에 알맞은 단어를 쓰시오.

┤ 보기 ├

고 장 렬 론 생 응 병 추

05 나란히 늘어놓음. ( )

06 생물이 나서 자람. ( )

07 액체 따위가 엉겨서 뭉쳐 딱딱하게 굳어짐. ( )

08 어떠한 판단을 근거로 삼아 다른 판단을 이끌어 냄. ( )

[09~12] 다음의 빈칸에 들어갈 알맞은 단어를 〈보기〉에서 찾아 쓰시오.

┤ 보기 ├

갈무리 공유 발산 정교

09 나는 그와 협력하기 위해 모든 정보를 ( )하였다.

10 인간의 신체는 매우 복잡하고 ( )한 구조로 되어 있다.

11 그들은 미친 듯이 몸을 흔들어 대면서 스트레스를 ( )하였다.

12 할아버지는 오랜 세월 벽장 속에 소중히 ( )해 두셨던 고서들을 꺼내 나에게 주셨다.

[13~16] 제시된 초성과 뜻풀이를 참고하여 다음의 빈칸에 알맞은 단어를 쓰시오.

13 ㅌ ㅇ : 일반적으로 두루 씀.

예 화폐가 ( )되기 시작한 것은 10세기 이전이다.

14 ㅊ ㅈ : 공중에서 땅으로 내림.

예 경찰관이 아이를 구하여 안전하게 매트 위로 ( )하자 취재를 위해 기자들이 몰려들었다.

15 ㄱ ㄹ : 다른 것과 통하지 못하게 사이를 막거나 떼어 놓음.

예 전염병이 기승을 부리자 보건 당국은 환자들을 ( )하는 등 대책 마련에 나섰다.

16 ㅅ ㅅ ㅁ ㅊ : 손을 묶은 것처럼 어찌할 도리가 없어 꼼짝 못 함.

예 우리는 아무리 달래도 울음을 그치지 않는 아기를 ( )으로 바라보고만 있었다.

[17~20] 다음의 밑줄 친 부분과 바꿔 쓸 수 있는 말을 〈보기〉의 단어를 활용하여 쓰시오.

┤ 보기 ├

발생하다 보존하다 유발하다 활용하다

17 우리 마을에 왜 자꾸만 이런 일이 <u>생기는지</u> 모르겠다. ( )

18 유명한 배우가 출연한 그 광고는 소비자들의 구매 욕구를 <u>일으켰다</u>. ( )

19 컴퓨터의 기능을 충분히 <u>써먹기</u> 위해서는 미리 교육을 받아야 한다. ( )

20 우리의 생명과 같은 환경을 <u>지키기</u> 위해서는 우리 모두의 참여가 절실히 필요하다. ( )

어휘력은 독해력의 기초!

• 나의 어휘력은 몇 점? _____개 / 20개

• 18개 이상을 맞혔다면? 어휘의 기초가 튼튼합니다.

• 17개 이하로 맞혔다면? 본문에 제시된 지문과 어휘를 다시 공부한 다음 문제를 풀어 보세요.

독해 실전

V 기술

보이지 않는 창고, 클라우드 서비스

나는 집 컴퓨터로 작업한 파일을 학교에서 열어서 발표할 때 '클라우드'를 활용해. 클라우드에 대해 얼마나 알고 있어? 글을 읽으며 그 특징에 대해 알아보자.

1 요즘 널리 사용되는 IT 관련 용어가 있으니 바로 클라우드(Cloud)이다. 그렇다면 클라우드는 무엇인가? 클라우드란 인터넷상의 서버를 통해 데이터를 저장하고 이를 네트워크로 연결하여 콘텐츠를 사용할 수 있는 컴퓨팅 환경을 말한다.

2 그렇다면 클라우드는 기존의 웹하드와 어떤 차이가 있을까? 웹하드는 일정한 용량의 저장 공간을 확보해 인터넷 환경의 PC로 작업한 문서나 파일을 저장, 열람, 편집하고 다수의 사람과 파일을 공유할 수 있는 인터넷 파일 관리 시스템이다. 한편 클라우드는 이러한 웹하드의 장점을 수용하면서 콘텐츠를 사용하기 위한 소프트웨어까지 함께 제공한다. 그리고 저장된 정보를 개인 PC나 스마트폰 등 각종 IT 기기를 통하여 언제 어디서든 이용할 수 있게 한다. 이것은 클라우드 컴퓨팅 기반의 동기화 서비스를 통해 가능하다. 즉 클라우드 컴퓨팅 환경을 기반˚으로 사용자가 보유˚한 각종 단말기끼리 동기화 절차를 거쳐 동일한 데이터와 콘텐츠를 이용할 수 있게 하는 시스템인 것이다.

3 클라우드는 구름[cloud]과 같이 무형의 형태로 존재하는 하드웨어, 소프트웨어 등의 컴퓨팅 자원을 자신이 필요한 만큼 빌려 쓰고 이에 대한 사용 요금을 지급하는 방식의 컴퓨팅 서비스이다. 여기에는 서로 다른 물리적인 위치에 존재하는 컴퓨팅 자원을 가상화 기술로 통합해 제공하는 기술이 활용된다.

4 클라우드는 평소에 남는 서버를 활용하므로 클라우드 환경을 제공하는 운영자에게도 유용하지만, 사용자 입장에서는 더욱 유용하다. 개인적인 데이터 저장 공간이 따로 필요하지 않기에 저장 공간의 제약도 극복할 수 있다. 가상화 기술과 분산 처리 기술로 서버의 자원을 묶거나 분할하여 필요한 사용자에게 서비스 형태로 제공되기 때문에 개인의 컴퓨터 가용률이 높아지는 것이다. 이러한 높은 가용률은 자원을 유용하게 활용하는 그린 IT 전략과도 일치한다.

5 또한 클라우드 컴퓨팅을 도입하는 기업 또는 개인은 컴퓨터 시스템을 유지, 보수, 관리하기 위하여 들어가는 비용과 서버의 구매 및 설치 비용, 업데이트 비용, 소프트웨어 구매 비용 등 엄청난 비용과 시간, 인력을 줄일 수 있고, 에너지 절감˚에도 기여할 수 있다. 하지만 서버가 해킹당할 경우 개인 정보가 유출될 수 있고, 서버 장애가 발생하면 자료 이용이 불가능하다는 단점도 있다. 따라서 사용자들이 안전한 환경에서 서비스를 이용할 수 있도록 보안에 대한 대책을 강구˚하고 위험성을 최소화할 수 있는 방안을 마련하여야 한다.

˚기반(基盤): 기초가 되는 바탕. 또는 사물의 토대.
˚보유(保有): 가지고 있거나 간직하고 있음.
˚절감(節減): 아끼어 줄임.
˚강구(講究): 좋은 대책과 방법을 궁리하여 찾아내거나 좋은 대책을 세움.

독해력 Upgrade ※각 문단의 중심 내용을 다음과 같이 정리할 때, 빈칸에 들어갈 알맞은 말을 쓰시오.

1 ( )의 개념	→	**2** ( )와 클라우드의 차이	→	**3** 클라우드의 이용 방식과 활용되는 기술	→	**4** 컴퓨터 가용 측면에서 클라우드의( )	→	**5** 클라우드의 경제적 효용 및 단점

1 이 글에 언급되지 **않은** 것은?

① 클라우드의 개념
② 클라우드의 장점
③ 클라우드의 변천 과정
④ 클라우드의 해결 과제
⑤ 클라우드의 주요 구성 기술

2 이 글과 〈보기〉를 참고할 때, ⓐ~ⓒ에 대한 설명으로 적절한 것은?

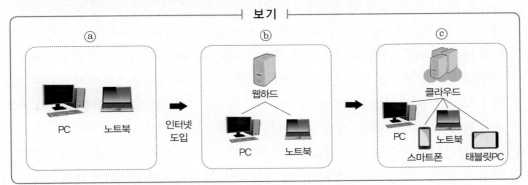

① ⓐ에서는 온라인 컴퓨팅 작업이 주로 이루어진다.
② ⓑ부터 인터넷 환경의 저장 공간을 사용하기 시작한다.
③ ⓒ에서는 사용자보다 운영자 중심의 컴퓨팅 환경이 만들어진다.
④ 소프트웨어의 제공 유무에 따라 ⓐ와 ⓑ로 분류된다.
⑤ ⓑ와 달리 ⓒ에서는 인터넷 서비스를 활용할 수 있다.

3 '클라우드' 서비스를 활용한 사례로 보기 **어려운** 것은?

① 회사원 가 씨: 클라우드에 업무 파일을 올려 팀과 자료를 공유해야겠군.
② 연구원 나 씨: 클라우드에 올려 놓은 프레젠테이션 파일을 스마트폰으로 확인할 수 있 겠군.
③ 방송인 다 씨: 제작한 동영상 파일을 소프트웨어를 별도로 구입하지 않아도 볼 수 있 겠군.
④ 대학생 라 씨: 내 과제 파일이 PC에서 삭제된다 해도 클라우드에 저장되어 있으니 걱정 하지 않아도 되겠군.
⑤ 기업인 마 씨: 클라우드의 가상화 기술을 활용하여 사원들의 업무 처리 과정을 실시간으 로 살펴볼 수 있겠군.

어휘력 Upgrade

※다음의 빈칸에 들어갈 알맞은 말을 〈보기〉에서 찾아 쓰시오.

┤ 보기 ├
강구
기반
보유
절감

1 판소리는 전승되는 설화에 (   )을 두고 형성되었다.
2 그녀는 현역 체조 선수들 가운데 최고 기록을 (   )하고 있다.
3 시에서는 오염된 물이 지하수로 유입되는 것을 막기 위해 대책을 (   )하고 있다.
4 우리 가족들은 난방비를 (   )하기 위해 실내에서도 어느 정도 옷을 따뜻하게 입는다.

제책 기술은 어떻게 발전해 왔나

책을 만드는 기술은 시대에 따라 변화, 발전해 왔어. 책을 묶을 때 쓰는 재료도 달라졌고 말이야. 이 글을 읽으며 그 구체적인 내용을 알아보자.

1 종이가 개발되기 전, 인류는 동물의 뼈나 양피지 등에 필요한 정보를 기록해 왔다. 하지만 담긴 정보량에 비해 부피가 방대하였고♥ 그로 인해 보존과 가독에 어려움을 겪었다. 그런데 종이의 개발로 부피가 줄어들면서 종이로 된 책이 주된 기록 매체가 되었고 책의 보존성과 가독성, 휴대성 등을 더욱 높이기 위한 제책 기술의 발달이 요구되었다.

2 서양은 종이 책을 만들기 시작했을 때 제지 기술이 동양에 비해 미숙했고 질 나쁜 종이로 책을 제작해야 했기에 책의 내구성♥을 높이기 위한 기술이 필요했다. 그래서 표지에 가죽을 씌우거나 나무판을 덧대는 방법을 개발했는데 이를 양장(洋裝)이라 한다. 양장 은 내지 묶기와 표지 제작을 따로 한 후에 합치는 방법이다. 내지는 실매기 방식을 활용해 실로 단단히 묶고, 표지는 판지에 천이나 가죽 등의 마감 재료를 접착하여 만든다. 표지와 내지를 결합할 때는 책등과 결합되는 내지 부분에 접착제를 발라 책등에 붙인다. 또한 내지보다 두껍고 질긴 종이인 면지를 표지와 내지 사이에 접착제로 붙여 이어 줌으로써 책의 내구성을 높인다. 표지 부착 후에는 가열한 쇠막대로 앞뒤 표지의 책등 쪽 가까운 부분을 눌러 홈을 만들어 책의 펼침성이 좋도록 한다.

3 18세기 말에 유럽은 산업 혁명으로 인쇄가 기계화되면서 대량 생산을 위한 기반이 갖추어지고, 경제의 발전으로 일부 계층에만 국한♥됐던 독서 인구가 확대되어 제책 기술도 대량 생산이 가능한 방식으로 발전해야 했다. 이를 위해 간편하게 철사를 사용해 매는 제책 기술이 개발되었는데 처음에는 '옆매기'라 불리는 기술을 사용하였다. 그러나 옆매기는 책장 넘김이 용이하지♥ 않아 '가운데매기'라 불리는 중철(中綴)이 주된 방식으로 자리 잡았다. 중철은 인쇄지를 포개 놓고 책장이 접히는 한가운데 부분을 ㄷ자형 철침을 이용해 매었는데, 보통 2개의 철침으로 표지와 내지를 고정하지만 표지나 내지가 한가운데서부터 떨어지는 경우가 잦아 철침을 4개로 박기도 하였다. 중철은 광고지, 팸플릿 등 오랜 보관이 필요 없거나 분량이 적은 인쇄물에 사용해 왔으며, 중철된 책은 쉽게 펼치거나 넘길 수 있고 두루마리처럼 말아서 간편하게 휴대♥할 수도 있다.

4 20세기 중반에는 화학 접착제가 개발되며 무선철(無線綴)이라는 제책 기술이 등장했다. 이름처럼 실이나 철사 없이 화학 접착제만으로 책을 묶는 방식이다. 이 방법은 자동화가 가능해 대량 생산에 더욱 적합했고, 생산 단가가 낮아지면서 판매 가격을 낮출 수 있어 책의 대중화에 기여했다. 그리고 1990년대에는 습기경화형 우레탄 핫멜트가 개발되면서 개발 초보다 내구성이 더욱 강화된 책을 만들게 되었다. 무선철 기술은 지금도 계속 보완, 발전하고 있으며 그로 인해 오늘날 대부분의 책은 무선철 방식으로 제작되고 있다.

♥ **방대하다(尨大하다):** 규모나 양이 매우 크거나 많다.

♥ **내구성(耐久性):** 물질이 원래의 상태에서 변질되거나 변형됨이 없이 오래 견디는 성질.

♥ **국한(局限):** 범위를 일정한 부분에 한정함.

♥ **용이하다(容易하다):** 어렵지 아니하고 매우 쉽다.

♥ **휴대(携帶):** 손에 들거나 몸에 지니고 다님.

독해력 Upgrade ※각 문단의 중심 내용을 다음과 같이 정리할 때, 빈칸에 들어갈 알맞은 말을 쓰시오.

| **1** 기록 매체의 변화와 제책 기술 발달에 대한 요구 | → | **2** 책의 내구성을 높이기 위한 (　　) 방식 | → | **3** 산업 혁명 이후 대량 생산을 가능하게 한 (　　) 방식 | → | **4** 화학 접착제의 개발로 등장한 (　　) 방식 |

1 이 글의 표제와 부제로 가장 적절한 것은?

① 제책 기술의 발전과 한계
　　– 문제점 진단과 보완 방안을 중심으로
② 제책 기술 현대화의 경향
　　– 화학 접착제의 개발을 중심으로
③ 제책 기술의 등장 배경과 유형
　　– 책 묶기 방식의 발전 과정을 중심으로
④ 제책 기술의 발전과 사회적 영향
　　– 기술 개발의 방향과 문제점을 중심으로
⑤ 제책 기술의 필요성과 의의
　　– 책의 내구성 향상 단계를 중심으로

▼ 진단(診斷): 어떤 현상
　이나 문제를 자세히
　판단함.

2 〈보기〉는 │양장│에 따라 제작한 책의 단면이다. ㉠~㉢에 대한 설명으로 적절하지 <u>않은</u> 것은?

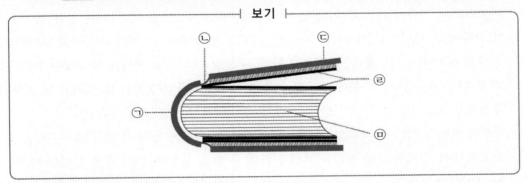
│ 보기 │

① ㉠은 접착제를 활용하여 ㉢과 결합되도록 하였다.
② ㉡은 가열한 쇠막대로 눌러 펼침성을 향상시켰다.
③ ㉢은 따로 제작한 뒤 실매기를 통해 ㉣과 결합시켰다.
④ ㉣은 ㉤보다 튼튼한 종이를 사용해 책의 내구성을 높였다.
⑤ ㉤은 실로 묶은 후 ㉣을 활용하여 ㉢과 결합시켰다.

어휘력 Upgrade

※다음의 빈칸에 들어갈 알맞은 말을 〈보기〉에서 찾아 쓰시오.

┌ 보기 ┐
국한
방대
용이
휴대

1 그녀는 사막을 탐험하여 (　　　)한 양의 기록을 남겼다.
2 책등이 보이도록 꽂아 두어야 나중에 원하는 책을 찾기가 (　　　)하다.
3 주최 측은 이번 행사에 참여할 수 있는 대상을 대학생으로 (　　　)하였다.
4 밖에는 비가 쉬지 않고 내리고 있었으나, 대부분의 승객은 우산을 (　　　)하지 않았다.

컴퓨터 보조 기억 장치 HDD와 SSD

요즘 판매되는 컴퓨터를 보면 'HDD'를 장착한 것이 있고 'SSD'를 장착한 것이 있어. 둘의 차이는 무엇일까? 이 글을 읽으며 자세히 알아보자.

1 컴퓨터를 구성하고 있는 여러 가지 장치 중에서 가장 핵심적인 역할을 담당하고 있는 3가지 요소는 중앙 처리 장치(CPU), 주기억 장치, 보조 기억 장치이다. 보통 주기억 장치로 '램'을, 보조 기억 장치로 'HDD(Hard Disk Drive)'를 쓴다. 이 세 장치의 성능이 컴퓨터의 전반적인 속도를 좌우˘한다고 할 수 있다.

2 CPU나 램은 내부의 미세 회로 사이를 오가는 전자의 움직임만으로 데이터를 처리하는 반도체 재질이기 때문에 고속으로 동작이 가능하다. 그러나 HDD는 원형의 자기 디스크를 물리적으로 회전시키며 데이터를 읽거나 저장하기 때문에 자기 디스크를 아무리 빨리 회전시킨다 해도 반도체의 처리 속도를 따라갈 수 없다. 게다가 디스크의 회전 속도가 빨라질수록 소음이 심해지고 전력 소모량이 급속도로 높아지는 단점이 있다. 이 때문에 CPU와 램의 동작 속도가 하루가 다르게 향상되고 있는 반면, HDD의 동작 속도는 그렇지 못했다.

3 그래서 HDD의 대안으로 제시된 것이 바로 'SSD(Solid State Drive)'이다. SSD의 용도나 외관, 설치 방법 등은 HDD와 유사하다. 하지만 SSD는 HDD가 자기 디스크를 사용하는 것과 달리 반도체를 이용해 데이터를 저장한다는 차이가 있다. 그리고 물리적으로 움직이는 부품이 없기 때문에 작동 소음이 작고 전력 소모가 적다. 이런 특성 때문에 휴대용 컴퓨터에 SSD를 사용하면 전지 유지 시간을 늘릴 수 있다는 이점이 있다.

4 SSD는, 컴퓨터 시스템˘과 SSD 사이에 데이터를 주고받을 수 있도록 연결하는 부분인 '인터페이스', 데이터를 저장하는 '메모리', 그리고 인터페이스와 메모리 사이의 데이터 교환 작업을 제어하는 '컨트롤러', 외부 장치와 SSD 간의 처리 속도 차이를 줄여 주는 '버퍼 메모리'로 이루어져 있다. 이 중에 주목해야 할 것이 데이터를 저장하는 메모리다. 이 메모리를 무엇으로 쓰는지에 따라 '램 기반 SSD'와 '플래시 메모리 기반 SSD'로 나뉜다.

5 램 기반 SSD는 매우 빠른 속도를 발휘˘하는데, 이것을 장착˘한 컴퓨터는 전원을 켠 후 1~2초 만에 윈도우 운영 체제의 부팅을 끝낼 수 있을 정도다. 다만 램은 전원이 꺼지면 저장 데이터가 모두 사라지기 때문에 컴퓨터의 전원을 끈 상태에서도 SSD에 계속해서 전원을 공급해 주는 전용 전지가 반드시 필요하다. 이런 단점 때문에 램 기반 SSD는 많이 쓰이지 않는다.

6 그래서 일반적으로 SSD는 플래시 메모리 기반 SSD를 지칭˘한다. 플래시 메모리는 전원이 꺼지더라도 기록된 데이터가 보존되기 때문에 HDD를 쓰던 것처럼 쓰면 된다. 그리고 플래시 메모리 기반 SSD를 장착한 컴퓨터는 램 기반 SSD를 장착한 컴퓨터보다 느리긴 하지만 HDD를 장착한 동급 사양의 컴퓨터보다 최소 2~3배 이상 빠른 부팅 속도와 프로그램 실행 속도를 기대할 수 있다.

▾ 좌우(左右): 어떤 일에 영향을 주어 지배함.

▾ 컴퓨터 시스템: CPU, 램 등 컴퓨터를 동작 시키는 장치의 집합체.

▾ 발휘(發揮): 재능, 능력 따위를 떨치어 나타냄.

▾ 장착(裝着): 의복, 기구, 장비 따위에 장치를 부착함.

▾ 지칭(指稱): 어떤 대상을 가리켜 이르는 일. 또는 그런 이름.

독해력 Upgrade ※각 문단의 중심 내용을 다음과 같이 정리할 때, 빈칸에 들어갈 알맞은 말을 쓰시오.

| **1** 컴퓨터의 ( )를 좌우하는 핵심적인 세 장치 | → | **2** CPU나 램과 달리 속도의 한계를 지닌 ( ) | → | **3** HDD의 대안으로 제시된 ( )의 특징 | → | **4** SSD의 구성 요소와 메모리에 따른 SSD의 분류 | → | **5** ( ) 기반 SSD의 특징 | → | **6** 플래시 메모리 기반 SSD의 특징 |

1 이 글에 대한 이해로 적절한 것은?

① HDD를 설치하는 것보다 SSD를 설치하는 방법이 복잡하다.

② HDD는 데이터 처리 방식의 한계 때문에 속도의 향상이 더딘 편이었다.

③ SSD의 소음이 큰 이유는 데이터를 읽을 때 자기 디스크가 회전하기 때문이다.

④ 운영 체제를 빠르게 쓰고 싶다면, SSD보다 HDD를 보조 기억 장치로 쓰는 것이 낫다.

⑤ 전자를 움직여 데이터를 읽는 것보다 자기 디스크를 움직여 데이터를 읽는 것이 전력을 적게 쓴다.

2 이 글을 바탕으로 〈보기〉에 대해 이해한 것으로 적절하지 않은 것은?

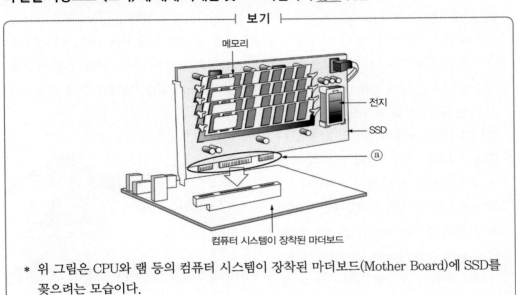

│ 보기 │

메모리

전지

SSD

ⓐ

컴퓨터 시스템이 장착된 마더보드

* 위 그림은 CPU와 램 등의 컴퓨터 시스템이 장착된 마더보드(Mother Board)에 SSD를 꽂으려는 모습이다.

① 〈보기〉의 SSD에는 컨트롤러와 버퍼 메모리 장치가 있다.

② ⓐ는 SSD가 컴퓨터 시스템과 데이터를 주고받는 부분이다.

③ 〈보기〉의 SSD는 전지가 있는 것으로 보아 일반적으로 쓰이는 것이다.

④ 〈보기〉의 SSD는 다른 종류의 SSD에 비해 데이터 처리 속도가 빠르다.

⑤ 〈보기〉의 SSD에 전지가 없다면 컴퓨터 전원이 꺼졌을 때 메모리에 있는 데이터가 다 지워질 것이다.

어휘력 Upgrade ※다음의 빈칸에 들어갈 알맞은 말을 〈보기〉에서 찾아 쓰시오.

│ 보기 │
발휘
장착
좌우
지칭

1 흔히 태백산맥 동쪽을 영동 지방으로 (   )한다.

2 선수들의 정신력이 경기의 승패를 (   )할 수 있다.

3 그는 탁월한 외교술을 (   )하여 협상을 유리하게 이끌었다.

4 어머니는 할머니의 건강을 위해 안마기가 (   )된 의자를 사 오셨다.

감전 사고를 예방하는 접지의 원리

전기가 흐르는 물체에 몸이 닿아 찌릿한 느낌이 들었던 적 있어? 전류가 몸 쪽으로 흐르면 큰 사고가 일어날 수 있어. 글을 읽으며 감전 사고를 막기 위한 기술에 대해 알아보자.

1 전기는 편리하여 일상생활에서 사용되지 않는 곳이 거의 없지만, 누전˘이 발생하면 감전 사고의 위험이 있다. 이러한 감전 사고를 예방˘하기 위한 방법 중 가장 보편적인 것이 '접지'이다. 접지란 다양한 형태의 금속인 접지 전극을 땅에 묻고 이를 전기 기기 및 설비의 일부와 전선으로 연결하여 누전 전류를 접지 전극으로 흐르게 하여 땅으로 흡수시키는 기술을 말한다.

2 접지에는 외부로부터 전기를 공급받아 가정으로 전달하는 시설에 설치하는 설비 접지와 일상생활에서 사용하는 전기 기기에 설치하는 기기 접지가 있다. 설비 접지는 수전 설비˘와 연결된 접지선을 변전실로 모아서 접지 전극과 연결하는 것이고, 기기 접지는 냉장고나 세탁기 등의 전기 기기와 연결된 접지선을 각 층 또는 각 방의 내벽에 있는 접지판에 연결한 다음, 이를 모아서 접지 전극과 연결하는 것이다.

3 그렇다면 ㉠감전에 따른 사고를 예방할 수 있는 접지의 원리는 무엇일까? 접지 전극과 사람의 몸은 모두 전류에 대한 저항이 있는데 이를 접지 저항과 인체 접촉 저항이라고 하며 그 크기는 서로 다르다. 일반적으로 설비 접지 전극의 저항은 20Ω˘, 기기 접지 전극의 저항은 100Ω이다. 인체 접촉 저항은 평상시에 약 30~50㏀이지만, 인체가 젖어 있을 경우에는 그 값이 1㏀ 정도로 낮아진다.

4 〈그림〉은 누전이 발생한 상황을 나타낸 것으로, 여기서 A와 B는 각각 설비 접지 전극과 기기 접지 전극이다. 만약 A와 B를 설치하지 않았다면 누전에 의해 새어 나가는 전류가 몸 쪽으로 흐르게 되어 감전 사고로 이어질 수 있다. 그러나 전류는 저항이 작은 곳으로 흐르는 성질이 있으므로, 접지 전극을 설

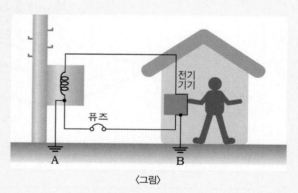

전기 기기

퓨즈

A   B

〈그림〉

치하면 저항이 큰 몸 쪽보다는 저항이 작은 접지 전극 쪽으로 전류가 분산˘되어 감전 사고의 위험을 감소˘시킬 수 있다. 이 경우에도 극히 작은 전류가 몸 쪽으로 흐를 수 있는데, 전류의 크기는 저항의 크기에 반비례하므로 저항의 크기가 매우 작은 A와 B로 더 큰 전류가 흐른다. 이로 인해 퓨즈가 녹아 끊어져, 몸 쪽으로 흐를 수 있는 작은 전류 또한 차단˘되어 감전에 따른 사고를 보다 확실히 예방할 수 있다.

5 이와 같이 설비 접지와 기기 접지는 누전 시 발생하는 전류를 땅으로 흡수시킴과 동시에, 접지 저항과 인체 접촉 저항의 차를 이용하여 감전에 따른 사고를 예방하는 기술인 것이다.

˘ 누전(漏電): 전기가 전깃줄 밖으로 새어 흐름.

˘ 예방(豫防): 질병이나 재해 따위가 일어나기 전에 미리 대처하여 막는 일.

˘ 수전 설비: 외부로부터 전기를 공급받기 위한 시설.

˘ Ω(옴): 저항의 크기(값)를 나타내는 단위. 1㏀=1000Ω.

˘ 분산(分散): 갈라져 흩어짐.

˘ 감소(減少): 양이나 수치가 줆.

˘ 차단(遮斷): 액체나 기체 따위의 흐름 또는 통로를 막거나 끊어서 통하지 못하게 함.

독해력 Upgrade ※각 문단의 중심 내용을 다음과 같이 정리할 때, 빈칸에 들어갈 알맞은 말을 쓰시오.

| **1** (　　　)의 목적과 개념 | → | **2** 설비 접지와 기기 접지의 차이 | → | **3** 접지 저항과 (　　　) 저항의 크기 | → | **4** (　　　)의 크기를 이용하는 접지의 원리 | → | **5** 접지의 역할 |

1 **이 글에서 답을 확인할 수 없는 물음은?**

① 접지를 하는 목적은 무엇인가?

② 설비 접지와 기기 접지의 차이는 무엇일까?

③ 접지에 사용되는 금속에는 어떤 것들이 있을까?

④ 저항의 크기와 전류의 크기는 어떤 관계가 있을까?

⑤ 접지는 누전 전류를 어디로 흡수시키려는 기술인가?

2 **이 글로 보아, ㉠의 가능성이 가장 낮은 경우는?** (단, <, =, >는 저항의 상대적 크기를 나타낸 기호임.)

① 설비 접지 저항 < 기기 접지 저항 < 인체 접촉 저항

② 설비 접지 저항 < 기기 접지 저항 = 인체 접촉 저항

③ 설비 접지 저항 > 기기 접지 저항 > 인체 접촉 저항

④ 설비 접지 저항 > 기기 접지 저항 = 인체 접촉 저항

⑤ 설비 접지 저항 = 기기 접지 저항 > 인체 접촉 저항

3 **이 글을 읽고 <보기>에 대해 보인 반응으로 가장 적절한 것은?**

┤ 보기 ├

○○○ 씨는 설거지를 하다가, 전자레인지에서 데우던 음식을 꺼내려 하였다. 전자레인지에 젖은 손을 댄 순간, 감전으로 인해 정신을 잃고 쓰러졌다.

① 누전된 전류는 몸보다, 저항이 큰 접지 전극 쪽으로 흘러갔겠군.

② 전자레인지에 설비 접지가 이루어졌다면 감전당하지 않았겠군.

③ 전자레인지 자체의 저항 크기가 접지 전극의 저항 크기에 영향을 주었겠군.

④ 기기 접지보다는 설비 접지 쪽으로 더 많은 전류가 흐른 것이 사고의 원인이 될 수 있겠군.

⑤ 인체 접촉 저항의 크기가 평상시보다 매우 낮은 상태였던 것이 사고의 원인 중 하나이겠군.

어휘력 Upgrade　　※다음의 빈칸에 들어갈 알맞은 말을 <보기>에서 찾아 쓰시오.

┤ 보기 ├
감소
분산
예방
차단

1 방음벽 덕분에 외부의 소음이 완전히 (　　　)되었다.

2 충치를 (　　　)하려면 음식물을 먹은 뒤엔 꼭 이를 닦아야 한다.

3 무분별한 산지 개발로 전 국토의 녹지 비율이 점차 (　　　)하고 있다.

4 출퇴근 시간마다 폭주하는 교통량을 (　　　)하기 위해 순환 도로 건설을 추진 중이다.

최악의 화재 참사를 막는 불꽃 감지기

화재가 발생했을 때 이를 빠르게 발견하여 대처하는 것이 중요해. 그래서 '불꽃 감지기'라는 장치가 활용되고 있지. 이 글을 통해 불꽃 감지기에 대해 자세히 알아보자.

1 불꽃 감지기는 화재 시 발생하는 불꽃을 초기에 발견하여 인명 및 재산 피해를 최소화하기 위해 설치하는 장치이다. 주로 가연성 액체를 취급˚하는 장소, 도로나 터널, 격납고 등에서 발생하는 화재를 초기에 발견하기 위해 불꽃 감지기를 사용한다. 그런데 불꽃 감지기는 화재로 발생한 불꽃을 자연광이나 인공조명과 어떻게 구분하는 것일까?

2 불꽃 감지기는 연소하는 물질에서 나오는 에너지 파장을 분석하여 화재 여부를 판단한다. 고온의 물질이나 연소하는 물질은 특정 파장에서 최대치 에너지를 방사˚하는데, 불꽃 감지기는 바로 이러한 에너지를 감지˚하여 화재 여부를 판단하고 경보를 울린다.

3 대부분의 물질에서는 자외선, 적외선 등의 파장이 검출된다. 이에 따라 불꽃 감지기의 종류에는 자외선 감지 방식과 적외선 감지 방식이 있다. 자외선 감지 방식은 가격이 싼 대신에 형광등, 태양광, 용접 불꽃 등에서 나오는 자외선에 오작동을 하기 때문에 잘 쓰이지 않는다. 반면 적외선 감지 방식은 가격은 비싸지만 자외선 방식에 비해 오작동이 적어서 화재가 우려되는 곳에 많이 설치된다.

4 적외선 감지의 대표적 방식으로는 플리커 검출 방식과 2파장 검출 방식이 있다. 플리커 검출 방식은 불꽃에서 발생하는 적외선의 깜박거림인 플리커를 감지하는 방식이다. 일반적으로 태양광이나 인공조명에 비해 화재 시 발생하는 불꽃은 깜박거림이 매우 심하다. 따라서 불꽃 흔들림의 변화량을 검출하면 화재 여부를 판별˚할 수 있다. 2파장 검출 방식은 두 개 이상의 파장을 동시에 검출하는 방식이다. 화재 불꽃의 경우 2㎛, 4.4㎛ 부근에서 두 번의 방사를, 도시가스 불꽃의 경우 2㎛, 3㎛, 4.4㎛ 부근에서 세 번의 방사를 보이기 때문에 2파장 검출 방식에서는 이것을 모두 화재로 판단한다. 반면 햇빛은 0.44㎛에서, 전기난로와 같은 고온의 물체는 2㎛ 부근에서만 강한 에너지 방사를 보이기 때문에 2파장 검출 방식에서는 화재로 판단하지 않는다.

5 ㉠적외선 방식의 불꽃 감지기는 천장이나 벽에 떨어지지 않도록 부착하는데 제품의 감지 방향을 고려하여 사각지대가 생기지 않도록 해야 한다. 또한 불꽃이 잘 감지되는 방향으로 설치하되 감지 목적물과 감지기 사이에 감지를 방해하는 장애물을 제거해야 한다. 정상적으로 가스레인지를 사용해도 가스레인지 불꽃에 감지기가 반응할 수 있으므로 이와 같은 오작동을 막기 위해서는 가스레인지와 가까운 곳에 감지기를 설치하지 않아야 한다. 이외에도 오작동을 일으킬 수 있는 다른 요인이 없는지 꼼꼼하게 점검한 후 설치해야 한다. 또한 공간이 넓어서 전체를 감지할 수 없는 경우에는 감지기를 추가 설치하는 것을 고려해야 한다.

❤ 취급(取扱): 물건을 사용하거나 소재나 대상으로 삼음.

❤ 방사(放射): 중심에서 사방으로 내뻗침.

❤ 감지(感知): 느끼어 앎.

❤ 판별(判別): 옳고 그름이나 좋고 나쁨을 판단하여 구별함. 또는 그런 구별.

독해력 Upgrade   ※각 문단의 중심 내용을 다음과 같이 정리할 때, 빈칸에 들어갈 알맞은 말을 쓰시오.

| **1** 불꽃 감지기의 ( )과 설치 장소 | ➡ | **2** 불꽃 감지기가 ( ) 여부를 판단하는 원리 | ➡ | **3** 불꽃 감지기의 종류와 특징 | ➡ | **4** ( ) 감지의 대표적 방식 | ➡ | **5** 적외선 방식의 불꽃 감지기를 설치할 때의 유의점 |

1 '불꽃 감지기'에 대해 언급하지 <u>않은</u> 것은?

① 개념   ② 구조   ③ 종류

④ 설치 장소   ⑤ 작동 원리

2 이 글로 볼 때 〈보기〉의 소방관이 보일 반응으로 적절한 것은?

┤ 보기 ├

    소방관 ○○○은 화재 예방을 위해 집 안에 불꽃 감지기를 설치하려고 한다. 우선 집 안에서 방사되는 파장을 검출하였더니 아래 그림과 같은 파장이 존재함을 알 수 있었다.

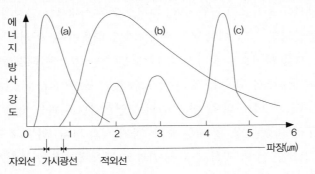

① (a)를 고려하여 자외선 방식의 감지기를 설치해야겠군.
② (b)를 방사하는 물체 때문에 2파장 검출 방식의 감지기가 오작동하겠군.
③ (c)로 인한 오작동을 막으려면 자외선 감지기를 설치해야겠군.
④ 2파장 검출 방식의 감지기에서는 (a)와 (b)를 화재로 판단하지 않겠군.
⑤ 플리커 검출 방식의 감지기로는 (a)와 (c)를 구분할 수가 없겠군.

3 ㉠의 설치상 유의점으로 적절하지 <u>않은</u> 것은?

〈설치상 유의점〉

① 장애물을 피해 설치하세요.
② 불꽃이 발생하는 방향으로 설치하세요.
③ 넓은 곳에는 다수의 감지기를 설치하세요.
④ 발열 물질에 설치할 경우 밀착♥하여 설치하세요.
⑤ 감지기를 부착면에 단단히 고정하여 설치하세요.

♥밀착(密着): 빈틈없이 단단히 붙음.

어휘력 Upgrade

※다음의 빈칸에 들어갈 알맞은 말을 〈보기〉에서 찾아 쓰시오.

┤ 보기 ├
감지
밀착
취급
판별

1 그 가게는 생선과 과일 등을 두루 ( )한다.
2 수달은 긴 수염으로 물고기의 움직임을 ( )한다.
3 렌즈는 눈의 각막에 ( )되므로 반드시 세척을 잘 해 주어야 한다.
4 구체적인 기준이 없으면 어떤 작품이 좋은 작품인지 ( )하기가 어렵다.

에너지 손실을 줄이는 패시브 하우스

'패시브(Passive)'는 '소극적인, 수동적인'이라는 뜻이야. '패시브 하우스'는 에너지 사용에 소극적이라는 뜻에서 붙은 이름이지. 글을 읽으며 이 건축물의 특징에 대해 자세히 알아보자.

1 '패시브 하우스(Passive House)'는 단열˚을 강화˚하여 에너지 손실을 최대한 줄인 건축물이다. 이 건축물은 실내의 에너지 손실을 최소화하면서도 햇빛과 신선한 공기를 공급받을 수 있고, 습도 조절을 잘 할 수 있도록 설계된 것이다.

2 패시브 하우스는 특히 겨울철에 건물 안으로 들어온 에너지와 안에서 발생한 에너지가 오랫동안 건물 안에 머물러 있도록 만들어졌다. 에너지 손실을 최소화하기 위해서는 열이 빠져나가지 않게 전체 단열 계획을 잘 짠 다음, 까다로운 기준에 부합하는 특수 단열재로 시공해야 한다.

3 건물의 실내에는 신선한 공기가 공급되어야 한다. 일반적인 건물은 창문을 열거나 환풍기를 돌려서 신선한 공기를 공급받지만, 패시브 하우스에서는 그렇게 할 수 없다. 왜냐하면 외부 공기가 공급되면 실내 에너지가 빠져나가기 때문이다. 이러한 문제는 나가는 공기가 품고 있는 에너지를 들어오는 공기가 회수˚해 올 수만 있으면 해결할 수 있다. 패시브 하우스에서 이 일을 가능하게 해 주는 것이 열 교환 환기 장치이다. 이 장치는 주로 실내 바닥이나 벽면에 설치하는데, 실내의 각 방과 실외로 연결되는 배관을 따로 시공하여 실내외 공기를 교환한다. 구성 요소는 팬, 열 교환 소자, 공기 정화 필터, 외부 후드 등이다.

4 그중 핵심 요소인 ㉠열 교환 소자는 열과 수분의 투과율을 높이기 위해 열전도율이 뛰어나도록 만든다. 실내외의 공기가 나가고 들어올 때 이 열 교환 소자를 통과하는데, 그 과정에서 실내 공기의 주 오염원인 CO_2는 통과시켜 배출한다. 하지만 열 교환 소자는 나가는 공기가 지니고 있던 80% 내외의 열과 수분을 배출하지 않고 투과시켜 들어오는 공기와 함께 실내로 되돌아오게 한다. 이러한 장치 덕분에 창을 열지 않아도 환기가 가능하다. 실외의 황사나 꽃가루 등은 공기 정화˚ 필터로 걸러지므로 외부로부터 신선한 공기를 공급받을 수 있다.

5 햇빛을 통한 에너지 공급도 건물에서는 중요하다. 햇빛은 창호를 통해 들어오는데, 여기서 에너지의 손실 방지와 햇빛의 공급 사이에 모순이 생긴다. 일반적으로 실내에 햇빛을 많이 공급하기 위해서는 두께가 얇은 유리나 창호지를 사용해야 한다. 그러나 두께가 얇을수록 에너지의 손실이 더 커질 수밖에 없다. 패시브 하우스에서는 이 문제를 해결하기 위해서 3중 로이 유리(Low-E Glass)를 사용한다. 이것에는 두께가 얇고 투명한 유리 세 장에 에너지 흐름을 줄이는 금속 막이 씌워져 있고, 이들 유리 사이에는 무거운 기체가 채워져 있다. 투명한 유리는 햇빛을 많이 통과시키고, 금속 막과 무거운 기체는 실내 에너지가 빠져나가는 것을 막는다.

6 습도 조절도 중요한 요소이다. 일반 건물에서 습도 조절이 제대로 이루어지지 않아 곰팡이가 피는 것은, 외부 공기가 스며들어 벽체 표면의 습도를 높이기 때문이다. 또, 곰팡이는

˚단열(斷熱): 물체와 물체 사이에 열이 서로 통하지 않도록 막음. 또는 그렇게 하는 일.
˚강화(强化): 수준이나 정도를 더 높임.
˚회수(回收): 도로 거두어들임.
˚정화(淨化): 불순하거나 더러운 것을 깨끗하게 함.

독해력 Upgrade ※각 문단의 중심 내용을 다음과 같이 정리할 때, 빈칸에 들어갈 알맞은 말을 쓰시오.

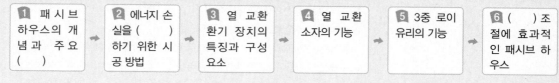

1 패시브 하우스의 개념과 주요 ( ) → **2** 에너지 손실을 ( )하기 위한 시공 방법 → **3** 열 교환 환기 장치의 특징과 구성 요소 → **4** 열 교환 소자의 기능 → **5** 3중 로이 유리의 기능 → **6** ( ) 조절에 효과적인 패시브 하우스

집 안 전체의 습도가 아주 높거나, 전체 습도는 낮고 벽체 표면이나 벽체 속의 습도가 높아도 생긴다. 그러나 패시브 하우스는 밀폐성과 단열성이 뛰어나 겨울철 벽체의 온도와 실내 온도가 거의 비슷하기 때문에 이슬 맺힘이나 곰팡이가 생기지 않는다.

1 **'패시브 하우스'에 대한 설명으로 적절하지 <u>않은</u> 것은?**

① 외부 후드를 설치하여 실내 습도를 조절한다.
② 황사나 꽃가루가 실내로 유입˘되는 것을 차단한다.
③ 특수 단열재를 사용해 내부의 열 손실을 최소화한다.
④ 두께가 얇은 3중 로이 유리를 활용하여 에너지 손실을 막는다.
⑤ 단열과 밀폐성이 뛰어나서 이슬 맺힘이나 곰팡이가 생기지 않는다.

˘유입(流入): 액체나 기체, 열 따위가 어떤 곳으로 흘러듦.

2 **이 글을 참고하여, ㉠의 작동 원리를 도식화한 〈보기〉를 바르게 이해한 것은?**

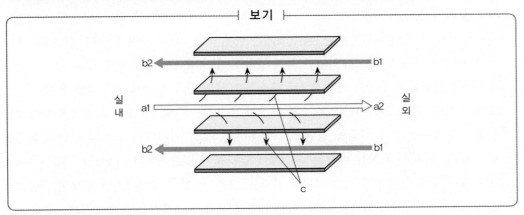

① a1 공기에서 열과 수분이 줄어든 공기가 a2이다.
② a2 공기가 최대화되면 b2 공기가 최소화된다.
③ b1 공기에서 CO_2가 없어진 공기가 b2이다.
④ c는 b2 공기에 포함되어 있지 않다.
⑤ c의 양은 열 교환 소자의 열전도율에 반비례한다.

어휘력 Upgrade ※다음의 빈칸에 들어갈 알맞은 말을 〈보기〉에서 찾아 쓰시오.

┌ 보기 ┐
강화
유입
정화
회수

1 (　　　)되지 않은 폐수를 하천에 몰래 버리던 공장들이 적발되었다.
2 큰 강들은 대다수가 황해로 흘러들고 작은 강들은 동해로 (　　　)한다.
3 동계 스포츠 경쟁력을 (　　　)하기 위해 훈련 시설을 늘리고 체계적으로 지원해야 한다.
4 그 제품에 중대한 문제가 있음이 드러나자 회사에서는 판매 중인 제품을 (　　　)하기 시작했다.

지구 온난화를 막을 CCS 기술의 원리

이산화 탄소는 지구 온난화의 원인이기 때문에 발생량을 줄이기 위해 노력해야 해. 그런데 기술적으로 이산화 탄소의 배출을 줄이는 방법이 있다고 해. 어떤 기술인지 글을 읽으며 알아보자.

1 이산화 탄소에 의한 지구 온난화로 기상 이변˘이 빈번해지면서 최근 이산화 탄소 포집˘ 및 저장 기술인 CCS(Carbon Capture & Storage) 기술이 주목을 받고 있다. CCS 기술은 화석 연료를 사용하는 화력 발전소, 제철소, 시멘트 공장 등에서 발생할 수 있는 대량의 이산화 탄소를 고농도로 포집한 후 안전한 땅속에 저장하는 기술이다.

2 CCS 기술에는 '연소 후 포집 기술', '연소 전 포집 기술', '순산소 연소 포집 기술'이 있다. 연소 후 포집 기술은 화석 연료가 연소될 때 생기는 배기가스에서 이산화 탄소를 분리하는 방법이고, 연소 전 포집 기술은 화석 연료에 존재하는 이산화 탄소를 연소 전 단계에서 분리하는 방법이다. 순산소 연소 포집 기술은 화석 연료를 연소시킬 때 공기 대신 산소를 주입하여 고농도의 이산화 탄소만 배출되게 함으로써 별도의 분리 공정˘ 없이 포집할 수 있는 기술이다. 이 중 연소 후 포집 기술은 현재 가동˘되고 있는 수많은 이산화 탄소 발생원에 직접 적용할 수 있는 방법으로 화력 발전소를 중심으로 실용화되기 시작하면서 CCS 기술의 핵심 분야로 떠오르고 있다. 연소 후 포집 기술은 흡수, 재생, 압축, 수송, 저장 등의 다섯 공정으로 나뉘어 진행되며 이를 위해서는 흡수탑, 재생탑, 압축기, 수송 시설, 저장조 등이 마련되어야 한다.

3 화력 발전소에서 배출되는 배기가스에는 물, 질소 그리고 10~15% 농도의 이산화 탄소가 포함되어 있다. 이 배기가스는 먼저 흡수탑 하단으로 들어가게 되고, 흡수탑 상단에서 주입되는 흡수제와 접촉하게 된다. 흡수제에는 미세 구멍, 즉 기공이 무수히 많이 뚫려 있는데 이 기공에 이산화 탄소가 유입되면 화학 반응을 일으키면서 달라붙게 된다. 흡수제가 배기가스에서 이산화 탄소만을 선택적으로 포집하면 물과 질소는 그대로 굴뚝을 통해 대기 중으로 배출된다. 흡수제가 이산화 탄소를 포집할 수 있는 한계, 즉 흡수 포화점에 다다르면 흡수제는 연결관을 통해 재생탑 상단으로 이동하게 되고, 여기에서 고온의 열처리 과정을 거치게 된다. 열처리를 하는 이유는 흡수제에 달라붙어 있는 이산화 탄소를 분리하기 위해서이다. 흡수제에 달라붙어 있던 이산화 탄소는 130℃ 이상의 열에너지를 받으면 기공 밖으로 빠져나오게 되고, 이산화 탄소와 분리된 흡수제는 다시 이산화 탄소를 포집할 수 있는 원래의 상태로 재생된 후, 흡수탑 상단으로 보내져 재사용된다. 이처럼 흡수제가 이산화 탄소를 포집하고 흡수제가 다시 재생되는 흡수와 재생 공정을 반복하면 90% 이상 고농도의 이산화 탄소를 모을 수 있게 되는데, 이렇게 모아진 이산화 탄소는 이송˘에 편리하도록 압축기에서 압축 공정을 거치게 된다. 압축된 이산화 탄소는 파이프라인이나 철도, 선박 등의 수송 시설을 통해 땅속의 저장소로 이송되고, 저장소로 이송된 이산화 탄소는 800m 이상의 깊이에 있는 폐유전이나 가스전 등에 주입되어 반영구적으로 저장된다.

4 오늘날 CCS 기술은 지구 온난화를 막을 수 있는 가장 현실적인 대안으로 인정받고 있

˘ 이변(異變): 예상하지 못한 사태나 괴이한 변고.

˘ 포집(捕執): 물질 속에 있는 미량의 성분을 분리하여 잡아 모으는 일.

˘ 공정(工程): 한 제품이 완성되기까지 거쳐야 하는 하나하나의 작업 단계.

˘ 가동(稼動): 사람이나 기계 따위가 움직여 일함. 또는 기계 따위를 움직여 일하게 함.

˘ 이송(移送): 다른 데로 옮겨 보냄.

독해력 Upgrade

※각 문단의 중심 내용을 다음과 같이 정리할 때, 빈칸에 들어갈 알맞은 말을 쓰시오.

1 (   )이 주목받게 된 이유와 CCS 기술의 개념 → **2** CCS 기술의 종류 및 핵심 분야로 떠오른 (   ) 기술 → **3** 연소 후 포집 기술로 (   )를 포집하는 공정 과정 → **4** CCS 기술의 의의와 한계 및 극복 방안

다. 하지만 공정을 진행하는 과정에서 많은 에너지가 소요되는 것은 극복할 과제이다. 이에 따라 현재 진행되고 있는 연소 후 포집 기술의 핵심적 연구는 ㉠흡수 포화점이 향상된 흡수제를 개발하여 ㉡경제성이 높은 이산화 탄소 포집 기술을 구현하는 방향으로 진행되고 있다.

1 이 글을 바탕으로 〈보기〉를 설명한 내용으로 적절하지 **않은** 것은?

─┤ 보기 ├─

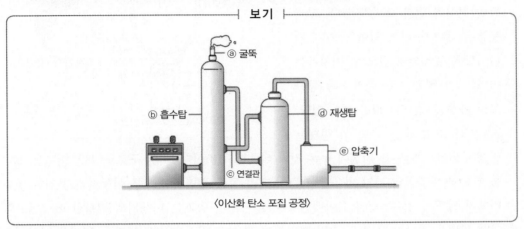

〈이산화 탄소 포집 공정〉

① ⓐ로 배출되는 배기가스에는 물과 질소가 포함되어 있다.
② ⓑ에서는 화학 반응을 통해 이산화 탄소가 흡수제에 달라붙는다.
③ ⓒ는 흡수 포화점에 다다른 흡수제가 이동하는 통로이다.
④ ⓓ에서는 흡수제가 이산화 탄소의 열을 흡수하면서 재생된다.
⑤ ⓔ에서는 고농도의 이산화 탄소가 이송에 편리하도록 압축된다.

2 ㉠이 ㉡으로 이어질 수 있는 이유로 가장 적절한 것은?

① 흡수와 재생 공정을 일원화*할 수 있기 때문에
② 흡수와 재생 공정의 반복 횟수를 줄일 수 있기 때문에
③ 재생 공정에서 흡수제의 재생률을 높일 수 있기 때문에
④ 재생 공정이 없어도 이산화 탄소를 포집할 수 있기 때문에
⑤ 포집한 이산화 탄소를 저장소로 옮기는 운송비를 줄일 수 있기 때문에

▾ 일원화(一元化): 하나로 됨. 또는 하나로 만듦.

어휘력 Upgrade ※다음의 빈칸에 들어갈 알맞은 말을 〈보기〉에서 찾아 쓰시오.

┤ 보기 ├

가동
공정
이변
이송

1 사건 현장에 도착한 구조대는 응급 환자를 병원으로 즉각 (   )했다.
2 올해 영화제에서는 신인 감독의 작품이 대상을 수상하는 (   )이 일어났다.
3 공장 생산품의 불량률을 낮추기 위해 모든 (   )을 기계화·자동화하기로 했다.
4 검찰은 대규모로 발생한 금융 비리를 파헤치기 위해 합동 수사단을 꾸려 (   )하고 있다.

날개 없는 선풍기에서 어떻게 바람이 생길까

'선풍기' 하면 보통 날개가 회전하는 모양을 떠올릴 거야. 그런데 요즘에는 날개 없는 선풍기도 많이 쓰이고 있어. 날개 없는 선풍기는 과연 어떻게 바람을 만들어 내는지 이 글을 통해 알아보자.

1 선풍기가 처음 개발된 이후, 동력이나 기능은 달라졌지만 날개가 회전하며 바람을 일으키는 선풍기의 모습에는 큰 변화가 없다. 하지만 영국의 한 회사가 날개 없는 선풍기를 개발했다. 날개가 없는데 바람이 어떻게 생기는 것일까?

2 날개 없는 선풍기는 스탠드와 고리 몸통으로 이루어져 있다. 스탠드의 내부에는 공기를 빨아들이도록 제트 엔진처럼 팬과 모터가 있다. 고리 몸통은 내부가 비어 있어 공기가 지나가도록 설계되어 있으며, 여기에는 이 공기가 바깥으로 나가도록 둥근 고리 몸통을 따라 난 작은 틈이 있다.

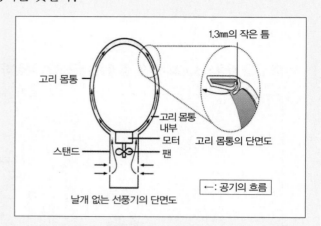

3 또한 고리 몸통 단면˘의 형태는 비행기 날개의 단면을 뒤집어 놓은 것과 비슷한 구조이다. 이런 구조로 만든 이유는 고리 몸통 안쪽과 바깥쪽의 기압 차이를 만들어 고리 몸통 주변의 공기를 이동시키기 위한 것이다. 비행기 날개의 경우, 윗면이 아랫면보다 볼록하다. 공기는 비행기의 평평한 아랫면보다 볼록한 윗면을 지나갈 때 속도가 더 빨라지게 되는데, 공기의 속도가 빠른 윗면은 기압이 낮아지고 속도가 느린 아랫면의 기압은 상대적으로 높아지게 된다. 공기는 고기압에서 저기압으로 힘이 작용해 이동하므로, 기압이 높은 날개의 아래쪽에서 기압이 낮은 날개의 위쪽으로 힘이 작용해 공기가 이동하면서 비행기가 뜨는 것이다. 날개 없는 선풍기의 고리 몸통 단면에도 이 원리가 반영되어 있다.

4 날개 없는 선풍기는 바람을 만들기 위해 우선 스탠드의 팬을 작동하여 주변의 공기를 빨아들인다. 이렇게 흡입˘된 공기는 고리 몸통 내부로 올라가는데, 이때 스탠드의 내부보다 좁아진 고리 몸통 내부의 공간으로 인해 약 88km/h 정도로 그 유속이 빨라지게 된다. 또한 고리 몸통 내부로 빠르게 밀려 올라온 공기는 1.3mm의 작은 틈을 통해 고리 몸통 밖으로 나온다. 이때 고리 몸통 내부의 공간보다 훨씬 더 좁은 틈 때문에 공기가 더 가속˘된다. 이렇게 빨라진 공기로 인해 고리 몸통 안쪽의 기압은 낮아지고 고리 몸통 바깥의 기압은 상대적으로 높아지게 된다. 이 때문에 고리 몸통 주변의 공기가 고리 몸통 내부에서 나온 빠른 공기와 같은 방향으로 이동하여 합쳐지면서 바람이 생기는 것이다. 이때 고리 몸통 안쪽을 통과하는 공기의 양은 처음 스탠드에 흡입된 공기의 양보다 15배 정도 증가하게 된다.

˘ 단면(斷面): 물체의 잘라 낸 면.
˘ 흡입(吸入): 기체나 액체 따위를 빨아들임.
˘ 가속(加速): 점점 속도를 더함. 또는 그 속도.

독해력 Upgrade ※각 문단의 중심 내용을 다음과 같이 정리할 때, 빈칸에 들어갈 알맞은 말을 쓰시오.

| **1** 날개 없는 선풍기의 바람 생성 원리에 대한 의문 | → | **2** ( )와 고리 몸통의 내부 구조 | → | **3** 고리 몸통의 구조에 반영된 ( ) 이동 원리 | → | **4** 날개 없는 선풍기가 ( )을 만드는 과정과 원리 |

1 '날개 없는 선풍기'에 대한 설명으로 적절하지 <u>않은</u> 것은?

① 기존 선풍기의 외형♥과는 차이가 있다.

② 공기의 속도에 따른 기압 차이를 활용한 것이다.

③ 고리 몸통 내부의 공기의 속도는 약 88㎞/h 정도이다.

④ 스탠드에 있는 1.3㎜의 작은 틈은 고리 몸통을 따라 나 있다.

⑤ 고리 몸통의 단면은 비행기 날개의 단면을 뒤집어 놓은 구조와 비슷하다.

♥외형(外形): 사물의 겉 모양.

2 〈보기〉는 '날개 없는 선풍기'가 바람을 만드는 과정을 간략히 나타낸 것이다. 이에 대한 설명으로 적절하지 <u>않은</u> 것은?

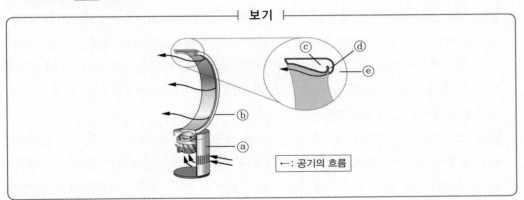

① ⓐ에 있는 팬이 작동되어 외부의 공기를 빨아들인다.

② ⓑ에 흐르고 있는 공기는 ⓐ보다 좁아진 공간으로 인해 속도가 빨라진다.

③ ⓒ의 공기는 ⓓ를 빠져나오면서 속도가 더 빨라진다.

④ 고리 몸통 바깥 공기인 ⓔ는 고리 몸통 안쪽과의 기압 차이로 인해 ⓒ의 공기 양보다 15배 정도가 더 많다.

⑤ 고리 몸통 바깥 공기인 ⓔ가 기압 차이에 의해 고리 몸통 안쪽으로 흘러, ⓓ에서 나온 공기와 합쳐지면서 선풍기의 바람이 된다.

어휘력 Upgrade ※다음의 빈칸에 들어갈 알맞은 말을 〈보기〉에서 찾아 쓰시오.

보기
가속
단면
외형
흡입

1 잘라 낸 나무의 (   )에는 여러 개의 나이테가 있었다.

2 이 집은 (   )만 화려한 것이 아니라 실속 또한 대단하다.

3 무거운 수레는 내리막길에 들어서자 (   )이 붙어 무섭게 달리기 시작했다.

4 공기 청정기는 실내의 공기를 (   )해서 필터를 통해 먼지를 걸러 내는 원리를 이용한 것이다.

깊이 정보를 이용해 3차원 세상을 열다

몸짓으로 게임 속 아바타를 조종할 수 있을까? 이러한 기술을 구현하려면 대상에 대한 깊이 정보가 필요하다고 해. 깊이 정보가 무엇이고, 어떻게 깊이 정보를 얻을 수 있는지 글을 읽으며 알아보자.

1 최근 컴퓨터로 하여금 사람의 신체 움직임을 3차원적으로 인지하게 하여, 이 정보를 기반으로 인간과 컴퓨터가 상호 작용하는 다양한 방법들이 연구되고 있다. 리모컨 없이 손짓으로 텔레비전 채널을 바꾼다거나 몸짓을 통해 게임 속 아바타를 조종하는 것 등이 바로 그것이다. 이때 컴퓨터가 인지하고자 하는 대상이 3차원 공간 좌표에서 얼마나 멀리 있는지에 대한 정보가 필수적인데 이를 '깊이 정보'라 한다.

2 깊이 정보를 획득하는 방법으로 우선 수동적˘ 깊이 센서 방식이 있다. 이는 사람이 양쪽 눈에 보이는 서로 다른 시각 정보를 결합하여 3차원 공간을 인식하는 것과 비슷한 방식으로, 두 대의 카메라로 촬영하여 획득한 2차원 영상들로부터 깊이 정보를 추출˘하는 것이다. 하지만 이 방식은 두 개의 영상을 동시에 처리해야 하므로 시간이 많이 걸리고, 또한 한쪽 카메라에는 보이지만 다른 카메라에는 보이지 않는 부분에 대해서는 정확한 깊이 정보를 얻기 어렵다. 두 카메라가 동일한 수평선상에 정렬˘되어 있어야 하고, 카메라의 광축˘도 평행을 이루어야 한다는 제약 조건도 따른다.

3 그래서 최근에는 능동적˘ 깊이 센서 방식인 TOF(Time of Flight) 카메라를 통해 깊이 정보를 직접 획득하는 방법이 주목받고 있다. TOF 카메라는 LED로 적외선 빛을 발사하고, 그 신호가 물체에 반사되어 돌아오는 시간 차를 계산하여 거리를 측정한다. 한 대의 TOF 카메라가 1초에 수십 번 빛을 발사하고 수신하는 것을 반복하면서 밝기 또는 색상으로 표현된 동영상 형태로 깊이 정보를 출력한다.

4 TOF 카메라는 기본적으로 빛을 발사하는 조명과, 대상으로부터 반사되어 돌아오는 빛을 수집하는 두 개의 센서로 구성된다. 그중 한 센서는 빛이 발사되는 동안만, 나머지 센서는 빛이 발사되지 않는 동안만 활성화된다. 전자는 A 센서, 후자는 B 센서라 할 때 TOF 카메라가 깊이 정보를 획득하는 기본적인 과정은 다음과 같다. 먼저 조명이 켜지면서 빛이 발사된다. 동시에, 대상으로부터 반사된 빛을 수집하기 위해 A 센서도 켜진다. 일정 시간 후 조명이 꺼짐과 동시에 A 센서도 꺼진다. 조명과 A 센서가 꺼지는 시점에 B 센서가 켜진다. 만약 카메라와 대상 사이가 멀어서 반사된 빛이 돌아오는 데 시간이 걸려 A 센서가 활성화되어 있는 동안에 A 센서로 다 들어오지 못하면 나머지 빛은 B 센서에 담기게 된다. 결국 대상으로부터 반사된 빛이 A 센서와 B 센서로 나뉘어 담기게 되는데 이러한 과정이 반복되면서 대상과 카메라 사이가 가까울수록 A 센서에 누적되는 양이 많아지고, 멀수록 B 센서에 누적되는 양이 많아진다. 이렇게 A, B 각 센서에 누적되는 반사광의 양의 차이를 통해 깊이 정보를 얻을 수 있는 것이다.

5 TOF 카메라도 한계가 없는 것은 아니지만 실시간으로 빠르고 정확하게 깊이 정보를 추출할 수 있기 때문에 다양한 분야에서 응용되고 있다.

˘**수동적(受動的):** 스스로 움직이지 않고 다른 것의 작용을 받아 움직이는 것.

˘**추출(抽出):** 전체 속에서 어떤 물건, 생각, 요소 따위를 뽑아냄.

˘**정렬(整列):** 가지런하게 줄지어 늘어섬. 또는 그렇게 늘어서게 함.

˘**광축(光軸):** 렌즈의 중심과 초점을 연결한 선.

˘**능동적(能動的):** 다른 것에 이끌리지 아니하고 스스로 일으키거나 움직이는 것.

독해력 Upgrade ※각 문단의 중심 내용을 다음과 같이 정리할 때, 빈칸에 들어갈 알맞은 말을 쓰시오.

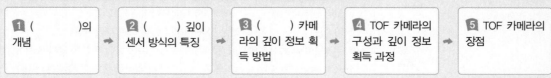

| **1** ( )의 개념 | → | **2** ( ) 깊이 센서 방식의 특징 | → | **3** ( ) 카메라의 깊이 정보 획득 방법 | → | **4** TOF 카메라의 구성과 깊이 정보 획득 과정 | → | **5** TOF 카메라의 장점 |

1 이 글의 내용과 일치하지 <u>않는</u> 것은?

① 능동적 깊이 센서 방식은 실시간으로 깊이 정보를 제공해 준다.

② 능동적 깊이 센서 방식은 한 대의 카메라로 깊이 정보를 측정할 수 있다.

③ 수동적 깊이 센서 방식은 사람이 3차원 공간을 인식하는 방법과 유사하다.

④ 수동적 깊이 센서 방식은 두 대의 카메라가 대상을 앞과 뒤에서 촬영하여 깊이 정보를
측정한다.

⑤ 컴퓨터가 대상을 3차원적으로 인지하기 위해서는 깊이 정보가 필요하다.

2 〈보기〉는 TOF 카메라의 깊이 정보 측정 과정을 나타낸 것이다. 이에 대한 이해로 적절하지 <u>않은</u>
것은?

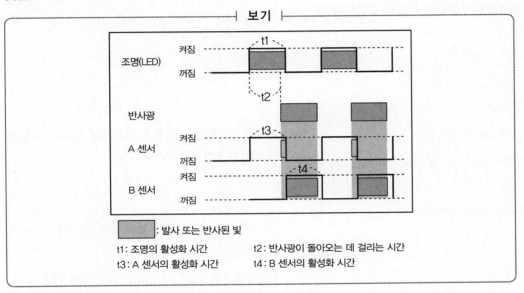

① 카메라와 물체 사이의 거리가 멀어지면 t2는 길어진다.

② t1과 t2가 같다면 반사광은 t4 동안 B 센서에만 담긴다.

③ 조명이 켜지고 t1의 종료 지점에서 B 센서가 활성화된다.

④ t2에서는 A 센서와 B 센서 모두 반사광을 감지할 수 없다.

⑤ 카메라와 물체 사이의 거리가 0이라면 t2와 t3가 같아진다.

어휘력 Upgrade   ※다음의 빈칸에 들어갈 알맞은 말을 〈보기〉에서 찾아 쓰시오.

┌ 보기 ┐
능동적
수동적
정렬
추출

1 손님이 오기 전에 상 위에 식기와 수저들을 (   )해 두었다.

2 이 보고서는 사원들이 제출한 자료에서 핵심만 (   )한 것이다.

3 남이 하기에 나도 한다는 식의 (   )인 태도는 바람직하지 않다.

4 지역 발전을 위해서는 주민들이 그 지역의 일에 (   )으로 참여하는 자세가 필요하다.

[01~04] 다음 단어와 그 뜻풀이를 바르게 연결하시오.

01 열람 •   • ㉠ 아끼어 줄임.

02 절감 •   • ㉡ 확실히 보증하거나 가지고 있음.

03 확보 •   • ㉢ 재능, 능력 따위를 떨치어 나타냄.

04 발휘 •   • ㉣ 책이나 문서 따위를 죽 훑어보거나 조사하면서 봄.

[05~08] <보기>의 글자들을 조합하여 다음의 뜻풀이에 알맞은 단어를 쓰시오.

┤ 보기 ├
기 밀 판 착 별 반 구 강

05 빈틈없이 단단히 붙음.   (   )

06 기초가 되는 바탕. 또는 사물의 토대.   (   )

07 좋은 대책과 방법을 궁리하여 찾아내거나 좋은 대책을 세움.   (   )

08 옳고 그름이나 좋고 나쁨을 판단하여 구별함. 또는 그런 구별.   (   )

[09~12] 다음의 빈칸에 들어갈 알맞은 단어를 <보기>에서 찾아 쓰시오.

┤ 보기 ├
국한 좌우 회수 이송

09 오염 문제는 이제 도시에만 (   )된 것이 아니다.

10 새로 발굴된 유물들이 박물관으로 곧 (   )될 예정이다.

11 전쟁은 작게는 개인의 생활에서 크게는 국가의 운명까지도 (   )한다.

12 감독관들께서는 시험 종료 직후, 문제지 및 답안지를 (   )하여 주시기 바랍니다.

[13~16] 제시된 초성과 뜻풀이를 참고하여 다음의 빈칸에 알맞은 단어를 쓰시오.

13 ㅂ ㅇ : 가지고 있거나 간직하고 있음.
예 경주는 수많은 역사적·문화적 유산을 (   )한 곳이다.

14 ㅈ ㅎ : 불순하거나 더러운 것을 깨끗하게 함.
예 부정부패가 만연한 사회를 (   )해야 한다는 목소리가 높아지고 있다.

15 ㅈ ㅊ : 어떤 대상을 가리켜 이르는 일. 또는 그런 이름.
예 일반적으로 제2차 세계 대전 이후의 음악을 현대 음악이라고 (   )한다.

16 ㅇ ㅇ : 어떤 이론이나 이미 얻은 지식을 구체적인 개개의 사례나 다른 분야의 일에 적용하여 이용함.
예 나는 어제 배운 공식을 (   )해서 그 수학 문제를 풀었다.

[17~20] 다음의 밑줄 친 부분과 바꿔 쓸 수 있는 말을 <보기>의 단어를 활용하여 쓰시오.

┤ 보기 ├
방대하다 용이하다 차단하다 지급하다

17 대학교에서는 학업 성적이 우수한 학생들에게 장학금을 <u>준다</u>.   (   )

18 창문으로 들어오는 가로등 불빛을 <u>막기</u> 위해 커튼을 달았다.   (   )

19 상품명의 글자 수는 네 자에서 다섯 자 이내여야 기억하기가 <u>쉽다</u>.   (   )

20 그 회사는 조직의 규모가 워낙 <u>커서</u> 업무가 매우 세세하게 나뉘어 있다.   (   )

┌─────────────────────────────┐
│ 어휘력은 독해력의 기초!   │
│ • 나의 어휘력은 몇 점? _____개 / 20개 │
│ • 18개 이상을 맞혔다면? 어휘의 기초가 튼튼합니다. │
│ • 17개 이하로 맞혔다면? 본문에 제시된 지문과 어휘를 다시 공부한 다음 문제를 풀어 보세요. │
└─────────────────────────────┘

[01~04] 다음 단어와 그 뜻풀이를 바르게 연결하시오.

01 장착 •

02 이변 •

03 공정 •

04 소모 •

• ㉠ 써서 없앰.

• ㉡ 예상하지 못한 사태나 괴이한 변고.

• ㉢ 의복, 기구, 장비 따위에 장치를 부착함.

• ㉣ 한 제품이 완성되기까지 거쳐야 하는 하나하나의 작업 단계.

[05~08] <보기>의 글자들을 조합하여 다음의 뜻풀이에 알맞은 단어를 쓰시오.

┤ 보기 ├
지 정 급 감 동 렬 가 취

05 느끼어 앎. ( )

06 물건을 사용하거나 소재나 대상으로 삼음. ( )

07 가지런하게 줄지어 늘어섬. 또는 그렇게 늘어서게 함. ( )

08 사람이나 기계 따위가 움직여 일함. 또는 기계 따위를 움직여 일하게 함. ( )

[09~12] 다음의 빈칸에 들어갈 알맞은 단어를 <보기>에서 찾아 쓰시오.

┤ 보기 ├
전반적 핵심적 필수적 수동적

09 그는 이번 선거를 승리로 이끄는 데 ( )인 역할을 한 사람이다.

10 한문학은 조선 시대의 양반들이 ( )으로 익혀야 하는 교양이었다.

11 그 영화는 두드러지는 갈등이 없어서 ( )으로 잔잔한 분위기를 풍긴다.

12 그 소설에서 주인공은 다른 인물들이 이끄는 대로 따라가는 ( )인 인물로 그려져 있다.

[13~16] 제시된 초성과 뜻풀이를 참고하여 다음의 빈칸에 알맞은 단어를 쓰시오.

13 ㅎ ㄷ : 손에 들거나 몸에 지니고 다님.
예 이 노트북은 크기가 작고 가벼워서 ( )하기에 편하다.

14 ㅈ ㅎ : 일이나 조건 따위에 꼭 알맞다.
예 이 지역은 땅이 거칠어서 농사짓기에 ( )하지 않다.

15 ㅂ ㅅ : 갈라져 흩어짐. 또는 그렇게 되게 함.
예 서울로 집중된 인구를 ( )하기 위해 위성 도시를 만들었다.

16 ㅇ ㅂ : 질병이나 재해 따위가 일어나기 전에 미리 대처하여 막는 일.
예 교통사고로 큰 피해를 입는 상황을 ( )하기 위해 차 안에서는 항상 안전띠를 착용해야 한다.

[17~20] 다음의 밑줄 친 부분과 바꿔 쓸 수 있는 말을 <보기>의 단어를 활용하여 쓰시오.

┤ 보기 ├
감소하다 추출하다 유입되다 소요되다

17 이 강에 흘러드는 공장 폐수가 수질 오염의 주범이다. ( )

18 이 자료에서는 연구에 필요한 정보를 뽑아내기가 어렵다. ( )

19 우리 지역의 범죄 발생률이 지난해보다 5퍼센트 이상 줄었다. ( )

20 한번 오염된 환경을 복구하는 데에 드는 시간은 몇백 년 이상이다. ( )

어휘력은 독해력의 기초!
• 나의 어휘력은 몇 점? _____개 / 20개
• 18개 이상을 맞혔다면? 어휘의 기초가 튼튼합니다.
• 17개 이하로 맞혔다면? 본문에 제시된 지문과 어휘를 다시 공부한 다음 문제를 풀어 보세요.

독해 실전

아자! 힘내~

VI

융합

기술에 대한 철학자들의 관점

'기술'이라는 용어의 의미에 대해 묻는다면, 아마도 모든 대답이 서로 다를 거야. 기술에 대한 논의는 고대 그리스로 거슬러 올라가. 글을 읽으며 기술에 대한 철학자들의 입장을 알아보자.

1 기술이라는 용어는 고대 그리스에서 사용된 '테크네'에서 유래하였다. ㉠플라톤은 소크라테스의 영향을 받아 사물의 본질을 밝혀내는 정신적인 활동을 에피스테메, 삶의 가치를 달성˘하는 데 필요한 도구를 생산해 내는 실용적˘인 활동을 테크네로 구분하였다. ㉡아리스토텔레스도 이에 동의하였지만, 플라톤과 달리 정치, 법률 등은 어떤 이론을 지니고 있지 않은 실제적인 활동이라는 측면에서 테크네에 속한다고 보았다. 이러한 고대 그리스의 철학자들은 삶의 정신적 가치보다는 물질적인 가치를 더 중시한다는 이유로 기술을 부정적으로 간주하였다.

2 그러나 기술에 대한 이러한 관점은 근대 초기의 마키아벨리, 베이컨, 데카르트 등에 의해 강한 비판을 받았다. 예컨대 16세기 영국 철학자인 ㉢베이컨은 인쇄술이나 화약 발명 등의 기술이 정치적인 정복이나 철학적인 논쟁보다 훨씬 이롭다고 주장하였다. 또한 독일의 철학자 피히테는 기술이 인간을 자연의 강압˘으로부터 해방시켜 줄 것이라는 믿음에서, 기술을 통한 자연의 정복을 선(善)으로 규정하였다.

3 하지만 기술의 발전에 따라 기술이 인류의 생존 자체를 위협할 수도 있다는 점에서 기술을 바라보는 새로운 철학적 관점이 등장하였다. 20세기에 이르러 독일의 철학자 하이데거를 필두로 기술의 진정한 본질은 무엇인지, 기술은 인간에게 어떤 존재적 의미와 가치를 지니는지 등에 대한 진지한 철학적 고민이 시작된 것이다. ㉣하이데거는 기술을 도구로 파악하였지만, 그 기술은 인간이 세계의 사물들과 교섭˘하는 창구로서 사물들의 존재 의미를 구성하는 능력을 지닌 비중립적 존재임을 강조한다. 하이데거에 따르면 거대한 우주를 관측할 때 우리는 전파 망원경 같은 도구를 통해 세계에 대한 정보를 얻게 되는데, 이때 도구가 세계와 어떻게 관계를 맺는가에 따라 우리가 갖는 세계에 대한 존재론적 의미가 달라진다는 것이다.

4 가령 맨눈으로 황금빛 보름달을 관찰하는 경우, 천체 망원경으로 달의 운동을 관측하는 경우, 그리고 특수 기능의 전파 망원경으로 달을 구성하는 물질들의 성분을 관측하는 경우, 이때 각각의 도구를 통해 드러나는 달의 존재 의미는 달라진다. 첫 번째 달은 시적인 존재로서의 의미를, 두 번째 달은 지구 주위를 도는 위성으로서의 존재 의미를 갖게 된다. 하지만 세 번째 달은 특정한 광물질의 보고˘로서의 존재 의미를 갖게 된다. 이렇게 기술은 세계의 존재론적 의미를 새롭게 구성하는 능력을 가지고 있다고 하이데거는 주장한다.

5 이처럼 하이데거는, 기술은 더 이상 인간과 세계에 중립적으로 작용하는 단순한 도구가 아니며, 인간과 세계의 관계를 왜곡시키거나 변형시킬 수 있는 힘을 가지고 있다고 보았다. 그는 기술이 더 이상 인간을 위한 도구가 아니라, 인간으로 하여금 세계를 특정한 방식으로 보도록 압박하는 존재일 수 있음을 경고하고 있다.

˘ 달성(達成): 목적한 것을 이룸.
˘ 실용적(實用的): 실제로 쓰기에 알맞은 것.
˘ 강압(強壓): 강한 힘이나 권력으로 강제로 억누름.
˘ 교섭(交涉): 어떤 일을 이루기 위하여 서로 의논하고 절충함.
˘ 보고(寶庫): 귀중한 것이 많이 나거나 간직되어 있는 곳을 비유적으로 이르는 말.

독해력 Upgrade

※각 문단의 중심 내용을 다음과 같이 정리할 때, 빈칸에 들어갈 알맞은 말을 쓰시오.

| **1** 기술을 부정적으로 바라본 고대 (　　) 철학자들의 관점 | → | **2** 기술을 (　　)적으로 바라본 근대 초기 철학자들의 관점 | → | **3** 현대 철학자 (　　　)의 기술에 대한 관점 | → | **4** 기술에 의해 세계의 존재론적 의미가 구성된다고 본 하이데거 | → | **5** 기술에 대한 하이데거의 경고 |

1 이 글의 내용 전개에 대한 설명으로 가장 적절한 것은?

① 기술에 대한 상반된 철학적 이론들을 절충˚하고 있다.
② 기술에 대한 철학적 쟁점들을 문답 방식으로 설명하고 있다.
③ 기술에 대한 유사한 개념들을 하나의 이론으로 통합하고 있다.
④ 기술에 대한 관점들을 통시적으로 소개한 뒤 그중 한 입장을 고찰˚하고 있다.
⑤ 기술에 대한 다양한 주장을 설명한 후 근거를 들어 각각을 비판하고 있다.

> ▾ 절충(折衷): 서로 다른 사물이나 의견, 관점 따위를 알맞게 조절하여 서로 잘 어울리게 함.
> ▾ 고찰(考察): 어떤 것을 깊이 생각하고 연구함.

2 ㉠~㉣에 대한 설명으로 적절한 것은?

① ㉠과 ㉡은 법률을 테크네로 구분한 점에서 공통적이다.
② ㉠과 ㉢은 기술을 통한 자연 정복을 선으로 규정한 점에서 공통적이다.
③ ㉠과 ㉣은 기술을 부정적으로 파악한 점에서 공통적이다.
④ ㉡과 ㉢은 정신을 기술보다 우위에 둔 점에서 공통적이다.
⑤ ㉢과 ㉣은 기술을 인간 존재를 탐구하는 도구로 본다는 점에서 공통적이다.

3 이 글의 하이데거(A)와 〈보기〉의 돈 아이디(B)를 비교한 내용으로 적절하지 <u>않은</u> 것은?

┤ 보기 ├

　'돈 아이디'는 기술이 '나'의 확장된 신체 일부로 체현˚되어 '유사–자아'가 된다고 보았다. 이때 기술은 비중립적인 존재로 '나'와 공생˚적인 관계를 맺어 세계와 마주하게 된다. 예컨대 망원경으로 달을 관측할 때, 달 표면에 관한 특정한 시각 경험은 확장되겠지만, 동시에 맨눈으로 달을 바라보았을 때의 경험은 축소된다. 기술로 인해 '나'와 세계의 관계는 일부 바뀌고, '나'의 존재론적 의미도 달라진다는 것이다.

> ▾ 체현(體現): 사상이나 관념 따위의 정신적인 것을 구체적인 형태나 행동으로 표현하거나 실현함.
> ▾ 공생(共生): 서로 도우며 함께 삶.

① (A), (B) 모두 기술을 비중립적인 존재로 보고 있군.
② (A), (B) 모두 기술이 인간과 세계의 관계를 변형시킬 수 있다고 보고 있군.
③ (A)와 달리 (B)는 기술을 확장된 신체의 일부로 보고 있군.
④ (B)와 달리 (A)는 기술이 인간에게 특정한 관점을 갖게 한다고 보고 있군.
⑤ (A)는 기술을 인간을 압박하는 존재로 본 반면, (B)는 기술과 인간을 공생적 관계로 보고 있군.

어휘력 Upgrade ※다음의 빈칸에 들어갈 알맞은 말을 〈보기〉에서 찾아 쓰시오.

┤ 보기 ├
고찰
교섭
달성
보고

1 천연자원의 (　　　)인 바다가 점점 오염되고 있다.
2 한국 여자 양궁 팀은 올림픽 단체전에서 8연패를 (　　　)했다.
3 그는 사회 변화에 따른 가족 형태의 변모 과정을 (　　　)한 논문을 발표했다.
4 노사 양측은 여섯 시간 가까이 (　　　)을 계속하였으나 서로의 입장을 좁히지 못했다.

《경국대전》이 보여 주는 조선의 통치 원리

현대 사회는 체계적인 법률을 바탕으로 운영되고 있어. 그렇다면 옛날에는 어땠을까? 동양의 유교 사회에도 통치의 기준이 되는 체계적인 법이 있었을까? 이 글을 읽으며 궁금증을 해결해 보자.

1 프랑스의 법률가 몽테스키외는 동양의 유교 사회를 '법이 아닌 도덕에 의해 다스려지는 사회'라고 말했다. 동양의 유교 사회를 근대적인 법이 부재°하고 백성들에게 도덕만을 강조하는, 합리성이 결여°된 사회로 판단한 것이다. 그렇다면 유교를 통치 이념으로 삼았던 조선도 '법이 아닌 도덕'에 의해 다스려진 사회였을까? 이 질문에 대한 답은 조선 시대의 법전인 《경국대전》에서 찾을 수 있다.

2 서양인들이 동양의 유교 사회에 근대적인 법이 부재한다고 판단한 근거 중 첫 번째는 법적 안정성이 떨어진다는 것이다. 경국대전이 편찬되기 전까지 조선은 왕이 바뀔 때마다 기존의 법전에 왕의 명령을 덧붙이는 방식으로 법전을 새로 편찬했다. 이로 인해 법 조항 사이에 통일성이 없어졌고 결국 안정적인 법 집행이 어려운 지경에까지 이르렀다. 이에 세조는 기존 법전과 왕들의 명령을 통일성 있게 정리해 나감과 동시에 우리 고유의 관습법을 반영하여 법 조항을 상세히 기록해 나갔다. 이 작업은 30여 년간 이어졌고 성종 때에 이르러 경국대전은 완성되었다. 시대가 변하더라도 크게 바꿀 필요가 없는 법을 만들겠다는 편찬 의도대로 경국대전은 조선이 왕의 절대적인 권한을 용인°하지 않고 법에 의해 안정적으로 운영되는 데 그 역할을 다했다.

3 서양인들의 두 번째 판단 근거는 유교 사회의 법은 합목적성을 갖추고 있지 않다는 것이다. 경국대전 편찬에 참여한 학자 최항은 '사람은 욕망이 싹트면서 선한 바탕을 잃어버린다. 그래서 덕치를 이상으로 하되, 현실에서는 법을 수단으로 삼아야 한다.'고 말했다. 백성들을 옥죄어 오로지 상벌로만 다스리는 것은 유교의 이상에 부합하지 않는다고 생각하고 법이 덕치라는 이상을 위한 수단으로 사용되어야 한다는 것이다. 이에 따라 경국대전에는 사형을 집행할 때에는 세 차례에 걸쳐 상황을 참작°할 자료가 있는지 조사하고 충분한 논의 후 형량을 조정하여 왕이 최종적인 판결을 내려야 한다는 '삼복° 제도'가 명시되어 있다. 이는 법으로써 죄인을 처벌하는 데에만 목적을 두지 않고 법을 수단으로 하여 백성을 덕으로 다스리려는 목적을 이루고자 한 것이라 볼 수 있다.

4 서양인들의 마지막 판단 근거는 법에 평등의 정신이 반영되어 있지 않다는 것이다. 철저한 신분제 사회 속에서 편찬되었음에도 불구하고 경국대전의 전체 처벌 규정 가운데 45%는 비리를 저지르거나 백성을 괴롭히는 관리들에 대한 처벌 규정이다. 이는 지배층이라 해도 유교 이념에 어긋난 행동을 하면 처벌을 받아야 한다는 인식에서 비롯된 것으로 고려 말 지배층의 부정부패로 인한 혼란을 겪으며 얻은 교훈의 결과였다. 더불어 세금을 거두는 기준을 명확하게 제시하여 합리적으로 세금을 징수하도록 하고, 출산을 앞둔 관노비에게 80일간의 휴가를 주는 등 사회 복지법적인 성격을 지닌 조항도 만들어 피지배층을 고려한 법을 만들기 위한 노력을 기울였다.

- **부재(不在):** 그곳에 있지 아니함.
- **결여(缺如):** 마땅히 있어야 할 것이 빠져서 없거나 모자람.
- **용인(容認):** 용납하여 인정함.
- **참작(參酌):** 이리저리 비추어 보아서 알맞게 고려함.
- **삼복(三覆):** 죽을죄에 해당하는 죄인을 세 번 심리하던 일.

독해력 Upgrade ※각 문단의 중심 내용을 다음과 같이 정리할 때, 빈칸에 들어갈 알맞은 말을 쓰시오.

| 1 동양 유교 사회에 대한 서양의 판단과 조선 사회에 대한 궁금증 | → | 2 유교 사회가 법적 ( )이 떨어진다는 서양인들의 판단에 대한 반박 | → | 3 유교 사회의 법에 ( )이 없다는 서양인들의 판단에 대한 반박 | → | 4 유교 사회의 법에 ( )이 없다는 서양인들의 판단에 대한 반박 | → | 5 근대성을 지닌 법에 의해 운영된 조선 사회 |

5 이상의 내용을 통해 우리는 조선이 근대성을 지닌 법으로 운영된 사회라는 것을 알 수 있다. 더불어 지배층의 모범을 강조하면서 현실적인 법을 통해 궁극적으로 덕치를 추구한 조선의 왕과 관리들의 노력 또한 확인할 수 있다.

1 '경국대전'에 대한 설명으로 적절하지 <u>않은</u> 것은?

① 왕이 바뀔 때마다 전면적˘인 수정이 반복되었다.
② 왕의 절대적인 권한을 견제하는 기능을 하였다.
③ 피지배층의 사회 복지를 위한 관련 조항이 있었다.
④ 판결의 오류를 줄이기 위한 법률 제도가 포함되었다.
⑤ 지배층의 부정부패를 예방하기 위한 노력이 반영되었다.

˘전면적(全面的): 일정한 범위 전체에 걸치는 것.

2 이 글의 '최항'과 〈보기〉의 '한비자'에 대한 설명으로 적절한 것은?

┤ 보기 ├

　한비자는 인간은 본래 이기적인 존재이므로 재화가 한정된 상황에서는 다툼이 발생할 수밖에 없다고 보았다. 이때 왕이 덕으로 사람들을 다스리는 것에는 한계가 있으므로 법으로 사람들을 다스릴 수밖에 없으며, 이를 통해 궁극적으로 부국강병˘을 이룰 수 있다고 주장하였다.

˘부국강병(富國強兵): 나라를 부유하게 만들고 군대를 강하게 함.

① 최항은 인간이 법으로 인해 선한 바탕을 잃는다고 보았다.
② 한비자는 법으로 인간의 본성을 회복할 수 있다고 보았다.
③ 최항과 한비자는 모두 상과 벌로만 백성을 다스리려 하였다.
④ 최항은 법의 부정적 기능을, 한비자는 긍정적 기능을 강조하였다.
⑤ 최항은 덕치를, 한비자는 부국강병을 위해 법의 필요성을 인정하였다.

어휘력 Upgrade ※다음의 빈칸에 들어갈 알맞은 말을 〈보기〉에서 찾아 쓰시오.

┤ 보기 ├
부재
용인
전면적
참작

1 팀원들의 여러 가지 사정을 (　　　)하여 행사 일정을 조정하였다.
2 사회는 그 구성원들이 사회적으로 (　　　)된 방식으로 행동하기를 유도한다.
3 그 팀은 내용상으로 앞서는 경기를 하고도 골 결정력의 (　　　)로 우승을 놓쳤다.
4 시민들은 여론이 반영되지 않은 도시 계획에 대해 (　　　)인 재검토를 요구하였다.

박물관에 가면 손상된 유물을 원래 모습대로 되돌려 놓은 경우를 볼 수 있어. 이처럼 미술품을 복원하는 작업은 과학 기술의 힘을 빌려 더욱 발전하고 있지. 이 글을 통해 미술품 복원 작업에 대해 알아보자.

1 미술 작품은 사용된 재료의 자연적 노화 현상이나 예기치 않은 사고, 재해 등으로 작품의 일부가 손상되기도 하는데, 손상된 작품을 작가의 의도를 살려 원래의 모습으로 되돌려 놓는 것을 미술품 복원♥ 작업이라고 한다. 복원 작업을 할 때에는 미관♥적인 면보다는 작가가 표현하고자 하는 의도에 초점을 맞추어 인위적인 처리를 가급적 최소화하여야 한다.

2 미술품 복원 작업은 목적에 따라 예방 보존 작업과 긴급 보존 처리 작업, 보존 복원 처리 작업으로 ㉠나눌 수 있다. 먼저 예방 보존 작업은 작품의 손상을 사전에 방지하는 작업으로, 작품 보존에 적합한 온도 및 습도를 제공하고, 사고 예방 안전 장비를 설치하는 등 작품 전시에 필요한 최적의 환경을 제공하여 작품의 수명을 오래 지속시키기 위한 모든 활동이 해당된다. 긴급 보존 처리 작업은 작품의 손상이 매우 심해서 빠른 시일 내에 보존 처리를 하지 않으면 안 되는 작품들을 선별하여 위험 요소를 제거하거나 철거하는 작업으로, 허물어져 가는 벽화를 보강♥하거나, 모자이크 형식의 작품 사이에 생긴 잡초를 제거하는 일 등이 해당된다. 그리고 작품의 깨진 조각을 재배열하여 조합하는 경우처럼 작품의 일부가 심하게 없어지거나, 파손되었을 때에는 보존 복원 처리 작업을 실시한다. 이 작업을 진행할 때에는 작품이 만들어진 목적과 작가의 의도를 살려야 하기 때문에, 작품의 원본과 작품에 대한 완전한 이해와 존중이 요구된다.

3 미술품 복원 작업은 작품의 상태를 조사하는 것에서부터 출발한다. 이를 위해 육안으로 작품을 조사하기도 하지만, 주로 'X선 투과 사진법'을 이용한다. X선은 파장이 0.01~10nm인 전자파로 파장의 길이가 매우 짧은 편이다. 파장이 짧은 전자파는 물체를 투과하는 성질이 있는데, 파장이 짧을수록 투과력이 증가하며, 물체의 밀도가 크고 두께가 두꺼울수록 투과력은 감소한다. 또한 X선은 필름을 감광♥시키는 성질이 있기 때문에, 미술품을 사이에 두고 X선원의 반대 측에 필름을 놓은 후 X선을 쪼이면, 필름에 흑백의 영상을 얻을 수 있다. 이때 X선의 투과력이 감소할수록 투과율 또한 감소하여 물체의 영상은 필름에 하얗게 나타난다. 따라서 흑백의 명암 차를 분석하면 물체의 밀도와 두께뿐만 아니라, 육안으로 식별♥할 수 없는 미술품의 손상 부위도 찾아낼 수 있는 것이다.

4 작품의 상태를 조사한 후에는 손상 정도에 맞게 복원 작업을 진행하는데, 작품을 오염시키고 있는 이물질을 제거하는 클리닝 작업을 먼저 실시한다. 이 작업은 작품이 원래의 모습을 찾도록 하는 데 큰 기여를 하지만, 여러 가지 화학 약품을 사용하기 때문에 작품에 손상을 가할 위험성이 매우 큰 작업이다. 따라서 클리닝 작업을 실시하기 전에는 작품에 사용된 재료의 화학 성분을 분석해야 하는데, 이때 사용하는 방법이 ㉮'형광 X선 분석법'이다. 작품을 이루고 있는 재료의 원소는 원자로 이루어져 있으며, 원자의 중심에 있는 원자핵은 양자♥와 중성자로 이루어져 있다. 그리고 원자핵 주변에는 전자가 있다. 원소마다 고유의 원자핵

♥ 복원(復元): 원래대로 회복함.

♥ 미관(美觀): 아름답고 훌륭한 풍경.

♥ 보강(補強): 보태거나 채워서 본디보다 더 튼튼하게 함.

♥ 감광(感光): 사진에서, 필름에 바른 감광제에 빛을 쬐어 흑백의 상을 만듦.

♥ 식별(識別): 분별하여 알아봄.

♥ 양자(陽子): 원자핵을 구성하는, 양의 전하를 지닌 작은 알갱이.

독해력 Upgrade ※각 문단의 중심 내용을 다음과 같이 정리할 때, 빈칸에 들어갈 알맞은 말을 쓰시오.

| **1** 미술품 복원 작업의 개념과 유의점 | → | **2** ( )에 따른 미술품 복원 작업의 종류와 특징 | → | **3** 미술품 복원 작업에 이용되는 ( ) 사진법의 원리 | → | **4** 클리닝 작업 실시 전에 사용되는 ( ) 분석법의 원리 | → | **5** 미술품 복원 작업을 고려한 미술품 감상의 의의 |

구조와 전자 수를 가지고 있으며, 원소의 전자는 원자핵 주위를 정해진 궤도를 따라 돌고 있다. 분석하고자 하는 대상에 X선을 쪼이면, 안쪽 궤도의 전자는 X선과 충돌한 후 밖으로 튀어나오게 된다. 그 자리를 바깥쪽에 위치한 전자가 이동하면서 원소에 따라 고유의 형광 X선이 발생하는데, 이 형광 X선의 파장을 분석하면 실험 재료 속에 포함되어 있는 원소의 종류를 알 수 있다.

〈심희수 초상〉 복원 작업 전과 후

또한 원소가 많이 포함되어 있을수록 형광 X선의 방출량이 증가하므로, X선의 세기를 측정하면 원소의 양 또한 알 수 있다. 이러한 형광 X선 분석법은 실험 재료를 파괴하지 않고 분석할 수 있으며, 측정 준비에 소요되는 시간이 짧고, 측정 또한 몇 분 만에 완료되기 때문에 벽화나 단청처럼 측정 대상을 이동시키기 어려운 경우의 성분 분석에 널리 사용되고 있다.

⑤ 클리닝 작업을 마친 미술품은 이후 여러 과정을 거쳐 원래의 모습을 회복하게 된다. 이처럼 우리 주변의 미술 작품들은 끊임없는 복원 처리 과정을 거치면서 원래의 모습을 간직하며 그 생명을 연장해 왔다. 따라서 미술 작품을 감상할 때 이러한 측면을 고려하여 감상한다면 작품을 보다 폭넓게 이해할 수 있을 것이다.

1 **이 글에 대한 설명으로 가장 적절한 것은?**

① 미술품 복원 과정을 설명하면서 미술품이 지닌 경제적 가치를 탐색˚하고 있다.

② 미술품 복원 작업의 종류를 구분하고 그것을 근거로 하여 예술의 형식을 분류하고 있다.

③ 미술품 복원 작업의 특징과 과정을 서술하면서 과학적 분석 방법이 활용되는 원리를 설명하고 있다.

④ 미술품 복원 작업이 등장하게 된 배경을 검토하며 과학적 분석 방법의 장점과 한계를 평가하고 있다.

⑤ 미술품 복원에 대한 평가가 작업 방식에 따라 달라지는 원인을 제시하고 과학적 분석과의 관계를 설명하고 있다.

▾ 탐색(探索): 드러나지 않은 사물이나 현상 따위를 찾아내거나 밝히기 위하여 살피어 찾음.

2 **③**을 바탕으로 <보기>의 영상을 이해한 것으로 적절하지 <u>않은</u> 것은?

┤ 보기 ├

밀도가 같은 동일한 재질로 이루어진 목판의 글자가 일부 손상되어 복원 작업을 하려고 한다. 목판을 복원하기 전에 'X선 투과 사진법'을 사용하여 다음과 같은 영상을 얻었다.

〈촬영 전 목판〉   〈X선 촬영 영상〉

① ⓐ~ⓓ 중에서 X선의 투과율이 가장 낮은 곳은 ⓑ이겠군.

② 파장이 짧은 X선을 사용할수록 ⓒ는 더 검게 나타나겠군.

③ ⓑ를 보니 목판에는 육안으로 식별할 수 없는 손상 부위가 있겠군.

④ ⓐ와 ⓒ의 명암 차이는 해당 부위의 목판 두께가 다르기 때문이겠군.

⑤ ⓓ는 목판의 해당 부위가 손상되었기 때문에 ⓐ보다 검게 나타난 것이겠군.

3 **이 글을 이해한 내용으로 가장 적절한 것은?**

① 작품 보존에 필요한 최적♥의 환경을 제공하는 것은 보존 복원 처리 작업에 해당한다.

② 작품에 사용된 재료의 자연적 노화로 인해 발생한 작품의 손상은 복원 작업에서 제외된다.

③ 허물어져 가는 벽화의 성분 분석을 할 때에는 형광 X선 분석법을 사용하는 것이 효과적이다.

④ 형광 X선은 원소의 안쪽 전자 궤도에 위치한 전자가 X선과 충돌하여 바깥쪽 궤도로 이동할 때 발생한다.

⑤ 미술 작품의 보존 작업은 작품 원본에 대한 이해를 바탕으로 작가의 의도보다 미관적인 면에 초점을 두어야 한다.

♥ 최적(最適): 가장 알맞음.

4 ㉮와 〈보기〉의 ㉯에 대한 설명으로 적절하지 <u>않은</u> 것은?

┤ 보기 ├

　　화재로 인해 손상된 미술품을 복원하기 위해서는 작품 표면에 생긴 이물질인 그을음을 제거해야 한다. 그을음은 보통 탄화수소(CH)로 이루어져 있는데, 그을음에 산소(O)를 쏘게 되면 탄소는 산소와 반응하여 이산화 탄소(CO_2)나 일산화 탄소(CO)가 되어 증발한다. 또한 수소는 산소와 반응하여 수증기(H_2O)가 되므로 작품에 생긴 그을음은 사라지게 된다. 이러한 방법을 ㉯'산소 원자 복원법'이라고 하는데, 미술품을 이루는 원소들은 오랜 시간 동안 공기 중에 노출된 상태이므로 이 방법을 사용해도 작품의 손상이 일어나지 않는다.

① ㉮와 ㉯는 모두 복원하고자 하는 작품을 손상시키지 않기 위해 사용하는 방법이다.
② ㉮는 클리닝 작업을 실시하기 전에, ㉯는 클리닝 작업을 실시할 때 시행하는 방법이다.
③ ㉮는 특정 성분을 분석하는 것이 목적인 반면, ㉯는 특정 성분을 제거하는 것이 목적이다.
④ ㉮는 X선에 의해 원소의 양이 증가하는 원리를, ㉯는 산소 원자에 의해 원소끼리 결합하는 원리를 활용한다.
⑤ ㉮의 결과는 작품을 구성하고 있는 원소에 의해 결정되지만, ㉯의 결과는 작품을 구성하는 원소의 영향을 받지 않는다.

5 ㉠과 문맥적 의미가 가장 유사한 것은?

① 이 사과를 세 조각으로 <u>나누자</u>.
② 나는 물건들을 색깔별로 <u>나누는</u> 작업을 한다.
③ 형제란 한 부모의 피를 <u>나눈</u> 사람들을 말한다.
④ 우리 차라도 한잔 <u>나누면서</u> 이야기를 해 봅시다.
⑤ 상금을 모두에게 공정하게 <u>나누어야</u> 불만이 생기지 않는다.

어휘력 Upgrade　　※다음의 빈칸에 들어갈 알맞은 말을 〈보기〉에서 찾아 쓰시오.

┤ 보기 ├
미관
복원
식별
최적

1 쌀을 생산하는 데에는 온대 기후가 (　　　　)이다.
2 이 절은 전쟁 때 불타 없어졌다가 최근에 (　　　　)되었다.
3 도로 옆 자투리땅에 꽃을 심었더니 거리의 (　　　　)이 훨씬 좋아졌다.
4 교통 표지판은 운전자가 밤에도 선명하게 (　　　　)할 수 있도록 만들어져 있다.

[01~04] 다음 단어와 그 뜻풀이를 바르게 연결하시오.

01 미관 •
02 용인 •
03 강압 •
04 고찰 •

• ㉠ 용납하여 인정함.
• ㉡ 아름답고 훌륭한 풍경.
• ㉢ 어떤 것을 깊이 생각하고 연구함.
• ㉣ 강한 힘이나 권력으로 강제로 억누름.

[05~08] 〈보기〉의 글자들을 조합하여 다음의 뜻풀이에 알맞은 단어를 쓰시오.

┤ 보기 ├
여 수 공 고 생 보 결 징

05 서로 도우며 함께 삶. ( )

06 마땅히 있어야 할 것이 빠져서 없거나 모자람. ( )

07 나라, 공공 단체, 지주 등이 돈, 곡식, 물품 따위를 거두어들임. ( )

08 귀중한 것이 많이 나거나 간직되어 있는 곳을 비유적으로 이르는 말. ( )

[09~12] 다음의 빈칸에 들어갈 알맞은 단어를 〈보기〉에서 찾아 쓰시오.

┤ 보기 ├
참작 식별 육안 교섭

09 회담의 재개를 위한 물밑 ( )이 한창이다.

10 현미경은 관측자가 ( )으로는 볼 수 없는 작은 물체를 볼 수 있게 해 준다.

11 검찰은 여론을 ( )하여 이번 사건을 철저하게 수사하겠다고 선언했다.

12 이 제품은 번호 키 버튼에 조명 장치가 있어서 야간에도 버튼을 쉽게 ( )할 수 있다.

[13~16] 제시된 초성과 뜻풀이를 참고하여 다음의 빈칸에 알맞은 단어를 쓰시오.

13 ㅊ ㅈ : 가장 알맞음.
예 그 지역은 오염되지 않은 자연환경 덕분에 별을 관측하기에 ( )의 장소이다.

14 ㅂ ㅇ : 원래대로 회복함.
예 지진으로 파괴된 건물들을 ( )하려면 몇 달은 걸릴 것이다.

15 ㅂ ㄱ : 보태거나 채워서 본디보다 더 튼튼하게 함.
예 주원이는 허약해진 체력을 ( )하기 위해 수영을 배우기 시작했다.

16 ㅈ ㅊ : 서로 다른 사물이나 의견, 관점 따위를 알맞게 조절하여 서로 잘 어울리게 함.
예 그는 동양과 서양의 방식을 ( )해서 집을 설계하였다.

[17~20] 다음의 밑줄 친 부분과 바꿔 쓸 수 있는 말을 〈보기〉의 단어를 활용하여 쓰시오.

┤ 보기 ├
달성하다 방지하다 연장하다 탐색하다

17 안전사고를 막으려면 공장 시설을 주기적으로 점검해야 한다. ( )

18 경찰은 기업에서 정치권으로 흘러간 비자금의 행방을 찾고 있다. ( )

19 현우는 하나의 목표를 이루고 나면 다음엔 보다 높은 목표를 세운다. ( )

20 경기 시간이 끝날 때까지 승부가 나지 않아서 경기 시간을 10분 늘리기로 결정했다. ( )

┌─ 어휘력은 독해력의 기초! ─
• 나의 어휘력은 몇 점? _____개 / 20개
• 18개 이상을 맞혔다면? 어휘의 기초가 튼튼합니다.
• 17개 이하로 맞혔다면? 본문에 제시된 지문과 어휘를 다시 공부한 다음 문제를 풀어 보세요.

국어에 날개를 달자!

꿈틀 완성 시리즈

수능에서 문법이
중요하다는데,
문법은
너무 어려워요.

머릿속에 있는
생각을
글로 표현하지
못하겠어요.

개념을 몰라서
그런지
선생님 말씀이
이해되지 않아요.

 국어 고민 완전 해결!

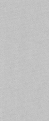

국어 개념 완성

국어 공부에 꼭 필요한 개념을 알기
쉽게 풀이하여 국어를 잘할 수 있는
방법을 터득하게 합니다.

국어 문법 완성

내신은 물론 강화된 수능 문법에 대
비할 수 있게 중학 문법을 체계적으
로 총정리했습니다.

중등 논술 완성

재미있고 진지한 주제와 다양한 활
동을 통해 사고력과 글쓰기 능력을
길러줍니다.

중학 국어

일등급 독해력

정답과 해설

3

독해 원리

아자! 힘내~

비문학
문제 유형

1　　탑 ⑤

정답 풀이

이 글은 우리나라 지폐의 수명이 다른 나라에 비해 짧다고 언급하면서, 지폐를 오래 사용하기 위한 방법을 소개하고 있다. 이러한 중심 내용을 가장 잘 나타낸 것은 ⑤이다. ①~④도 지문에 나타나는 내용이기는 하지만, 이 글 전체를 포괄하는 중심 내용으로는 적절하지 않다.

2　　탑 ②

정답 풀이

〈나의 소원〉은 백범 김구의 자서전인 《백범일지》에 실린 글로, 우리나라의 완전한 자주 독립과 이상적인 나라 건설에 대한 염원을 담고 있다. 제시된 부분에서는 우리나라가 높은 문화의 힘을 가진 아름다운 나라가 되기를 원한다고 밝히고 있다. 이러한 내용을 가장 잘 담은 표어는 ②이다.

3　　탑 ④

정답 풀이

이 글은 옛날과 오늘날의 가정 교육의 장단점을 비교한 후, 옛것의 좋은 점과 새것의 좋은 점을 아울러 살리자고 말하고 있다. 따라서 글쓴이가 궁극적으로 말하고자 하는 것은 옛날과 오늘날의 가정 교육의 좋은 점을 조화시키자는 것이다.

4　　탑 ①

정답 풀이

이 글은 전통적 언론에 의해 여론이 형성되던 과거와 달리 최근에는 일반 시민들이 SNS를 통해 여론을 형성하고 있다고 하면서, 일반 시민이 의제 설정을 주도하는 '역의제 설정' 현상의 긍정적 측면과 부정적 측면을 설명하고 있다. 이를 표제와 부제로 잘 정리한 것은 ①이다.

오답 풀이

② 전통적 언론의 한계와 역의제 설정의 부작용은 3문단에서 부분적으로만 언급하고 있다.

③ 전통적 언론에서 SNS로의 변화가 나타나 있지만 이것이 글의 중심 내용은 아니며, 역의제 설정 현상의 변천사는 나타나 있지 않다.

④ SNS를 통한 문제 제기가 역으로 전통적 언론에 영향을 미친다고 하였지만 이것이 글의 중심 내용은 아니며, SNS를 이용한 정보 활용 방법은 나타나 있지 않다.

⑤ 전통적 언론과 의제 설정이 아니라 SNS와 역의제 설정이 이 글의 중심 내용이다.

1　　탑 ①

정답 풀이

이 글은 '거지 오페라'와 '서 푼짜리 오페라'의 등장 배경과 창작 의도를 설명하고 있다. 2문단을 통해 이탈리아 오페라가 신화나 왕, 귀족들의 이야기를 소재로 하고 있으며 이탈리아어로 불린다는 사실을 확인할 수 있다. 그러나 이탈리아 오페라의 발생 과정은 주어진 내용을 통해 확인할 수 없다.

오답 풀이

② 3문단의 "이 극은 밑바닥 사람들의 삶을 통해 위정자들의 부패와 위선을 그려 계급적 갈등과 사회적 모순을 드러내고 있다."에서 확인할 수 있다.

③ 4문단의 "존 게이와 브레히트는 종전의 극과는 다른 형식과 내용의 극을 지향했다."에서 확인할 수 있다.

④ 2문단의 "런던에서 선풍적인 인기를 끌었다."에서 확인할 수 있다.

⑤ 4문단의 "제목을 서로 어울리지 않는 단어들로 조합하고 새로운 형식을 도입한 이유는 기존의 관점을 뒤집어 보게 하려는 의도였다."에서 확인할 수 있다.

2　　탑 ②

정답 풀이

이 글은 표준어와 방언에 대해 설명하고 있다. 1문단에서 한 나라에서 사는 사람들끼리 방언 때문에 서로 의사소통이 안 된다거나 오해가 생긴다면 큰 문제라고 하였으므로, 방언을 사용하면 의사소통에 어려움을 겪을 수 있음을 알 수 있다. 방언은 특정한 지역이나 계층의 사람끼리 사용하므로 그것을 사용하는 사람들 사이에 친근감을 느끼게 해 주지만, 다른 지방이나 다른 계층의 사람들은 방언을 이해하기 어렵다.

3　　탑 ①

정답 풀이

이 글은 감기와 독감의 차이에 대해 설명하고 있다. 1문단에서 아데노바이러스를 비롯해 100가지 이상의 바이러스가 감기를 일으킨다고 하였으므로, 아데노바이러스는 감기를 일으킬 수 있다는 것을 알 수 있다.

오답 풀이

② 1문단에서 증상은 비슷하지만 실제는 감기가 아닌 질병이 있다고 하였다.

③ 2문단에서 독감이 '감기가 악화된 것' 또는 '감기 중에 독한 것'이라고 생각하는 것은 오해라고 하였다.

④ 3문단에서 감기는 백신을 만들 수 없다고 하였다.

⑤ 3문단에서 유행성 감기 바이러스는 변이가 심하게 일어나기 때문에 매년 백신을 새로 만들어야 한다고 하였다.

원리 **3** 사실적 독해 ③
내용 전개 방식 파악하기

본문 16 ~ 17쪽 ▶▶

| 1② | 2② | 3③ | 4③ |

1
답 ②

정답 풀이

이 글은 방선균이 만들어 내는 항생 물질의 쓰임에 대해 설명하고 있다. 마지막 문장에서는 이해를 돕기 위해 감기약이나 안약, 피부 질환에 바르는 연고, 암이나 결핵을 치료하는 약 등 항생 물질의 쓰임을 예를 들어 설명하고 있다.

오답 풀이

① 대상을 일정한 기준에 따라 종류를 나누어 설명하는 분류의 방법은 사용되지 않았다.
③ 어떤 대상의 뜻을 밝혀 설명하는 정의의 방법은 사용되지 않았다.
④ 복잡한 것을 풀어서 개별적인 요소로 나누어 설명하는 분석의 방법은 사용되지 않았다.
⑤ 대상의 원인과 결과를 밝혀 설명하는 인과의 방법은 사용되지 않았다.

2
답 ②

정답 풀이

이 글은 고구려 고분 벽화에 등장하는 사람들의 옷을 통해, 우리 민족이 흰옷만을 즐겨 입은 것은 아님을 말하고 있다. 제시된 부분에서는 무덤 주인의 부인과 춤추며 행렬하고 있는 두 여인의 옷을 묘사하고 있으며, 반팔 조끼, 저고리, 바지, 치마 등의 옷을 열거하고 있다. '묘사'는 대상을 그림 그리듯이 표현하여 제시하는 방법이고, '열거'는 여러 가지 예나 사실을 죽 늘어놓는 방법이다.

3
답 ③

정답 풀이

이 글은 콘서트홀에서 공연의 질에 영향을 미치는 잔향 시간에 대해 설명하고 있다. 앞부분에서는 "음에너지가 최대인 상태에서 일백만분의 일만큼의 에너지로 감소하는 데 걸리는 시간"이라고 잔향 시간의 개념을 풀이하고 있으며, 뒷부분에서는 예술의 전당의 잔향 시간을 관련 사례로 제시하고 있다.

4
답 ③

정답 풀이

이 글은 '콜럼버스의 달걀'이라는 역사 속 인물 이야기를 활용하여, 그에 담긴 의미를 새롭게 해석하고 있다. 글쓴이는 '콜럼버스의 달걀'에는 소중한 생명을 파괴해서라도 자신의 목적을 달성하겠다는 탐욕적이고 반생명적인 발상이 담겨 있다고 주장하고 있다.

원리 **4** 추론적 독해
내용 추론하기

본문 18 ~ 19쪽 ▶▶

| 1④ | 2① | 3③ | 4④ |

1
답 ④

정답 풀이

이 글은 지금과 달리 과거에는 사진 찍기가 엄숙하고 특별한 일이었다고 말하고 있다. 이를 통해 과거에는 사진을 찍을 때 보다 신중하고 격식을 갖추었을 것이며, 사람들이 사진을 소중하게 간직했을 것이라는 점을 추론할 수 있다. 하지만 과거의 사진사와 요즘의 사진사를 비교할 때, 과거의 사진사가 좀 더 사람들의 성격을 잘 파악했으리라고 추론하기는 어렵다. 이 글은 사진에 대해 언급했을 뿐 사진사에 대해서는 언급하지 않았다.

2
답 ①

정답 풀이

이 글은 정보 사회의 정보 과잉 현상에 대해 설명하고 있다. 현대인들에게 정보 불안 의식이 확산되는 이유를 생각한 다음, 글에 직접적으로 나타나 있지 않은 '사람들'의 인식을 추론해야 한다. 현대인들이 잠시라도 인터넷 통신망에서 벗어나면 정보에 뒤처진다고 느끼는 정보 불안 의식을 갖는 것은, 그만큼 정보 사회에서의 경쟁력이 정보 습득과 밀접한 관계가 있다는 것을 의미한다.

3
답 ③

정답 풀이

이 글은 동물을 이성적 영혼이 없는 존재로 여기는 철학적 관념 때문에 동물 복지의 개념이 자리 잡지 못했으며, 이러한 경향이 동물을 마치 기계인 양 취급하는 '공장식 농장'의 출현을 가져왔다고 말하고 있다. 동물을 어떤 것도 전혀 느끼지 못하는 기계처럼 취급했다고 하였으므로, '공장식 농장'의 출현을 가져온 생각으로 적절한 것은 ③이다.

4
답 ④

정답 풀이

이 글은 인기 도서를 대하는 태도에 대해 문제를 제기하고, 상품성의 논리에 휘둘리지 않는 비판적 독서가 필요하다고 주장하고 있다. 주체적 독서인은 끊임없이 질문을 던지고 답하며 책을 읽는다고 하였으므로, '주체적 독서인'의 독서 방법으로 가장 적절한 것은 ④이다.

1
답 ⑤

정답 풀이

(가)는 과도한 간접 광고를 막기 위해 규제를 강화해야 한다는 입장이고, (나)는 한류 열풍에 힘입어 국가 경제 발전에 긍정적인 기여를 하고 있으므로 오히려 간접 광고에 대한 규제를 완화해야 한다는 입장이다. 따라서 (가)의 관점에서 (나)를 적절하게 비판한 것은, 간접 광고에 대한 규제를 완화하면 프로그램의 완성도를 떨어뜨려 오히려 한류에 악영향을 끼칠 것이라고 한 ⑤이다.

오답 풀이

① (가)는 규제를 강화하자는 입장이므로, 제작 여건의 악화를 우려하지는 않을 것이다.
② (가)와 (나)의 내용을 고려할 때, 규제를 강화하는 것이 프로그램에 대한 광고주의 관심을 떨어뜨릴 것이다.
③ (가)에서는 간접 광고의 규제에 대해 방송사의 요구를 반영해야 한다고 말하고 있지 않다.
④ (가)에서는 문제가 있는 간접 광고를 인정해야 한다고 말하고 있지 않다.

2
답 ④

정답 풀이

통일 신라 이전 시기의 고대사 인식과 관련하여, (가)는 가야를 포함해야 한다는 입장이고, (나)는 가야를 포함해서는 안 된다는 입장이다. (나)에서 가야를 포함해서는 안 된다고 주장하는 근거는, 가야가 연맹 왕국 단계에 머무른 채 중앙 집권적인 고대 국가로 성장하지 못했기 때문이다. 따라서 (나)의 관점에서 (가)를 비판할 때 제기할 수 있는 질문으로 적절한 것은, 가야를 중앙 집권적 고대 국가로 인정할 수 있는지에 대해 의문을 제기한 ④이다.

3
답 ⑤

정답 풀이

이 글은 전통의 개념을 풀이하며 전통을 계승하는 방법을 제시하고 있다. 글쓴이는 현재의 문화를 창조하는 일에 이바지할 수 있다고 생각되는 것만을 문화적 전통이라고 부를 수 있다고 보고 있다. 따라서 새로운 실험 정신으로 창작한 문학 작품이라고 하더라도, 현재의 문화를 창조하는 일과 관계가 없다면 민족 문화의 전통으로 보존될 가치가 없을 것이다.

1
답 ⑤

정답 풀이

이 글은 아직 문명화가 되지 않은 부족에게 나타나는 민간의 속설에 대해 설명하고 있다. ㉠은 '재난이나 고통이 닥침, 다른 대상에 전이함, 평안을 얻음'이라는 세 가지 요소를 포함하고 있다. 이러한 세 가지 요소를 모두 포함하고 있는 사례는 ⑤이다. 다래끼라는 고통이 닥쳤고, 이를 돌이라는 다른 대상에 전이했으며, 돌을 찬 사람에게 다래끼가 옮겨 가면 평안을 얻게 되기 때문이다.

2
답 ⑤

정답 풀이

이 글은 '활동적인 장년층'의 등장으로 인한 시장의 변화에 대해 설명하고 있다. 새로운 장년층은 부유하고 세련된 취향을 즐기며, 자신의 나이보다 어려 보이고 싶어 하는 성향이 강하다고 하였다. 따라서 이들이 부가 기능을 없애고 걸고 받는 기능만 있는 휴대 전화를 사용하지는 않을 것이다.

3
답 ④

정답 풀이

(가)에서는 고무신의 경우, 전국적으로 필요로 하는 사람이 있음에도 불구하고 오프라인 매장이 점점 사라지고 있기 때문에 인터넷에서는 오히려 장사가 잘될 수 있다고 하였다. 이를 바탕으로 (나)의 '상인'에게 조언한다면, 고무신의 경우와 마찬가지로 항아리를 온라인에서 판매해 보라고 말하는 것이 가장 적절하다.

4
답 ④

정답 풀이

문자주의적 접근은 문자의 의미 그대로 해석하는 것이고, 목적주의적 접근은 취지와 목적을 고려하여 해석하는 것이라고 하였다. '공원에서 탈것 금지'라는 규정은 사고를 방지하기 위한 것일 텐데, 어린아이용 세발자전거는 위험하다고 보기 어렵다. 따라서 목적주의적 접근에 의하면 어린아이용이라는 탈것의 용도와 사고 방지라는 규정의 취지를 고려하여 세발자전거의 출입 여부를 결정할 것이다.

오답 풀이

① 공원의 특성을 고려하는 것은 목적주의적 접근이다.
② 공원 조성 목적을 고려하는 것은 목적주의적 접근이다.
③ 사전적 정의에 따라 해석하는 것은 문자주의적 접근이다.
⑤ 불명확한 법 규범을 우선 개정해야 한다는 것은 이 글에 나타나 있지 않다.

독해 실전

아자! 힘내~

빛을 그림에 담아낸 인상파 화가들 _아레나스

● 지문 갈무리
서양 미술에서는 시대에 따라 여러 회화 경향이 나타나. 이 글에서는 '빛'에 주목하여 이전과는 다른 새로운 기법으로 그림을 그린 인상파 화가들에 대해 설명하고 있어.

● 주제
인상파 화가들의 화풍과 미술사적 의의

1 1874년 모네가 평범한 항구의 모습을 그린 〈인상, 해돋이〉라는 작품을 출품했을 당시, 이 그림에 대한 미술계의 반응은 혹평° 일색°이었다. 비평가 루이 르루아는 비아냥거리는 의미로 모네의 작품명에서 명칭을 따와 모네와 그의 동료들을 인상파라고 불렀다. ⓐ인상파 이전의 19세기 화가들은「배경지식 없이는 이해하기 힘든 특별한 사건이나 인물, 사상 등을 주제로 하여 그림을 그렸다. 그들은 주제를 드러내는 상징적 대상을 잘 짜인 구도 속에 배치하였고, 정교한° 채색과 뚜렷한 윤곽선을 중요하게 여겼다.」그들의 입장에서 보면「대상을 의도적인 배치 없이 눈에 보이는 대로 거칠게 그린 듯한 ⓑ인상파 화가들의 그림은 주제를 알 수 없는 미완성품이었다.」
▶인상파의 등장과 기존 미술계의 부정적 반응

2 그렇다면 인상파 화가들의 그림 주제는 무엇일까? 인상파 화가들이 주제로 삼은 것은 빛이었다. 이들은 햇빛과 대기의 상태에 따라 대상의 색과 대상에 대한 인상이 달라진다는 사실에 주목하여 이를 그림으로 표현했다. 이들은 어두운 작업실 대신 밝은 야외로 나가 햇빛 속에 보이는 일상적인 풍경과 평범한 사람들의 모습을 그렸다.
▶인상파 화가들의 그림 주제와 대상

3 인상파 화가들은 시간에 따라 달라지는 빛을 표현하기 위하여 새로운 기법으로 그림을 그렸다. 동일한 대상이라도 빛의 변화에 따라 색이 다르게 보이므로 사과의 빨간색이나 나뭇잎의 초록색 같은 대상의 고유한° 색은 부정되었다. 이전의 화가들과 달리 이들은 자연광을 이루는 무지개의 일곱 가지 기본색과 무채색°만을 사용하여 모든 색을 표현하였다. 서로 다른 색을 캔버스 위에 흩어 놓으면 멀리서 볼 때 밝은 빛의 느낌을 자연스럽게 표현할 수 있기 때문에 이들은 물감을 섞는 대신 캔버스 위에 원색을 직접 칠했다. 또한 대상의 순간적인 인상을 표현하기 위해 빠른 속도로 그려 나갔고 그 결과 화면에는 짧고 거친 붓 자국이 가득하게 되었다. 대상의 윤곽선 역시 주변의 색과 섞여 흐릿하게 표현되었는데, 이는 시시각각 다르게 보이는 대상의 미묘한 변화와 그 인상까지 그림에 표현되는 효과를 낳게 되었다.
▶인상파 화가들의 표현 기법

4 인상파 화가들은 빛과 대상의 색, 그리고 대상이 주는 느낌을 그림의 주제로 삼으면서 그림이 다룰 수 있는 대상의 폭을 '주변에서 보이는 일상적인 풍경과 평범한 사람들의 모습'으로 넓혔다. 이전의 그림과 달리 인상파 그림은 주제를 이해하기 위한 배경지식을 더 이상 필요로 하지 않았다. 그저 눈으로 보고 느낄 수 있으면 될 뿐이었다. 보다 많은 사람들이 눈으로 보고 즐기는 그림이 미술사에 등장한 것이다.
▶인상파 그림의 미술사적 의의

▾혹평(酷評): 가혹하게 비평함.

▾일색(一色): 그 한 가지로만 이루어진 특색이나 정경.

▾정교하다(精巧하다): 솜씨나 기술 따위가 정밀하고 교묘하다.

▾고유하다(固有하다): 본래부터 가지고 있어 특유하다.

▾무채색(無彩色): 색상이나 채도는 없고 명도의 차이만을 가지는 색. 검정, 하양, 회색을 이른다.

독해력 Upgrade

※각 문단의 중심 내용을 다음과 같이 정리할 때, 빈칸에 들어갈 알맞은 말을 쓰시오.

| **1** 인상파의 등장과 기존 미술계의 (부정)적 반응 | → | **2** (빛)을 주제로 평범한 대상을 그린 인상파 화가들 | → | **3** 새로운 기법으로 그림을 그린 인상파 화가들 | → | **4** 인상파 그림의 미술사적 의의 |

1 세부 정보 파악하기   답 ①

이 글을 통해 답을 확인할 수 있는 질문이 <u>아닌</u> 것은?

☑ 인상파라는 명칭에 대해 인상파 화가들은 어떤 반응을 보였을까? → 글에서 답을 찾을 수 없음

② 인상파 화가들은 대상의 색채를 어떤 방식으로 표현했을까? → 3문단

③ 인상파 그림은 등장 당시에 왜 혹평을 받았을까? → 1문단

④ 인상파 그림의 미술사적 의의는 무엇일까? → 4문단

⑤ 인상파라는 명칭은 어떻게 붙여진 것일까? → 1문단

정답 풀이

이 글은 인상파 이전의 회화 경향과 인상파 회화의 특징을 설명한 후 인상파 그림의 미술사적 의의를 밝히고 있다. 인상파 화가들이 인상파라는 명칭에 어떤 반응을 보였는지에 대해서는 설명하지 않았다.

오답 풀이

② 3문단에서 인상파 화가들이 무지개의 일곱 가지 기본색과 무채색만을 사용하여 캔버스 위에 원색을 직접 칠했다고 하였다.

③ 1문단을 통해 인상파 그림이 기존의 회화 경향과 미적 기준에서 벗어났기 때문에 미술계에서 혹평을 받았음을 알 수 있다.

④ 4문단에서 인상파 그림의 미술사적 가치를 설명하고 있다.

⑤ 1문단의 "비평가 루이 르루아는 ~ 인상파라고 불렀다."에서 인상파라는 명칭이 붙은 과정을 알 수 있다.

2 정보 간의 관계 파악하기   답 ②

ⓐ와 ⓑ를 비교한 내용으로 적절한 것은?

① ⓐ와 달리 ⓑ는 대상의 고유한 색을 중요하게 여겼다.
　　×-대상의 고유색을 부정함

☑ ⓐ와 달리 ⓑ는 배경지식 없이 이해할 수 있는 그림을 그렸다.

③ ⓑ와 달리 ⓐ는 일상적인 풍경과 평범한 사람들을 주로 그렸다.
　　×-ⓑ의 특징

④ ⓑ와 달리 ⓐ는 자연광을 이루는 기본색과 무채색만으로 그림을 채색했다.
　　×-ⓑ의 특징

⑤ ⓐ와 ⓑ는 모두 정교한 채색을 중요하게 여겼다.
　　×-ⓐ만의 특징

정답 풀이

4문단의 "인상파 그림은 주제를 이해하기 위한 배경지식을

더 이상 필요로 하지 않았다."라는 내용과 1문단의 "인상파 이전의 19세기 화가들은 배경지식 없이는 이해하기 힘든 특별한 사건이나 인물, 사상 등을 주제로 하여 그림을 그렸다."라는 내용을 통해 인상파 이전의 19세기 화가들(ⓐ)과 인상파 화가들(ⓑ)의 회화에 대한 입장 차이를 알 수 있다.

3 구체적 사례에 적용하기   답 ①

이 글을 바탕으로 〈보기〉를 감상한 것으로 적절하지 <u>않은</u> 것은?

┤ 보기 ├

 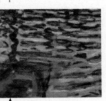

〈전체〉　　　〈하단 네모 부분〉

이 작품은 모네의 〈호수〉로 인상파 회화의 특징을 잘 보여 주고 있다. 호수의 표면은 색을 섞는 대신 원색을 흩어
　　　　　　　　　　　　　　　〈호수〉에 사용된 인상파 회화의 기법 ①
놓는 방식으로 그려졌고, 물결 위에 흔들리고 있는 보트의

윤곽선은 흐릿하게 표현되었다.
기법 ②

☑ 모네는 그림 속의 인물들을 의도적으로 배치했겠군.
　　　　　　　　　　×-인상파 이전 19세기 화가들의 특징

② 모네는 호수의 물결에 반짝이는 빛에 주목하여 이 그림을 그렸겠군.

③ 모네는 이 그림을 통해 호수에 대한 자신의 느낌까지 표현하려고 했겠군.

④ 모네는 원색을 흩어 놓음으로써 호수 표면의 밝은 빛의 느낌을 자연스럽게 표현하려고 했겠군.

⑤ 모네는 보트의 윤곽선을 흐릿하게 표현하여 시시각각 다르게 보이는 보트의 미묘한 변화를 표현했겠군.

정답 풀이

1문단에서 인상파 이전의 19세기 화가들이 "주제를 드러내는 상징적 대상을 잘 짜인 구도 속에 배치"하였다고 설명하였다. 그리고 2문단과 4문단에서 인상파 화가들이 주변에서 보이는 일상적인 풍경과 평범한 사람들의 모습을 그렸다고 하였다. 〈보기〉의 작품은 인상파 그림이므로 그림 속 인물들은 화가가 의도적으로 배치한 것이 아니라 눈에 보이는 일상적이고 평범한 모습일 것이다.

어휘력 Upgrade　※다음의 빈칸에 들어갈 알맞은 말을 〈보기〉에서 찾아 쓰시오.

┤ 보기 ├
정교
고유
혹평
일색

1 정월 대보름날 오곡밥을 먹는 것은 우리나라의 (고유)한 풍속이다.
　　　　　　　　　　　　　　　　　　　　　　→ 본래부터 가지고 있어 특유함

2 우리가 일상에서 사용하는 시계는 아주 (정교)하게 만들어진 장치이다.
　　　　　　　　　　　　　　　　　　→ 솜씨나 기술 따위가 정밀하고 교묘함

3 옷가게마다 온통 꽃무늬옷 (일색)이어서 꽃무늬를 안 좋아하는 수지는 살 게 없었다.
　　　　　　　　　　　　　→ 그 한 가지로만 이루어진 특색이나 정경

4 어제 끝난 드라마의 인터넷 게시판은 결말이 너무 실망스럽다는 시청자들의 (혹평)으로 가득했다.
　　　　　　　　　　　　　　　　　　　　　　　　　→ 가혹하게 비평함

과학과 예술의 만남, 엑스레이 아트

1 ⑤   2 ③

● 지문 갈무리
엑스레이 사진과 예술의
만남으로 '엑스레이 아
트'라는 예술 장르가 생
겨났지. 이 글은 작품 창
작 방법을 중심으로 엑
스레이 아트에 대해 소
개하고 있어.

● 주제
엑스레이 아트의 특징과
의의

1 최근 예술 분야에서는 과학 기술을 이용하여 새로운 장르를 개척하려는 시도가 이루어지고 있다. 이러한 배경을 바탕으로 등장한 예술의 하나가 바로 ㉠'엑스레이 아트(X-ray Art)'이다. 엑스레이 아트는 엑스레이 사진을 활용하여 만든 예술 작품을 의미한다.
중심 화제   엑스레이 아트의 개념   ▶엑스레이 아트의 등장 배경과 개념

2 엑스레이 아트의 거장인 닉 베세이는 엑스레이를 활용하여 오브제 내부에 주목한 작품을 만들었다. 그는 〈튤립〉이라는 작품을 통해 꽃봉오리에 감추어진 암술과 수술을 드러냄으로써, 꽃의 보이지 않는 내부의 아름다움을 탐색하였다. 또한 〈셀피〉라는 작품을 통해 현대
작품 사례 ①   작품 사례 ②
사회의 외모 지상주의를 비판하기도 했다. 이 작품은 자기 얼굴을 찍는 사람의 모습을 엑스레이로 촬영한 것으로, 엑스레이로 인체를 촬영할 경우 외양이 드러나지 않는 점을 이용하여 창작 의도를 나타낸 것이다.
▶엑스레이 아트의 작품 사례

3 엑스레이 아트의 창작 의도를 구현하기 위해서는 오브제의 특성을 고려해야 한다. 이는 오브제의 재질과 두께에 따라 엑스레이의 투과율이 달라지기 때문이다. 이러한 이유로 엑스
엑스레이 아트에서 오브제의 특성을 고려해야 하는 이유
레이 아트에서는 엑스레이가 투과되지 않는 물질이 포함된 오브제를 배제하기도 하고, 역으로 이를 활용하기도 한다. 촬영을 할 때에는 오브제의 두께에 따라 엑스레이의 강도와 오
엑스레이 촬영 방법 ①
브제에 엑스레이가 투과되는 시간을 조절해야 의도하는 명도의 사진을 얻을 수 있다. 또한 오브제와 근접한 거리에서 촬영해야 하는 엑스레이의 특성상, 가로 35cm, 세로 43cm인 엑스레이 필름의 크기보다 오브제가 클 경우 오브제를 여러 부분으로 나누어서 촬영한다. 한
방법 ②
편 작품 창작 의도를 구현하는 데 오브제의 모든 구성 요소가 필요하지 않다면 오브제의 일부 구성 요소만 선택하여 창작 의도를 드러낼 수도 있다. 그리고 오브제가 겹쳐 있을 경우,
방법 ③
창작 의도와 다른 사진이 나올 수 있으므로 이를 고려하여 오브제를 적절하게 배치하고 촬
방법 ④
영 각도를 결정한다.
▶엑스레이 아트의 창작 방법 ① - 오브제의 특성을 고려한 엑스레이 촬영

4 이렇게 촬영한 엑스레이 사진은 컴퓨터 그래픽 작업을 거치는데, 창작 의도를 드러내기
창작 의도를 구현하고 작품을 완성하기 위해 필요한 과정
위해 여러 장의 사진을 합성하기도 한다. 특히 「항공기 동체와 같이 크기가 큰 대상을 오브
「」: 명도 보정 후 여러 장의 사진을 합성해야 하는 경우의 예
제로 삼아 여러 날에 걸쳐 촬영할 경우, 촬영할 당시의 기온, 습도 등의 영향으로 각각의 사진들마다 명도가 다르게 나타날 수 있다.」 그러므로 그래픽 작업을 통해 사진들의 명도를 보정한 뒤, 이 사진들을 퍼즐처럼 맞추어 하나의 사진으로 합성하여 작품을 완성한다.
▶엑스레이 아트의 창작 방법 ② - 컴퓨터 그래픽 작업

5 엑스레이는 대상의 골격이나 구조를 노출하는 기술이라는 점에서 차가운 느낌을 주기도 한다. 하지만 이를 활용한 엑스레이 아트는 「발상의 전환을 통해 감상자들에게 기존의 예술
오브제의 내부에 주목하여 보이지 않는 부분을 드러내는 점
작품과는 다른 미적 감수성을 불러일으킨다는 점에서 현대 예술의 외연을 넓히는 데 기여
「」: 엑스레이 아트의 의의
하였다는 평가를 받고 있다.
▶엑스레이 아트의 의의

♥ 개척(開拓): 새로운 영역, 운명, 진로 따위를 처음으로 열어 나감.
♥ 오브제(objet): 일상 용품이나 물건을 본래의 용도로 쓰지 않고 예술 작품에 사용하는 기법 또는 그 물체.
♥ 배제(排除): 받아들이지 아니하고 물리쳐 제외함.
♥ 동체(胴體): 항공기의 날개와 꼬리를 제외한 중심 부분.
♥ 외연(外延): 일정한 개념이 적용되는 사물의 전 범위.

독해력 Upgrade
※각 문단의 중심 내용을 다음과 같이 정리할 때, 빈칸에 들어갈 알맞은 말을 쓰시오.

| 1 엑스레이 아트의 등장 배경과 개념 | → | 2 엑스레이 아트의 작품 사례 | → | 3 (오브제)의 특성을 고려한 엑스레이 촬영 | → | 4 엑스레이 사진의 (컴퓨터 그래픽) 작업 | → | 5 엑스레이 아트의 의의 |

1 세부 정보 파악하기   답 ⑤

㉠의 의의로 가장 적절한 것은?

① 오브제를 찍은 사진에 의도적인 변형을 가하여 오브제의
　×-보정과 합성 등의 그래픽 작업을 활용하여 대상의 내부를 효과적으로 드러냄
　실체를 감추는 예술이다.

② 실존하지 않는 대상을 그래픽 작업으로 만들어 사회의
　×-실존하는 대상을 다룸
　병폐를 풍자하는 예술이다.
　×-엑스레이 아트의 보편적 특성은 아님

③ 인체나 사물의 외양을 있는 그대로 드러냄으로써 아름다
　×-대상의 내부를 보여 줌
　움의 의미를 구현하는 예술이다.

④ 눈에 보이지 않을 만큼 작은 오브제를 가시화하여 대상
　×-눈에 보이는 다양한 크기의 오브제가 대상이 됨
　의 본질에 대해 탐색하는 예술이다.

☑ 겉으로 드러나지 않는 오브제의 내부를 의도적으로 보여
　주어 예술의 영역을 확장한 예술이다.

정답 풀이

엑스레이는 대상의 골격이나 내부 구조를 노출하는 기술이
다. 따라서 이를 활용한 엑스레이 아트는 오브제의 내부에 주
목하여 창작 의도를 구현한다. 이러한 엑스레이 아트는 기존
의 예술 작품과는 다른 미적 감수성을 불러일으킨다는 점에
서 현대 예술의 외연을 넓히는 데 기여하였다는 평가를 받고
있음을 5문단을 통해 알 수 있다.

2 구체적 사례에 적용하기   답 ③

**이 글을 바탕으로 할 때, 〈보기〉의 작품에 대해 보인 반응으로 적
절하지 않은 것은?**

─┤ 보기 ├─

　〈버스〉는 실제 버스와 사람을 오브제로 삼아, 이를 여러
날에 걸쳐 각각 촬영한 뒤 합성한 엑스레이 아트이다. 작
오브제의 크기가 엑스레이 필름보다 훨씬 크기 때문에
가는 작품의 창작 의도를 구현하는 데 필요한 바퀴나 차체
등의 일부 구성 요소들만 선택하였다. 그리고 버스의 측면
이 보이도록 촬영하여 버스에 타고 있는 사람들의 여러 가
버스의 측면이 보이도록 촬영한 이유, 효과
지 자세와 인체 골격의 다양한 모습을 드러내고 있다.

닉 베세이, 〈버스〉

① 물체를 투과하는 엑스레이를 이용한 것은 일상적 시선으
　로는 볼 수 없는 인체 골격의 모습을 보여 주려는 의도였
　겠군.

② 바퀴나 차체 등의 일부 구성 요소만 선택한 것에는 필요
　하지 않은 부분을 배제하려는 작가의 의도가 반영된 것
　이겠군.

☑ 버스의 측면이 보이도록 촬영한 것은 촬영 각도에 따라
　엑스레이가 투과되지 않는 효과를 이용하기 위한 것이
　×-버스에 탄 사람들의 여러 자세와 인체 골격의 다양한 모습을 드러내기 위함
　겠군.

④ 작품이 한 번에 촬영한 사진처럼 보이는 것은 컴퓨터 그
　래픽 작업을 통해 각 사진의 명도를 보정한 결과이겠군.

⑤ 엑스레이 필름보다 큰 실제 크기의 오브제를 선정하였기
　때문에 촬영한 여러 장의 사진을 합성한 것이겠군.

정답 풀이

〈보기〉에 제시된 작품을 버스의 측면이 보이도록 촬영한 것
은 버스에 타고 있는 사람들의 여러 가지 자세와 인체 골격의
다양한 모습을 보여 주기 위한 것으로, 촬영 각도에 따라 엑
스레이가 투과되지 않는 효과를 이용하기 위한 것은 아니다.
엑스레이가 투과되지 않는 효과는 3문단에서 "오브제의 재질
과 두께에 따라 엑스레이의 투과율이 달라"진다고 한 것에서
알 수 있듯이, 오브제의 재질이나 두께와 관련된다.

오답 풀이

① 엑스레이 아트는 물체를 투과하는 엑스레이를 이용하여 창작된 작
　품이다. 〈버스〉는 이러한 엑스레이의 특성을 이용하여 일상적 시
　선으로는 볼 수 없는 버스 내부에 있는 사람들의 골격을 드러내고
　있다.

② 〈버스〉의 작가는 작품의 창작 의도를 구현하는 데 필요한 바퀴나 차
　체 등의 일부 구성 요소들만 선택하였다. 이는 창작 의도를 구현하
　는 데 불필요하다고 판단한 부분을 배제하였음을 의미한다.

④, ⑤ 엑스레이 필름은 가로 35cm, 세로 43cm 크기인데 〈버스〉는 이
　보다 큰 실제 크기의 버스와 사람을 오브제로 선정하여 창작되었기
　때문에 여러 장의 사진으로 촬영할 수밖에 없다. 이렇게 여러 장으로
　촬영한 사진이 한 번에 촬영한 사진처럼 보이는 것은, 4문단에 제시
　되어 있듯이 컴퓨터 그래픽 작업을 통해 각 사진의 명도를 보정하고
　퍼즐처럼 맞추어 하나의 사진으로 합성하였기 때문이다.

어휘력 Upgrade

※다음의 빈칸에 들어갈 알맞은 말을 〈보기〉에서 찾아 쓰시오.

─┤ 보기 ├─
개척
외연
배제
가시화

1 현재 많은 기업들이 다양한 해외 시장을 (개척)하기 위해 노력하고 있다.
　→새로운 영역, 운명, 진로 따위를 처음으로 열어 나감

2 공정한 판결을 내리기 위해서는 사적인 감정을 철저히 (배제)해야 한다.
　→받아들이지 아니하고 물리쳐 제외함

3 다음 동계 올림픽에 새로운 종목들을 추가하려는 움직임이 (가시화)되고 있다.
　→어떤 현상이 실제로 드러남

4 그 영화는 소재와 기법 면에서 한국 영화의 (외연)을 확장한 작품이라고 볼 수 있다.
　→일정한 개념이 적용되는 사물의 전 범위

휜 나무가 보여 주는 전통 건축의 특성_임석재

● 지문 갈무리
우리 전통 건축에는 휜 나무가 두루 사용되었는데, 이는 자연을 있는 그대로 존중한 선인들의 친자연적인 태도를 보여 주지. 이 글은 만대루와 개심사 범종각을 예로 들어 우리 전통 건축에 드러나는 이러한 특성을 설명하고 있어.

● 주제
휜 나무의 사용에서 드러나는 한국 전통 건축의 친자연적 특성

1 한국 전통 건축의 특징 중 하나는 친자연적이라는 것이다. 친자연적이란 일반적으로는 자연을 있는 그대로 받아들이는 것으로, 건축에서는 자연적인 재료의 가공˘을 최소화하여
'친자연적'의 일반적 의미   건축에서 '친자연적' 특성이 구현되는 방법
있는 그대로 사용하는 것으로 나타나기도 한다. 이를 단적˘으로 잘 보여 주는 것이 휜 나무의
사용이다. 휜 나무는 궁궐에서부터 민가, 불교 건축에서 유교 건축에 이르기까지 두루 사
         중심 화제   다양한 전통 건축물에 두루 사용된 휜 나무
용되었다.
                                                ▶ 한국 전통 건축의 친자연적 특성을 보여 주는 휜 나무

2 먼저 하회 마을 병산 서원에 있는 만대루에는 휜 나무가 누각의 1층에 해당하는 하단 부
      휜 나무가 사용된 전통 건축물의 예 ①
분에서는 기둥으로, 2층에 해당하는 상단부에서는 보˘로 사용되었다. 휜 기둥이 하단을 받
치고 상단부에서는 대들보 역할을 하는 것이다. 휜 나무가 기둥과 대들보로 사용되고 있어
       만대루에 사용된 휜 나무의 역할
서 안정감을 위해 나무를 덧대거나 추가적인 구조물을 설치했을 것 같지만, 만대루에는 곧
은 기둥이나 휜 기둥들이 과하지도 모자라지도 않게 사용되어 구조적인 안정성과 심미성을
                              곧은 기둥과 휜 기둥의 적절한 사용에 따른 효과
동시에 나타낸다. 병산 서원의 백미˘로 평가받는 만대루는 이렇게 휜 기둥을 사용하여 자연
재료의 아름다움과 가치를 드러내고 있다.
만대루에 사용된 휜 기둥이 주는 효과   ▶ 휜 나무가 사용된 전통 건축물의 예 ① – 만대루

3 휜 나무를 ㉠쓴 또 다른 건축물로 개심사의 범종각을 들 수 있다. 범종각에는 누각을
         휜 나무가 사용된 전통 건축물의 예 ②   범종각에서 휜 나무가 사용된 부분
㉡이루는 기둥 네 개에 모두 휜 나무가 사용되었다. 심하게 휘어져 있는 나무를 네 군데 모
두 사용하다 보니 범종각은 금방이라도 쓰러질 듯 보인다. 하지만 곧은 나무를 사용한 누각
과 ㉢다르지 않게 널따란 지붕을 거뜬히 잘 받치며 오랫동안 잘 유지되어 왔다. 개심사 범종
         범종각에 사용된 휜 나무의 역할
각의 휜 기둥은『건축물에 율동감을 ㉣주면서, 동시에 자연적인 상태를 받아들이고 더 이상
『   』: 범종각에 사용된 휜 나무가 주는 효과
의 치장은 욕심이며 불필요한 것임을 깨닫게 하는 정신적 경계의 역할을 하고 있다. 엄숙한
불교 건축에 휜 나무를 그대로 사용함으로써 자연의 모습, 있는 그대로의 모습을 따르는 것
이 이상적 가치라고 알려 준다.』
                                          ▶ 휜 나무가 사용된 전통 건축물의 예 ② – 개심사 범종각

▼ 가공(加工): 원자재나 반제품을 인공적으로 처리하여 새로운 제품을 만들거나 제품의 질을 높임.

▼ 단적(端的): 곧바르고 명백한 것.

▼ 보: 칸과 칸 사이의 두 기둥을 건너질러 도리와는 'ㄴ' 자 모양, 마룻대와는 '十' 자 모양을 이루는 나무.

▼ 백미(白眉): 흰 눈썹이라는 뜻으로, 여럿 가운데에서 가장 뛰어난 사람이나 훌륭한 물건을 비유적으로 이르는 말.

▼ 존중(尊重): 높이어 귀중하게 대함.

4 만대루와 개심사의 휜 기둥은 자연의 교훈을 깨닫게 한다. 자연이 아름다운 이유는 일부러 무엇을 하지 않아도 그 자체로 모든 것을 다 해 놓았기 때문일 것이다. 자연의 일부인

만대루

개심사 범종각

휜 나무는 부족하거나 모자란 것이 아니라, 그 자체로 하나의 독립적이며 완결된 생명체이
휜 나무에 대한 선인들의 관점
다. 그러니 일부러 ㉤꾸미지 않고, 가공하지도 않는 것이 휘어 있는 나무 상태를 존중˘하는
것이다. 우리는 여기서 곧은 나무든 휘어진 나무든 모양에 상관없이 그 자체로 기둥의 역할
        만대루와 개심사의 휜 기둥에서 깨달을 수 있는 선인들의 정신
을 충분히 해낼 수 있다는 선인들의 믿음과 평등 의식을 깨닫게 된다.
                                              ▶ 만대루와 개심사의 휜 기둥이 주는 교훈

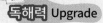
※각 문단의 중심 내용을 다음과 같이 정리할 때, 빈칸에 들어갈 알맞은 말을 쓰시오.

| **1** 한국 전통 건축의 (친자연적) 특성을 보여 주는 휜 나무 | ➡ | **2** 만대루에 사용된 휜 나무의 역할과 효과 | ➡ | **3** 개심사 (범종각)에 사용된 휜 나무의 역할과 효과 | ➡ | **4** 만대루와 개심사의 휜 기둥이 주는 교훈 |

1 세부 정보 파악하기   답 ④

이 글을 통해 알 수 있는 내용으로 적절하지 <u>않은</u> 것은?

① 범종각의 휜 기둥들은 건물에 율동감을 준다. →3문단

② 휜 나무는 다양한 우리나라 전통 건축물에 사용되었다. →1문단

③ 친자연적 건축관은 한국 전통 건축의 특징 중 하나이다. →1문단

☑ 만대루에는 안정성을 강화하기 위해 휜 기둥이 사용되었다. ×—자연을 있는 그대로 활용하기 위함

⑤ 휜 기둥에는 자연 상태를 존중하고자 하는 의도가 담겨 있다. →4문단

정답 풀이

2문단에 따르면, 만대루는 안정감을 위해 나무를 덧대거나 추가적인 구조물을 설치하지 않았음에도 구조적 안정성을 갖추고 있으며, 휜 기둥을 사용하여 자연 재료의 아름다움과 가치를 드러내고 있다. 즉 만대루에 휜 기둥을 사용한 이유는 자연을 있는 그대로 활용하기 위해서이지 안정성을 강화하기 위한 목적 때문이 아님을 알 수 있다.

오답 풀이

① 3문단에 "개심사 범종각의 휜 기둥은 건축물에 율동감을 주면서"라고 제시되어 있다.

② 1문단에 "휜 나무는 궁궐에서부터 민가, 불교 건축에서 유교 건축에 이르기까지 두루 사용되었다."라고 제시되어 있다.

③ 1문단에 "한국 전통 건축의 특징 중 하나는 친자연적이라는 것이다."라고 제시되어 있다.

⑤ 4문단에서, 선인들이 휜 나무를 하나의 독립적이며 완결된 생명체로 보았기에 그것을 일부러 꾸미거나 가공하지 않음으로써 휘어 있는 나무 상태를 존중하였음을 알 수 있다.

2 다른 상황과 비교하기   답 ②

이 글과 〈보기〉를 비교한 것으로 가장 적절한 것은?

> ┤ 보기 ├
>
>
>
> 1990년대 중반 프랭크 게리가 지은 '프레드 앤 진저 빌딩'은 건물을 받치는 기둥뿐만 아니라 건물 자체도 심하게 찌그러진 모습이다. 이 빌딩은 정형성을 강요하는 기존의 건축 경향을 현실성이 없는 가식이라 비판하는 건축 양식을 대표한다.

① 휜 기둥과 달리 〈보기〉는 종교적 가치를 담고 있다. ×—〈보기〉가 종교적 가치를 담고 있다고 볼 수 없음

☑ 휜 기둥과 달리 〈보기〉는 의도적으로 기둥을 휘게 만들었다.

③ 〈보기〉와 달리 휜 기둥은 현실에 대한 비판적 의도가 담겨 있다. ×—현실 비판 의도가 담긴 것은 〈보기〉임

④ 〈보기〉는 휜 기둥처럼 정형적인 특징이 나타난다. ×—〈보기〉와 휜 기둥 모두 비정형적임

⑤ 〈보기〉는 휜 기둥처럼 기존의 건축 경향에 대한 발전적 대안으로 건축되었다. ×—〈보기〉와 휜 기둥 모두 해당하지 않음

정답 풀이

휜 기둥은 나무의 휜 상태를 그대로 사용한 것이지만, 〈보기〉는 의도적으로 건물의 기둥을 휘게 만든 것이다.

오답 풀이

① 3문단을 통해 불교 건축에 사용된 휜 기둥은 종교적 가치를 드러낸다고 볼 수 있지만, 〈보기〉는 종교적 가치를 담고 있다고 볼 수 없다.

③ 현실에 대한 비판적 의도가 담겨 있는 것은 〈보기〉이다.

④ 〈보기〉와 휜 기둥은 둘 다 비정형성이 강하다.

⑤ 〈보기〉와 휜 기둥 모두 기존 건축 경향에 대한 발전적 대안으로 건축되었다고 볼 만한 근거가 없다.

3 어휘의 문맥적 의미 파악하기   답 ④

문맥상 ㉠~㉤과 바꿔 쓰기에 적절하지 <u>않은</u> 것은?

① ㉠: 사용(使用)한   ② ㉡: 구성(構成)하는

③ ㉢: 상이(相異)하지   ☑ ㉣: 부과(賦課)하면서

⑤ ㉤: 치장(治粧)하지

정답 풀이

'부과하다'는 '세금이나 부담금 따위를 매기어 부담하게 하다.', '일정한 책임이나 일을 부담하여 맡게 하다.'라는 의미로 ㉣ '주면서'와 바꿔 쓰기에 적절하지 않다. ㉣은 '사물이나 일에 가치·의의 따위를 붙여 주다.'라는 의미의 '부여하다'로 바꿔 쓰는 것이 적절하다.

오답 풀이

① 사용(使用)하다: 일정한 목적이나 기능에 맞게 쓰다.

② 구성(構成)하다: 몇 가지 부분이나 요소들을 모아서 일정한 전체를 짜 이루다.

③ 상이(相異)하다: 서로 다르다.

⑤ 치장(治粧)하다: 잘 매만져 곱게 꾸미다.

어휘력 Upgrade

※다음의 빈칸에 들어갈 알맞은 말을 〈보기〉에서 찾아 쓰시오.

> ┤ 보기 ├
>
> 백미
> 가공
> 단적
> 존중

1 한글은 세종 대왕의 애민 정신을 보여 주는 (단적)인 예이다.
   → 곧바르고 명백한 것

2 지난해 열린 졸업 연주회의 (백미)는 단연 바이올린 독주였다.
   → 여럿 가운데에서 가장 뛰어난 사람이나 훌륭한 물건을 비유적으로 이르는 말

3 개인의 자율성과 개성을 (존중)하는 사회적 분위기가 널리 퍼지고 있다.
   → 높이어 귀중하게 대함

4 우리 회사는 외국에서 수입한 재료를 (가공)하여 다시 수출하는 일을 한다.
   → 원자재나 반제품을 인공적으로 처리하여 새로운 제품을 만들거나 제품의 질을 높임

발레는 어떻게 변화해 왔을가 _국립 발레단

1 ①   2 ⑤

● 지문 갈무리
발레는 유럽에서 발생한 공연 예술이야. 이 글은 발레가 시대에 따라 어떻게 변화·발전해 왔는지를 낭만 발레, 고전 발레, 모던 발레로 구분하여 설명하고 있어.

● 주제
시대에 따른 발레의 특징

1 발레는 '춤을 추다'라는 의미의 이탈리아어 '발라레(ballare)'에서 나온 것으로, 이탈리아 궁중 무용이 16세기 후반 프랑스에 도입된 후 궁중 연희 형식을 거쳐 독립적인 공연 예술로 발전하였다. 발레는 일반적으로 낭만 발레와 고전 발레, 모던 발레로 구분되는데, 줄거리, 형식, 남녀 무용수의 역할, 의상 등에서 차이가 있다. ▶발레의 발생 과정과 일반적 구분

2 낭만 발레는 19세기 초 프랑스에서 기틀이 잡혔는데, 목가적 분위기의 무대를 배경으로 요정을 사랑한 인간, 시골 처녀의 비극적인 사랑 등의 낭만적인 줄거리가 전개된다. 낭만 발레는 어스름한 조명 아래 창백하고 가녀린 요정들이 공중을 떠다니듯이 춤추는 환상적이고 신비로운 장면으로 연출되어, 정교한 구성보다는 주인공인 여성 무용수를 돋보이게 하는 안무가 우선시되었다. 이 시기 발레의 주역은 여성 무용수들이었고, 남성 무용수들은 대개 여성 무용수를 들어 올렸다 내리거나 회전의 지지대 역할을 하는 보조자에 불과했다. 요정들이 하늘을 둥둥 떠다니는 느낌을 연출하기 위해 발끝을 수직으로 세우고 춤을 추는 '포인트 동작'이 등장했고, 여성 무용수들은 '로맨틱 튀튀'라고 부르는 하늘하늘하고 여러 겹으로 된 발목까지 오는 긴 의상을 입어서 움직일 때마다 우아한 느낌을 주었다. ▶19세기 초 낭만 발레의 특징

3 19세기 후반 유럽에서 낭만 발레의 인기가 시들해진 가운데 러시아에서 고전 발레가 꽃을 피운다. 고전 발레는 전설이나 동화를 바탕으로 한 낭만적인 줄거리를 지니고 있다는 점에서는 낭만 발레와 비슷하다. 하지만 화려하고 입체적인 무대 장치를 배경으로 정형화된 아름다움을 구현하였다. 무용수의 화려한 기교를 다채롭게 보여 주기 위해 발레에 일정한 규칙과 절차가 도입되었고, 정교하고 정확한 동작을 바탕으로 안무가 정해졌다. 고전 발레는 남녀 주인공들이 화려한 기교를 보여 주는 2인무인 '그랑 파드되', 여러 명의 솔리스트들이 차례대로 등장하여 다채로운 1인무를 보여 주는 '디베르티스망' 등이 필수적인 구성 요소로 자리 잡았다. 남성 무용수들도 다양한 기교를 구사하는 무대의 주인공이 될 수 있었고, 여성 무용수들은 화려한 발동작이나 도약, 회전 등이 잘 보이도록 다리를 드러내는 짧고 뻣뻣한 '클래식 튀튀'를 주로 입었다. ▶19세기 후반 고전 발레의 특징

4 20세기에는 기존 발레에서 반복되었던 정형화된 형식을 벗어난 모던 발레가 등장한다. 모던 발레는 특별한 줄거리 없이 특정 장면의 이미지나 주제를 무용수의 움직임 자체로 표현하는 것이 특징이다. 정해진 줄거리가 없기 때문에 무용수의 성별에 따른 역할 구분이 약화되고, 다양한 형태의 동작과 몸의 선 자체의 아름다움을 강조하다 보니 무대 장치나 의상도 점차 간결해졌다. ▶20세기 모던 발레의 특징

5 발레는 정해진 기본 동작을 바탕으로 구성되다 보니 언뜻 보면 비슷한 것처럼 보인다. 하지만 좀 더 자세히 살펴보면 시대적 흐름에 따라 형식과 표현이 정형화되었다가 점차 자유로워지고 다양해지는 방향으로 변화해 왔음을 알 수 있다. ▶시대에 따라 변화해 온 발레

♥ 도입(導入): 기술, 방법, 물자 따위를 끌어들임.

♥ 기틀: 어떤 일의 가장 중요한 계기나 조건.

♥ 낭만적(浪漫的): 현실에 매이지 않고 감상적이고 이상적으로 사물을 대하는 것.

♥ 주역(主役): 주된 역할. 또는 주된 역할을 하는 사람.

독해력 Upgrade   ※각 문단의 중심 내용을 다음과 같이 정리할 때, 빈칸에 들어갈 알맞은 말을 쓰시오.

| **1** 발레의 발생 과정과 일반적 구분 | → | **2** 19세기 초 낭만 발레의 특징 | → | **3** 19세기 후반 (고전) 발레의 특징 | → | **4** 20세기 (모던) 발레의 특징 | → | **5** 시대에 따라 변화해 온 발레 |

1 세부 정보 파악하기 　　　　　답 ①

이 글을 바탕으로 〈보기〉와 같이 프레젠테이션 자료를 제작하려고 한다. ⓐ~ⓒ에 들어갈 내용이 바르게 짝지어진 것은?

┤ 보기 ├

1) 제목: 발레의 사조별 특징

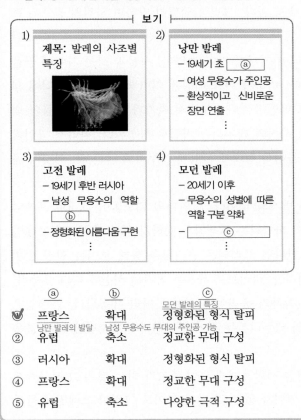

2) 낭만 발레
- 19세기 초 　ⓐ
- 여성 무용수가 주인공
- 환상적이고 신비로운 장면 연출
⋮

3) 고전 발레
- 19세기 후반 러시아
- 남성 무용수의 역할 ⓑ
- 정형화된 아름다움 구현
⋮

4) 모던 발레
- 20세기 이후
- 무용수의 성별에 따른 역할 구분 약화
- ⓒ
⋮

	ⓐ	ⓑ	ⓒ
☑	프랑스	확대	정형화된 형식 탈피 (모던 발레의 특징)
②	유럽	축소	정교한 무대 구성
③	러시아	확대	정형화된 형식 탈피
④	프랑스	확대	정교한 무대 구성
⑤	유럽	축소	다양한 극적 구성

ⓐ 아래: 낭만 발레의 발달
ⓑ 아래: 남성 무용수도 무대의 주인공 가능

정답 풀이

〈보기〉에 제시된 프레젠테이션 자료의 내용은 낭만 발레와 고전 발레, 모던 발레의 세부적 특징들을 정리한 것이다. ⓐ에 들어갈 내용은 낭만 발레의 주축이 된 국가인데, 2문단 첫 문장에서 '프랑스'임을 확인할 수 있다. ⓑ에 들어갈 내용은 고전 발레에서 남성 무용수의 역할이 변화된 방향이다. 2문단에서 낭만 발레 시대에 "남성 무용수들은 ~ 보조자에 불과했다."라고 하였으나 3문단에서 고전 발레 시대에는 "남성 무용수들도 ~ 무대의 주인공이 될 수 있었고"라고 한 점으로 보아, 남성 무용수의 역할이 고전 발레에서는 '확대'되었음을 알 수 있다. ⓒ에 들어갈 내용은 모던 발레의 특징인데, 4문단 첫 문장에서 "기존 발레에서 반복되었던 정형화된 형식을 벗어난 모던 발레"라고 하였으므로 ⓒ에 적절한 내용은 '정형화된 형식 탈피'이다.

2 구체적 사례에 적용하기 　　　　　답 ⑤

❸을 고려할 때, 〈보기〉에 대한 독자의 반응으로 적절하지 않은 것은?

┤ 보기 ├

〈호두까기 인형〉은 차이콥스키의 곡을 바탕으로 만든 대표적인 고전 발레이다. 「크리스마스이브에 호두까기 인형을 선물 받은 주인공 클라라가 꿈속에서 왕자로 변한 인형과 함께 생쥐 군대 등을 물리치고 과자 나라를 여행한다는 내용」이다. 「 」: 동화적인 줄거리 1막에는 크리스마스 파티 및 쥐들과의 전투 장면을, 2막에는 과자 나라의 여행을 담고 있다. 2막에 등장하는 클라라와 왕자의 행복한 결혼식 장면의 '그랑 파드 되'는 명장면으로 손꼽힌다. 남녀 주인공들이 화려한 기교를 보여 주는 2인무 또한 2막에 나오는 아라비아 춤, 중국 춤, 스페인 춤 등 이국적인 춤들의 '디베르티스망'도 유명하다. 여러 명의 솔리스트들이 차례대로 등장하여 보여 주는 1인무

① 고전 발레답게 동화적인 이야기가 바탕이 되었군.

② 클라라 역의 여성 무용수는 '클래식 튀튀'를 입겠군.

③ 이 작품에는 무용수의 화려한 기교가 다채롭게 드러나겠군.

④ 1막의 크리스마스 파티 장면에서는 화려하고 입체적인 무대 장치를 사용하겠군.

☑ 2막에서는 주인공들의 2인무와 이국적인 느낌의 집단 군무가 화려하겠군. × - 2막에 언급된 춤은 1인무임

정답 풀이

3문단에서 '디베르티스망'은 솔리스트들이 차례로 등장하여 다채로운 1인무를 보여 주는 것이라고 하였다. 따라서 〈호두까기 인형〉의 2막에 등장하는 이국적인 춤들의 '디베르티스망'에서 '집단 군무'를 기대하는 반응은 적절하지 않다.

오답 풀이

① 고전 발레는 전설이나 동화를 바탕으로 한 낭만적인 줄거리를 지니고 있으므로 적절한 반응이다.

② 고전 발레에서 여성 무용수들은 화려한 발동작이나 도약, 회전 등이 잘 보이도록 다리를 드러내는 짧고 뻣뻣한 '클래식 튀튀'를 주로 입었다고 하였으므로 적절한 반응이다.

③ 고전 발레는 무용수의 화려한 기교를 다채롭게 보여 주고자 하였으므로 적절한 반응이다.

④ 고전 발레는 화려하고 입체적인 무대 장치를 배경으로 정형화된 아름다움을 구현하였다고 했으므로 적절한 반응이다.

어휘력 Upgrade　　※다음의 빈칸에 들어갈 알맞은 말을 〈보기〉에서 찾아 쓰시오.

┤ 보기 ├
도입
주역
탈피
기틀

1 이번 정상 회담으로 평화의 (기틀)을 다지게 되었다.
→어떤 일의 가장 중요한 계기나 조건
2 영화는 연극이 갖는 시간과 공간의 제약성을 (탈피)하였다.
→일정한 상태나 처지에서 완전히 벗어남
3 불교는 외래 사상 중에서 우리나라에 가장 먼저 (도입)된 종교이다.
→기술, 방법, 물자 따위를 끌어 들임
4 축구부 주장인 민재는 이번 결승전에서 팀의 승리를 이끈 (주역)이다.
→주된 역할. 또는 주된 역할을 하는 사람

프레임, 사각형 너머의 세계를 담다 _한정식

1 사진의 시간은 셔터에 의해 결정된다. 사진의 공간 역시 셔터를 누르는 순간에 고정되기
〈사진의 시간과 셔터의 관계〉
때문에 셔터가 모든 것을 결정한다고 볼 수도 있다. 그러나 엄밀히 말하면 사진의 공간은 프

레임에 의해 결정된다. ▶ 사진의 공간과 프레임의 관계
〈사진의 공간과 프레임의 관계〉
2 프레임은 일견˘ 사진을 둘러싼 울타리에 지나지 않아 보인다. 사물과 사물 사이에 금을
〈중심 화제〉   〈프레임에 대한 피상적 이해〉
그어 구분 짓는 경계선으로나 보일 뿐이다. 더욱이 이 프레임은 이미 카메라의 파인더에 의
                        사진기에서, 촬영 범위나 구도, 초점 조정의 상태 따위를 보기 위하여 눈으로 들여다보는 부분
해 사각형으로 정해져 있다. 사진가는 그 파인더로 내다보면서 자기가 찍고 싶은 만큼의 범
위를 정해 셔터만 누르면 된다. 그것으로 사진의 테두리는 저절로 형성된다. 따라서 파인더
로 내다보고 찍으면 그 네모난 파인더의 물리적 형태가 사진에 테두리로 남는 것, 이것이 곧
〈프레임에 대한 잘못된 이해〉
프레임이라고 생각하기 쉽다. ▶ 프레임에 대해 갖기 쉬운 오해

3 그러나 ⓐ프레임과 파인더는 완전히 별개의 것이다. 파인더의 네모꼴이 그대로 프레임
의 네모로 이어지는 것까지는 분명하지만, 파인더는 프레임을 정하기 위한 장치이지 프레임
자체는 아니다. 파인더가 유리창이라고 한다면 프레임은 유리창을 통해 보이는 일정 범위
                     〈비유의 방법으로 대상의 본질을 설명함〉
의 세계라 할 수 있다. 유리창은 고정적이지만, 바라보는 세계는 작가의 시선에 따라 유동적˘
이다. 「파인더는 고정적이지만, 프레임은 작가의 움직이는 시선을 따라 유동한다. 프레임은
            「」: 대조의 방법으로 파인더와 프레임의 차이점을 설명함
단순한 테두리가 아니라 작가가 본 세계의 테두리라는 점에서 파인더의 단순한 물리적 틀을
                          〈작가의 의도, 나타내려는 의미에 따라 달라짐〉
넘어선다.」 ▶ 프레임과 파인더의 차이점

4 관심을 가진 사물에 테두리를 씌워 다른 사람들에게 보여 주고자 하는 것은 그 사물에서
〈프레임 씌우기〉
어떤 의미를 발견했다는 뜻이다. 아무런 의미가 없는 것 같아 보여도 그것이 프레임에 둘러
싸여 나타났다면, 그것은 적어도 작가가 어떤 의미를 제시하고자 했다는 뜻이 된다. 아무런
〈프레임 씌우기 = 작가의 창조적인 의미화 작업〉
의미 없이 굳이 테두리를 씌워 보여 줄 까닭이 없다. 헛짚는 수는 있을 것이다. 자기는 무슨
의미가 있다고 생각해서 테두리를 씌워 놓았지만 아무 뜻도 찾을 수 없는 때가 이런 경우인
데, 그 역시 일단 의미화하기 위한 작업이었다는 점만은 인정할 수 있을 것이다.
▶ 작가의 창조적 의미화 작업인 프레임 씌우기

5 삼라만상˘은 애초에 아무런 의미가
없는 물체들이다. 이러한 중성적 사물에
어떤 뜻을 부여˘하는 작업, 그것이 바로
'프레임 씌우기'이다. 곧 프레임을 씌운다
는 것은 작가의 의식 작용이요, 의지 실
현 작업인 것이다. 작가의 주관적 프레임
을 통해 드러내는 행위, 그것이 프레이밍
(framing, 따내기)이다. ▶ 프레이밍의 의미

지문 갈무리
우리는 사진을 찍을 때, 사각형 모양 안에 담아 낼 대상과 범위를 결정해. 그 대상과 범위는 각자가 의미 있다고 여기는 부분이지. 글에서는 이를 '프레임 씌우기(프레이밍)'라는 말로 설명하고 있어.

주제
프레임의 특징과 프레이밍의 의미

˘ 일견(一見): 한 번 봄. 또는 언뜻 봄.

˘ 유동적(流動的): 끊임없이 흘러 움직이는 것.

˘ 삼라만상(森羅萬象): 우주에 있는 온갖 사물과 현상.

˘ 부여(附與): 사람에게 권리·명예·임무 따위를 지니도록 해 주거나, 사물이나 일에 가치·의의 따위를 붙여 줌.

독해력 Upgrade   ※각 문단의 중심 내용을 다음과 같이 정리할 때, 빈칸에 들어갈 알맞은 말을 쓰시오.

| **1** 사진의 공간과 (프레임)의 관계 | → | **2** 프레임에 대해 갖기 쉬운 오해 | → | **3** 프레임과 파인더의 (차이점) | → | **4** 작가의 창조적 (의미화) 작업인 프레임 씌우기 | → | **5** 프레이밍의 의미 |

1 내용 전개 방식 파악하기 [답] ④

글쓴이의 집필 계획 중, 이 글에 반영되지 않은 것은?

• **제목**: 사진의 프레임

• **내용 전개**

  1. 처음: 사진 공간과 프레임의 관계를 말한다. ········· ①
      → 1문단(프레임이 사진의 공간을 결정함)
  2. 중간: 파인더와 프레임의 차이점을 밝히고, 프레임의
      의미를 설명한다. ········· ②
      → 2~4문단
  3. 끝: 프레이밍은 작가의 창조적 의미화임을 강조한다.
      ········· ③
      → 5문단

• **서술 방법**

  1. 인과의 방법으로 중심 대상의 문제점을 드러낸다. ··· ☑
      × – 인과가 쓰이지 않았고 중심 대상의 문제점을 다루지도 않음
  2. 비유의 방법으로 대상의 본질을 쉽게 이해하게 한다.
      ········· ⑤
      → 3문단(파인더를 '유리창'에, 프레임을 '유리창을 통해 보이는
      일정 범위의 세계'에 비유함)

[정답] 풀이

이 글은 대조의 방법을 사용하여 파인더와 프레임의 차이점을 설명하고 있을 뿐, 인과의 방법을 사용하여 이들의 부정적인 측면을 드러내지는 않았다.

2 핵심 정보 파악하기 [답] ④

㉠에 대한 이해로 가장 적절한 것은?

① 프레임은 파인더의 한계를 벗어날 수 없다.
  × – 프레임은 파인더의 단순한 물리적 틀을 넘어섬
② 프레임은 고정적이고, 파인더는 유동적이다.
  × – 프레임은 유동적   × – 파인더는 고정적
③ 파인더는 공간을 선택하는 과정이고, 프레임은 그 결과
  × – 공간을 선택하는 것은 프레임임
  이다.
☑ 파인더는 기계적인 틀이고, 프레임은 작가가 선택한 세
  계이다. → 3문단
⑤ 프레임과 파인더는 그 구조와 기능에 있어서 아무 상관
      × – 파인더는 프레임을 정하기 위한 장치임
  이 없다.

[정답] 풀이

3문단에서 "프레임은 단순한 테두리가 아니라 작가가 본 세계의 테두리라는 점에서 파인더의 단순한 물리적 틀을 넘어선다."라고 하였다. 글쓴이는 이러한 점에서 ㉠ '프레임과 파인더는 완전히 별개의 것'이라고 표현한 것이다.

3 다른 상황에 적용하기 [답] ③

④~⑤를 바탕으로 〈보기〉를 이해한 것으로 적절하지 않은 것은?

┤ 보기 ├

드문드문 세상을 끊어 내어 / 한 며칠 눌렀다가
    화가가 세계를 선택함
벽에 걸어 놓고 바라본다. / 흰 하늘과 쭈그린 아낙네들이
벽 위에 납작하게 뻗어 있다. / 가끔 심심하면
    평면적인 그림의 모습
여편네와 아이들도 / 한 며칠 눌렀다가 벽에 붙여 놓고
하나님 보시기 어떻습니까? / 조심스럽게 물어본다.
       – 김혜순, 〈납작납작 박수근 화법을 위하여〉

이 시는 박수근 화백의 〈세 여인〉이란 그림을 보고 쓴 시이다. 문학과 다른 예술 장르가 어떻게 넘나들 수 있는가를 보여 주는 좋은 예로, 같은 대상을 그림과 시로 표현할 때 작가에 의해 어떻게 변용되는가를 볼 수 있다.

① '세상을 끊어 내어'는 사진가의 '프레이밍'에 해당한다고 할 수 있겠군.
② 시 작품은 화가의 그림을 시인이 다시 '프레이밍'한 것이라 할 수 있겠군.
☑ 대상이 같으면 예술 장르가 다르더라도 작품의 의미가 같아짐을 알 수 있겠군.
  × – 작가에 의해 변용되므로 작품의 의미가 같지 않음
④ '납작하게 뻗어 있다'는 것은 화가의 '의미화'인 동시에 시인의 '의미화'라고 볼 수 있겠군.
⑤ '하나님 보시기 어떻습니까'는 시인의 프레이밍이 독자에게 확장되는 효과가 있겠군.

[정답] 풀이

〈보기〉에서는 제시된 시와 그림 〈세 여인〉을 통해 같은 대상을 그림과 시로 표현할 때 작가에 의해 어떻게 변용되는가를 볼 수 있다고 하였으므로 ③은 적절하지 않다.

[오답] 풀이

① '세상을 끊어 내어'는 화가가 그림으로 나타낼 세계를 선택하였다는 의미이므로 사진가의 '프레이밍'에 해당한다고 볼 수 있다.
② 시인은 삼라만상 중에 화가의 그림을 대상으로 삼아 시를 창작했으므로 화가의 그림을 '프레이밍'한 것이라 할 수 있다.
④ '납작하게 뻗어 있다'는 화가의 그림 방법이자 시인의 언어 표현으로, 대상에 의미를 부여하기 위해 선택한 것이다.
⑤ "하나님 보시기 어떻습니까?"라는 의문문을 통해 시인이 의미를 부여한 대상을 강조하고 독자가 이에 대해 생각하도록 유도하고 있다.

어휘력 Upgrade ※다음의 빈칸에 들어갈 알맞은 말을 〈보기〉에서 찾아 쓰시오.

┤ 보기 ├
부여
변용
유동적
일견

1 기상청은 북상하는 이번 태풍의 진로가 (유동적)이라고 예보했다.
    → 끊임없이 흘러 움직이는 것
2 한국에 수용된 성리학은 한국적 토양에 맞게 (변용) 과정을 거쳐 정착되었다.
    → 용모가 바뀜. 또는 그렇게 바뀐 용모
3 정은이는 평소에는 게으르지만 어떤 동기가 (부여)되기만 하면 누구보다도 열심히 한다.
    → 사람에게 권리·명예·임무 따위를 지니도록 해 주거나, 사물이나 일에 가치·의의 따위를 붙여 줌
4 민아와 진아는 너무 닮아서 (일견) 쌍둥이처럼 보이기도 하지만 실은 연년생 자매이다.
    → 한 번 봄. 또는 언뜻 봄

현대 화가들이 주목한 유년기 화풍 _진중권

● 지문 갈무리
대상을 실물에 가깝게 그리는 것을 중시했던 과거와 달리, 현대의 화가들은 그 외의 것에서 예술적 가치를 찾아냈어. 이 글은 이러한 회화 경향의 변화 속에서 현대 화가들이 주목한 '유년기 화풍'에 대해 설명하고 있어.

● 주제
현대 화가들이 유년기 화풍에 주목하게 된 이유와 유년기 화풍 시도의 의미

1 중세 회화에 등장하는 아이들은 아이 특유의 신체적 특성이 고려되지 않은 채 그저 어른을 작게 그린 '축소된 어른'의 모습으로 묘사되었다. 중세 회화에 등장하는 아이들의 특징 그런 면에서 현대 회화의 작가들은 16세기 초 카로토의 〈그림을 든 빨간 머리 소년〉이라는 작품에 주목한다. 중세 회화의 일반적인 특징에서 벗어난 작품 이 작품 속에 등장하는 소년은 아이 특유의 신체적 특성과 장난기 머금은 웃음을 통해 아동만의 매력을 보여 준다. 현대 화가들이 카로토의 그림에 주목한 이유 ①
▶중세 회화의 일반적 특징에서 벗어난 카로토의 작품

2 이 작품은 아이를 아이답게 묘사했다는 점 외에, 아이가 그린 그림이 소재로 쓰였다는 점에서도 주목을 받는 현대 화가들이 카로토의 그림에 주목한 이유 ② 다. 아주 오랫동안 아이가 그린 그림이 서구 회화에 등장하지 않았기 때문이다. [A]에는 작품 속 소년이 그린 것처럼 보이는 그림 [B]가 등장하는데, 전문가에 따르면 [B] 전문가의 의견을 인용함 는 그림 속 소년보다는 더 어린 아이가 그린 것으로 보인다고 한다. 즉, [B]는 진짜 소년이 그린 그림이라기보다는 화가가 생각하는 아이의 그림이라는 얘기다. 카로토는 대상을 눈에 보이는 것과 똑같이 재현하는 것을 중시했던 당시 르네상스 회화의 경향과는 다르게, 상상한 것을 꾸밈없이 순수하게 드러내는 아이들의 표현 방식을 따랐던 것이다. 그 이유는 카로토가 르네상스 이래로 내려오는 사실적 재현이 유일한 가치가 아님을 인식했기 때문이라고 볼 수 있다.
▶아이들의 표현 방식을 따른 카로토의 그림

[A]   [B]
카로토, 〈그림을 든 빨간 머리 소년〉

3 「르네상스를 거치면서 실물을 꼭 닮게 그리는 기술은 거의 완성 단계에 도달했고 19세기 「」: 현대 화가들이 유년기 화풍에 주목하게 된 배경 에 카메라까지 발명되면서, 도처에서 사물을 꼭 빼닮은 이미지를 볼 수 있게 되었다. 이런 현실은 당시 화가들에게는 위기였고, 그래서 새로운 출발로 선택한 방식이 근원으로 ⓐ돌아가는 것이었다. 그리하여 몇몇의 현대 화가들은 사회화를 겪지 않은 아동을 상상력과 잠재력의 근원으로 보고, 유년기의 화풍으로 돌아가기로 했던 것이다.」 ▶현대 화가들이 유년기 화풍에 주목한 배경
중심 화제

4 현대 화가들이 이처럼 유년기의 화풍으로 돌아가려 했던 것은 결코 사실적 묘사 '능력'이 부족해서가 아니다. 미술사를 ㉠사실적 재현 기술의 발전 과정으로 보는 사람들에게는 이러 대상을 실물과 똑같이 재현한 것이 예술적 가치가 있다고 여김 한 유년기 화풍이 미숙함의 산물일 수 있다. 하지만 미술사를 움직이는 것은 '능력'이 아니라 '의지'라고 말한 미술사학자 알로이스 리글처럼 미술사를 ㉡상이한 '표현 의지'들이 교차 권위자의 말을 인용함 하는 장(場)으로 보는 사람들에게는 유년기 화풍이 어른의 것과는 완전히 다른 예술 의지의 유년기 화풍이 다양한 표현 방법 중 하나로서 예술적 가치가 있다고 인식함 표현일 것이다. 현대 화가들이 유년기 화풍에 주목한 것은 바로 이러한 점 때문이다.
▶현대 화가들이 유년기 화풍에 주목한 이유

5 이러한 변화는 현대 회화의 과제가 외부의 '재현'에서 내면의 '표현'으로 바뀐 것과 관련이 현대 회화의 주된 관심사 있다. 원근법처럼 대상을 '보이는 대로' 재현하기 위해 사용되는 방법은 오히려 '표현'에 방해가 될 수 있다. '느끼는 대로' 그리는 데 필요한 것은 학습되지 않은, 순수함과 솔직함이기 때 어린아이들의 특징 문이다. 이런 의미에서 현대 화가들의 시도는 '퇴화'가 아니라, '창조적 역행'이라 할 수 있다.
현대 화가들의 시도에 대한 평가 ▶현대 화가들의 시도에 대한 평가

▼ 재현(再現): 다시 나타남. 또는 다시 나타냄.

▼ 미숙(未熟): 일 따위에 익숙하지 못하여 서투름.

▼ 상이하다(相異하다): 서로 다르다.

▼ 역행(逆行): 보통의 방향과 반대 방향으로 거슬러 나아감.

독해력 Upgrade

※각 문단의 중심 내용을 다음과 같이 정리할 때, 빈칸에 들어갈 알맞은 말을 쓰시오.

| **1** (중세 회화)의 일반적 특징에서 벗어난 카로토의 작품 | → | **2** 아이들의 표현 방식을 따른 카로토의 그림 | → | **3** 현대 화가들이 (유년기) 화풍에 주목한 배경 | → | **4** 현대 화가들이 유년기 화풍에 주목한 이유 | → | **5** 현대 화가들의 시도에 대한 평가 |

1 세부 정보 파악하기 　답 ③

이 글을 읽고 알 수 있는 내용으로 가장 적절한 것은?

① 중세 회화에 등장하는 아이들은 특유의 신체적 특징이
　×－특유의 신체적 특성이 고려되지 않음
　충실히 반영된 모습이었다.

② 중세 시대부터 아이들이 그린 그림은 서구 회화에서 꾸
　준하게 관심을 받고 있었다.
　×－중세에 이르기까지 오랫동안 관심받지 못함

☑ 르네상스 시기의 화가들은 외형을 사실적으로 묘사하는
　데에 큰 관심을 갖고 있었다. →2, 3문단

④ 사진의 등장으로 당시의 화가들은 실물을 꼭 닮게 그리
　×－사진의 등장으로 회화의 사실적 재현 기술이 완성된 것이 아님
　는 기술을 완성할 수 있었다.

⑤ 현대 화가들은 재현 기술의 발전을 위해 사회화를 겪지
　×－내면의 표현을 위해서임
　않은 아이들이 그린 그림에 주목하였다.

정답 풀이

2문단에서 르네상스 회화가 "대상을 눈에 보이는 것과 똑같
이 재현하는 것을 중시"했다고 한 것과, 3문단에서 "르네상스
를 거치면서 실물을 꼭 닮게 그리는 기술은 거의 완성 단계에
도달"했다고 한 데서 알 수 있다.

오답 풀이

① 1문단에서 중세 회화에 등장하는 아이들은 아이 특유의 신체적 특성
이 고려되지 않았다고 하였다.

② 2문단에서 아주 오랫동안 아이가 그린 그림이 서구 회화에 등장하지
않았다고 하였다.

④ 3문단에서 르네상스를 거치면서 회화에서의 사실적 재현 기술은 거
의 완성 단계에 도달했다고 하였다. 이는 사진이 등장하기 전이다.

⑤ 4, 5문단을 통해 현대 화가들이 예술 의지의 표현으로서 사회화를
겪지 않은 아이들이 그린 그림에 주목하였음을 알 수 있다.

2 구체적 사례에 적용하기 　답 ②

**㉠과 ㉡의 입장에서 〈보기〉의 작품을 이해한 것으로 적절하지
않은 것은?**

┤ 보기 ├

이 작품은 화가 김정선(1946
~2009)의 도롱농알 그림 연작 중
하나이다. 화가는 아이의 그림 연
습장을 우연히 보고, 자신의 어린
시절 기억을 표현하였다고 한다.

① ㉠은 〈보기〉의 작품을 아이가 그린 그림처럼 미숙하다고
　볼 것이다.

☑ ㉠은 〈보기〉의 작품을 보이는 대로 재현하는 기법을 강
　조한 것으로 볼 것이다.
　×－대상을 사실적으로 재현하지 못한 미숙한 작품으로 볼 것임

③ ㉡은 〈보기〉의 작품을 '유년기의 화풍'으로 화가의 내면
　을 표현한 것으로 볼 것이다.

④ ㉡은 '느끼는 대로' 그린 화가의 표현 의지가 〈보기〉의 작
　품에 드러나 있는지에 주목할 것이다.

⑤ ㉡은 '재현' 능력보다는 화가 내면에 있는 순수함과 솔직
　함이 〈보기〉의 작품에 담겨 있는지에 주목할 것이다.

정답 풀이

㉠은 대상의 사실적 재현을, ㉡은 화가들의 표현 의지를 강조
하는 입장이다. ㉠의 입장에서 볼 때 〈보기〉는 실물을 똑같이
재현하지 못한 미숙한 작품이므로 ②는 적절하지 않다.

오답 풀이

① ㉠은 대상을 사실적으로 재현하는 기술을 중시하므로 대상을 사실
적으로 묘사하지 않은 〈보기〉의 작품을 미숙하다고 볼 것이다.

③ ㉡은 유년기 화풍을 예술 의지의 표현으로 보는 입장이므로 〈보기〉
의 작품이 화가의 내면을 표현하기 위해 어린아이들의 표현 방식을
사용한 작품이라고 볼 것이다.

④, ⑤ ㉡은 화가의 표현 의지를 중시하므로 대상을 '보이는 대로' 재현
하는 것보다는 '느끼는 대로' 표현하는 데 관심을 둔다. 5문단에 따르
면 대상을 '느끼는 대로' 그리는 데 필요한 것은 학습되지 않은, 순수
함과 솔직함이다.

3 어휘의 문맥적 의미 파악하기 　답 ⑤

ⓐ와 문맥적 의미가 가장 유사한 것은?

① 기계가 잘 돌아간다.
　기능이 제대로 작동한다

② 물레방아가 빙글빙글 돌아간다.
　일정한 축을 중심으로 원을 그리면서 움직여 간다

③ 우리는 돌아가면서 점심을 산다.
　차례대로 순번을 옮겨 가면서

④ 일이 바쁘게 돌아가서 정신이 없다.
　진행되어 가서

☑ 원점으로 돌아가 다시 생각해 보자.
　다시 가서, 다시 그 상태가 되어

정답 풀이

ⓐ의 문맥적 의미는 '원래의 있던 곳으로 다시 가거나 다시 그
상태가 되다.'이다. 이와 유사한 의미로 쓰인 것은 ⑤이다.

어휘력 Upgrade

※다음의 빈칸에 들어갈 알맞은 말을 〈보기〉에서 찾아 쓰시오.

┤ 보기 ├
미숙
상이
역행
재현

1 운전 기술이 (미숙)하다면 눈이 올 때에는 운전을 하지 않는 편이 좋다.
　→ 일 따위에 익숙하지 못하여 서투름

2 매주 덕수궁 앞에서는 세자가 왕으로 즉위하는 가례 의식이 (재현)된다.
　→ 다시 나타남

3 두 사람은 서로 (상이)한 의견을 가지고 있지만, 대화를 통해 합의점을 찾으려고 하였다.
　→ 서로 다름

4 일부 후보들이 저지른 불법 행위는 깨끗한 선거 문화 정착이라는 시대적 요구에 (역행)하는 행위이다.
　→ 보통의 방향과 반대 방향으로 거슬러 나아감

관객을 사로잡는 영화의 전략 _스테판 샤프

●지문 갈무리
영화는 내용과 주제도 중요하지만 그 주제를 전달하는 방법도 중요해. 이 글은 내용을 효과적으로 드러내기 위해 영화의 형식적 요소에 주목해야 한다는 주장을 구체적인 장면 배열 방법과 함께 제시하고 있어.

●주제
영화의 형식적 요소에 주목해야 한다는 스테판 샤프의 주장

1 영화는 시각적 원리로 구성되는 하나의 예술 장르이다. 이와 관련하여 영화 이론가인 스
〔영화에 대한 정의〕
테판 샤프는 영화에 대한 기존의 연구가 주제적인 측면에 대해서만 주의를 기울여 왔다고 비판하면서, 촬영 기법과 장면의 유기적˚ 배열 등에 주목해야 한다고 주장하였다. 이를 위해
〔중심 화제〕
영화를 숏˚ 단위로 분석하여, 인물과 상황을 효과적으로 표현할 수 있는 장치로 분리 병치,
〔인물과 상황을 효과적으로 표현할 수 있는 장치의 예〕
다중 변각, 모화면 등을 제시하였다. ▶영화의 전달 방식에 주목해야 한다는 스테판 샤프의 주장

2 분리 병치란 화면에 피사체들을 하나씩 번갈아 보여 주는 숏의 배열을 말한다. 즉 대화
〔분리 병치의 개념〕
중인 A, B 두 사람이 피사체일 때, 한 화면에 한 사람씩 A, B, A, B와 같은 순서로 보여 주는 방식이다. 「예를 들어, 자동차의 앞 좌석에 두 인물이 앉아 있을 때, 왼쪽 인물의 우측 모습을 보여 주고 다음 화면에 옆에 있는 인물의 좌측 모습을 보여 주는 것이다.」 분리 병치를 활용
〔「」: 분리 병치의 구체적인 예〕
하면 피사체 각각의 정서나 상황을 더욱 효과적으로 드러낼 수 있다. 이때 관객은 분리된 두
〔분리 병치의 효과〕
화면을 하나의 장면으로 인식하게 된다. ▶분리 병치의 의미와 효과

3 다중 변각이란 서로 다른 시점으로 하나의 피사체를 촬영하여 얻은 숏을 불규칙하게 배
〔다중 변각의 개념〕
열하는 것을 말한다. 다중 변각의 목적은, 「긴 장면에서 관객의 지루함을 덜고, 동일 피사체
〔「」: 다중 변각의 목적과 효과〕
를 다양한 각도로 보여 줌으로써 그 피사체를 입체적으로 느끼게 하는 것이다. 또한 다중 변각은 한 장소 내의 대상을 다양하게 연출할 때에도 유용하게 활용된다. 「예를 들어, 주인공이 춤을 추는 장면에서 행위의 입체감과 역동성을 표현하고 싶을 때, 인물의 전체적인 행위를 보여 주기보다는 인물의 팔, 다리 등의 각 부위를 여러 각도로 클로즈업한 숏을 불규칙하게
〔「」: 연출 의도를 효과적으로 구현하기 위해 다중 변각을 활용하는 예〕
배열」하면 연출자가 의도한 효과를 구현할 수 있다. ▶다중 변각의 의미와 목적 및 효과

4 모화면이란 원거리 촬영을 통해 사건 전체를 포착한 숏을 말한다. 모화면은 사건이 부
〔모화면의 개념〕
드럽게 연속될 수 있도록 하는 장치로 한 장면이 진행되는 동안 최소한 두 번쯤 다시 설정된다. 중간에 모화면을 재설정하는 이유는 사건이 계속 진행되고 있음을 보여 주기 위함이다.
〔모화면을 중간에 재설정하는 이유〕
이러한 모화면은 분리 병치나 다중 변각과 같은 구성 요소들과 적절하게 배열되어 연출자가 의도한 다양한 효과를 연출할 수 있게 해 준다.
〔모화면의 효과〕
▶모화면의 의미와 효과

5 스테판 샤프는 영화 창조 과정을 통해 영화의 미학적 본질을 밝혀 보고자 하였다. 그는 "영화가 그 자신의 미적 체계와 조화의 법칙을 가진 하나의 예술임을 정의˚할 수 있는 시각적 구조에 대한 원리들을 찾아내야 한다."라고 하면서 영화 형식의 탁월함˚이 내
〔스테판 샤프가 영화 연구에서 중요하다고 본 요소 ①〕
용의 표현을 위한 최상의 수단이라고 보았다. 또한 이러한 시각적 구성 요소들을 유기적으로 조직할 수 있는 규칙을
〔스테판 샤프가 영화 연구에서 중요하다고 본 요소 ②〕
연구하는 것이 궁극적˚으로 영화의 본질에 도달할 수 있는 길이라고 주장하였다. ▶영화의 형식적 탁월함을 추구해야 한다는 스테판 샤프의 주장

▾유기적(有機的): 생물체처럼 전체를 구성하고 있는 각 부분이 서로 밀접하게 관련을 가지고 있어서 떼어 낼 수 없는 것.

▾숏(shot): 카메라가 한 번 촬영하기 시작해서 끝날 때까지의 연속된 한 화면 단위.

▾정의(定義): 어떤 말이나 사물의 뜻을 명백히 밝혀 규정함. 또는 그 뜻.

▾탁월하다(卓越하다): 남보다 두드러지게 뛰어나다.

▾궁극적(窮極的): 더할 나위 없는 지경에 도달하는 것.

독해력 Upgrade   ※각 문단의 중심 내용을 다음과 같이 정리할 때, 빈칸에 들어갈 알맞은 말을 쓰시오.

| **1** 영화의 형식에 주목해야 한다는 (스테판 샤프)의 주장 | → | **2** 분리 병치의 의미와 효과 | → | **3** (다중 변각)의 의미와 목적 및 효과 | → | **4** (모화면)의 의미와 효과 | → | **5** 영화의 형식적 탁월함을 추구해야 한다는 주장 |

1 내용 추론하기   답 ③

이 글을 바탕으로 할 때 '스테판 샤프'의 영화관과 가장 가까운 것은?

① 영화는 대상을 기계적으로 재현하고 현실화할 뿐이다.

② 영화는 문화와 역사에 대한 이해를 바탕으로 만들어져야 한다.

☑ 영화는 여러 시각적 형식들이 적절하게 구조화된 하나의 예술이다. → 5문단

④ 영화는 세계에 관한 사상(思想)과 전망을 설명하는 하나의 매체이다.

⑤ 영화는 기술적인 진보에 따라 사실적인 재현력이 높아 갈수록 예술성에서 멀어진다.

정답 풀이

5문단에 영화 연구에 대한 스테판 샤프의 주장과 관점이 제시되어 있다. 스테판 샤프는 영화의 시각적 구조에 대한 원리들을 찾아내야 하며, 시각적 구성 요소들을 유기적으로 조직할 수 있는 규칙을 연구해야 영화의 본질에 도달할 수 있다고 보았다. 즉 스테판 샤프는 영화가 이러한 시각적 요소들이 원리와 규칙에 따라 구조화된 대상이라고 본 것이다.

2 구체적 사례에 적용하기   답 ③

다음은 영화 콘티의 일부분이다. 이 글을 바탕으로 이해한 내용으로 적절하지 않은 것은?

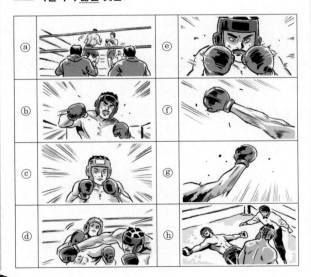

① ⓐ는 하나의 사건 전체를 포착하기 위한 모화면으로 설정하려는 의도를 담고 있군.

② ⓑ~ⓒ는 등장인물들을 번갈아 보여 줌으로써 인물 사이의 긴장감을 세밀하게 드러내려는 의도를 담고 있군.

☑ ⓓ는, 등장인물들의 행위가 다시 한 장면에 포착된 점으로 보아, 사건이 종료되고 있음을 보여 주기 위함이겠군.
　　모화면
　　×－사건이 진행되고 있음을 보여 주기 위함

④ ⓔ~ⓖ에는 다양한 각도에서의 촬영을 통해 등장인물의 행위를 역동적이고 입체적으로 느끼게 하려는 의도가 담겨 있군.

⑤ ⓗ는 사건의 흐름을 알려 주기 위해 재설정된 모화면으로 볼 수 있겠군.

정답 풀이

ⓓ는 등장인물들 사이에서 발생하는 사건이 원거리 촬영을 통해 한 화면에 포착되는 모화면으로 설정될 부분이다. 4문단에서는 모화면이 사건이 부드럽게 연속될 수 있도록 하는 장치로 한 장면이 진행되는 동안 최소한 두 번쯤 다시 설정된다고 하였다. 즉 장면 중간에 삽입된 모화면 ⓓ는 사건이 계속 진행되고 있음을 보여 주기 위해 중간에 재설정된 것이다. 연출자는 이러한 모화면을 분리 병치나 다중 변각과 같은 구성 요소들과 적절하게 배열함으로써 자신이 의도한 다양한 효과를 연출할 수 있다.

오답 풀이

① ⓐ는 사건 전체를 포착하기 위해 권투 시합이 일어나는 모습을 원거리에서 촬영하는 숏이므로, 모화면으로 설정하려는 의도가 담겨 있다고 볼 수 있다.

② ⓑ, ⓒ는 권투 시합 중인 두 사람을 한 화면에 한 사람씩 번갈아 보여 주는 숏의 배열이므로 분리 병치의 기법이 사용될 장면이다. 분리 병치를 활용하면 인물 각각의 정서나 상황을 효과적으로 드러낼 수 있다.

④ ⓔ~ⓖ는 공방을 주고받는 선수의 얼굴과 팔을 클로즈업하여 대상을 여러 각도로 보여 주므로 다중 변각의 기법이 사용될 장면이다. 다중 변각은 대상의 입체감과 역동성을 표현하기에 효과적인 기법이다.

⑤ ⓗ는 공격을 받은 선수가 쓰러진 상황을 원거리에서 포착하는 숏이므로 권투 시합의 진행 상황을 알려 주기 위한 모화면으로 볼 수 있다.

어휘력 Upgrade

※ 다음의 빈칸에 들어갈 알맞은 말을 〈보기〉에서 찾아 쓰시오.

보기
궁극적
유기적
정의
탁월

1 인생을 한마디로 (정의)하는 것은 쉽지 않은 일이다.
→ 어떤 말이나 사물의 뜻을 명백히 밝혀 규정함

2 글 전체를 이루는 요소나 성분은 (유기적)으로 얽혀 있다.
→ 생물체처럼 전체를 구성하고 있는 각 부분이 서로 밀접하게 관련을 가지고 있어서 떼어 낼 수 없는 것

3 그는 뛰어난 연주자일 뿐만 아니라 지휘자로서의 자질도 (탁월)하다.
→ 남보다 두드러지게 뛰어남

4 극심한 지구의 오염은 (궁극적)으로는 인류의 멸망을 초래할지도 모른다.
→ 더할 나위 없는 지경에 도달하는 것

마음까지 담으려 한 조선 시대의 초상화 _조선미

1 조선 시대에는 조상과 성현의 높은 덕행을 기리고 권계(勸誡)하기 위해 제사를 중요시했다. 조선 시대 자화상을 비롯한 대다수의 초상화는 이러한 점에 많은 영향을 받았다.
<small>조선 시대 초상화에 영향을 줌</small>
<small>중심 화제</small> ▶제사의 영향을 받은 조선 시대 초상화

2 조선 시대 대부분의 초상화는 별도의 배경이나 현실 공간에 대한 묘사 없이 초상화의 주인공만이 다소곳이 화폭에 자리 잡고 있는 것을 확인할 수 있다.
<small>조선 시대 초상화의 특징 ①</small>
이는 대상 인물을 시각적으로 강조하여 한 사람에게만 주의를 집중할 수 있도록 함으로써 보는 이에게 경건한 태도 <small>목적, 효과</small>를 갖도록 하기 위한 것이다. 그리고 주인공의 얼굴이 정면에서 좌측이나 우측으로 돌려진 <small>특징 ②</small>칠분면이나 팔분면을 취하게 하고 시선은 얼굴과 같은 방향으로 처리했는데, 이는 보는 이로 하여금 안정감을 느끼게 하고 화폭 속 인물에 대해 공경심을 불러일으키게 한다. 또한 얼굴을 강조하기 위해 손을 노출시키지 않거나 예의 바른 공수 자세를 취하게 한 것도 숭앙심 <small>특징 ③</small>(崇仰心)을 느끼게 하기 위한 것이다. ▶공경심을 유도하기 위한 조선 시대 초상화의 표현 방식

3 조선 시대 초상화가는 담담하고 절제된 군자의 자세나 반듯하고 흐트러짐 없는 모습을 <small>특징 ④</small>대상의 외모와 복장을 통해 그려 내고자 했다. 예를 들면 임금의 초상인 어진은 용포를 입은 군주의 외모를 통해 위풍당당한 모습을 표현했고, 공신상의 경우도 관복을 입은 외모를 통해 위엄 있는 모습을 나타냈다. <small>공신(나라를 위하여 특별한 공을 세운 신하)을 그린 초상화</small> 그리고 사대부상의 경우 야복으로 욕심 없는 은일의 태도를 <small>세상을 피하여 숨음. 또는 예전에, 벼슬하지 아니하고 숨어 살던 학자</small>표현하거나 관복으로 유학자의 풍채를 보여 주기도 했다. ▶외모와 복장을 통해 인물의 성정을 나타낸 조선 시대 초상화

4 조선 시대 초상화는 얼굴이나 의복을 표현하는 데 있어서 시대의 추이에 따라 인물의 <small>특징 ⑤</small>실체감을 더 강조하는 화법으로 변모해 갔다. 특히 안면이나 옷 주름의 음영 묘사는 평면적인 묘사 기법에서 후기로 갈수록 안면이나 옷 주름 선 주변에 형성된 음영을 나타내어, 입체적인 느낌이 더욱 뚜렷해진다. 그런데 이러한 변화도 인물이 지닌 바람직한 성정을 효과적으로 드러내려는 노력이라는 점에는 변함이 없었다. ▶인물의 실체감을 강조하는 화법으로 변모해 간 조선 시대 초상화

5 이처럼 조선 시대 초상화는 인물의 모습을 사실적으로 재현함과 동시에 인물이 지닌 바 <small>조선 시대 초상화의 특징 요약</small>람직한 성정을 표현했다. 즉 조선 시대 초상화가는 초상화 속 인물과 실제 인물과의 내외적인 닮음을 추구하였던 것이다. 이러한 초상화는 제사를 지내는 사람들이 마음속으로 공경할 수 있도록 커다란 크기로 사당이나 서원에 걸렸고, 우리 조상들은 초상화 속 인물을 단순한 <small>보는 이들의 공경심을 유발하기 위해</small>그림 속 인물이 아닌 조상과 성현 그 자체로 인식했다. ▶실제 인물과의 내외적인 닮음을 추구한 조선 시대 초상화
<small>내외적인 닮음을 추구하여 공경심을 유발하였기 때문에</small>

왼쪽 여백

● **지문 갈무리**
조선 시대 초상화에는 보는 이가 대상을 우러러보게 하려는 의도가 담겨 있어. 이를 위해 인물의 겉모습뿐만 아니라 인물이 지닌 바람직한 성정까지도 표현하려고 노력했지. 이러한 특징은 인물의 외모나 자세, 복장 등을 표현한 방식에서 확인할 수 있어.

● **주제**
조선 시대 초상화의 특징

▼ **권계(勸誡):** 착한 일은 권장하고 악한 일은 제재함.

▼ **경건하다(敬虔하다):** 공경하며 삼가고 엄숙하다.

▼ **숭앙(崇仰):** 공경하여 우러러봄.

▼ **야복(野服):** 야인이 입는 옷. 여기서는 관복이 아닌 평상복을 이르는 말.

▼ **풍채(風采):** 드러나 보이는 사람의 겉모양.

▼ **추이(推移):** 일이나 형편이 시간의 경과에 따라 변하여 나감. 또는 그런 경향.

▼ **성정(性情):** 성질과 심정. 또는 타고난 본성.

독해력 Upgrade

※각 문단의 중심 내용을 다음과 같이 정리할 때, 빈칸에 들어갈 알맞은 말을 쓰시오.

| **1** (제사)의 영향을 받은 조선 시대 초상화 | → | **2** 공경심을 유도하기 위한 표현 방식 | → | **3** (외모)와 복장을 통한 인물의 성정 표현 | → | **4** (실체감)을 강조하는 방향으로 변모해 간 화법 | → | **5** 내외적인 닮음을 추구한 조선 시대 초상화 |

1 세부 정보 파악하기 답 ⑤

'조선 시대 초상화'에 대한 설명으로 적절하지 <u>않은</u> 것은?

① 조선 시대 초상화는 조상과 성현에 대한 제사의 영향을 받았다. → 1문단

② 조선 시대 초상화에서 인물의 시선은 얼굴과 같은 방향으로 처리되었다. → 2문단

③ 조선 시대 초상화는 대상의 외모와 복장을 통해 절제된 군자의 자세를 드러냈다. → 3문단

④ 조선 시대 초상화의 커다란 크기는 초상화를 보는 사람들의 마음가짐과 관련 있다. → 5문단

☑ 조선 시대 초상화는 인물의 성정을 드러내기 위해 <u>평면적인 묘사 기법</u>을 유지했다.
×-실체감을 더 강조하는 화법으로 변모함

정답 풀이

4문단에서 조선 시대 초상화가 인물의 실체감을 더 강조하는 화법으로 변모해 갔으며, 이는 인물이 지닌 바람직한 성정을 효과적으로 드러내기 위한 것이라고 하였다.

오답 풀이

① 1문단에 따르면 조선 시대에는 제사를 중요시하였고 이 점이 조선 시대 초상화에 많은 영향을 주었다.

② 2문단에 따르면 조선 시대 초상화에서 주인공의 얼굴은 칠분면이나 팔분면을 취하게 하고 시선은 얼굴과 같은 방향으로 처리되었다.

③ 3문단에서 조선 시대 초상화는 담담하고 절제된 군자의 자세나 반듯하고 흐트러짐 없는 모습을 대상의 외모와 복장을 통해 그려 내고자 했다고 하였다.

④ 5문단에서 조선 시대 초상화는 제사를 지내는 사람들이 마음속으로 공경할 수 있도록 커다란 크기로 사당이나 서원에 걸렸다고 하였다.

2 구체적 사례에 적용하기 답 ②

이 글을 읽고 아래 그림을 감상한 내용으로 적절하지 <u>않은</u> 것은?

〈강세황 70세 자화상〉은 조선 후기 작으로, 팔분면에 머리에는 관모를
안정감, 공경심을 유도함
쓰고 의복은 야복을 입은 전신부좌상
욕심 없는 은일의 태도를 표현함
이다.

[감상 내용]

• 인물의 손을 드러내지 않은 것으로 보아 얼굴을 부각하려고 한 것이겠군. ·············· ①
→ 2문단에 근거함

• 야복을 입은 것으로 보아 <u>인물의 위풍당당한 모습을 드러내려고</u> 한 것이겠군. ·············· ☑
×-은일의 태도를 표현하려고

• 옷 주름 선 주변에 음영을 표현한 것으로 보아 입체감을 나타내려고 한 것이겠군. ·············· ③
→ 4문단에 근거함

• 안면을 우측으로 돌려 팔분면을 취한 것으로 보아 안정감을 느끼게 하려고 한 것이겠군. ·············· ④
→ 2문단에 근거함

• 특별한 현실 공간을 표현하지 않은 것으로 보아 보는 사람이 인물에만 집중하도록 한 것이겠군. ·············· ⑤
→ 2문단에 근거함

정답 풀이

3문단에서 "사대부상의 경우 야복으로 욕심 없는 은일의 태도를 표현"하는 효과가 있다고 하였으므로 ②와 같은 감상은 적절하지 않다. 의복을 통해 인물의 위풍당당한 모습을 드러낸 초상화의 예로는 용포를 입은 임금의 어진을 들 수 있다.

오답 풀이

① 2문단에서 얼굴을 강조하기 위해 손을 노출시키지 않는 것을 조선 시대 초상화의 특징으로 제시하고 있으므로, 이에 따른 적절한 감상이다.

③ 4문단에서 조선 후기로 갈수록 "안면이나 옷 주름 선 주변에 형성된 음영을 나타내어, 입체적인 느낌이 더욱 뚜렷해진다."라고 하였으므로, 이에 따른 적절한 감상이다.

④ 2문단에서 주인공의 얼굴이 좌측이나 우측으로 돌려진 칠분면이나 팔분면을 취하면 보는 이에게 안정감을 준다고 하였으므로, 이에 따른 적절한 감상이다.

⑤ 2문단에서 조선 시대 대부분의 초상화는 별도의 배경이나 현실 공간에 대한 묘사 없이 초상화의 주인공만 화폭에 담아냄으로써 대상 인물을 시각적으로 강조하고 한 사람에게만 주의를 집중하게 한다고 하였다. 이를 고려할 때 ⑤는 적절한 감상이다.

어휘력 Upgrade

※다음의 빈칸에 들어갈 알맞은 말을 〈보기〉에서 찾아 쓰시오.

보기
경건
추이
풍채
성정

1 새로운 분야에 투자하기 위해서는 산업의 전반적인 (추이)를 잘 살펴야 한다.
→ 일이나 형편이 시간의 경과에 따라 변하여 나감. 또는 그런 경향

2 그는 허허 웃는 너털웃음에 사람 좋아 보이는 당당한 (풍채)를 가진 사람이었다.
→ 드러나 보이는 사람의 겉모양

3 3 · 1 운동 100주년을 맞아 광장에 모인 시민들은 태극기를 향해 (경건)하게 묵념했다.
→ 공경하며 삼가고 엄숙함

4 고향을 떠나 도시로 오신 어머니는 순박한 (성정)을 지닌 고향 마을 사람들을 자주 그리워하신다.
→ 성질과 심정. 또는 타고난 본성

정해진 것은 없다, 우연성 음악 _신인선

● 지문 갈무리
'우연성 음악'은 음악에 우연적 요소를 도입하여 일반적으로 볼 수 있는 고정된 형태에서 벗어난 음악이야. 이 글은 케이지와 슈톡하우젠이 사용한 우연적 방법과 대표적 작품을 통해 우연성 음악이 어떤 것인지를 구체적으로 설명하고 있어.

● 주제
케이지와 슈톡하우젠의 작품을 통해 살펴본 우연성 음악의 특징과 의의

1 '우연성 음악(Aleatoric)'이란 주사위를 뜻하는 라틴어 '알레아(Alea)'에서 유래된 용어로, 서양 음악의 전통적 통념에서 벗어나 작곡이나 연주 과정에 우연성을 도입함으로써 불확정성을 추구하는 음악을 일컫는다. 우연성 음악은 현대 음악이 지나치게 추상화되거나 정밀하게 구성된 음만을 추구한다는 비판에서 출발하였는데, 대표적인 음악가로 케이지와 슈톡하우젠이 있다. ▶우연성 음악의 개념과 등장 배경

2 케이지는 인간의 의도가 배제된 무작위(無作爲)의 상태가 가장 자연스러운 상태라고 주장하는 동양의 주역 사상을 접한 후, 작곡에 있어 인위적인 요소들을 제거하면 소리가 자연스럽게 구성될 수 있다고 생각하였다. 그래서 케이지는 작품을 창작하는 과정에 우연의 요소를 도입하여, 음의 높이나 강약 또는 악기나 음악 형식을 작곡가의 의도에 따라 결정하지 않고 동전이나 주사위를 던져 결정하는 방법을 사용하였다. ▶작품 창작 과정에 우연의 요소를 도입한 케이지

3 우연적 방법을 사용한 케이지의 대표적 작품으로는 1951년 작곡된 〈피아노를 위한 변화의 음악〉이 있다. 케이지는 이 곡을 작곡할 때 작품 전체의 형식 구조만을 정해 놓고 세 개의 동전을 던져 음의 고저와 장단, 음가 등을 결정하였다. 다시 말해서 곡의 전체 구조는 합리적 사고에 의해, 세부적인 요소는 비합리적인 우연성에 의해 선택된 것이다. ▶우연적 방법을 사용한 케이지의 대표적 작품

4 케이지의 영향을 받은 슈톡하우젠은 음악의 우연성이 통계적 사고를 하는 과정에서 발생한다고 보고, 음악적 요소들의 관계에서 가변성이 형성될 때 다양한 음악적 표현이 가능하다고 생각했다. 기존의 음악처럼 고정된 악보를 제시하여 정해진 연주 방법과 진행 순서로 연주하는 것이 아니라, 단편적인 여러 악구만 제시하고 연주자가 이를 임의로 조합하는 우연성에 의해 연주해도 얼마든지 음악적 표현이 가능하다고 본 것이다. ▶연주의 우연성에 주목한 슈톡하우젠

5 슈톡하우젠의 〈피아노 소품 XI〉은 19개의 단편적인 악구로만 구성된, 단 한 페이지의 악보로 된 작품이다. 각 악구의 끝에는 박자, 빠르기, 음의 세기 등과 같은 지시어가 적혀 있는데, 연주자는 악구 중 하나를 선택하여 자신이 생각한 박자, 빠르기, 음의 세기로 연주를 시작하고, 해당 악구의 연주가 끝나면 임의로 선택한 다른 악구로 이동한다. 이때 각 악구의 뒷부분에 다음 악구를 연주하는 방식이 지시되어 있기 때문에, 그다음 악구는 바로 직전 악구의 지시어대로 연주해야 한다. 그리고 동일한 악구를 두 번째로 다시 연주할 때에는 해당 악구 앞부분의 괄호 안에 적힌 옥타브 변경 지시에 따라 연주한다. 이러한 과정을 반복하다 어느 한 악구를 세 번째로 연주하게 되면 끝난다. 따라서 이 작품은 처음에 선택한 악구를 연달아 세 번 연주하고 끝내는 짧은 연주 방법부터, 모든 악구를 두 번씩 반복한 후 마지막에 임의의 한 악구를 선택하여 끝내는 방법까지 다양한 방식으로 연주할 수 있다. ▶우연적 방법으로 다양하게 연주할 수 있는 슈톡하우젠의 작품

6 이러한 우연성 음악은 하나의 작품이 작곡되고 연주되는 과정이 고정된 것이 아니라, 작곡가의 창작 과정과 이를 실현하는 연주자에 의해 다양하게 나타날 수 있다는 것을 보여

▾통념(通念): 일반적으로 널리 통하는 개념.
▾무작위(無作爲): 일부러 꾸미거나 뜻을 더하지 아니함.
▾가변성(可變性): 일정한 조건에서 변할 수 있는 성질.
▾지평(地平): 사물의 전망이나 가능성 따위를 비유적으로 이르는 말.

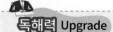

독해력 Upgrade ※각 문단의 중심 내용을 다음과 같이 정리할 때, 빈칸에 들어갈 알맞은 말을 쓰시오.

| **1** 우연성 음악의 개념과 등장 배경 | → | **2** 작품 창작 과정에 우연의 요소를 도입한 (케이지) | → | **3** 우연적 방법을 사용한 케이지의 대표적 작품 | → | **4** 연주의 우연성에 주목한 (슈톡하우젠) | → | **5** 우연적 방법으로 연주하는 슈톡하우젠의 작품 | → | **6** 우연성 음악의 (의의) |

주었다. 때문에 음악을 바라보는 고정 관념에서 벗어나 음악의 지평˙을 넓혔다는 평가를 받고 있다.
　우연성 음악의 의의　　　　　　　　　　　　　　▶우연성 음악의 의의

---

1 핵심 정보 이해하기　　　　　　　　답 ④

우연성 음악 에 대한 이해로 가장 적절한 것은?

① 작곡가와 연주자의 지위가 동등하다는 것을 강조하였다.

② 작품에 대한 평가는 연주자의 능력에 의해 결정되는 것임을 보여 주었다.

③ 누구나 음악을 작곡하고 연주하는 것이 가능함을 보여 줌으로써 음악의 지평을 넓혔다.

☑ 음악의 창작과 실현에 관한 발상의 전환을 통해 불확정
　○ - 작곡이나 연주 과정이 고정된 것이라는 통념에서 벗어남
성이 음악의 중요한 요소가 될 수 있음을 보여 주었다.
　○ - 작곡이나 연주 과정에 우연적 방법을 도입함

⑤ 작품의 의미를 제대로 파악하기 위해서는 작곡과 연주에 대한 청중의 배경지식이 중요하다는 것을 강조하였다.

정답 풀이

1문단에서 우연성 음악은 "서양 음악의 전통적 통념에서 벗어나 작곡이나 연주 과정에 우연성을 도입함으로써 불확정성을 추구하는 음악"이라고 하였다.

---

2 구체적 사례에 적용하기　　　　　　답 ⑤

5에 제시된 방법으로 〈보기〉의 악보를 연주한다고 할 때, 이에 대한 이해로 적절하지 <u>않은</u> 것은?

├── 보기 ├──

○첫 악구 연주 방법: B를 선택, 2/4박자, 보통 빠르기로
○연주 순서: B→A→E→C→B→A→C→D→A

A （한 옥타브 낮게） 4/4박자, 느리게
B （한 옥타브 높게） 2/4박자, 매우 빠르게
C （한 옥타브 높게） 2/4박자, 모든 박 악센트
D （두 옥타브 낮게） 2/4박자, 아주 느리게
E （한 옥타브 낮게） 3/4박자, 보통 빠르기

---

① 악구 A는 모두 2/4박자로 연주되는군.
　　악구 B, D의 지시

② 악구 B와 D는 모든 박을 악센트로 연주해야 하는 경우가 생기는군.
　　　　악구 C의 지시

③ 악구 C는 처음에는 '보통 빠르기'로, 두 번째는 '느리게'로 연주되는군.
　　악구 E의 지시　　　　　　　악구 A의 지시

④ 악구 D 다음에 A가 아닌 C를 선택해도 연주는 끝나겠군.
　　　　　　C가 세 번 연주되므로

☑ 악구 E는 원래의 음보다 한 옥타브 낮은 음으로 연주되는군.
× - 악구 E는 한 번만 연주되므로 옥타브 변경을 하지 않음

정답 풀이

5문단에 따르면 옥타브를 변경하여 연주하는 경우는 동일한 악구를 두 번째로 연주할 때이다. 그런데 악구 E는 한 번만 연주되므로 연주 과정에서 옥타브가 변경되지 않는다.

오답 풀이

① 악구 A는 악구 B와 D 다음에 연주되는데, 악구 B와 D는 모두 다음에 연주되는 악구를 2/4박자로 연주하도록 지시하고 있다.

② 두 번째 반복되는 악구 B와 악구 D는 모두 악구 C 다음에 연주되는데, 악구 C는 다음에 연주되는 악구를 '모든 박 악센트'로 연주할 것을 지시하고 있다.

③ 악구 C는 차례로 악구 E, 악구 A 다음에 연주된다. 악구 E는 다음 악구를 '보통 빠르기'로, 악구 A는 '느리게'로 연주하도록 지시하고 있다.

④ 악구 D 다음에 악구 C를 선택하면 전체적으로 악구 C가 세 번 반복되는 것이므로 연주가 끝난다.

단원 어휘 테스트

01회 01 ㉠ 02 ㉢ 03 ㉡ 04 ㉣ 05 퇴화 06 가변성 07 기교 08 가공 09 백미 10 정의 11 일색 12 주역 13 도입 14 역행 15 재현 16 발상 17 미숙해서 18 배제하기로 19 상이하다 20 탈피해야

02회 01 ㉣ 02 ㉠ 03 ㉢ 04 ㉡ 05 통념 06 풍채 07 지평 08 탐색 09 궁극적 10 유기적 11 유동적 12 인위적 13 고유 14 유용 15 개척 16 추이 17 치장했다 18 탁월한 19 부여하는 20 구현한

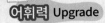
어휘력 Upgrade

※다음의 빈칸에 들어갈 알맞은 말을 〈보기〉에서 찾아 쓰시오.

├ 보기 ┤
통념
발상
가변성
지평

1 새로운 유전자의 발견은 유전 공학의 새 （ 지평 ）을 열었다.
　→사물의 전망이나 가능성 따위를 비유적으로 이르는 말

2 미(美)의 기준은 시대나 상황에 따라 달라지는 （ 가변성 ）을 지닌다.
　→일정한 조건에서 변할 수 있는 성질

3 경쟁이 치열한 광고업계에서 살아남기 위해서는 기발하고 참신한 （ 발상 ）이 필요하다.
　→어떤 생각을 해 냄. 또는 그 생각

4 국악을 전공한 그 젊은 연주자는 국악은 대중성이 없다는 （ 통념 ）을 깨기 위해 노력하고 있다.
　→일반적으로 널리 통하는 개념

나이, 어떤 방식으로 세는 것이 좋을까

1 ②　　2 ④　　3 ④

● 지문 갈무리
태어난 연도가 같은 친구들이라도 계산 방법에 따라 나이가 달라질 수 있어. 우리나라에서는 '세는나이'와 '만 나이'를 모두 사용하고 있기 때문이지. 이 글은 두 방식의 차이점을 드러내면서 '만 나이'로 나이 셈법을 통일할 것을 주장하고 있어.

● 주제
'만 나이'로 나이 셈법을 통일해야 하는 이유

1 　우리나라에서는 새해가 되면 전 국민 모두 한 살씩 나이를 더 먹는다. 이렇게 나이를 세는 방식을 '세는나이' 또는 '한국식 나이'라고 한다. 그런데 우리나라에서는 '세는나이' 외에 '만 나이'도 쓰인다. '만 나이'는 0세부터 시작해서 출생일에 나이를 더하는 나이 셈법이다.

2 　나이 계산 방식이 두 가지이다 보니 생활에서 혼란을 겪는 경우가 많다. 가령 극장에서 영화를 볼 수 있는지, 선거 날 투표를 할 수 있는지와 같은 고민부터 '만 나이'를 기재해야 하는 공문서에 '세는나이'로 잘못 기재하는 일까지 혼란스러운 일이 비일비재하다. 이러한 혼란을 줄일 수 있는 방법은 '만 나이'로 나이 셈법을 통일하는 것이다. 그 이유는 다음과 같다.

3 　첫째, '만 나이'를 사용하는 것이 법의 규정에 부합한다. 우리 민법은 1962년부터 '만 나이'를 사용할 것을 명시하고 있다. 그래서 공문서나 법조문, 보험 문서에서는 공식적으로 '만 나이'를 사용한다. 2013년 개정된 민법을 보면, '만 20세'로 표기했던 성년의 나이를 '만' 자를 빼 '19세'로 바꾸었다. 이 개정안은 법률적으로 나이를 셀 때에는 '만 나이'로 계산해야 한다는 것을 상징적으로 보여 주는 것이다.

4 　둘째, '만 나이'는 '세는나이'에 비해 계산 방식이 더 합리적이다. 아래 그림에서 2014년 12월 26일에 태어난 아이를 통해 '만 나이'와 '세는나이'의 차이를 살펴보자. '세는나이' 셈법으로 이 아이는 태어난 순간 1살이 되고, 며칠 뒤 2015년 1월 1일이 되면 바로 2살이 된다. 출생 후 1살을 더하기까지의 기간이 출생일에 따라 모두 다르다. 반면 '만 나이' 셈법으로 이 아이는 2015년 12월 26일이 되었을 때 1살을 더하게 된다. 누구나 출생일에서 1살을 더하기까지의 기간이 동일한 것이다.

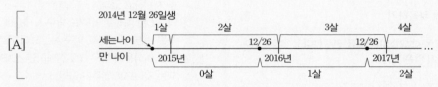

5 　셋째, '만 나이'의 사용은 국제 사회의 흐름에도 부합한다. 사실 '세는나이'는 우리나라에서만 쓰이는 나이 셈법이다. 근대 이전에는 동아시아의 여러 국가가 '세는나이'를 사용하였다. 그러나 중국, 일본, 베트남 등의 국가는 근대화를 거치면서 '세는나이'의 방법을 버리고 '만 나이'만을 사용하고 있다. 대부분의 국가에서 종교와 관계없이 서력기원을 쓰고 있듯, 우리도 '만 나이'를 사용하는 문화를 정착시켜야 한다.

6 　우리나라의 나이 셈법을 '만 나이'로 통일하면 일상생활에서 겪는 여러 가지 혼란을 피할 수 있다. 또한 공공 기관, 기업, 병원 등에서 '세는나이'를 '만 나이'로 환산해서 적용하는 데 따르는 사회적 비용도 줄일 수 있다. 사회 관습과 사회 인식을 개선해야 하므로 시간이 다소 걸릴 수 있겠지만 '만 나이'로 통일해야 하는 이유는 충분해 보인다.

▼ 기재(記載): 문서 따위에 기록하여 올림.

▼ 비일비재(非一非再): 같은 현상이나 일이 한두 번이나 한둘이 아니고 많음.

▼ 부합(符合): 사물이나 현상이 서로 꼭 들어맞음.

▼ 서력기원: 기원 원년 이후. 주로 예수가 태어난 해를 원년으로 하여 이름.

▼ 환산(換算): 어떤 단위나 척도로 된 것을 다른 단위나 척도로 고쳐서 헤아림.

독해력 Upgrade

※각 문단의 중심 내용을 다음과 같이 정리할 때, 빈칸에 들어갈 알맞은 말을 쓰시오.

| 1 우리나라에서 쓰이는 ('세는나이')와 '만 나이' | → | 2 ('만 나이')로 나이 셈법을 통일해야 할 필요성 | → | 3 법의 규정에 부합하는 '만 나이' 사용 | → | 4 '세는나이'보다 계산 방식이 합리적인 '만 나이' | → | 5 (국제 사회)의 흐름에 부합하는 '만 나이' 사용 | → | 6 '만 나이'로 통일된 사회에 대한 전망 |

1 핵심 정보 파악하기 답 ②

〈보기〉는 이 글의 내용을 요약한 것이다. 빈칸에 들어갈 말로 가장 적절한 것은?

┤ 보기 ├

우리나라는 '만 나이'와 '세는나이'를 혼용하고 있으므로 실생활에서 혼란을 겪는 경우가 많다. '만 나이'는 민법에 명시되어 있는 공식적인 나이 셈법이고, *근거 ① – 3문단* '세는나이'에 비해 합리적이다. *근거 ② – 4문단* 또한 (   ). *근거 ③ – 5문단* 따라서 우리나라에서 사용되는 나이 셈법을 '만 나이'로 통일해야 한다. *주장*

① 현재의 나이 셈법에 개선이 필요한 시점이다.

☑ '만 나이'의 사용은 국제 사회의 흐름에 부합한다.
→ 5문단에 제시된 근거 ③

③ 공문서나 법조문, 보험 문서에서 '만 나이'를 사용한다.

④ 사회 관습과 사회 인식을 개선하는 데 시간이 걸릴 수 있다.

⑤ 개정된 민법에서 성년의 나이를 '만' 자를 뺀 '19세'로 바꾸었다.

정답 풀이

이 글은 나이 셈법을 '만 나이'로 통일해야 한다는 주장과 그에 대한 근거를 제시한 글이다. 글쓴이는 주장을 뒷받침하는 근거 세 가지를 각각 3문단, 4문단, 5문단에서 제시하였다. 이 글을 요약한 〈보기〉에는 세 가지 근거 중 두 가지만 제시되어 있고 '또한'이라는 접속어가 쓰였으므로, 빈칸에는 5문단에 제시된 세 번째 근거의 내용이 들어가는 것이 가장 적절하다.

오답 풀이

① 〈보기〉의 첫 번째 문장을 다르게 표현한 말이다.

③, ⑤ 3문단에서 확인할 수 있는 내용으로, 첫 번째 근거에 포함되는 세부 내용이다.

④ 글쓴이가 글을 마무리하며 덧붙인 부수적인 내용이다.

2 자료의 기능 이해하기 답 ④

[A]의 기능에 대한 설명으로 가장 적절한 것은?

① 글에 나타나지 않은 사례를 추가한다.

② 글의 모든 근거를 종합하여 보여 준다.

③ 앞으로 제기할 문제를 압축적으로 제시한다.

☑ 두 대상이 지닌 차이를 시각적으로 드러낸다.
→ '세는나이'와 '만 나이'의 차이를 시각적으로 보여 줌

⑤ 제기한 문제 상황에 대한 해결 방안을 제시한다.

정답 풀이

[A]는 4문단에서 설명하고 있는 '만 나이'와 '세는나이'의 계산 방식의 차이를 그림으로 보여 줌으로써 두 대상의 차이를 시각적으로 파악할 수 있게 한다.

3 구체적 사례에 적용하기 답 ④

이 글을 바탕으로 할 때, 〈보기〉에 대해 보인 반응으로 적절하지 않은 것은?

┤ 보기 ├

서영이는 2014년 12월 26일에 태어났고, 옆집의 현우는 2015년 1월 1일에 태어났다. 그리고 윗집의 민준이는 2015년 12월 27일에 태어났다.

① '세는나이'를 사용할 때, 현우와 민준이는 항상 나이가 같아.

② '만 나이'를 사용할 때, 현우는 2016년 1월 1일이 되었을 때 1살이 더해져.

③ '세는나이'를 사용할 때, 2015년 1월 1일에 서영이는 2살이고 현우는 1살이야.

☑ 중국이나 일본의 방식으로 나이를 세면, 서영이는 2015년 1월 1일에 1살이 더해져.
'만 나이' × – 2015년 12월 26일에 1살이 더해짐

⑤ '만 나이'를 사용할 때, 세 명 모두 출생일에서 1살을 더하기까지의 기간은 동일해.

정답 풀이

5문단에서 "중국, 일본, 베트남 등의 국가는 근대화를 거치면서 '세는나이'의 방법을 버리고 '만 나이'만을 사용하고 있다."라고 하였다. 따라서 중국이나 일본의 방식 즉 '만 나이'를 사용하면, 2014년 12월 26일에 태어난 서영이는 2015년 12월 26일이 되었을 때 1살이 더해진다.

오답 풀이

① '세는나이'를 사용하면 태어난 순간 1살이고 해가 바뀔 때 모두 1살이 더해진다. 현우와 민준이는 같은 해에 태어났으므로 '세는나이'가 항상 같다.

② '만 나이'는 0세부터 시작해서 출생일에 나이를 더하므로, 2015년 1월 1일에 태어난 현우는 다음 해 출생일이 되었을 때 1살이 더해진다.

③ '세는나이'를 사용하면, 서영이는 태어났을 때 1살이 되고 해가 바뀌어 2015년이 되면 2살이 된다. 2015년 1월 1일에 태어난 현우 역시 바로 1살이 된다.

⑤ 4문단에서 '만 나이'를 사용하면 "누구나 출생일에서 1살을 더하기까지의 기간이 동일"하다고 하였다.

어휘력 Upgrade ※다음의 빈칸에 들어갈 알맞은 말을 〈보기〉에서 찾아 쓰시오.

┤ 보기 ├
부합
기재
환산
비일비재

1 지원서에 (기재)한 내용이 사실과 다를 경우에는 합격이 취소된다.
→ 문서 따위에 기록하여 올림

2 그것은 아주 오래된 고대 유물이기 때문에 그 가치를 돈으로 (환산)할 수 없다.
→ 어떤 단위나 척도로 된 것을 다른 단위나 척도로 고쳐서 헤아림

3 인간을 위해 만든 제도가 오히려 인간을 부자유하게 만드는 일은 (비일비재)하다.
→ 같은 현상이나 일이 한두 번이 아니고 많음

4 시립 도서관에서는 시민들의 요구에 (부합)하는 독서 프로그램을 제공하고자 한다.
→ 사물이나 현상이 서로 꼭 들어맞음

인류와 함께해 온 문화 현상, 문신_조현설

1 문신(文身)은 말 그대로 몸에 새기는 무늬이다. 문신 문화에 관한 고고학이나 인류학, 그리고 역사학의 자료를 참조하면 문신은 특정 문화권에 한정된 현상이 아니라 인류 보편의 문화 현상이었다. 「알프스에서 발견된 5천여 년 전 청동기 시대의 사냥꾼 미라에도 문신이 있었고 19세기 또는 20세기 초까지 석기 시대의 삶을 살고 있었던 남태평양의 섬이나 중국 서남부의 여러 민족들도 문신 습속을 지니고 있었다. 우리 역시 삼한 시대에 문신 습속이 있었다.」
▶ 인류 문화에 보편적으로 나타나는 문신

2 인류 문화의 보편적 현상인 문신은 고통스러운 신체 장식술을 통해 특정한 사회적 의미를 표현한다. 역사서의 기록이나 구술 전승에 따르면 문신은 어로·수렵 등 생산 활동 중에 있을 수 있는 동물들의 공격으로부터 신체를 보호하는 주술적 기능을 수행했다. 또 문신에는 문신을 하지 않거나 다른 형태의 문신을 한 종족과 동일 문신의 종족을 구별해 주는 종족 표지 기능도 있었다. 그리고 문신은 위치나 형태를 통해 신분의 고하(高下)나 결혼의 유무 등 사회적 신분을 표시하는 기능도 수행하는데 이때 문신하기는 일종의 통과 의례이다. 그러나 문신에는 이와 같은 종교적·실용적 기능 외에도 미적 기능이 있다. 옷이 신분을 드러내는 표지이면서 동시에 아름다움의 표현이듯이 문신 역시 문신 사회에서는 아름다움의 표현이었다.
▶ 원시 사회에서 문신의 기능

3 오늘날에도 원시 사회의 문신이 지니고 있던 이런 기능들은 축소되거나 변형된 채 여전히 지속되고 있다. 「집단적 성격을 가지고 있던 주술 문신은 늘 승부에 몸을 던지는 스포츠 선수들의 몸 위에 남아 있다. 그들은 문신을 통해 심리적 위안을 얻고 승리를 기원한다. 문신의 미적 기능 역시 눈썹을 그리는 미용 문신의 이름으로 여성들의 신체에 남아 있으며, 예술 문신이라는 이름의 새로운 장르로 태어나고 있는 중이다. 한편, 종족 표지의 기능을 수행하던 문신은 범죄 집단에서 구성원들의 결속력을 강화하기 위한 수단으로 왜곡되어 나타나기도 한다.」
▶ 오늘날 문신의 기능과 종류

4 우리 사회에서 문신은 죄의 대가로 새기는 형벌 문신의 영향과 유가적(儒家的) 신체관의 유산 때문에 반사회적·반윤리적 이미지를 불러일으키는 불온한 상징물로 간주된다. 하지만 다른 한편에서 그것은 유가적 신체관으로부터 자유로운 세대들의 자의식을 드러내는 도전적 상징물이고, 몸을 화폭으로 삼아 새겨 내는 전위적 예술이기도 하다.
▶ 문신에 대한 세대별 인식의 차이

5 중세와 근대를 거치면서 그간 우리 사회에서는 「신체를 부모와 가족을 매개로 국가에 연계된 것으로 인식해 왔다. 몸을 잘 간수하는 것이 효(孝)의 시작이었고, 필요하면 몸을 산화(散花)하는 것이 충(忠)의 표현이었다.」 그러나 새로운 세대들에게 몸은 더 이상 그런 관계 속에 있지 않다. 그들에게는 '이것은 나의 몸'이라는 의식이 있기 때문이다. 문신을 비롯한 피어싱·보디 페인팅과 같은 신체 장식술과 변형술은 바로 이런 의식을 반영한 것이다. 이들

● **지문 갈무리**
문신은 인류 역사에서 꾸준히 존재해 온 현상이야. 이 글은 문신의 기능과 종류, 문신에 대한 세대별 인식 차이 등을 설명하고, 문신이 다양성이 존중되는 사회임을 드러내는 지표가 될 수 있다는 생각을 드러내고 있어.

● **주제**
인류 문화의 보편적 현상인 문신의 특성

▼ 습속(習俗): 습관이 된 풍속.

▼ 왜곡(歪曲): 사실과 다르게 해석하거나 그릇되게 함.

▼ 불온하다(不穩하다): 사상이나 태도 따위가 통치 권력이나 체제에 순응하지 않고 맞서는 성질이 있다.

▼ 간주(看做): 상태, 모양, 성질 따위가 그와 같다고 봄. 또는 그렇다고 여김.

▼ 지표(指標): 방향이나 목적, 기준 따위를 나타내는 표지.

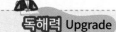
독해력 Upgrade　　※각 문단의 중심 내용을 다음과 같이 정리할 때, 빈칸에 들어갈 알맞은 말을 쓰시오.

| **1** 인류 문화에 보편적으로 나타나는 문신 | → | **2** 원시 사회에서 문신의 (기능) | → | **3** 오늘날 문신의 기능과 종류 | → | **4** 문신에 대한 세대별 인식의 (차이) | → | **5** 다양성 존중의 (상징적 지표)가 될 수 있는 문신 |

의 의식 안에서 문신은 윤리의 차원을 벗어나 개인적 취향의 문제로 재탄생할 것이다. 21세기 우리 사회에서 문신은 ㉠'차이들의 원만한 공존'을 재는 상징적 지표▼의 하나이다.

▶다양성 존중의 상징적 지표가 될 수 있는 문신

1 세부 정보 파악하기　답 ④

이 글의 내용과 일치하지 않는 것은?

① 문신은 인류 문화의 보편적 현상이다. → 1문단

② 미용 문신은 문신의 미적 기능과 연관된다. → 3문단

③ 문신은 특정한 사회적 의미를 표현할 수 있다. → 2문단

✔ 원시 사회의 문신의 기능은 점점 확대되어 현대에도 지속된다.
　　　　　　　× -축소되거나 변형되었음

⑤ 우리 사회에서 문신의 부정적 이미지는 유가적 신체관에 기인한다. → 4문단

정답 풀이

3문단에서 "오늘날에도 원시 사회의 문신이 지니고 있던 이런 기능들은 축소되거나 변형된 채 여전히 지속되고 있다."라고 하였다. 따라서 원시 사회의 문신의 기능이 현대에 확대되었다는 내용은 이 글과 일치하지 않는다.

오답 풀이

① 1문단에서 "문신은 특정 문화권에 한정된 현상이 아니라 인류 보편의 문화 현상"이라고 하였다.

② 3문단에서 "문신의 미적 기능 역시 눈썹을 그리는 미용 문신"으로 현대에 나타난다고 하였다.

③ 2문단에서 문신이 "특정한 사회적 의미를 표현"한다고 하였다.

⑤ 4문단에서 "형벌 문신의 영향과 유가적 신체관의 유산 때문에" 우리 사회에서 문신이 불온한 상징물로 간주된다고 하였다.

2 내용 전개 방식 파악하기　답 ③

이 글에서 사용한 설명 방법으로 적절하지 않은 것은?

① 대상의 개념을 정의하여 설명하고 있다. → 1문단

② 대상의 기능을 구분하여 설명하고 있다. → 2문단

✔ 대상을 친숙한 것에 빗대어 설명하고 있다. → ×

④ 실제의 구체적 사례를 들어 설명하고 있다. → 3문단

⑤ 대상에 대한 인식의 차이를 대조하여 설명하고 있다. → 4문단

정답 풀이

어떤 대상을 보다 친숙한 다른 대상에 빗대어 설명하는 방법은 유추이다. 하지만 이 글에는 유추의 설명 방법이 사용되지 않았다.

오답 풀이

① 1문단에서 문신의 뜻을 정의하였다.

② 2문단에서 원시 사회의 문신이 지니고 있던 기능을 구분하여 설명하였다.

④ 3문단에서 원시 사회의 문신의 기능이 축소·변형되어 오늘날 지속되고 있는 현상을 구체적 사례를 들어 설명하였다.

⑤ 4문단에서 우리 사회에 존재해 온 문신에 대한 부정적 인식과 유가적 신체관으로부터 자유로운 세대들의 인식 차이를 대조하여 설명하였다.

3 구체적 사례에 적용하기　답 ③

㉠이 실천된 사례로 가장 적절한 것은?

① 정부에서는 이산가족의 교류를 꾸준히 추진하고 있다.

② 임시 공휴일 지정에 대한 여론 조사 결과 찬성과 반대가 비슷하게 나왔다.

✔ 우리 회사는 인종이나 국적이 다른 사람도 보통의 한국인과 똑같이 대우한다.
　　　　상대방의 다름을 이해하고 존중하며 공존하는 상황

④ 인터넷에서 유행하는 줄임말이나 신조어가 다양한 연령에서 널리 쓰이고 있다.

⑤ 담임 선생님께서 반 아이들의 서로 다른 의견을 절충한 새로운 안을 제시하였다.

정답 풀이

글쓴이는 문신이라는 소재를 통해 궁극적으로 '차이들의 원만한 공존', 즉 나와 다른 남을 인정하고 다양성을 존중하며 조화를 이루는 사회를 희망하고 있다. ③의 경우 보통의 한국인들과 생김새, 언어, 문화가 다른 사람들을 이해하고 존중한 것이므로, 서로 다른 것들의 원만한 조화를 가장 잘 실천한 사례라고 할 수 있다.

어휘력 Upgrade

※다음의 빈칸에 들어갈 알맞은 말을 〈보기〉에서 찾아 쓰시오.

┌─ 보기 ─┐
습속
지표
간주
기인
└─────┘

1 고대인들은 자연적 현상을 모두 신의 행위로 (간주)하였다.
　　　　　　　　　　→ 상태, 모양, 성질 따위가 그와 같다고 여김

2 두 연구의 결과가 이렇게 다른 것은 조사 방법의 차이에 (기인)한다.
　　　　　　　　　　　　　　　　　→ 어떠한 것에 원인을 둠

3 인생의 (지표)를 잃고 방황하는 사람들에게 필요한 것은 애정 어린 관심이다.
　　　　→ 방향이나 목적, 기준 따위를 나타내는 표지

4 예전에는 감꽃이 떨어지면 그것을 실에 엮어서 목걸이를 만드는 (습속)이 있었다.
　　　　　　　　　　　　　　　　　　　　→ 습관이 된 풍속

조세의 효율성과 공평성_이준구

1 조세는 국가의 재정을 마련하기 위해 경제 주체인 기업과 국민들로부터 거두어들이는 돈이다. 그런데 국가가 조세를 강제로 부과하다 보니 경제 주체의 의욕을 떨어뜨려 경제적 순손실을 초래˚하거나 조세를 부과하는 방식이 공평하지 못해 불만을 야기하는 문제가 나타난다. 따라서 조세를 부과할 때는 조세의 효율성과 공평성을 고려해야 한다.

2 우선 ㉠조세의 효율성에 대해서 알아보자. 「상품에 소비세를 부과하면 상품의 가격 상승으로 소비자가 상품을 적게 구매하기 때문에 상품을 통해 얻는 소비자의 편익˚이 줄어들게 되고, 생산자가 상품을 팔아서 얻는 이윤도 줄어들게 된다.」 소비자와 생산자가 얻는 편익이 줄어드는 것을 경제적 순손실이라고 하는데 조세로 인하여 경제적 순손실이 생기면 경기가 둔화˚될 수 있다. 이처럼 조세를 부과하게 되면 경제적 순손실이 불가피하게 발생하게 되므로, 이를 최소화하도록 조세를 부과해야 조세의 효율성을 높일 수 있다.

3 ㉡조세의 공평성은 조세 부과의 형평성을 실현하는 것으로, 조세의 공평성이 확보되면 조세 부과의 형평성이 높아져서 조세 저항을 줄일 수 있다. 공평성을 확보하기 위한 기준으로는 편익 원칙과 능력 원칙이 있다. 편익 원칙은 조세를 통해 제공되는 도로나 가로등과 같은 공공재˚를 소비함으로써 얻는 편익이 클수록 더 많은 세금을 부담해야 한다는 원칙이다. 이는 공공재를 사용하는 만큼 세금을 내는 것이므로 납세자의 저항이 크지 않지만, 현실적으로 공공재의 사용량을 측정하기가 쉽지 않다는 문제가 있고 조세 부담자와 편익 수혜자가 달라지는 문제도 발생할 수 있다.

4 능력 원칙은 개인의 소득이나 재산 등을 고려한 세금 부담 능력에 따라 세금을 내야 한다는 원칙으로 조세를 통해 소득을 재분배하는 효과가 있다. 능력 원칙은 수직적 공평과 수평적 공평으로 나뉜다. 수직적 공평은 소득이 높거나 재산이 많을수록 세금을 많이 부담해야 한다는 원칙이다. 이를 실현하기 위해 「특정 세금을 내야 하는 모든 납세자에게 같은 세율을 적용하는 비례세나 소득 수준이 올라감에 따라 점점 높은 세율을 적용하는 누진세」를 시행하기도 한다. 수평적 공평은 소득이나 재산이 같을 경우 세금도 같게 부담해야 한다는 원칙이다. 그런데 수치상의 소득이나 재산이 동일하더라도 실질적인 조세 부담 능력이 달라, 내야 하는 세금에 차이가 생길 수 있다. 예를 들어 소득이 동일하더라도 부양가족의 수가 다르면 실질적인 조세 부담 능력에 차이가 생긴다. 이와 같은 문제를 해결하여 공평성을 높이기 위해 정부에서는 공제˚ 제도를 통해 조세 부담 능력이 적은 사람의 세금을 감면해 주기도 한다.

지문 갈무리

국가는 조세를 부과할 때 발생하는 경제적 손실이나 국민의 불만을 최소화하기 위해 조세의 효율성과 공평성을 고려해야 해. 이 글은 조세의 효율성과 공평성을 확보하기 위한 방법과 기준에 대해 구체적으로 설명하고 있어.

주제

조세 부과 시 고려해야 하는 효율성과 공평성

˚초래(招來): 어떤 결과를 가져오게 함.
˚편익(便益): 편리하고 유익함.
˚둔화(鈍化): 느리고 무디어짐.
˚공공재(公共財): 모든 사람들이 공동으로 이용할 수 있는 재화나 서비스.
˚공제(控除): 받을 몫에서 일정한 금액이나 수량을 뺌.

독해력 Upgrade

※ 각 문단의 중심 내용을 다음과 같이 정리할 때, 빈칸에 들어갈 알맞은 말을 쓰시오.

1 조세 부과 시 고려해야 하는 효율성과 공평성	→	**2** 조세의 (효율성)을 확보하기 위한 방법	→	**3** 조세의 공평성을 확보하기 위한 편익 원칙	→	**4** 조세의 공평성을 확보하기 위한 (능력) 원칙

1 핵심 정보 파악하기   답 ③

㉠과 ㉡에 대한 설명으로 적절하지 않은 것은?

① ㉠은 조세가 경기에 미치는 영향과 관련되어 있다.
    → 2문단
② ㉡은 납세자의 조세 저항을 완화하는 데 도움이 된다.
    → 3문단
✔③ ㉠은 ㉡과 달리 소득 재분배를 목적으로 한다.
    ×－소득 재분배는 ㉡을 확보했을 때의 효과로, ㉠의 목적이 아님
④ ㉡은 ㉠과 달리 조세 부과의 형평성을 실현하는 것이다.
    → 2, 3문단
⑤ ㉠과 ㉡은 모두 조세를 부과할 때 고려해야 하는 요건이다.
    → 1문단

정답 풀이

4문단에서 조세의 공평성을 확보하기 위한 기준 중 능력 원칙이 "조세를 통해 소득을 재분배하는 효과가 있다."라고 하였다. 즉 소득 재분배 효과는 조세의 공평성(㉡)을 확보했을 때 얻을 수 있는 것이지 효율성을 통해 얻을 수 있는 것이 아니다.

오답 풀이

① 2문단에서 "조세로 인하여 경제적 순손실이 생기면 경기가 둔화될 수 있다."라고 하였으므로, 조세의 효율성(㉠)은 조세가 경기에 미치는 영향과 관련되어 있다고 볼 수 있다.
② 3문단에서 조세의 공평성(㉡)이 확보되면 조세 부과의 형평성이 높아져서 조세 저항을 줄일 수 있다고 하였다.
④ 2문단에서 조세의 효율성(㉠)은 경기가 둔화되지 않도록 경제적 순손실을 최소화하기 위해 필요한 것임을, 3문단에서 조세의 공평성(㉡)은 조세 부과의 형평성을 실현하는 것임을 설명하고 있다.
⑤ 1문단에서 조세를 부과할 때는 조세의 효율성(㉠)과 공평성(㉡)을 고려해야 한다고 하였다.

2 구체적 사례에 적용하기   답 ②

〈보기〉는 경제 수업의 일부이다. 이 글을 바탕으로 할 때, 선생님의 질문에 적절하게 답한 학생을 모두 골라 바르게 묶은 것은?

┤ 보기 ├

선생님: 여러분, 아래 표는 소득 기준으로, A, B, C의 세금 공제 내역을 가정한 것입니다. 표를 보고 조세의 공평성이 어떻게 적용되었는지 각자 분석해 볼까요?

구분	소득 (만 원)	세율 (%)	공제액 (만 원)	납부액 (만 원)	공제 항목
A	3,000	5	0	150	공제 없음
B	3,000	5	100	50	부양가족 2인
C	4,000	10	100	300	부양가족 2인

성근: A와 달리 B에게 공제 혜택을 부여함으로써 조세의 공평성이 약화되고 있어요. ·············· ㄱ
    ×－조세의 공평성이 확보될
수지: B가 A와 달리 부양가족 공제를 받은 것은 실질적인 조세 부담 능력을 고려한 것이네요. ·············· ㄴ
현욱: B와 C의 납부액에 차이가 있는 것은 편익 원칙을 적용하여 세금을 징수했기 때문이에요. ·············· ㄷ
    ×－능력 원칙을 적용함
유미: B의 세율이 5%이고, C의 세율이 10%인 것은 수직적 공평을 위한 누진세가 적용된 결과겠네요. ·············· ㄹ

① ㄱ, ㄷ   ✔② ㄴ, ㄹ
③ ㄷ, ㄹ   ④ ㄱ, ㄴ, ㄷ
⑤ ㄱ, ㄴ, ㄹ

정답 풀이

〈보기〉의 표에서 A와 B는 소득이 같다. 그런데 A는 공제 내역이 없고 B는 부양가족 2인에 대한 공제를 100만 원 받아서 세금을 50만 원만 납부하였다. 이는 소득이 같더라도 B처럼 부양가족이 있는 경우 가족의 생활을 돌보는 데 비용이 들어가므로 이로 인해 실질적인 조세 부담 능력에 차이가 생기는 것을 고려해 준 것이다. 따라서 '수지'가 답한 내용(ㄴ)은 적절하다. 또한 B의 세율이 5%이고 C의 세율이 10%인 것은 B보다 C의 소득이 높기 때문에 그만큼 더 높은 세율을 적용한 것으로, 이는 소득 수준이 올라감에 따라 점점 더 높은 세율을 적용하는 누진세 제도에 따른 것이다. 이러한 누진세는 능력 원칙 중 수직적 공평을 실현하기 위한 것이므로 '유미'가 답한 내용(ㄹ)도 적절하다.

오답 풀이

ㄱ. 수평적 공평의 원칙을 따르자면 A와 B는 소득이 같으므로 세금도 똑같이 부담해야 한다. 그러나 A와 달리 B는 부양가족 2인이 있으므로, 동일한 소득으로 B의 경우 3인의 생활을 책임져야 하기 때문에 A보다 세금 부담 능력이 적다. 이러한 문제를 해결하여 공평성을 높이기 위해 조세 부담 능력이 적은 B에게 공제 혜택을 부여한 것이므로, B에게 공제 혜택을 부여함으로써 조세의 공평성이 약화되고 있다는 '성근'의 답은 적절하지 않다.
ㄷ. 편익 원칙은 공공재를 소비함으로써 얻는 편익이 클수록 더 많은 세금을 부담해야 한다는 것이다. 그런데 〈보기〉의 표는 소득세 부과와 공제에 관한 내용으로, 이는 개인의 소득이나 재산 등을 고려한 세금 부담 능력에 따라 세금이 부과된 내용을 담고 있으므로 능력 원칙이 적용된 것이다. 따라서 편익 원칙을 적용하여 세금을 징수했다는 '현욱'의 답은 적절하지 않다.

어휘력 Upgrade   ※다음의 빈칸에 들어갈 알맞은 말을 〈보기〉에서 찾아 쓰시오.

┤ 보기 ├
공제
편익
둔화
초래

1 안전 불감증은 대형 참사를 (초래)할 수도 있다.
    → 어떤 결과를 가져오게 함
2 이익은 수익에서 비용을 (공제)한 잔액을 의미하는 개념이다.
    → 받을 몫에서 일정한 금액이나 수량을 뺌
3 경기가 연장전에 이르자 선수들의 움직임이 눈에 띄게 (둔화)되었다.
    → 느리고 무디어짐
4 규정은 국민을 위해 존재하는 것이므로 국민 생활의 (편익)을 향상시키는 차원에서 다뤄져야 한다.
    → 편리하고 유익함

물 한 바가지가 가져다주는 이익 _김종선

1 ④ 2 ③

1 과거 수도 시설이 보편화되기 이전에는 가정마다 수동 펌프로 물을 끌어 올려 사용했는데, 펌프질만으로는 물을 끌어 올리기 어려워 물 한 바가지를 넣어 펌프질을 했다. 이때 펌프에서 물이 나오게끔 도움을 주는 소량의 물이 바로 마중물이다. 이렇게 마중물과 같이 작은 자극이 원인이 되어 더 큰 효과를 일으키는 것을 마중물 효과라 한다.
▶마중물 효과의 개념

2 처음 정부의 마중물 효과는 경제 불황의 극복을 위해 『일시적으로 재정 지출을 확대하거나 재정 수입을 감소하는 등의 자극을 주어 경제 활동을 활성화시켜 침체된 경기가 회복되도록 하는 것』이었다. 이런 마중물 효과는 정부의 경제 활성화 정책을 넘어 장학 사업 같은 사회사업 분야 및 기업의 마케팅 활동 등 우리 생활 전반에까지 그 영역이 확대되었다. 특히 기업은 마중물 효과를 마케팅 전략으로 활발히 사용하게 되었다.
▶정부와 기업 등에서 두루 사용되는 마중물 효과

3 기업이 마중물 효과를 통해 도달해야 하는 목표는 단순한 단기간의 이윤 증대가 아니다. 기업은 다양한 종류의 마중물을 이용해 타사 제품에 비해 자사 제품이 가지고 있는 제품의 가치를 홍보하여 자사 제품에 대한 소비자의 긍정적 평가를 높이려 한다. 이를 바탕으로 마중물의 제공이 중단되더라도 소비자의 꾸준한 구매를 통해 기업의 이익이 장기적으로 지속되도록 하는 것이 마중물을 활용한 마케팅의 궁극적인 목표이자 마중물 효과이다. 그래서 기업은 적지 않은 자금을 투입하여 제품 체험 행사, 1개를 사면 1개를 더 주는 덤 마케팅, 대형 마트의 시식 행사, 할인 쿠폰 제공 등 다양한 형태의 마중물로 소비자의 구매를 유도한다. 이때 소비자가 마중물을 힘들이지 않고 거저 얻은 것으로 생각하여, 지나친 소비 활동을 하는 공돈 효과▼를 일으킨다면 기업은 더 큰 이윤 창출▼을 기대할 수도 있다.
▶기업이 마중물 효과로 도달하고자 하는 목표

4 하지만 기업의 마중물 마케팅이 항상 성공적인 결과를 얻는 것은 아니다. 기업의 의도가 소비자에게 제대로 전달되지 못하여 마중물을 제공하지 않자 제품에 대한 구매가 원상태로 돌아가거나 오히려 하락했다면, 마중물 효과는 단지 광고나 판매 촉진 활동과 같은 일시적인 매출 증대 행위에 그칠 수밖에 없다. 또한 마중물에 투입한 비용이 과도하여 매출은 증가하였지만 이윤이 남지 않는 경우와, 마중물을 투입하였는데도 기업의 매출에 변화가 없어서 오히려 기업의 이윤이 감소하는 경우가 있다. 뿐만 아니라 마중물이 일반 소비자들에게 골고루 혜택을 주지 못하고 일부 체리피커▼들에게 독점된다면 기업의 이윤 창출은 더욱 어려워질 수도 있다.
▶기업의 마중물 마케팅이 실패하는 경우

5 그러나 이런 위험을 알면서도 지금도 많은 기업에서는 소비자의 지갑이 열리기를 기대하며 다양한 마중물을 동원하여 이익을 극대화하는 데에 총력▼을 기울인다. 그러므로 소비자는 할인이나 끼워 주기와 같은 기업의 조삼모사(朝三暮四)식 가격 정책에 흔들리기보다는 합리적인 소비를 해야 한다. 단순하게 마중물이 주는 혜택에 집중하기보다는 자신에게 꼭 필요한 상품을 꼭 필요한 만큼만 구매하려는 소비자의 현명한 선택이 필요한 것이다.
▶마중물 마케팅에 대한 소비자의 바람직한 태도

● 지문 갈무리
기업들은 소비자의 구매를 유도하여 이익을 극대화하기 위해 '마중물 효과'를 마케팅 전략으로 활용하고 있어. 이 글은 마중물 효과의 의미와 특성에 대해 설명하고, 소비자가 지녀야 할 현명한 태도를 당부하고 있어.

● 주제
기업에서 마케팅 전략으로 사용하는 마중물 효과와 이에 대한 소비자의 바람직한 태도

▼공돈 효과: 기대하지 않았던 이익(공돈)을 얻게 되면 전보다 더 위험을 감수하려는 현상.
▼창출(創出): 전에 없던 것을 처음으로 생각하여 지어내거나 만들어 냄.
▼체리피커: 상품의 구매 실적은 낮으면서 제공되는 다양한 부가 혜택이나 서비스를 최대한 활용하는 소비자.
▼총력(總力): 전체의 모든 힘.

독해력 Upgrade

※각 문단의 중심 내용을 다음과 같이 정리할 때, 빈칸에 들어갈 알맞은 말을 쓰시오.

| **1** (마중물) 효과의 개념 | → | **2** 정부와 기업 등에서 두루 사용되는 마중물 효과 | → | **3** 기업이 마중물 효과로 도달하고자 하는 목표 | → | **4** 기업의 마중물 마케팅이 (실패)하는 경우 | → | **5** 마중물 마케팅에 대한 (소비자)의 바람직한 태도 |

1 세부 정보 파악하기 답 ④

이 글을 이해한 내용으로 가장 적절한 것은?

① 마중물 효과는 기업의 마케팅 전략으로 처음 시작되었다.
  ×－정부에서 처음 시작함
② 마중물 효과로 기업이 이익을 높이는 데 체리피커들은
  ×－체리피커들이 기업의 이익 창출에 악영향을 줄 수 있음
  큰 기여를 한다.
③ 마중물로 제공되는 혜택이 크면 클수록 마중물 효과는
  ×－마중물 혜택이 클수록 마중물 효과가 잘 일어나는지 알 수 없음
  더욱 잘 일어난다.
☑ 마중물 효과는 상품 구매에 대한 소비자의 심리 변화를
  기반으로 발생한다.
⑤ 마중물 마케팅을 실시하는 기업의 최종 목표는 소비자들
  의 현명한 소비를 촉구하는 것이다.
  ×－기업의 이익을 장기적으로 지속시키는 것이 목표임

정답 풀이

3문단에서 "기업은 다양한 종류의 마중물을 이용해 타사 제품에 비해 자사 제품이 가지고 있는 제품의 가치를 홍보하여 자사 제품에 대한 소비자의 긍정적 평가를 높이려 한다."라고 하였다. 즉 기업은 소비자가 제품에 대해 긍정적으로 인식하고 그것을 구매하고 싶은 마음이 들게 하기 위해 마중물을 이용하는 것이므로, 마중물 효과는 소비자의 심리 변화를 기반으로 발생한다고 할 수 있다.

오답 풀이

① 2문단에 따르면 마중물 효과는 처음에 정부가 침체된 경기를 회복시키기 위해 경제 활성화 정책으로 활용하였으며, 이후 사회사업 분야와 기업의 마케팅 활동 등으로 영역이 확대되었다.
② 4문단에서 체리피커들이 마중물을 독점하여 일반 소비자에게 혜택이 골고루 돌아가지 못하면 기업의 이윤 창출이 어려워질 수도 있다고 하였다.
③ 마중물의 혜택이 클수록 마중물 효과가 더 잘 일어난다는 내용은 글에서 찾아볼 수 없다.
⑤ 3문단에 따르면 기업이 마중물 마케팅을 통해 도달하고자 하는 최종 목표는 마중물의 제공이 중단되더라도 소비자의 구매가 꾸준히 이루어져 기업의 이익이 장기적으로 지속되는 것이다.

2 구체적 사례에 적용하기 답 ③

③~④를 참고하여 〈보기〉를 이해한 내용으로 적절하지 않은 것은?

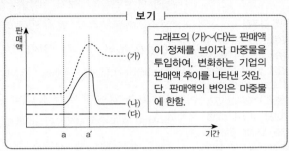

그래프의 (가)~(다)는 판매액이 정체를 보이자 마중물을 투입하여, 변화하는 기업의 판매액 추이를 나타낸 것임. 단, 판매액의 변인은 마중물에 한함.

① (가), (나)로 보아 a에서 a′ 동안에 마중물이 투입된 것으로 볼 수 있다.
② (가)는 기업이 의도하던 대로 이익이 창출된 경우이다.
☑ (나)는 a에서 a′ 기간 중에 판매액이 증가된 것을 보니 기업의 이윤도 증가했다.
  ×－기업의 이윤이 증가했다고 단정할 수 없음
④ (나)는 단기적으로 판매액이 증가되었다가 원상태로 돌아간 것으로 보아 기업의 이익이 장기적으로 지속된 것은 아니다.
⑤ (다)는 제품의 판매액이 변함없는 것으로 보아 기업의 이윤은 감소했다.

정답 풀이

〈보기〉의 (나)에서 a~a′ 기간에 기업의 판매액이 증가한 것은 마중물이 투입되었기 때문이다. 그러나 기업이 마중물을 제공하기 위해 투입한 금액이 얼마인지 알 수 없고, 또한 4문단에서 마중물의 제공으로 매출이 증가하더라도 마중물에 투입한 비용이 과도하여 이윤이 남지 않을 수 있다고 하였으므로, (나)가 기업의 이윤이 증가했다고 말할 수 없다.

오답 풀이

① 〈보기〉에서 판매액의 변인은 마중물에 한한다고 하였으므로, a에서 마중물이 투입되면서 판매액이 증가하다가 a′에서 마중물 제공이 중단되면서 판매액이 떨어진 것으로 볼 수 있다.
② (가)는 마중물이 중단된 a′ 이후에도 판매액이 a 이전보다 월등히 높게 유지되므로 기업의 의도대로 이익이 창출된 경우이다.
④ (나)는 마중물을 제공하지 않자 제품 판매액이 원상태로 돌아갔으므로 기업의 이익이 장기적으로 지속되지 못했음을 알 수 있다.
⑤ (다)는 a 시점에서 기업의 자금으로 마중물을 투입했는데도 제품 판매액에 아무 변화가 없으므로, 마중물에 들인 비용으로 인해 실제 기업의 이윤은 감소했다고 볼 수 있다.

어휘력 Upgrade

※다음의 빈칸에 들어갈 알맞은 말을 〈보기〉에서 찾아 쓰시오.

┤보기├
촉구
정체
창출
총력

1 민간단체들은 정부가 환경 보호 운동에 앞장설 것을 (촉구)했다.
  →급하게 재촉하여 요구함
2 선거일을 하루 앞두고 후보자들이 마지막 유세에 (총력)을 다하였다.
  →전체의 모든 힘
3 주말이 되면 이 도로는 교외로 나들이 가는 차량으로 극심한 (정체)를 이룬다.
  →사물이 발전하거나 나아가지 못하고 한자리에 머물러 그침
4 컴퓨터 기술의 발전은 새로운 일자리의 (창출)과 실업의 증가라는 양면적 결과를 가져왔다.
  →전에 없던 것을 처음으로 생각하여 지어내거나 만들어 냄

미성년자의 계약 _법무부

● 지문 갈무리
중학생은 혼자서 계약과 같은 법률 행위를 할 수 없어. 법에서 미성년자를 의사 능력이 없는 사람으로 판단하고 있기 때문이지. 이 글은 미성년자의 계약에 관해 법에서 정한 내용을 설명하고 있어.

● 주제
미성년자의 계약에 관한 법

1 청소년들이 게임 사이트에 가입하거나 휴대 전화를 구입할 때는 부모의 동의가 있어야 한다. 어른들은 그렇지 않은데, 왜 청소년만 이러한 동의가 있어야 할까? 계약과 같은 법률 행위를 하여 권리를 얻거나 의무를 지려면 자신의 의사로 판단하고 결정할 수 있는 능력이 있어야 한다. 예를 들어, 태어난 지 얼마 안 된 아기나 만취한 어른은 의사 능력이 있다고 할 수 없다. 그런데 의사 능력의 유무를 구분하는 기준을 정하기는 어렵다. 우리 민법에는 의사 능력의 판단 여부를 쉽게 파악할 수 있도록 하기 위해서 일정한 조건에 해당하는 경우에 의사 능력이 없다고 일률적˘으로 취급하는 '제한 능력자 제도'를 두고 있다. 개인의 의사 능력 유무를 묻지 않고, 제한 능력자라는 사실만으로 단독으로는 유효한 법률 행위를 할 수 없도록 정한 것이다. 대표적인 제한 능력자로, 만 19세 미만의 사람인 미성년자가 있다.

2 제한 능력자인 미성년자가 계약과 같은 법률 행위를 할 때에는 반드시 미성년자의 법정 대리˘인의 동의를 얻어야 한다. 이것은 국가가 미성년자를 특별히 보호해야 할 대상, 즉 사회적 약자로 인식하고 있기 때문이다. 미성년자의 법정 대리인은「1차적으로 친권자, 즉 부모이다. 만약 부모가 없거나, 있지만 대리를 할 수 없을 경우에는 조부모, 삼촌, 고모 등과 같은 후견인이 법정 대리인이 된다.

3 그렇다면 미성년자가 법정 대리인의 동의를 얻지 않고 한 계약은 어떻게 될까? 미성년자가 계약으로 인한 효과를 원하지 않는다면 미성년자 본인 또는 그의 법정 대리인이 취소할 수 있다. 이를 취소권이라고 하는데, 취소권은 미성년자가 성인이 된 날로부터 3년 이내, 또는 계약을 맺은 날로부터 10년 이내에 행사하여야 한다. 계약이 취소되면 계약 이전의 상태로 돌아간다. 이때 미성년자는「계약으로 얻은 이익이 현재까지 남아 있는 상태 그대로 반환해야 한다. 상품은 사용하던 상태 그대로 돌려주면 되고, 미납 요금이나 위약금은 내지 않아도 된다.」그러나 법정 대리인이나 성년이 된 계약자가 대금의 일부를 지급하면 이는 계약을 추인˘한 것으로 간주하여 계약을 취소할 수 없다. 또 미성년자가 거짓말로 사업자에게 자신을 성년이라고 믿게 하거나, 법적 대리인의 동의가 있는 것처럼 사업자를 속였을 때에도 계약을 취소할 수 없다.

4 그런데 미성년자가 부모님의 동의 없이 계약을 맺을 때, 그 계약은 언제든지 취소할 수 있기 때문에 사업자는 불안한 상태에 놓이게 된다. 이에 따라 우리 민법에는 미성년자와 정상적으로 거래한 상대방에 대한 보호 방안도 마련되어 있다. 사업자에게 미성년자의 법정 대리인에게 일정 기간을 정하여 계약을 취소할 것인지에 대한 확답을 요구할 수 있는 권리인, 최고권(催告權)을 부여하고 있다. 이때 유예˘ 기간 내에 확답이 없는 경우에는 추인한 것으로 본다. 또 사업자가 미성년자 측의 추인이 있기 전에 계약이 잘못되었음을 알게 되었을 때는 그 즉시 계약을 철회˘할 수 있는 권리도 사업자에게 부여하고 있다.

▼일률적(一律的): 태도나 방식 따위가 한결같은 것.

▼대리(代理): 남을 대신하여 일을 처리함. 또는 그런 사람.

▼추인(追認): 지나간 사실에 대해 추후에 인정하거나 동의함을 뜻함.

▼유예(猶豫): 일을 결행하는 데 날짜나 시간을 미룸. 또는 그런 기간.

▼철회(撤回): 이미 제출하였던 것이나 주장하였던 것을 다시 회수하거나 번복함.

독해력 Upgrade   ※각 문단의 중심 내용을 다음과 같이 정리할 때, 빈칸에 들어갈 알맞은 말을 쓰시오.

| **1** 제한 능력자 제도 소개 | → | **2** 미성년자의 법률 행위에 반드시 필요한 (법정 대리인) | → | **3** (취소권)의 개념과 취소권 행사가 불가능한 경우 | → | **4** 미성년자와 정당하게 거래한 사업자에 대한 보호 방안 |

1 세부 정보 파악하기 답 ①

이 글의 내용과 일치하는 것은?

☑ 계약은 권리나 의무를 갖게 되는 법률 행위이다. →1문단

② 친권자와 후견인은 동시에 법정 대리인이 될 수 있다.
　　　　　　×－동시에 법정 대리인이 될 수 없음

③ 나이는 법적으로 의사 능력 유무의 판단 기준이 될 수 없다.
　×－있다

④ 성인이 한 계약은 계약자의 의사 능력 유무와 상관없이 유효하다.
　　　　×－성인이라도 의사 능력이 없으면 계약이 유효하지 않음

⑤ 미성년자와 계약을 맺은 모든 사업자는 법의 보호를 받지 못한다.
　　　　　　　×－법적 보호 방안이 마련되어 있음

정답 풀이

1문단에서 "계약과 같은 법률 행위를 하여 권리를 얻거나 의무를 지려면 자신의 의사로 판단하고 결정할 수 있는 능력이 있어야 한다."라고 한 데서 계약과 같은 법률 행위를 통해 당사자가 권리를 얻거나 의무를 지게 됨을 알 수 있다.

오답 풀이

② 2문단에서 미성년자의 법정 대리인은 1차적으로 친권자이며, 친권자가 없거나 있어도 법정 대리인으로서의 역할을 할 수 없을 때 후견인이 법정 대리인이 된다고 하였다.

③ 1문단에서 대표적인 제한 능력자로 만 19세 미만의 사람인 미성년자를 제시한 것으로 보아, 나이는 법적으로 의사 능력의 유무를 판단하는 기준이 된다.

④ 1문단에 따르면 계약과 같은 법률 행위를 하기 위해서는 의사 능력이 있어야 하는데, 만취한 어른은 의사 능력이 없다고 하였다. 이를 통해 성인이라도 의사 능력이 없으면 계약이 유효하지 않음을 알 수 있다.

⑤ 4문단에 따르면 미성년자와 정상적으로 계약을 맺은 사업자는 법에 정해진 최고권과 철회권을 통해 보호받을 수 있다.

2 구체적 사례에 적용하기 답 ④

이 글로 미루어 볼 때, 〈보기〉의 '결과'에 있는 빈칸에 들어갈 항목을 바르게 묶은 것은?

┤ 보기 ├

인터넷 법률 상담소입니다. 미성년자가 부모의 동의를
　　　　　　　　　　　　　　　　법정 대리인
받지 않고 맺은 계약의 취소 여부를 간단히 판단할 수 있는 점검표를 아래와 같이 제공하고 있습니다.

● 모든 질문에 답을 하시면 아래에 결과가 나옵니다.

질문 항목	선택	
	예	아니요
㉮ 성인이 된 지 3년 이내, 계약한 날로부터 10년 이내인가요? → 취소권 행사 가능 기간이라면 취소 가능	✓	
㉯ 부모님이나 성년이 된 계약자가 계약 대금의 일부를 지급했나요? → 대금 일부를 지급했다면 취소 불가능	✓	
㉰ 법정 대리인의 동의를 얻은 것처럼 사업자를 속였나요? → 사업자를 속이지 않았다면 취소 가능		✓
㉱ 사업자가 보내온 최고장을 받고, 거기에 적힌 기간 안에 계약을 취소하겠다는 확답을 했나요? → 확답하지 않았다면 취소 불가능		✓

⇩

결과	[　　　　　　]로 인해 계약 취소가 '불가능'합니다.

① ㉮, ㉯　　　　　　② ㉮, ㉰

③ ㉯, ㉰　　　　　☑ ㉯, ㉱

⑤ ㉰, ㉱

정답 풀이

3문단에서 "법정 대리인이나 성년이 된 계약자가 대금의 일부를 지급하면 이는 계약을 추인한 것으로 간주하여 계약을 취소할 수 없다."라고 하였다. 〈보기〉에서는 ㉯에 '예'로 답하였으므로 계약을 취소할 수 없다. 또한 4문단에 따르면 사업자가 보내온 최고장을 받고 유예 기간 안에 계약을 취소하겠다고 확답하지 않으면 계약을 추인한 것으로 본다고 하였다. 〈보기〉에서는 ㉱에 '아니요'로 답하였으므로 계약을 취소할 수 없다.

오답 풀이

㉮ 3문단에 따르면 "미성년자가 성인이 된 날로부터 3년 이내, 또는 계약을 맺은 날로부터 10년 이내"에 취소권을 행사할 수 있다. ㉮에 대한 답이 '예'이므로 응답자는 계약을 취소할 수 있다.

㉰ 3문단에 따르면 "미성년자가 거짓말로 사업자에게 자신을 성년이라고 믿게 하거나, 법적 대리인의 동의가 있는 것처럼 사업자를 속였을 때"는 계약을 취소할 수 없다. ㉰에 대한 답이 '아니요'이므로 응답자는 계약을 취소할 수 있다.

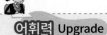

어휘력 Upgrade　※다음의 빈칸에 들어갈 알맞은 말을 〈보기〉에서 찾아 쓰시오.

┤ 보기 ├
대리
철회
유예
일률적

1 그 시험은 가족이나 친지가 응시 원서를 (대리)로 접수할 수 있다.
　→ 남을 대신하여 일을 처리함. 또는 그런 사람

2 장마가 시작되는 바람에 예정되었던 건물 철거를 일주일 (유예)하였다.
　→ 일을 결행하는 데 날짜나 시간을 미룸

3 이탈리아가 2024년 여름 올림픽을 유치하려던 계획을 (철회)하기로 했다.
　→ 이미 제출하였던 것이나 주장하였던 것을 다시 회수하거나 번복함

4 사람마다 개성이 다양하므로 (일률적)인 잣대로 사람의 잠재력을 평가할 수는 없다.
　→ 태도나 방식 따위가 한결같은 것

소득 분배의 불평등을 측정하는 방법 _임경

● 지문 갈무리
한 사회에서 소득 분배가 얼마나 불평등한지를 측정하는 방법에는 10분위 분배율, 로렌츠 곡선, 지니 계수 등이 있어. 이 글은 각 방법의 개념과 특징에 대해 알려 주고 있지.

● 주제
소득 분배의 불평등 정도를 측정하는 10분위 분배율, 로렌츠 곡선, 지니 계수

1 시장 경제 체제에서 사람들은 타고난 능력이나 자신에게 주어지는 기회가 다르기 때문에 소득에서 차이가 날 수밖에 없다. 그렇다면 한 사회에서 소득의 분배가 얼마나 불평등한지를 측정하는 방법에는 무엇이 있을까? 일반적으로 소득 분배의 불평등 정도를 측정하기 위해 '10분위 분배율', '로렌츠 곡선', '지니 계수' 등을 사용하고 있다.

2 ⊙10분위 분배율이란 「가장 가난한 사람들로부터 가장 부유한 사람들까지 일렬로 배열하여 10개의 계층으로 나눈 후, 하위 소득 계층 40%의 소득 점유율을 상위 소득 계층 20%의 소득 점유율로 나눈 것」을 말한다. 이때 나온 값이 작을수록 불평등한 소득 분배를 의미한다. 10분위 분배율은 측정이 간단하면서도 소득 분배 정책의 주 대상이 되는 하위 40% 소득 계층의 소득 분배 상태를 직접 나타낼 수 있고, 이를 상위 계층의 소득 분배 상태와 비교할 수 있다는 장점이 있다. 이 때문에 10분위 분배율은 소득 분배 측정 방법 가운데 가장 널리 사용된다.

3 계층별 소득 분배를 측정하는 또 다른 지표로는 ⓒ로렌츠 곡선을 들 수 있다. 로렌츠 곡선은 정사각형 상자의 가로축에는 인구 누적 비율을, 세로축에는 소득 누적 점유율을 표시한다. 만약 모든 사람들이 똑같은 소득을 얻고 있다면 로렌츠 곡선은 그림의 점선과 같이 대각선으로 나타나게 된다. 그러나 실제로는 소득의 불평등으로 인해 로렌츠 곡선은 대각선보다 오른쪽 아래에 있는 것이 보통이다. 일반적으로 로렌츠 곡선이 평평하여 대각선에 가까울수록 평등한 소득 분배를, 많이 구부러져 직각에 가까울수록 불평등한 소득 분배를 나타낸다.

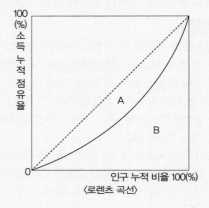
〈로렌츠 곡선〉

4 로렌츠 곡선은 소득 분배의 불평등 정도를 그림으로 나타내 한눈에 쉽게 파악할 수 있는 장점을 지니고 있다. 예를 들어 우리나라의 로렌츠 곡선이 미국의 그것보다 더 대각선에 가깝게 나타난다면, 우리나라의 소득 분배가 미국보다 평등하다는 의미이다. 그러나 「여러 나라를 비교할 때는 나라의 수만큼 곡선을 그려야 한다는 불편한 점이 있다. 또한 한 좌표 안에 여러 나라의 로렌츠 곡선을 그리다 보면 서로 엇갈리면서 교차하는 경우가 나타날 수 있는데, 이때는 나라별 소득 분배 상태를 비교하기가 어렵게 된다.」

5 로렌츠 곡선의 단점을 보완하여 사용되는 지표가 바로 ⓒ지니 계수이다. 위의 그림처럼 대각선 아래의 삼각형은 로렌츠 곡선을 기준으로 A와 B로 나누어진다. 지니 계수는 A의 넓이를 A와 B를 합한 넓이로 나눈 값이다. 지니 계수는 로렌츠 곡선이 대각선에 가까울수록 영(0)에 가까운 값을, 대각선에서 멀어질수록 1에 가까운 값을 갖지만, 10분위 분배율과는

▼ 점유(占有): 물건이나 영역, 지위 따위를 차지함.
▼ 누적(累積): 포개어 여러 번 쌓음. 또는 포개져 여러 번 쌓임.
▼ 교차(交叉): 서로 엇갈리거나 마주침.
▼ 보완(補完): 모자라거나 부족한 것을 보충하여 완전하게 함.

독해력 Upgrade

※각 문단의 중심 내용을 다음과 같이 정리할 때, 빈칸에 들어갈 알맞은 말을 쓰시오.

| **1** 소득 분배의 (불평등) 정도를 측정하는 방법들 | → | **2** (10분위 분배율)의 개념과 특징 | → | **3** 로렌츠 곡선을 통한 소득 분배 측정 | → | **4** 로렌츠 곡선의 장단점 | → | **5** (지니 계수)의 개념과 특징 |

반대로 그 값이 클수록 더욱 불평등한 소득 분배 상태를 나타낸다. 이렇듯 지니 계수는 소득
<u>지니 계수 결괏값이 나타내는 의미</u>
분배 상태를 숫자로 간단하게 나타낼 수 있는 장점이 있는 반면 특정 소득 계층의 소득 분배
<u>지니 계수의 장점</u>　　　　　　　　　　　　　　　　　　　　<u>지니 계수의 단점</u>
상태를 나타내지 못한다는 한계를 가진다.
　　　　　　　　　　　　　　　　　　▶지니 계수의 개념과 특징

---

1 정보 간의 관계 파악하기　　　답 ②

㉠~㉢에 대한 설명으로 적절한 것은?

① ㉠은 ㉡과 달리 소득 분배의 불평등 정도를 그림으로 단
순하게 나타낼 수 있다.
　×−㉡ 로렌츠 곡선의 특징

✓② ㉠은 ㉢과 달리 특정 계층의 소득 점유율을 알 수 있다.

③ ㉡이 ㉢보다 여러 나라의 소득 분배 상태를 수치로 비교
하기에 유리하다.
　×−㉢ 지니 계수의 특징

④ ㉢이 ㉠보다 소득 분배를 측정하는 보편적인 방법이다.
　×−㉠ 10분위 분배율의 특징

⑤ ㉠의 값이 커질수록 ㉡과 ㉢의 값도 커진다.
　×

정답 풀이

2문단에 따르면 10분위 분배율(㉠)은 계층을 10개로 나눈 후
하위 소득 계층 40%의 소득 점유율을 상위 소득 계층 20%의
소득 점유율로 나눈 것으로, 하위 40% 소득 계층의 소득 분
배 상태를 직접 나타낼 수 있다. 그리고 5문단에 따르면 지니
계수(㉢)는 로렌츠 곡선의 단점을 보완하여 사용되는 지표로,
특정 소득 계층의 소득 분배 상태를 나타내지 못한다는 한계
를 갖는다. 즉 지니 계수와 달리 10분위 분배율은 계층별 소
득 점유율을 바탕으로 값을 산출하므로 특정 계층의 소득 점
유율을 알 수 있다.

오답 풀이

① 소득 분배의 불평등 정도를 그림으로 단순하게 표현하는 것은 로렌
츠 곡선(㉡)이다.

③ 로렌츠 곡선(㉡)은 여러 나라를 비교할 때 나라의 수만큼 곡선을 그
려야 해서 나라별 소득 분배 상태를 비교하기 어려운 경우가 생길
수 있는데, 이를 보완하여 여러 나라의 소득 분배 상태를 수치로 비
교할 수 있는 지표가 지니 계수(㉢)이다.

④ 2문단에서 10분위 분배율(㉠)이 소득 분배 측정 방법 가운데 가장 널
리 사용된다고 하였다.

⑤ 3문단에서 지니 계수(㉢)는 10분위 분배율(㉠)과는 '반대로' 그 값이
클수록 더욱 불평등한 소득 분배 상태를 나타낸다고 하였으므로 10
분위 분배율과 지니 계수는 비례 관계가 아니며, 로렌츠 곡선(㉡)은
값을 내는 지표가 아니다.

---

2 구체적 사례에 적용하기　　　답 ②

이 글을 바탕으로 〈보기〉를 해석한 내용 중 적절하지 않은 것은?

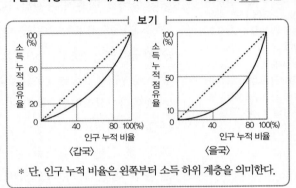

　보기

〈갑국〉　　　　〈을국〉

* 단, 인구 누적 비율은 왼쪽부터 소득 하위 계층을 의미한다.

① 갑국의 소득 분배가 을국의 소득 분배보다 더 평등하다.

✓② 갑국의 지니 계수가 을국의 지니 계수보다 1에 더 가깝다.
　　　　　　　　　　　　　　　　　　×−0에 더 가까움

③ 갑국보다 을국의 하위 40% 계층의 소득 점유율이 더 낮다.

④ 갑국의 10분위 분배율이 을국의 10분위 분배율보다 더
크다.

⑤ 갑국의 경우 상위 20% 계층이 전체 소득의 40%를 차지
하고 있다.

정답 풀이

5문단에서 "지니 계수는 로렌츠 곡선이 대각선에 가까울수록
영(0)에 가까운 값을, 대각선에서 멀어질수록 1에 가까운 값"
을 갖는다고 하였으므로, 을국의 지니 계수가 1에 더 가깝다.

오답 풀이

① 로렌츠 곡선이 대각선에 가까울수록 평등한 소득 분배를 나타내므
로 갑국이 을국보다 소득 분배 상태가 더 평등하다.

③ 〈보기〉의 그래프에서 하위 40% 계층의 소득 누적 점유율(세로축)은
갑국이 20%, 을국이 10%이다.

④ 소득 분배가 불평등할수록 10분위 분배율의 값이 작다. 따라서 갑국
의 10분위 분배율(20÷40 = 0.5)이 을국(10÷50 = 0.2)보다 크다.

⑤ 〈보기〉의 그래프에서 갑국의 소득 상위 20% 계층의 소득 누적 점유
율은 60%부터이므로 전체 소득의 40%임을 알 수 있다.

어휘력 Upgrade

※다음의 빈칸에 들어갈 알맞은 말을 〈보기〉에서 찾아 쓰시오.

　보기
교차
누적
보완
점유

1 몸의 내부에 (누적)된 중금속은 인체에 치명적인 해를 입힌다.
　　　　　　→포개져 여러 번 쌓임

2 동해안은 한류와 난류가 (교차)하고 있어서 좋은 어장으로 손꼽힌다.
　　　　　　　　　　→서로 엇갈리거나 마주침

3 그 상품은 소비자들의 관심과 흥미를 끌면서 빠른 속도로 시장을 (점유)하였다.
　　　　　　　　　　　　　　　　　　　→물건이나 영역, 지위 따위를 차지함

4 상대방의 약점과 단점을 서로 (보완)해 주는 사이라면 더없이 좋은 친구가 될 수 있다.
　　　　　　　　　→모자라거나 부족한 것을 보충하여 완전하게 함

국가와 국가를 연결하는 끈, 동맹 _박재영

● 지문 갈무리
국제 사회에서 나라들 간에 맺는 동맹에는 여러 종류가 있어. 이 글은 동맹의 종류 세 가지를 설명한 다음, 동맹 관계가 고정되지 않고 변화하는 이유에 대한 서로 다른 견해를 소개하고 있어.

● 주제
국가 간 동맹의 종류와 동맹 관계의 변화 이유에 대한 두 가지 관점

1 국가는 자국의 힘이 외부의 군사적 위협을 견제하기에 충분치 않다고 판단할 때나, 역사와 전통 등의 가치가 위협받는다고 느낄 때 다른 나라와 동맹을 맺는다. 동맹 결성의 핵심적인 이유는 동맹을 통해서 확보되는 이익이며 이는 동맹 관계 유지의 근간ⱽ이 된다.

2 동맹의 종류는 그 형태에 따라 방위 조약, 중립 조약, 협상으로 나눌 수 있다. 먼저 방위 조약은 조약에 서명한 국가들 중 어느 한 국가가 침략을 당했을 경우, 다른 모든 서명국들이 공동 방어를 위해서 참전하기를 약속하는 것이다. 다음으로 중립 조약은 서명국들 중 한 국가가 제3국으로부터 침략을 받더라도, 서명국들 간에 전쟁을 선포하지 않고 중립을 지킬 것을 약속하는 것이다. 마지막으로 협상은 서명국들 중 한 국가가 제3국으로부터 침략을 당했을 경우, 서명국들 간에 공조ⱽ 체제를 유지할 것인지에 대해 차후에 협의할 것을 약속하는 것이다. 정리하면 세 가지 유형 중 방위 조약의 경우는 동맹국의 전쟁에 개입해야 한다는 강제성이 있기에 동맹국 간의 정치·외교적 관계의 정도가 매우 가깝다. 또한 조약의 강제성으로 인해 전쟁 발발ⱽ 시 동맹 관계 속에서 국가가 펼칠 수 있는 정치·외교적 자율성은 매우 낮다. 즉 방위 조약이 동맹국 간의 자율성이 가장 낮고, 다음으로 중립 조약, 협상 순으로 자율성이 높아진다. 한 연구에 따르면, 1816년부터 1965년까지 약 150년 간 맺어진 148개의 군사 동맹 중에서 73개는 방위 조약, 39개는 중립 조약, 36개는 협상의 형태인데, 평균 수명은 방위 조약이 115개월, 중립 조약이 94개월, 협상은 68개월 정도였다. 따라서 ㉮

3 위와 같이 동맹 관계는 고정되어 있지 않다. 그 이유에 대해 현실주의자들과 구성주의자들은 서로 다른 견해를 보이는데, 이는 국제 사회를 바라보는 시각의 차이에서 기인한다. 우선 현실주의자들은 국가는 이기적 존재이며 국제 사회의 유일하고 중요한 행위 주체라고 생각한다. 국제 사회는 국가 이상의 단위에서 작동하는 중앙 정부와 같은 존재가 부재하는 일종의 무정부 상태이므로 개별 국가는 힘의 논리로부터 스스로를 지켜야 한다고 본다. 따라서 각 나라는 군사적 동맹을 통해 세력 균형을 이루어 패권 안정을 취하려 한다. 특정한 패권 국가가 출현하면 그 힘을 견제하기 위한 국가들 간의 동맹이 형성되기도 하고, 그 힘에 편승ⱽ하는 동맹이 형성되기도 한다. 이렇듯 힘의 균형점이 이동함에 따라 세력의 균형을 끊임없이 찾는 과정에서 동맹 관계는 변할 수 있다고 보는 것이다.

4 구성주의자들 역시 현실주의자들처럼 동맹 관계가 고정된 약속이 아니라, 상황에 따라 변할 수 있는 약속이라고 본다. 구성주의자들은 무정부적 국제 사회를 힘의 분배와 균형 등의 요소로 분석할 수 없다고 비판하며, 관계에 주목한다. 구성주의자들은 국제 사회의 구성원들이 상호 작용을 하여 상호 간 역할과 가치를 형성하면서 국제 사회 환경의 변화를 만들어 낸다고 본다. 상호 작용의 변화에 따라 동맹은 달라질 수 있는데, 타국이나 국제 사회에

ⱽ근간(根幹): 사물의 바탕이나 중심이 되는 중요한 것.

ⱽ공조(共助): 여러 사람이 함께 도와주거나 서로 도와줌.

ⱽ발발(勃發): 전쟁이나 큰 사건 따위가 갑자기 일어남.

ⱽ편승(便乘): 세태나 남의 세력을 이용하여 자신의 이익을 거둠을 비유적으로 이르는 말.

ⱽ파기(破棄): 계약, 조약, 약속 따위를 깨뜨려 버림.

독해력 Upgrade　　※각 문단의 중심 내용을 다음과 같이 정리할 때, 빈칸에 들어갈 알맞은 말을 쓰시오.

| **1** 국가 간에 동맹을 맺는 이유 | → | **2** 방위 조약, 중립 조약, (협상)의 개념과 특징 | → | **3** 동맹 관계의 변화에 대한 현실주의자들의 견해 | → | **4** 동맹 관계의 변화에 대한 (구성주의자)들의 견해 |

대한 인식이 긍정적이고 국제 사회에서의 구성원들의 역할이 가치가 있다고 판단될 때, 긍정적인 동맹 관계를 맺고 평화로울 수 있지만, 그렇지 않으면 동맹은 파기될 수 있다고 본 것이다.

▶동맹 관계의 변화에 대한 구성주의자들의 견해

1 내용 추론하기
답 ⑤

㉮에 들어갈 내용으로 적절한 것은?

① 동맹 관계가 멀고 자율성이 높을수록 그 수명이 연장되었음을 알 수 있다.

② 동맹 관계가 멀고 자율성이 낮을수록 그 수명이 단축되었음을 알 수 있다.

③ 동맹 관계가 가깝고 자율성이 높을수록 그 수명이 연장되었음을 알 수 있다.

④ 동맹 관계가 가깝고 자율성이 낮을수록 그 수명이 단축되었음을 알 수 있다.

☑ 동맹 관계가 가깝고 자율성이 낮을수록 그 수명이 연장되었음을 알 수 있다.
○─협상 → 중립 조약 → 방위 조약(동맹 관계 가까움, 자율성 낮음)의 순서로 평균 수명이 길어짐

정답 풀이

2문단에서 방위 조약의 경우 동맹국의 전쟁에 개입해야 한다는 강제성이 있기 때문에 동맹국 간의 정치·외교적 관계의 정도가 매우 가깝고, 전쟁 발발 시 동맹 관계 속에서 국가가 펼칠 수 있는 정치·외교적 자율성은 매우 낮다고 하였다. 즉, 동맹국 간의 자율성은 '협상 → 중립 조약 → 방위 조약' 순으로 낮은데, 이 순서에 따라 동맹 관계는 가까워진다는 점을 추론할 수 있다. 한편 ㉮ 앞에 제시된 연구에 따르면 동맹 관계의 평균 수명은 '협상(68개월) → 중립 조약(94개월) → 방위 조약(115개월)'의 순서로 자율성이 낮을수록 길어진다. 따라서 이를 바탕으로 ⑤를 추론할 수 있다.

2 구체적 사례에 적용하기
답 ③

이 글을 바탕으로 〈보기〉를 이해한 내용으로 적절하지 <u>않은</u> 것은?

┤ 보기 ├

A국은 B국과 방위 조약을 맺고 동맹 관계를 유지해 왔다. 그런데 국제 정세의 변화에 따라 A국은 B국과의 동맹을 파기하고 C국과 중립 조약을 새로 체결했다. 그런데 A국의 여론은 이러한 변화에 반대하였다.

---

① A국이 B국과 동맹을 파기하기 전에는, A국은 B국의 전쟁에 참전해야 할 의무가 있었겠군.
○─A국과 B국은 방위 조약이었으므로

② A국이 C국과 동맹을 맺은 후에는, B국과 C국 사이에 전쟁이 발발하더라도 A국은 참전하지 않아야 하겠군.
○─A국과 C국은 중립 조약이므로

☑ 현실주의자들은 A국과 B국의 동맹이 파기된 이유를, B국에 대한 A국 구성원들의 신뢰가 약화되었기 때문이라고 설명하겠군.
×─구성주의자들의 관점임

④ 구성주의자들은 A국 구성원들이 C국에 부정적 인식을 가지게 된다면, C국과의 동맹 관계는 유지되기 힘들 것이라고 설명하겠군.
○─구성주의자들은 상호 작용의 변화에 주목함

⑤ 구성주의자들은 A국에서 변화에 반대하는 여론이 형성된 이유를, C국보다 B국에 대한 긍정적 인식이 작용했기 때문이라고 설명하겠군.
○─긍정적 인식 때문에 B국과의 동맹 파기에 반대함

정답 풀이

3문단에 따르면 현실주의자들은 힘의 균형점이 이동함에 따라 세력의 균형을 찾는 과정에서 동맹 관계가 달라질 수 있다고 본다. A국과 B국의 동맹 파기를 A국 구성원의 신뢰와 연관 지어 설명한 것은 구성주의자들의 관점에 가까우므로 ③은 적절하지 않다.

오답 풀이

① A국과 B국이 맺었던 동맹은 방위 조약인데, 방위 조약은 동맹국의 전쟁에 참전하기로 약속하는 것이므로 동맹을 파기하기 전에 A국은 B국의 전쟁에 참전해야 할 의무가 있었다.

② A국이 C국과 맺은 동맹은 중립 조약인데, 중립 조약은 동맹국의 전쟁에 대해 중립을 지킬 것을 약속하는 것이므로 B국과 C국 사이에 전쟁이 발발하더라도 A국은 참전하지 않아야 한다.

④ 4문단에 따르면 구성주의자들은 국제 사회의 문제를 상호 인식 관계에 주목하여 설명하고 있으며, 상호 작용의 변화에 따라 동맹은 달라질 수 있다고 본다. 이 관점에 따르면 A국 구성원들이 C국에 부정적 인식을 가질 경우 C국과의 동맹 관계는 변화될 수 있다.

⑤ 4문단에 따르면 구성주의자들은 타국에 대한 인식이 긍정적이고 구성원들의 역할이 가치가 있다고 판단될 때 긍정적인 동맹 관계를 맺는다고 본다. 이 관점에 따르면 변화에 반대하는 A국의 여론은 C국보다 B국에 대한 긍정적 인식이 작용한 결과라고 볼 수 있다.

어휘력 Upgrade

※다음의 빈칸에 들어갈 알맞은 말을 〈보기〉에서 찾아 쓰시오.

┤ 보기 ├
공조
근간
파기
편승

1 섬유 산업은 우리나라 경제 성장의 (근간)이 되었다.
→사물의 바탕이나 중심이 되는 중요한 것

2 세입자가 임의적으로 계약을 (파기)하면 계약금을 돌려받지 못한다.
→계약, 조약, 약속 따위를 깨뜨려 버림

3 이번 사업이 실패한 것은 각 부서 간의 (공조)가 제대로 이루어지지 않았기 때문이다.
→여러 사람이 함께 도와주거나 서로 도와줌

4 A방송사에서 만든 여행 프로그램의 인기에 (편승)한 유사 프로그램들이 쏟아져 나오고 있다.
→세태나 남의 세력을 이용하여 자신의 이익을 거둠을 비유적으로 이르는 말

사회 08 소비자의 지갑이 열리는 가격 _유동운

1 ① **2** ② **3** ④

1 어떤 제품에 대해 판매자가 가격을 제시하면 소비자는 그 가격을 해석하고 그 가격에 담겨 있는 의미를 평가해서 제품의 구매 여부를 결정한다. 이 일련˘의 과정을 <u>가격 지각 과정</u>이라 한다.
> 가격 지각 과정의 개념
> 중심 화제
> ▶ 가격 지각 과정의 개념

2 가보(A. Garbor)와 그레인저(C. Granger)는 소비자들을 대상으로 한 설문 조사 결과를 통해 소비자의 가격 지각˘을 설명하고자 했다. 그들은 먼저,「설문 대상자들에게 특정 가격을 제시하여 해당 제품의 구매 의사 여부를 조사했다. 구매한다는 대답이 나오면 다른 가격을 순차적으로 묻는 과정을 계속했고, 구매하지 않는다는 대답이 나오면 그 까닭이 가격이 비싸서 그러한 것인지 아니면 싸서 그러한 것인지를 물었다.」그리하여 소비자들이 수용할 수 있는 '하한 가격 한계'와 '상한 가격 한계'를 발견하였다.
> 「 」: 가보와 그레인저의 설문 조사 과정
> 설문 조사 결과
> ▶ 가보와 그레인저의 설문 조사와 그 결과

3 하한 가격 한계는 가격이 너무 낮아서 소비자가 품질을 의심하여 해당 제품을 구매하려는 의사가 전혀 없는 최저 수용 가격을 말하고, 상한 가격 한계는 가격이 너무 높아서 소비자가 제품의 구매를 경제적이지 않다고 판단하여 해당 제품을 구매하려는 의사가 전혀 없는 최고 수용 가격을 말한다. 조사 결과 설문 대상자들이 수용할 수 있는 하한 가격 한계 위로 가격을 ㉠올리면, 지나치게 낮은 가격 때문에 그 제품의 품질을 의심해서 구매하지 않겠다는 확률이 줄어들었다. 그리고 설문 대상자들이 수용할 수 있는 상한 가격 한계 밑으로 가격을 내리면, 가격이 하락함에 따라, 가격이 너무 높아서 구매하지 않겠다는 확률이 줄어들었다. 그리고 최저 수용 가격과 최고 수용 가격의 사이, 즉 소비자가 수용할 수 있는 가격 범위 사이에 판매자가 제품을 팔 수 있는 최적 가격이 형성된다. 다시 말해, 소비자가 너무 비싸게도 너무 싸게도 느끼지 않아 해당 제품을 구매할 확률이 가장 높은 가격이 판매자가 제품을 효과적으로 팔 수 있는 최적 가격인 것이다.
> 하한 가격 한계의 개념
> 상한 가격 한계의 개념
> 최적 가격이 형성되는 범위
> 최적 가격의 개념
> ▶ 하한 가격 한계와 상한 가격 한계 및 최적 가격의 개념

4 한편 소비자가 새로운 제품의 구매를 고려할 때, 그 제품의 가격이 높거나 낮다고 지각하는 것은 개인이 그 상품에 대해 자신의 기준을 반영하기 때문이다. 일반적으로 소비자가 현재 구매하려는 물건과 유사한 물건을 구매했던 경험이 있다면 그것을 기준으로 준거˘가격을 설정하고 이를 바탕으로 제품의 구매를 결정한다. 하지만 유사 제품에 대해 구매 경험이 없다면 소비자는 제품에 대해 외적으로 제시되는 새로운 가격 정보를 이용하여 제품의 구매를 결정한다. 이때 전자는 내적 준거 가격을, 후자는 외적 준거 가격을 기준으로 제품의 구매 여부를 판단하는 것이라 할 수 있다. 즉 내적 준거 가격이란 소비자가 경험한 정보를 통해 형성된, 소비자의 마음속에 있는 추상적˘인 가격을 말하며 외적 준거 가격이란 특정 제품의 생산자 가격, 상점에서 제시하는 정상 가격, 혹은 경쟁사 가격 등의 새로운 가격 정보를 말한다.
> 내적 준거 가격을 구매 기준으로 삼은 경우
> 외적 준거 가격을 구매 기준으로 삼은 경우
> 내적 준거 가격의 개념
> 외적 준거 가격의 개념
> ▶ 구매를 결정할 때 기준이 되는 내적 준거 가격과 외적 준거 가격

● **지문 갈무리**
어떤 물건을 구입할 때, 사람들은 자기 기준에서 가격이 비싼지 저렴한지를 판단한 뒤 구매를 결정해. 이 글은 가격에 대한 소비자들의 인식과 반응을 '가격 지각 과정'이라는 개념으로 설명하고 있어.

● **주제**
소비자의 구매 여부를 결정짓는 가격 지각 과정

˘ **일련(一連):** 하나로 이어지는 것.

˘ **지각(知覺):** 알아서 깨달음. 또는 그런 능력.

˘ **준거(準據):** 사물의 정도나 성격 따위를 알기 위한 근거나 기준.

˘ **추상적(抽象的):** 어떤 사물이 직접 경험하거나 지각할 수 있는 일정한 형태와 성질을 갖추고 있지 않은 것.

독해력 Upgrade

※각 문단의 중심 내용을 다음과 같이 정리할 때, 빈칸에 들어갈 알맞은 말을 쓰시오.

| **1** (가격 지각) 과정의 개념 | → | **2** 가보와 그레인저의 설문 조사와 그 결과 | → | **3** 하한 가격 한계와 상한 가격 한계 및 (최적 가격)의 개념 | → | **4** 구매 결정 시 기준이 되는 내적 준거 가격과 외적 준거 가격 |

1 세부 정보 파악하기
답 ①

이 글을 통해 알 수 <u>없는</u> 것은?

☑ 정상 가격의 변화 추이

② 하한 가격 한계의 개념 → 3문단

③ 소비자의 가격 지각 과정 → 1문단

④ 내적 준거 가격 결정의 기준 → 4문단

⑤ 가보와 그레인저의 설문 내용 → 2문단

정답 풀이

이 글에서는 소비자가 가격을 해석하고 평가해 구매를 결정하는 과정을 설명하였을 뿐, 정상 가격의 변화 추이는 언급하지 않았다.

오답 풀이

② 3문단에서 하한 가격 한계가 최저 수용 가격임을 설명하였다.

③ 1문단에서 가격 지각 과정이 무엇인지를 설명하였다.

④ 4문단에서 내적 준거 가격이 소비자의 경험을 통해 형성됨을 설명하였다.

⑤ 2문단에서 가보와 그레인저가 실시한 설문 조사 내용을 제시하였다.

2 자료 해석의 적절성 평가하기
답 ②

이 글을 바탕으로 〈보기〉를 이해한 내용으로 적절하지 <u>않은</u> 것은?

① Ⓐ에서 소비자는 제품의 품질을 의심할 수 있겠군.

☑ Ⓐ에서는 최적 가격이 형성될 수 있으나 Ⓓ에서는 최적 가격이 형성될 수 없겠군.
　×→Ⓐ에서도 최적 가격이 형성될 수 없음

③ 소비자가 수용할 수 있는 가격은 Ⓑ와 Ⓒ 구간에서 형성되겠군.

④ Ⓓ에서 소비자가 물건을 구매하지 않으려는 것은 경제적이지 않다고 판단한 결과이겠군.

⑤ 동일 물건에 대해 Ⓔ가 사람마다 차이가 날 수 있는 이유는 유사한 물건을 구매했던 과거 경험이 다르기 때문일 수 있겠군.

정답 풀이

3문단에서 "최저 수용 가격과 최고 수용 가격의 사이, 즉 소비자가 수용할 수 있는 가격 범위 사이에 판매자가 제품을 팔 수 있는 최적 가격이 형성된다."라고 하였다. 즉 〈보기〉에서 최적 가격이 형성될 수 있는 범위는 Ⓑ~Ⓒ 구간이다. Ⓐ와 Ⓓ는 최저 수용 가격과 최고 수용 가격의 사이에 해당하는 범위가 아니므로 둘 다 최적 가격이 형성될 수 없다.

오답 풀이

① 3문단에서 "하한 가격 한계는 가격이 너무 낮아서 소비자가 품질을 의심하여 해당 제품을 구매하려는 의사가 전혀 없는 최저 수용 가격"이라고 하였다. 〈보기〉의 Ⓐ는 최저 수용 가격 이하의 가격대이므로 소비자가 제품의 품질을 의심할 수 있다.

③ 3문단에서 소비자가 수용할 수 있는 가격 범위는 최저 수용 가격과 최고 수용 가격의 사이라고 하였다. 이에 해당하는 가격 범위는 Ⓑ와 Ⓒ이다.

④ 3문단에서 "상한 가격 한계는 가격이 너무 높아서 소비자가 제품의 구매를 경제적이지 않다고 판단하여 해당 제품을 구매하려는 의사가 전혀 없는 최고 수용 가격"이라고 하였다. 〈보기〉의 Ⓓ는 최고 수용 가격 이상의 가격대이므로 소비자는 이 가격대의 제품을 사는 것이 경제적이지 않다고 판단할 것이다.

⑤ 4문단에서 "일반적으로 소비자가 현재 구매하려는 물건과 유사한 물건을 구매했던 경험이 있다면 그것을 기준으로 준거 가격을 설정하고 이를 바탕으로 제품의 구매를 결정한다."라고 하였다. 물건을 구매했던 가격이 사람마다 다를 수 있으므로, 각자의 경험에 따라 동일 물건에 대한 준거 가격인 Ⓔ가 달라질 수 있다.

3 어휘의 문맥적 의미 파악하기
답 ④

㉠과 문맥적 의미가 가장 유사한 것은?

① 그는 손을 올려 거부 의사를 밝혔다.
　　'위쪽으로 높게 하거나 세우다'의 의미

② 명절 아침에 할아버지께 절을 올렸다.
　　'윗사람에게 공손하게 말, 인사, 절 따위를 하다'의 의미

③ 태어난 아기의 이름을 호적에 올려야 한다.
　　'기록하게 하다'의 의미

☑ 학교 주변에서는 차의 속력을 올려서는 안 된다.
　　'값이나 수치 따위를 높이다'의 의미

⑤ 내년에 결혼식을 올리려면 준비를 서둘러야 한다.
　　'의식이나 예식을 거행하다'의 의미

정답 풀이

'가격을 올리면'에서의 '올리다'는 '값이나 수치, 온도, 성적 따위를 이전보다 많아지게 하거나 높이다.'의 의미로 사용되었다. 이와 문맥적 의미가 가장 유사한 것은 ④에 쓰인 '올리다'이다.

어휘력 Upgrade

※다음의 빈칸에 들어갈 알맞은 말을 〈보기〉에서 찾아 쓰시오.

┌─ 보기 ─┐
일련
지각
준거
추상적

1 심사 위원은 뚜렷한 심사의 (준거)를 제시해야 한다.
　　→사물의 정도나 성격 따위를 알기 위한 근거나 기준

2 한밤중의 산속은 너무 캄캄해서 방향을 (지각)할 수도 없다.
　　→알아서 깨달음

3 그녀의 작품은 주로 무의식이나 꿈 등 (추상적) 세계를 다루고 있다.
　　→어떤 사물이 직접 경험하거나 지각할 수 있는 일정한 형태와 성질을 갖추고 있지 않은 것

4 언론 개혁을 포함한 (일련)의 사회 개혁들은 대통령이 내걸었던 공약이다.
　　→하나로 이어지는 것

꼭 알아야 할 민법과 형법의 중요 원칙 _법무부

1 ③　　**2** ④　　**3** ②

● 지문 갈무리
사회적 분쟁을 해결하기 위해 법이 있는데, 사건의 내용에 따라 적용되는 법도 달라. 이 글은 민법과 형법이 각각 무엇에 관한 법률이고 어떤 원칙에 따라 적용되는지를 설명한 뒤, 형법을 위반한 범죄가 발생했을 때의 법적 절차를 자세히 알려 주고 있어.

● 주제
민법과 형법의 개념과 특징

1 인간은 집단생활을 하기 때문에 분쟁이 발생할 수밖에 없다. 그래서 문제가 발생하는 것을 예방하거나 문제를 원만히 해결하기 위해 규칙을 만든다. 여러 규칙 중 사회 구성원들의 합의에 따라 만들어지고 강제성을 가진 규칙을 법이라고 한다. 이때 강제성은 공공의 이익을 실현하기 위해 사회 구성원들이 동의할 때만 발휘될 수 있다.　　▶법의 개념

2 대표적인 법에는 ㉠민법과 형법이 있다. 민법은 국가 기관이 아닌, 사람들 간의 권리관계를 다루는 법률로서 재산 관계와 가족 관계로 구성되어 있다. 근대 사회에서 형성된 민법의 원칙은 오늘날까지도 중요하게 여겨지고 있다. 중요 원칙 중 하나는 개인의 사유 재산에 대해 절대적 지배를 인정하고 국가를 비롯한 단체나 개인은 다른 사람의 사유 재산 행사에 간섭하지 못한다는 것이다. 그리고 다른 사람에게 끼친 손해는 그 행위가 위법이고 동시에 고의나 과실에 의한 경우에만 책임을 진다는 원칙도 있다. 그런데 이 원칙들은 경제적 강자가 경제적 약자를 지배하는 수단으로 악용♥되기도 하여 20세기에 들면서 제한이 생겼다. 그 결과 개인의 사유 재산에 대한 지배는 여전히 보장되지만 공공복리에 적합하도록 행사해야 한다는 것과 같은 수정된 원칙들이 적용되고 있다.　　▶민법의 개념과 원칙

3 반면, 형법은 범죄와 형벌을 규정하는 법률로서 ㉡'죄형 법정주의'라는 기본 원칙이 있다. 죄형 법정주의는 범죄의 행위와 그 범죄에 대한 처벌을 미리 법률로 정해 두어야 한다는 것이다. 그래서「범죄 발생 당시에는 없었던 법이 나중에 생겨도 그것을 소급♥해서 적용할 수 없다. 또한 민법과 달리 어떤 사항을 직접 규정한 법규가 없을 때, 그와 비슷한 사항을 규정한 법규를 유추하여 적용할 수도 없다.」　　▶형법의 개념과 죄형 법정주의 원칙

4 형법을 위반한 범죄가 발생하면, 먼저 수사 기관이 수사를 한다. 수사를 개시♥하는 단서로는 고소, 고발, 인지가 있는데, 이 중 고소는 피해자가 하는 반면 고발은 제3자가 한다. 일반적으로 범죄는 수사 기관이 인지하는 것만으로도 수사를 시작할 수 있다. 하지만 명예 훼손죄, 폭행죄 등은 수사를 진행했더라도 피해자가 원하지 않으면 처벌하지 않는다. 수사 결과 피의자♥가 죄를 범했다고 의심할 만한 충분한 이유가 있다면 구속 영장을 받아 체포해 구속한다. 만약 범죄를 실행 중인 경우는 구속 영장 없이 체포 가능한데, 이 경우「48시간 이내에 구속 영장을 신청해야 하고, 법원은 신청서가 접수된 시간으로부터 48시간 이내에 구속 영장의 발부 여부를 결정해야 한다.」수사 결과 범죄 혐의가 인정되면 검사는 재판을 청구하는데 이를 기소라고 한다. 이때 검사는 피의자의 나이, 환경, 동기 등을 참작하여 기소를 하지 않을 수 있다. 기소로 재판 절차가 시작되면 법원은 사건을 심리♥하여 범죄 사실이 확인된 경우 유죄를 선고한다. 유죄가 인정되면 법원이 형을 선고하고 집행 절차에 들어간다.　　▶형법의 적용을 받는 사건의 법적 절차

♥악용(惡用): 알맞지 않게 쓰거나 나쁜 일에 씀.

♥소급(遡及): 과거에까지 거슬러 올라가서 미치게 함.

♥개시(開始): 행동이나 일 따위를 시작함.

♥피의자(被疑者): 수사 기관으로부터 범죄의 의심을 받게 되어 수사를 받고 있는 자.

♥심리(審理): 재판의 기초가 되는 사실이나 법률적 판단을 심사하는 행위.

독해력 Upgrade

※각 문단의 중심 내용을 다음과 같이 정리할 때, 빈칸에 들어갈 알맞은 말을 쓰시오.

| **1** 법의 개념 | → | **2** 대표적인 법의 하나인 (민법)의 개념과 원칙 | → | **3** 대표적인 법의 하나인 형법의 개념과 (죄형 법정주의) 원칙 | → | **4** 형법의 적용을 받는 사건의 법적 절차 |

1 세부 정보 파악하기
답 ③

㉠에 대한 설명으로 적절하지 <u>않은</u> 것은?

① 경제적 강자로부터 경제적 약자를 보호하기 위해 원칙이 수정되었다.

② 국가 기관이 아닌 사람들 간의 권리관계에 문제가 생겼을 경우 적용한다.

☞ 위법한 행위가 발생했을 때 <u>의도적으로 잘못을 한 경우에만 책임을 물을 수 있다.</u>
　　×－의도하지 않은 과실에 대해서도 책임져야 함

④ 20세기에 들면서 공공복리에 적합하지 않을 경우 개인의 재산권 행사를 제한할 수 있게 되었다.

⑤ 개인이 재산을 사용하는 것에 대해 국가나 타인이 간섭하지 못한다는 원칙이 근대 사회에서 형성되었다.

정답 풀이

2문단에서 민법의 원칙 중 하나로 "다른 사람에게 끼친 손해는 그 행위가 위법이고 동시에 고의나 과실에 의한 경우에만 책임을 진다"는 내용을 제시하였다.

오답 풀이

①, ④ 경제적 강자가 경제적 약자를 지배하는 수단으로 민법이 악용되기도 했기 때문에, 20세기에 들면서 개인의 재산권 행사는 공공복리에 적합하게 해야 한다는 수정된 원칙이 민법에 적용되고 있다.

② 민법은 국가 기관이 아닌, 사람들 간의 권리관계에서 다툼을 해결할 때에 적용하는 법률이다.

⑤ 근대 사회에서 민법은 사유 재산에 대한 절대적 지배를 인정하였다.

2 내용 추론하기
답 ④

㉡과 관련 있는 말로 적절한 것은?

① 착한 사람은 법이 필요 없고 나쁜 사람은 법망을 피해 간다.

② 법의 생명은 논리에 있는 것이 아니라 경험에 있다.

③ 형법의 반은 이익보다는 해를 끼칠지 모른다.

☞ 법률이 없으면 범죄도 없고 형벌도 없다.
　법률로 정해 두지 않은 것은 처벌할 수 없는 죄형 법정주의와 관련됨

⑤ 철학 없는 법학은 출구 없는 미궁이다.

정답 풀이

죄형 법정주의는 범죄와 형벌을 법률로 정해 두어야 한다는 원칙으로, 법률이 없으면 처벌할 수 없다. 따라서 '법률이 없으면 범죄도 없고 형벌도 없다.'는 말이 죄형 법정주의와 관련된다.

3 구체적 사례에 적용하기
답 ②

㉣를 바탕으로 〈보기〉를 이해한 내용으로 적절한 것은?

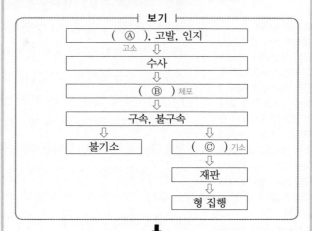

- ⓐ는 범죄의 피해자와 연관이 있는 제3자가 하는군. ‥ ①
　×－고소는 피해자가 함
- 명예 훼손죄, 폭행죄는 ⓐ가 없어도 수사를 진행할 수 있어. ‥‥‥‥‥‥‥‥‥‥‥‥‥‥‥‥‥ ☞
- 범죄를 실행 중인 범인을 ⓑ하였을 경우 <u>48시간 이내에 구속 영장을 발부받아야 해.</u> ‥‥‥‥‥‥ ③
　×－48시간 이내에 구속 영장을 신청해야 함
- 범죄 혐의가 인정될 경우 반드시 ⓒ를 해야 해. ‥ ④
　×－검사는 피의자의 나이, 환경, 동기 등을 참작하여 기소를 하지 않을 수 있음
- 재판에서 심리를 담당하는 주체가 ⓒ의 여부를 결정하겠군. ‥‥‥‥‥‥‥‥‥‥‥‥‥‥‥‥‥‥ ⑤
　법원　　　×－검사가 기소 여부를 결정함

정답 풀이

〈보기〉의 ⓐ는 고소, ⓑ는 체포, ⓒ는 기소이다. 4문단에 따르면 수사 기관이 범죄를 인지하는 것만으로도 수사를 시작할 수 있으므로 명예 훼손죄와 폭행죄 역시 이에 따른다.

단원 어휘 테스트 ✔

03회 01 ㉡ 02 ㉢ 03 ㉠ 04 ㉢ 05 촉구 06 악용 07 보완 08 환산 09 개시 10 지표 11 혼용 12 비일비재 13 초래 14 파기 15 정체 16 견제 17 유도했다 18 유예할 19 점유하고 20 기원하며

04회 01 ㉠ 02 ㉢ 03 ㉢ 04 ㉡ 05 지각 06 완화 07 공조 08 편승 09 둔화 10 보편화 11 공식적 12 추상적 13 왜곡 14 누적 15 창출 16 철회 17 발발했다 18 간주하여 19 부합하는 20 기재한

어휘력 Upgrade
※ 다음의 빈칸에 들어갈 알맞은 말을 〈보기〉에서 찾아 쓰시오.

보기
개시
소급
악용
인지

1 인류의 기원은 200만 년 전으로 (소급)해 올라간다.
　→ 과거에까지 거슬러 올라가서 미치게 함

2 지난주에 판매를 (개시)한 이 상품은 기존 상품들보다 인기가 높다.
　→ 행동이나 일 따위를 시작함

3 인터넷의 익명성을 (악용)하는 사례가 늘고 있어 그 대책이 필요한 때이다.
　→ 알맞지 않게 쓰거나 나쁜 일에 씀

4 모두가 이번 사태의 심각성을 (인지)하고 해결 방안을 찾기 위해 노력했다.
　→ 어떤 사실을 인정하여 앎

이름에 담긴 우리 삶과 문화 _정주리 외

● 지문 갈무리
과거에 우리 민족은 사람의 특성이나 역할을 그 사람의 이름으로 삼았어. 하지만 요즘은 그렇게 이름을 짓지 않지. 이 글은 우리 사회에 존재해 온 이름 붙이기의 여러 방식을 소개하고 이름 붙이기 관습이 시대에 따라 달라진다는 점을 설명하고 있어.

● 주제
공동체의 삶의 양식에 따라 변화하는 이름 붙이기 관습

1 〈늑대와 춤을〉이라는 영화를 인디언 사회에서의 이름 붙이기를 보여 준 작품으로 기억하는 사람들이 많다. 이 영화에서, 늑대와 춤을 추듯 노는 주인공의 모습을 보고 마을 사람들은 그의 이름을 '늑대와 춤을'이라고 하였다. 이러한 이름 붙이기는 너무 즉흥적으로 보이지만 한 공동체에서 그 구성원에게 의미를 부여하는 일이라는 점에서는 우리의 이름 붙이기와 다를 바가 없다. 다른 점이 있다면 인디언들은 사건을 지시하는 문장을 곧바로 이름으로 사용하였고, 우리는 이를 명사형으로 바꿔 이름을 만든다는 것뿐이다.

2 고구려를 세운 사람은 '주몽'이었다. 주몽은 '활을 잘 쏘는 사람'에게 붙이는 이름이었다. 또한 백제 무왕의 어릴 적 이름은 '맛둥'이었다. 그는 선화 공주를 데려와 결혼하고 싶었다. 그래서 그는 장사치가 되었다. 마를 팔면서 노래를 부르고 다녔고, 선화 공주를 데려올 계책을 성공시켰기 때문에 그에게 '맛둥'이라는 이름이 붙은 것이다. '맛둥'은 '마를 파는 사람'이라는 의미였다. 지금이야 그런 이름을 짓는 사람은 없겠지만 우리 할아버지 세대만 해도 어떤 특성이 곧바로 이름이 되어 버린 경우가 자주 있었다. '돌쇠'는 '돌처럼 단단하게 생긴 사람'에게, '먹쇠'는 '먹기를 좋아하는 사람'에게 붙는 이름이었다. 결국 사람의 특성이나 역할을 그 이름으로 삼은 것은 작은 공동체에서 한 사람을 다른 사람과 구별 짓는 일이었다.

3 그러나 지금 인디언 사회에서 '늑대와 춤을'과 같은 이름을 찾기 힘든 것처럼, 공동체의 삶의 양식이 변하면 이에 따라 이름 붙이는 관습도 함께 변화를 겪게 된다. 우리의 경우는 어떤가? 우리 주변에는 '주몽', '맛둥', '돌쇠', '먹쇠' 등과 같이 사람의 특성이나 역할을 표시하는 이름을 가진 사람은 드물다. 이러한 변화는 삶의 양식이 변하는 것과 깊은 관련을 맺는다.

4 유교적 전통 안에서 혈연으로 이루어진 공동체를 유지하는 것이 중요한 일이 되면서, 이름은 서열을 나타내는 중요한 징표가 되기도 하였다. 처음 만난 친척도 그 이름만 들으면 그 사람과의 서열 관계를 쉽게 파악할 수 있도록 하기 위해, 항렬을 정해 이름자를 정하는 것도 우리의 전통이 ㉠되었다. '철수', '민수', '영수' 등과 같은 예의 이름이 많은 것은 이러한 사회에서는 그 사람의 특징이나 역할과 상관없이 서열을 표시하는 글자를 중심으로 이름을 지었기 때문이다.

5 그러나 이런 이름 붙이기는 서구적인 문화 양식이 자리 잡아 가면서 많은 변화를 겪고 있다. 한편에서는 서열에 따른 이름 붙이기가 지속되고 있지만, 다른 한편으로는 이름의 미적인 측면에 관심을 기울이고 있다. '초롱', '아름', '어진' 등 고유어 이름이 확산되는 것도 이름의 양식을 변화시키는 요인이라고 할 수 있다. 특히 이러한 양상은 서구식 발음 구조가 많은 영향을 미친 것으로 보인다. 로마자 표기의 단순화를 고려해 발음을 단순화하고, 받침이 없는 단어를 선호하며, 받침이 있더라도 'ㄱ, ㅂ'보다는 'ㄴ, ㅁ' 등을 선호하는 점이 이를 잘 보여 준 예라 할 수 있다.

▼즉흥적(卽興的): 그 자리에서 일어나는 감흥이나 기분에 따라 하는 것.

▼계책(計策): 어떤 일을 이루기 위하여 꾀나 방법을 생각해 냄. 또는 그 꾀나 방법.

▼관습(慣習): 어떤 사회에서 오랫동안 지켜 내려와 그 사회 성원들이 널리 인정하는 질서나 풍습.

▼항렬(行列): 같은 혈족의 직계에서 갈라져 나간 계통 사이의 대수 관계를 나타내는 말. 형제자매 관계는 같은 항렬로 같은 돌림자를 써서 나타낸다.

독해력 Upgrade ※각 문단의 중심 내용을 다음과 같이 정리할 때, 빈칸에 들어갈 알맞은 말을 쓰시오.

| 1 인디언 사회를 통해 본 이름 붙이기의 의미 | → | 2 사람의 (특성)이나 역할을 그 사람의 이름으로 삼은 예 | → | 3 공동체의 삶의 양식과 이름 붙이기 관습의 관계 | → | 4 (유교적) 전통에 따른 혈연 공동체의 이름 붙이기 | → | 5 (서구화)에 따른 이름 붙이기 관습의 변화 |

1 세부 정보 파악하기 　답 ③

이 글을 통해 파악할 수 있는 내용으로 적절하지 <u>않은</u> 것은?

① 서구적인 문화 양식은 현재 우리의 이름 양식에 영향을 주고 있다. → 5문단

② 인디언 사회에서 이름 짓기는 구성원에게 의미를 부여하는 일이었다. → 1문단

☑ 이름을 붙이는 관습이 변하면 공동체 구성원의 삶의 양
×－원인과 결과가 바뀐 진술
식도 함께 변한다.

④ 서열 관계를 중시한 이름 짓기는 유교적 전통이 있는 혈연 공동체에서 사용되어 왔다. → 4문단

⑤ 과거에 우리 민족은 공동체 내에서 사람들을 구별하려고 사람의 특성으로 이름을 지었다. → 2문단

정답 풀이

이 글에서는 사람의 특성과 역할을 나타내는 이름 짓기, 돌림자를 사용한 이름 짓기, 고유어를 사용한 이름 짓기 등 이름을 짓는 다양한 방법을 제시하면서, 이러한 이름 짓기 방법이 사회 변화와 관련됨을 설명하고 있다. 3문단에서 "공동체의 삶의 양식이 변하면 이에 따라 이름 붙이는 관습도 함께 변화를 겪게 된다."라고 하였으므로 ③은 적절하지 않다.

오답 풀이

① 5문단에 "이름 붙이기는 서구적인 문화 양식이 자리 잡아 가면서 많은 변화를 겪고 있다."라고 제시되어 있다.

② 1문단에 인디언 사회의 이름 붙이기가 "한 공동체에서 그 구성원에게 의미를 부여하는 일"이라고 제시되어 있다.

④ 4문단에 "유교적 전통 안에서 혈연으로 이루어진 공동체를 유지하는 것이 중요한 일이 되면서, 이름은 서열을 나타내는 중요한 징표가 되기도 하였다."라고 제시되어 있다.

⑤ 2문단에서 과거에 우리 민족이 사람의 특성이나 역할을 이름으로 삼은 구체적인 예를 제시하고 있으며, 이처럼 사람의 특성이나 역할을 그 이름으로 삼은 것은 "작은 공동체에서 한 사람을 다른 사람과 구별 짓는 일"이었다고 설명하였다.

2 구체적 사례에 적용하기 　답 ④

이 글에 나온 '이름 짓기' 유형에 따라 지은 이름이 <u>아닌</u> 것은?

① 얼굴이 고와서 '곱단' ┐사람의 특성을 나타내는
② 몸집이 크고 튼튼해서 '우람' ┘이름 짓기

③ 우리말을 잘 살려서 쓴 '다솜' → 고유어를 사용한 이름 짓기

☑ 형제인 '대한(大韓)'과 '민국(民國)'

⑤ 사촌 형제인 '영주(英柱)'와 '동주(東柱)'
→ 서열을 표시하는 돌림자를 사용한 이름 짓기

정답 풀이

④의 '대한'과 '민국'은 고유 명사인 '대한민국'을 두 글자씩 나누어 이름을 지은 예이다. 그런데 이 글에는 고유 명사를 사용하거나 한 단어를 나누어 사용하는 이름 짓기 유형은 제시되지 않았다.

오답 풀이

①, ② 사람의 특성을 그 이름으로 삼은 이름 짓기 유형이다. 이 유형에 속하는 예는 2문단에 제시된 '주몽', '맛둥', '돌쇠', '먹쇠'이다.

③ 고유어를 사용한 이름 짓기 유형이다. 이 유형에 속하는 예는 5문단에 제시된 '초롱', '아름', '어진'이다.

⑤ 항렬(서열)을 나타내는 이름 짓기 유형이다. 사촌 형제인 '영주(英柱)'와 '동주(東柱)'는 항렬이 같으므로 같은 돌림자인 '주'를 사용하여 이름을 지은 것이다. 이 유형에 속하는 예는 4문단에 제시된 '철수', '민수', '영수'이다.

3 어휘의 문맥적 의미 파악하기 　답 ②

의미상 ⑤과 유사한 것은?

① 요즘은 사업이 그럭저럭 되고 있다.
'일이 잘 이루어지다'의 의미
☑ 그에게 그녀는 삶의 목표가 되었다.
'어떤 특별한 뜻을 가지는 상태에 놓이다'의 의미
③ 우리 국토의 대부분은 산으로 되어 있다.
'어떤 재료나 성분으로 이루어지다'의 의미
④ 이 안(案)에 찬성하는 사람이 50명이 되었다.
'수량에 차거나 이르다'의 의미
⑤ 되지 않는 소리 하지 말고 일이나 열심히 해라.
'되지 않는 소리'와 같이 '전혀 이치에 닿지 아니한 말'을 나타내는 관용어로 쓰임

정답 풀이

'우리의 전통이 되었다.'에서 '되다'는 '어떤 특별한 뜻을 가지는 상태에 놓이다.'라는 의미를 지니고 있다. 의미상 이와 유사한 것은 '그에게 그녀는 삶의 목표가 되었다.'에서의 '되다'이다.

어휘력 Upgrade

※다음의 빈칸에 들어갈 알맞은 말을 〈보기〉에서 찾아 쓰시오.

┌ 보기 ┐
유형
관습
즉흥적
계책

1 머리를 짜내 보았으나 별 뾰족한 (계책)이 떠오르지 않았다.
→어떤 일을 이루기 위하여 꾀나 방법을 생각해 냄. 또는 그 꾀나 방법
2 시험공부를 할 때는 그 시험의 문제 출제 (유형)을 파악하는 것이 중요하다.
→성질이나 특성 따위가 공통적인 것끼리 묶은 하나의 틀. 또는 그 틀에 속하는 것
3 잼 세션(jam session)은 재즈 연주자들이 악보 없이 하는 (즉흥적)인 연주이다.
→그 자리에서 일어나는 감흥이나 기분에 따라 하는 것
4 익산 김병순 고택은 유교적인 (관습)을 따르면서도 새로운 건축 양식을 수용하고 있다.
→어떤 사회에서 오랫동안 지켜 내려와 그 사회 성원들이 널리 인정하는 질서나 풍습

낯섦에 머무르라 조언한 장자 _강신주

● 지문 갈무리
'성심'은 고정된 자기 관점을 고집하는 마음을 말해. 이 글은 장자 철학의 '성심' 개념을 통해 타인과 잘 소통하려면 다름을 인정해야 함을 알려 주고 있어.

● 주제
타자와의 소통에 대해 사유한 장자 철학의 현대적 의미

1 장자는 타자와의 소통이라는 과제를 자신의 철학적인 문제로 끌어안고 집요하게 사유˘했던 사람이다. 장자는 다음과 같은 '송나라 상인 이야기'를 통해 타자와 마주친 상황을 설명한다. "송나라 상인이 모자를 밑천 삼아 월나라로 장사를 떠난다. 그러나 월나라 사람들은 머리를 짧게 깎고 문신을 하고 있어 모자가 필요하지 않았다." 월나라에서 모자를 팔려던 송나라 상인은 전혀 다른 문화 속에서 '낯섦'과 마주친 것이다. 장자는 자신에게 낯선 공간이야말로 타자와 만날 수 있는 공간이기 때문에 '낯섦'에 머물러야 한다고 조언한다.
▶송나라 상인 이야기를 통한 장자의 조언

2 장자가 이렇게 조언한 이유는 무엇일까? 이 질문에 답하기 위해서는 장자가 언급한 '성심(成心)'이라는 말에 주목할 필요가 있다. 성심이란 온전한 마음이 아니라 치우친 마음으로 자기의 입장을 극대화하여 고정된 자기 관점을 고집하는 것이다. 우리는 이러한 성심에 따라 각자의 관점을 절대적 판단 기준으로 삼고, 그 결과 '나는 옳고 남은 그르다'는 분별을 고착˘시킨다. 그리고 이러한 성심이 타자와의 소통과 조화를 방해하게 된다.
▶성심의 개념과 문제점

3 그렇다면 타자와 만났을 때, 이러한 성심은 어떤 문제를 일으키는가? 장자는 다음과 같은 '바닷새 이야기'를 통해 그 해답을 제시한다. "옛날 바닷새가 노나라 서울 밖에 날아와 앉았다. 노나라 임금은 이 새를 아름다운 종묘˘ 안으로 데리고 와 술을 권하고, 아름다운 궁궐의 음악을 연주해 주고, 소와 돼지, 양을 잡아 대접하였다. 그러나 새는 어리둥절해하고 슬퍼하기만 하다가 사흘 만에 죽어 버리고 말았다. 이는 자기를 기르는 방법으로 새를 기른 것이지, 새를 기르는 방법으로 새를 기른 것이 아니다." 분명 바닷새와 같은 야생의 새는 사람들의 손길을 거부할 것이고, 사람들이 즐기는 것과 먹고 마시는 음식을 함께할 수 없다. 바닷새는 특정 기호가 아니라 그들의 고유한 성질에 따른 특성을 지니고 있기 때문에 그러한 것이다.
▶장자가 제시한 바닷새 이야기

4 결국 바닷새가 죽은 것은 노나라 임금이 자신의 성심에 따라 '새'라는 타자와 관계를 맺고자 했기 때문이다. 다시 말해서 바닷새를 '나'와는 다른 '새'로서 대하지 못하고 나와 같은 '사람'으로서 대했기 때문이다. 이처럼 우리가 타자를 기성˘의 선입견 등으로 가득 찬 마음, 즉 성심에 따라 타자를 나로 인식하고자 할 때 타자와의 소통은 원천적으로 막힐 뿐 아니라 조화로운 관계 또한 어그러지게 된다.
▶바닷새 이야기가 보여 주는 성심의 문제

● 사유(思惟): 대상을 두루 생각하는 일.

● 고착(固着): 어떤 상황이나 현상이 굳어져 변하지 않음.

● 종묘(宗廟): 중국 제왕가 조상의 위패를 두던 묘.

● 기성(旣成): 이미 이루어짐. 또는 그런 것.

5 이런 점을 감안할 때 우리는 장자의 철학을 '소통(疏通)'의 개념으로 이해할 수 있다. 즉 '막힌 것을 터 버린다'는 '소(疏)' 개념과 '타자와 연결한다'는 '통(通)' 개념에서, '트임'이라는 타자로의 개방성을 상징하는 '소(疏)' 개념은 결국 '비움'이라는 단계를 거쳐야 한다.
▶'소통'의 개념으로 이해할 수 있는 장자 철학

6 ㉠성심을 따르는 자기중심적 생각을 비움으로써 타자와의 다름을 인정한다면 타자와의 실질적인 소통이 가능할 수 있다. 장자가 고민한 타자와의 소통의 문제는 갈수록 많은 갈등을 안고 살아가고 있는 현대 사회에서 매우 중요한 의미를 가진다고 볼 수 있다.
▶ 장자의 철학이 현대 사회에서 가지는 의미

독해력 Upgrade

※각 문단의 중심 내용을 다음과 같이 정리할 때, 빈칸에 들어갈 알맞은 말을 쓰시오.

| 1 송나라 상인 이야기를 통한 (장자)의 조언 | → | 2 (성심)의 개념과 문제점 | → | 3 장자가 제시한 바닷새 이야기 | → | 4 바닷새 이야기가 보여 주는 성심의 문제 | → | 5 (소통)의 개념으로 이해할 수 있는 장자 철학 | → | 6 장자 철학의 현대적 의의 |

1 내용 전개 방식 파악하기

답 ①

이 글에 대한 적절한 설명을 〈보기〉에서 골라 바르게 묶은 것은?

┤ 보기 ├

ㄱ. 예화를 인용하여 주요 개념에 대한 이해를 돕고 있다.
1문단의 '송나라 상인 이야기'와 3문단의 '바닷새 이야기'

ㄴ. 질문하는 방식을 활용하여 독자의 주의를 환기하고 있다.
2문단의 "장자가 ~ 무엇일까?"와 3문단의 "그렇다면 ~ 일으키는가?"

ㄷ. 핵심 쟁점에 대한 상반된 두 관점을 비교, 분석하고 있다.

ㄹ. 문제가 되는 상황을 제시하고 그 변화 과정을 개괄하고 있다.

① ㄱ, ㄴ　　② ㄱ, ㄷ　　③ ㄴ, ㄷ
④ ㄴ, ㄹ　　⑤ ㄷ, ㄹ

정답 풀이

1문단에서 송나라 상인 예화를 통해 '낯섦'의 개념에 대한 이해를 돕고 있고, 3문단에서 바닷새 예화를 통해 '성심'의 개념에 대한 이해를 돕고 있다(ㄱ). 그리고 2문단에서 "장자가 이렇게 조언한 이유는 무엇일까?"라는 질문을, 3문단에서 "그렇다면 타자와 만났을 때, 이러한 성심은 어떤 문제를 일으키는가?"라는 질문을 제시하여 독자의 주의를 환기하였다(ㄴ).

오답 풀이

이 글은 '성심'이라는 개념을 중심으로 장자 철학의 의미를 설명한 글로, 핵심 쟁점에 대한 상반된 두 관점을 비교, 분석하거나(ㄷ) 장자 철학의 변화 과정을 설명한(ㄹ) 글이 아니다.

2 구체적 사례에 적용하기

답 ③

㉠에 담긴 관점을 바탕으로 〈보기〉의 학생에게 해 줄 조언으로 가장 적절한 것은?

┤ 보기 ├

[질문]: 저는 중3 여학생입니다. 부모님과 대화가 통하지 않아 짜증 나고 답답할 때가 많아요. 친구 사귀는 것도 일일이 간섭하시고 친구들과 전화하는 것도 싫어하세요. 도대체 왜 그러시는지 정말 이해할 수 없고 집에 있기가 싫어져요.

[대답]: _____

① 부모님과 갈등이 발생했을 때는 섣부르게 대화를 시도하지 마세요. 억지로 대화를 시도하는 것은 오히려 역효과가 날 수 있습니다.

② 혼자의 힘으로 부모님과의 갈등을 해결하는 것은 어려울 때가 있습니다. 대화를 중재할 수 있는 사람과 함께 부모님과의 대화를 시도해 보시기 바랍니다.

☞ 대개 중학생쯤 되면 부모님과의 대화에 어려움을 느끼게 되지요. 그럴 때는 자신을 먼저 돌아보고 자기중심적인 생각에서 벗어나 열린 마음으로 대화를 해 보세요.
'성심'을 버리고 타자와의 다름을 인정하는 것

④ 자신의 의사를 존중받기 위해서는 자신의 상황을 부모님께 합리적으로 이해시키는 과정이 매우 중요합니다. 다양한 대화 방법을 통해 부모님을 이해시켜 보시기 바랍니다.

⑤ 오랜 경험에서 얻은 부모님들의 판단이 유익한 경우가 많이 있습니다. 어느 것이 옳은지 스스로 판단하기 어려울 때는 무조건 부모님이 시키는 대로 따르는 자세가 필요합니다.

정답 풀이

〈보기〉에서 중3 여학생은 부모님(타자)과의 소통이 막히고 조화로운 관계가 어그러진 상황에 처해 있다. 따라서 ㉠의 관점으로 여학생에게 해 줄 조언은, 실질적인 소통을 위해서 자기중심적 생각('성심')을 버리고 열린 마음으로 타자에게 다가가야 한다는 내용을 담고 있어야 한다.

오답 풀이

① 섣부르게 대화를 시도하지 않는 것은 갈등의 악화를 잠시 피할 수는 있으나 근본적인 해결책은 될 수 없다.

② 대화를 중재할 수 있는 사람을 통해 소통하라는 것은 이 글에서 확인할 수 없는 내용이다.

④ 자신의 상황을 부모님께 이해시키는 것은 자신의 관점을 비우지 못한 것으로 '성심'을 따르는 행위에 가깝다.

⑤ 무조건 부모님이 시키는 대로 따르는 자세는 주체적 관점을 지니지 못한 수동적인 태도일 뿐, 자신을 비움으로써 타자와의 다름을 인정하는 열린 마음과는 거리가 멀다.

어휘력 Upgrade ※다음의 빈칸에 들어갈 알맞은 말을 〈보기〉에서 찾아 쓰시오.

┤ 보기 ├
고착
사유
중재
기성

1 선생님이 경수와 지호의 다툼을 (중재)했다.
→ 분쟁에 끼어들어 쌍방을 화해시킴

2 그는 새로운 정책이 빈부 격차를 (고착)시킬 위험이 있다고 비판했다.
→ 어떤 상황이나 현상이 굳어져 변하지 않음

3 이 책은 작가 및 여러 학자들이 영화에 대해 깊이 (사유)한 내용을 담고 있다.
→ 대상을 두루 생각하는 일

4 이번에 출시되는 휴대 전화는 화면이 어둡다는 (기성) 제품의 문제점을 보완한 것이다.
→ 이미 이루어짐. 또는 그런 것

실패를 합리화하기 위한 셀프 핸디캐핑 _이철우

| **1** ③ | **2** ② | **3** ④ |

● **지문 갈무리**
심리학에서는 자기 자신에게 불리한 조건을 만들어 내는 상황을 '셀프 핸디캐핑'이라는 개념으로 설명하고 있어. 이 글은 셀프 핸디캐핑의 종류, 발생 이유, 긍정적·부정적 측면 등을 설명하고 있어.

● **주제**
셀프 핸디캐핑의 개념과 특징

1 우리는 일상생활에서 중요한 일을 앞두고 스스로 불리한 조건을 만드는 경우를 흔히 볼 수 있다. 심리학에서는 이를 스스로에게 핸디캡을 준다는 의미로 '셀프 핸디캐핑(self-handicapping)'이라 부른다. 셀프 핸디캐핑이란 일상생활에서 자신의 중요한 어떤 특성이 평가의 대상이 될 가능성이 있고, 동시에 거기에서 좋은 평가를 받을 수 있을지 불확실한 경우, 과제 수행을 방해할 불리한 조건을 스스로 만들어 내어 그 불리한 조건을 다른 사람에게 주장하는 것을 말한다. 『중요한 시험 전날, 공부는 하지 않고 영화를 보러 간 학생이 다음 날 아침에 등교하자마자 다른 학생들에게 들으라는 듯 자신이 어제 본 영화의 내용에 대해 큰 소리로 떠드는 경우가 이에 해당한다.』 ▶ 셀프 핸디캐핑의 개념과 예

2 심리학자인 아킨과 바움가드너는 셀프 핸디캐핑을 위치와 형태의 두 가지 측면에서 분류했다. 위치에 따른 분류는 불리한 조건을 자신의 내부에서 찾느냐 아니면 자신의 외부에서 찾느냐를 기준으로 셀프 핸디캐핑을 나누는 것이다. 즉, 약물이나 알코올의 섭취, 노력의 억제 등은 내적 셀프 핸디캐핑에, 불리한 수행 조건이나 곤란한 목표를 선택하는 것은 외적 셀프 핸디캐핑에 해당한다. 형태에 따른 분류는 성공 가능성을 떨어뜨릴 수 있는 불리한 조건을 스스로 만드는가, 아니면 자신이 처한 기존의 불리한 조건을 주장하는가에 따라 각각 획득적 셀프 핸디캐핑과 주장적 셀프 핸디캐핑으로 나누는 것이다. ▶ 위치와 형태에 따른 셀프 핸디캐핑의 분류

3 이러한 셀프 핸디캐핑은 수행할 과제가 본인에게 중요할수록 일어나기 쉽다고 알려져 있다. 또한 앞으로 수행할 과제에서 계속해서 성공할 수 있을지에 대해 확신할 수 없거나, 자존심 같은 성격적 특성이 두드러질 때도 셀프 핸디캐핑이 일어나기 쉽다고 한다. ▶ 셀프 핸디캐핑이 일어나기 쉬운 상황

4 그런데 사람들은 왜 셀프 핸디캐핑을 사용하는 것일까? 우선 불리한 조건을 스스로 만들어 두면 과제 수행에 실패했을 때는 물론이고 성공했을 때도 자신에게 유리한 평가를 이끌어 낼 가능성이 있기 때문이다. 과제 수행에 실패했다면 불리한 조건이 좋은 핑계가 될 수 있을 것이고 반대로 운 좋게 과제 수행에 성공했다면 불리한 조건에도 불구하고 뛰어난 능력으로 성공한 사람으로 평가를 받을 수 있는 것이다. 그리고 타인의 셀프 핸디캐핑에 대한 사람들의 반응도 셀프 핸디캐핑의 유혹에 빠지게 하는 이유가 될 수 있다. 왜냐하면 사람들은 누가 셀프 핸디캐핑을 사용한다는 것을 알더라도 그 사람과의 평소 관계를 고려해서 당사자 앞에서는 그것을 직접적으로 지적하지는 않기 때문이다. ▶ 사람들이 셀프 핸디캐핑을 사용하는 이유

5 하지만 연구 결과 셀프 핸디캐핑이 그렇게 효과적이지는 못한 것으로 나타났다. 셀프 핸디캐핑을 사용함으로써 당장은 자신에 대한 부정적인 평가를 약하게 할 수도 있지만, 계속 사용하다 보면 결국에는 '핑계만 대는 사람'이라고 낙인 찍히게 된다는 것이다. 또한 자기 개발을 위한 노력을 덜 하게 되어 결국 자신의 능력을 키울 수 있는 기회를 원천 봉쇄하는 것이 되고 말 수도 있다. ▶ 셀프 핸디캐핑의 긍정적 측면과 부정적 측면

◆ **핸디캡(handicap):** 자신에게 특별히 불리하게 작용하는 여건.

◆ **곤란(困難):** 사정이 몹시 딱하고 어려움. 또는 그런 일.

◆ **낙인(烙印):** 다시 씻기 어려운 불명예스럽고 욕된 판정이나 평판을 이르는 말.

◆ **봉쇄(封鎖):** 굳게 막아 버리거나 잠금.

독해력 Upgrade ※각 문단의 중심 내용을 다음과 같이 정리할 때, 빈칸에 들어갈 알맞은 말을 쓰시오.

| **1** 셀프 핸디캐핑의 개념과 예 | → | **2** (위치)와 형태에 따른 셀프 핸디캐핑의 분류 | → | **3** 셀프 핸디캐핑이 일어나기 쉬운 상황 | → | **4** 사람들이 셀프 핸디캐핑을 사용하는 (이유) | → | **5** 셀프 핸디캐핑의 긍정적 측면과 (부정적) 측면 |

1 핵심 정보 파악하기   답 ③

이 글에서 알 수 있는 '셀프 핸디캐핑'의 특징으로 적절한 것은?

① 나이가 어릴수록 자주 사용한다.
  ×－글에서 확인할 수 없음
② 친밀한 관계에서는 사용하지 않는다.
  ×－글에서 확인할 수 없음
☑ 과제 수행의 실패 원인을 모호하게 한다.
④ 자신의 능력을 향상시키는 동기가 되기도 한다.
  ×－능력 향상 기회를 원천 봉쇄할 수 있음
⑤ 위치적 요인보다는 형태적 요인에 더 큰 영향을 받는다.
  ×－글에서 확인할 수 없음

정답 풀이

셀프 핸디캐핑은 과제 수행을 방해할 불리한 조건을 스스로 만들어 내어 그 불리한 조건을 다른 사람에게 주장하는 것으로, 과제 수행에 실패했을 때 실패 원인을 모호하게 하여 자신에게 유리한 평가를 이끌어 내기 위한 것으로 볼 수 있다.

오답 풀이

①, ②, ⑤ 이 글에서 확인할 수 없는 내용이다.
④ 5문단에서 셀프 핸디캐핑은 자기 개발을 위한 노력을 덜 하게 하여 결국 자신의 능력을 키울 수 있는 기회를 원천 봉쇄하는 것이 될 수도 있다고 설명하였다.

2 세부 정보 파악하기   답 ②

'셀프 핸디캐핑'을 일어나게 하는 요인으로 볼 수 없는 것은?

① 타인의 평가 → 4문단
☑ 평가의 공정성
③ 과제의 중요도 → 3문단
④ 개인의 성격적 특성 → 3문단
⑤ 과제 성공의 불확실성 → 3문단

정답 풀이

평가의 공정성은 셀프 핸디캐핑을 일어나게 하는 요인으로 언급되지 않았다.

오답 풀이

① 4문단에 따르면 사람들이 셀프 핸디캐핑을 사용하는 이유 중 하나는, 과제 수행에 실패했을 때는 물론이고 성공했을 때도 자신에게 유리한 평가를 이끌어 낼 가능성이 있기 때문이다.
③, ④, ⑤ 3문단에 따르면 셀프 핸디캐핑은 수행할 과제가 본인에게 중요할수록, 그리고 앞으로 수행할 과제에서 성공할 수 있을지 확신할 수 없거나, 자존심 같은 성격적 특성이 두드러질 때 일어나기 쉽다.

3 구체적 사례에 적용하기   답 ④

2를 바탕으로 〈보기〉를 해석한 내용으로 적절하지 <u>않은</u> 것은?

┤ 보기 ├

㉮	중요한 시험을 앞두고 오히려 게으름을 피우며 운동을 소홀히 한 수영 선수 ○ 군은 경기에서 진 후 평소 최선을 다하지 않았기 때문에 실패한 것이라고 부모와 코치에게 이야기했다. → 내적·획득적 셀프 핸디캐핑
㉯	수험생 □ 군은 합격할 가능성이 있는 △△대학을 지원하지 않고, 합격할 가능성이 전혀 없는 ◇◇대학에 지원하여 불합격한 후 주변 사람들에게 ◇◇대학에 지원했다가 떨어졌다고 이야기했다. → 외적·획득적 셀프 핸디캐핑

① 열심히 노력하지 않는 것을 보니 ㉮는 '내적 셀프 핸디캐핑'의 예라고 볼 수 있군.
② 스스로 시합에서 우승할 가능성을 떨어뜨리고 있는 것을 보니 ㉮는 '획득적 셀프 핸디캐핑'이라고 할 수 있군.
③ 합격할 가능성이 전혀 없는 대학에 지원하는 것을 보니 ㉯는 '외적 셀프 핸디캐핑'의 예라고 볼 수 있군.
☑ 합격할 가능성이 있는 대학을 포기하는 것을 보니 ㉯는 '주장적 셀프 핸디캐핑'이라고 할 수 있군.
  ×－획득적 셀프 핸디캐핑
⑤ ㉮와 ㉯는 모두 불리한 조건을 만들어 자신에게 유리한 평가를 이끌어 내기 위한 핑계로 삼았군.

정답 풀이

2문단에 따르면 성공 가능성을 떨어뜨릴 수 있는 불리한 조건을 스스로 만드는 것은 획득적 셀프 핸디캐핑이다. ㉯에서 합격할 가능성이 있는 대학을 스스로 포기하는 것은 이러한 획득적 셀프 핸디캐핑에 해당한다.

오답 풀이

① 운동을 소홀히 한 것은 노력의 억제에 해당하므로 내적 셀프 핸디캐핑이다.
② 운동을 소홀히 한 것은 시합에서 우승할 가능성을 떨어뜨리는 불리한 조건을 스스로 만든 것이므로 획득적 셀프 핸디캐핑이다.
③ 합격할 가능성이 전혀 없는 대학에 지원하는 것은 곤란한 목표를 선택한 것이므로 이는 외적 셀프 핸디캐핑이다.
⑤ ㉮와 ㉯는 모두 과제 수행을 방해할 불리한 조건을 만들거나 선택함으로써 그것을 과제 실패에 대한 핑계로 삼아 자신에게 유리한 평가를 이끌어 내려 한 것이다.

어휘력 Upgrade   ※다음의 빈칸에 들어갈 알맞은 말을 〈보기〉에서 찾아 쓰시오.

┤ 보기 ├
곤란
낙인
봉쇄
모호

1 그 건물은 철거를 앞두고 일반인의 출입이 (봉쇄)되었다.
  → 굳게 막아 버리거나 잠금
2 지훈이는 질문에 답하기가 (곤란)하였는지 어색하게 웃으며 대답을 피했다.
  → 사정이 몹시 딱하고 어려움. 또는 그런 일
3 그녀의 표정은 너무 (모호)해서 기뻐하는 것인지 슬퍼하는 것인지 알 수가 없다.
  → 말이나 태도가 흐리터분하여 분명하지 않음
4 늑대가 나타났다는 거짓말을 반복하던 양치기 소년에게는 거짓말쟁이라는 (낙인)이 붙어 다녔다.
  → 다시 씻기 어려운 불명예스럽고 욕된 판정이나 평판을 이르는 말

스피노자의 '코나투스' 개념 _이수영

1 ②　2 ②　3 ⑤

● 지문 갈무리
'코나투스'는 인간의 본질과 선악에 대한 스피노자의 견해를 드러내는 핵심적인 개념이야. 이 글은 코나투스의 의미를 밝히고, 코나투스의 관점에서 인간의 감정과 신체의 관계, 선악의 개념 등을 설명하고 있어.

● 주제
코나투스에 대한 스피노자의 견해

1 스피노자의 윤리학을 이해하기 위해서는 코나투스(Conatus)라는 개념이 필요하다. 스피노자에 따르면 실존하는 모든 사물은 자신의 존재를 유지하기 위해 노력하는데, 이것이 바로 그 사물의 본질인 코나투스라는 것이다. 정신과 신체를 서로 다른 것이 아니라 하나로 보았던 그는 정신과 신체에 관계되는 코나투스를 충동이라 부르고, 다른 사물들과 같이 인간도 자신을 보존하고자 하는 충동을 갖고 있다고 보았다. 특히 인간은 자신의 충동을 의식할 수 있다는 점에서 동물과 차이가 있다며 인간의 충동을 욕망이라고 하였다. 즉 인간에게 코나투스란 삶을 지속하고자 하는 욕망을 의미한다.
▶스피노자의 윤리학에서 코나투스의 의미

2 스피노자에 따르면 코나투스를 본질로 지닌 인간은 한번 태어난 이상 삶을 지속하기 위해 힘쓴다. 하지만 인간은 자신의 힘만으로 삶을 지속하기 어렵다. 인간은 다른 것들과의 관계 속에서만 삶을 유지할 수 있으므로 언제나 타자와 관계를 맺는다. 이때 타자로부터 받은 자극에 의해 신체적 활동 능력이 증가하거나 감소하는 변화가 일어난다. 감정을 신체의 변화에 대한 표현으로 보았던 스피노자는 신체적 활동 능력이 증가하면 기쁨의 감정을 느끼고, 신체적 활동 능력이 감소하면 슬픔의 감정을 느낀다고 생각했다. 또한 신체적 활동 능력이 감소하는 것과 슬픔의 감정을 느끼는 것은 코나투스가 감소하고 있음을 보여 주는 것, 다시 말해 삶을 지속하고자 하는 욕망이 줄어드는 것이라고 여겼다. 그래서 인간은 코나투스의 증가를 위해 자신의 신체적 활동 능력을 증가시키고 기쁨의 감정을 유지하려고 노력한다는 것이다.
▶인간에게 있어 감정과 신체, 코나투스의 관계

3 한편 스피노자는 선악의 개념도 코나투스와 연결 짓는다. 그는 사물이 다른 사물과 어떤 관계를 맺느냐에 따라 선이 되기도 하고 악이 되기도 한다고 말한다. 코나투스의 관점에서 보면 선이란 자신의 신체적 활동 능력을 증가시키는 것이며, 악은 자신의 신체적 활동 능력을 감소시키는 것이다. 이를 정서의 차원에서 설명하면 선은 자신에게 기쁨을 주는 모든 것이며, 악은 자신에게 슬픔을 주는 모든 것이다. 한마디로 인간의 선악에 대한 판단은 자신의 감정에 따라 결정된다는 것을 의미한다.
▶코나투스의 관점에서 본 선악의 의미

4 이러한 생각을 토대로 스피노자는 코나투스인 욕망을 긍정하고 욕망에 따라 행동하라고 이야기한다. 슬픔은 거부하고 기쁨을 지향♥하라는 것, 그것이 곧 선의 추구♥라는 것이다. 그리고 코나투스는 타자와의 관계에 영향을 받으므로 인간에게는 타자와 함께 자신의 기쁨을 증가시킬 수 있는 공동체가 필요하다고 말한다. 그 안에서 자신과 타자 모두의 코나투스를 증가시킬 수 있는 기쁨의 관계를 형성하라는 것이 스피노자의 윤리학이 우리에게 하는 당부이다.
▶코나투스에 대한 스피노자의 주장

♥지향(志向): 어떤 목표로 뜻이 쏠리어 향함. 또는 그 방향이나 그쪽으로 쏠리는 의지.
♥추구(追求): 목적을 이룰 때까지 뒤쫓아 구함.

독해력 Upgrade　※각 문단의 중심 내용을 다음과 같이 정리할 때, 빈칸에 들어갈 알맞은 말을 쓰시오.

1 스피노자의 윤리학에서 코나투스의 의미	→	**2** 인간에게 있어 감정과 (신체), 코나투스의 관계	→	**3** 코나투스의 관점에서 본 (선악)의 의미	→	**4** 코나투스에 대한 스피노자의 주장

1 세부 정보 파악하기   답②

이 글에서 다룬 내용으로 적절하지 않은 것은?

① 코나투스의 의미 → 1문단

② 정신과 신체의 유래

③ 감정과 신체의 관계 → 2문단

④ 감정과 코나투스의 관계 → 2문단

⑤ 코나투스와 관련한 인간과 동물의 차이 → 1문단

정답 풀이

이 글에서는 정신과 신체의 유래에 관한 내용을 확인할 수 없다.

오답 풀이

① 1문단에서 "실존하는 모든 사물은 자신의 존재를 유지하기 위해 노력하는데, 이것이 바로 그 사물의 본질인 코나투스"이며, "인간에게 코나투스란 삶을 지속하고자 하는 욕망을 의미"한다고 하였다.

③ 2문단에 따르면 스피노자는 감정을 신체의 변화에 대한 표현으로 보았으며, "신체적 활동 능력이 증가하면 기쁨의 감정을 느끼고, 신체적 활동 능력이 감소하면 슬픔의 감정을 느낀다"고 생각하였다.

④ 2문단에 따르면 스피노자는 기쁜 감정은 코나투스의 증가를 보여 주고, 슬픈 감정은 코나투스의 감소를 보여 준다고 여겼다.

⑤ 1문단에 따르면 스피노자는 정신과 신체에 관계되는 코나투스를 충동이라 불렀으며, 인간은 자신의 충동을 의식할 수 있다는 점에서 동물과 차이가 있다고 보았다.

2 핵심 정보 파악하기   답②

이 글에 나타난 선악에 대한 스피노자의 입장으로 적절하지 않은 것은?

① 자신에게 기쁨을 주는 것은 선이다.

② 선악은 사물 자체가 가지고 있는 성질이다.
　×–다른 사물과의 관계에 따라 선 또는 악이 됨

③ 선악에 대한 판단은 타자와의 관계에 따라 달라진다.

④ 자신의 신체적 활동 능력을 감소시키는 것은 악이다.

⑤ 기쁨의 관계 형성이 가능한 공동체는 선의 추구를 위해 필요하다.

정답 풀이

3문단에 따르면 스피노자는 사물이 다른 사물과 어떤 관계를 맺느냐에 따라 선이 되기도 하고 악이 되기도 한다고 말했다. 즉 선악은 타자와의 관계에 따라 결정되는 것이므로 사물 자체가 지닌 성질로 보기 어렵다.

3 관점 비교하기   답⑤

이 글을 바탕으로 〈보기〉를 이해한 내용으로 가장 적절한 것은?

┤ 보기 ├

쇼펜하우어는 욕망을 인간과 세계의 본질로 생각했다.
　　　　　스피노자와 공통되는 견해
그의 관점에서 보면 인간을 포함한 모든 사물은 욕망을 충족하기 위해 노력하지만, 채우고 채워도 욕망은 완전히 충족될 수 없다. 그래서 그는 삶을 욕망의 결핍이 주는 고통의 시간이라고 말했고, 이러한 고통으로부터 벗어나기 위
　　　　삶에 대한 쇼펜하우어의 정의
해 욕망을 부정하면서 욕망을 절제해야 한다는 금욕주의
　　욕망을 긍정한 스피노자와 상반되는 견해
를 주장했다.

① 쇼펜하우어는 스피노자처럼, 욕망을 부정적으로 판단하고 있군.
　×–스피노자는 욕망을 긍정적으로 판단함

② 쇼펜하우어는 스피노자처럼, 인간은 욕망에 따라 행동해야 한다고 보고 있군.
　×–쇼펜하우어는 욕망을 절제해야 한다고 봄

③ 쇼펜하우어는 스피노자처럼, 삶을 욕망의 결핍이 주는 고통의 시간이라고 여겼군.
　×–스피노자의 견해는 확인할 수 없음

④ 쇼펜하우어는 스피노자와 달리, 욕망을 인간의 본질로 보고 있군.
　×–스피노자도 욕망을 인간의 본질로 봄

⑤ 쇼펜하우어는 스피노자와 달리, 인간이 욕망에서 벗어나야 한다고 보고 있군.

정답 풀이

4문단에 따르면 스피노자는 욕망을 긍정하고 욕망에 따라 행동하라고 이야기하였으나, 이와 달리 〈보기〉의 쇼펜하우어는 삶의 고통에서 벗어나기 위해 욕망을 부정하고 욕망을 절제해야 한다고 주장하였다.

오답 풀이

① 쇼펜하우어는 욕망을 부정적으로 판단하였으나 스피노자는 욕망을 긍정적으로 판단하였다.

② 쇼펜하우어는 스피노자와 달리, 욕망을 부정하고 절제해야 한다고 보았다.

③ 삶을 "욕망의 결핍이 주는 고통의 시간"이라고 여긴 사람은 쇼펜하우어이며, 스피노자의 견해는 이 글에서 확인할 수 없다.

④ 스피노자에 따르면 코나투스는 실존하는 모든 사물의 본질이며, 인간에게 코나투스란 삶을 지속하고자 하는 욕망이다. 즉 스피노자는 욕망을 인간의 본질로 보고 있다고 할 수 있다. 〈보기〉에 따르면 쇼펜하우어 역시 욕망을 인간과 세계의 본질로 생각하였다.

어휘력 Upgrade

※다음의 빈칸에 들어갈 알맞은 말을 〈보기〉에서 찾아 쓰시오.

┤ 보기 ├

결핍
유래
절제
추구

1 체내에 산소가 (결핍)되면 생명이 위험해진다.
　→ 있어야 할 것이 없어지거나 모자람

2 자유와 평등은 인류가 영원히 (추구)해 나가야 할 이상이다.
　→ 목적을 이룰 때까지 뒤좇아 구함

3 그는 건강을 위해 자극적인 음식을 (절제)하고 채소류를 많이 먹는 식습관을 길렀다.
　→ 정도에 넘지 아니하도록 알맞게 조절하여 제한함

4 마라톤은 승리의 소식을 전하려고 쉬지 않고 달렸던 한 병사의 이야기에서 (유래)한 것이다.
　→ 사물이나 일이 생겨남. 또는 그 사물이나 일이 생겨난 바

실록은 어떻게 만들어졌을까 _정재훈

1 ② **2** ④ **3** ③

● 지문 갈무리
실록은 왕의 재위 기간 동안의 행적을 총정리한 역사 기록이야. 이 글은 우리나라의 실록이 어떻게 편찬되고 관리되었는지, 그리고 실록을 편찬한 목적이 무엇인지에 대해 설명하고 있어.

● 주제
실록의 편찬 과정과 목적

1 **실록**은 제왕 한 사람씩의 재위 기간 동안의 역사를 날짜 순서에 따라 기록한 책이다. 처음에는 사마천의 《사기(史記)》를 '사실을 있는 그대로 기록한 역사'란 뜻으로 해석해 실록이라고 평(評)하기도 했으나, 실제로 '실록'이라는 이름을 붙이지는 않았다. 중국에서는 주흥사의 《양황제실록》이 처음이며, 당나라 이후 실록이 편찬되었다. ▶실록의 개념과 효시

2 우리나라에서는 고려 시대부터 실록이 편찬되었고, 본격적인 편찬은 조선에 들어서이다. 조선 시대에도 고려 시대의 예에 따라서 왕이 즉위하면 앞선 왕의 실록을 편찬하였다. 시정˘을 기록하는 관청인 춘추관에 별도로 실록청 또는 일기청을 열고 총재관·도청당상·도청낭청·각방당상·각방낭청 등을 임명하였다. 실록의 편찬 작업에서 사초(史草)라 부르는 사관˘들의 기록이 가장 기본 자료로 쓰였고, 여러 관청의 기록물도 참고하였다. 사초는 춘추관에서 매일 기록한 시정기(時政記)와 춘추관 소속의 관리들이 개인적으로 기록한 문서를 스스로 보관했다가 실록을 편찬할 시기에 제출하는 기일이 정해졌다. ▶우리나라의 실록 편찬 체계

3 「모든 자료들을 모아 1차로 작성된 원고를 초초(初草)라고 하며, 이를 다시 수정·보완해 두 번째 원고인 중초(中草)를 만들고, 다시 한번 수정하고 문체를 다듬어 정초(正草)라 불리는 완성된 원고를 만들었다.」정초는 교서관에서 세 벌을 활자로 인쇄해 춘추관과 지방의 외사고에 보관되었다. 보관된 실록은 엄격한 보관·관리가 이루어져 왕도 볼 수 없었고, 꼭 보아야 할 때는 관리를 보내 필요한 부분만 등서˘해 볼 수 있을 뿐이었다. 이는 사관의 직필˘을 보장하기 위한 조처˘였다. ▶실록의 편찬 과정과 보관 및 관리

4 이러한 실록은 후세에 기록을 남겨서 참고 자료로 활용하기 위해 편찬하였다. 그래서 국가에서 추진하는 중요한 일에 과거의 사례를 알고자 실록을 보관하고 있는 사고(史庫)에 사람을 보내서 실록을 베껴 오도록 하였다. 한편 실록은 그 자체가 하나의 역사로서, 이전 국왕이 어떻게 국가를 운영하였는지를 평가하는 기초 자료의 구실을 하였다. 따라서 국왕들은 사관의 기록에 관심을 가지지 않을 수 없었다. 실록을 국왕조차도 함부로 볼 수 없게 만든 까닭이었다. 물론 국왕이 강제로 실록의 기록을 열람한 경우도 있다. 연산군은 만들어지고 있던 실록의 사초를 열람하여 사화(士禍)를 일으키기도 하였다. 그러나 국왕이 실록을 열람하는 것은 국왕의 지위를 포기하기 전에는 쉽지 않은 일이었다. ▶실록의 역할

5 그런데 실록 편찬은 후대에 참고가 되기 위한 것이기도 하였지만, 1차적인 목적은 선왕의 업적을 총정리하는 데에 있었다. 이러한 총정리의 목적은 무엇이었을까? 바로 당대에 무엇을 할 것인지를 확인하는 것이었다. 다시 말해 선왕대에 이루지 못하였던 과제를 확인하고 이것을 이어받는 절차였다. 막연하게 이전 시대를 총체적˘으로 부정하면서 반대 방향으로 가는 것을 선(善)으로 여기는 것이 아니었다. 계승할 대상과 부정할 대상에 관해 총체적인 백서를 마련하는 작업이 곧 실록의 편찬이었다. ▶실록 편찬의 궁극적 목적

˘시정(時政): 그 당시의 정치나 행정에 관한 일.
˘사관(史官): 역사의 편찬을 맡아 초고를 쓰는 일을 맡아보던 벼슬.
˘등서(謄書): 원본에서 베껴 옮김.
˘직필(直筆): 무엇에도 영향을 받지 아니하고 사실을 그대로 적음.
˘조처(措處): 제기된 문제나 일을 잘 정돈하여 처리함. 또는 그러한 방식.
˘총체적(總體的): 있는 것들을 모두 하나로 합치거나 묶은 것.

독해력 Upgrade

※각 문단의 중심 내용을 다음과 같이 정리할 때, 빈칸에 들어갈 알맞은 말을 쓰시오.

| **1** (실록)의 개념과 효시 | → | **2** 우리나라의 실록 편찬 체계 | → | **3** 실록의 편찬 (과정)과 보관 및 관리 | → | **4** 실록의 역할 | → | **5** 실록 편찬의 궁극적 (목적) |

1 세부 정보 파악하기 　　　　　　　답 ②

이 글에서 언급되지 않은 것은?

① 실록의 개념 → 1문단　　　☑ 실록의 보존 기간

③ 실록의 편찬 기관 → 2문단　④ 실록의 편찬 시기 → 2문단

⑤ 실록의 보관 장소 → 3문단

정답 풀이

이 글에는 실록의 보존 기간이 언급되지 않았다.

오답 풀이

① 1문단에서 실록은 "제왕 한 사람씩의 재위 기간 동안의 역사를 날짜 순서에 따라 기록한 책"이라고 하였다.

③ 2문단에서 "시정을 기록하는 관청인 춘추관에 별도로 실록청 또는 일기청을 열고" 실록을 편찬했다고 하였다.

④ 2문단에 따르면 우리나라에서는 고려 시대부터 실록이 편찬되었고, 조선 시대에도 고려 시대의 예에 따라서 왕이 즉위하면 앞선 왕의 실록을 편찬하였다.

⑤ 3문단에 따르면 완성된 실록은 세 벌을 인쇄해 춘추관과 지방의 외사고에 보관되었다.

2 핵심 정보 파악하기 　　　　　　　답 ④

이 글을 통해 알 수 있는 '실록 편찬'의 궁극적 목적으로 적절한 것은?

① 선왕의 여러 가지 행적을 종합적으로 정리하기 위해

② 선왕의 국정 운영을 평가하는 기초 자료를 제공하기 위해

③ 국가의 중요한 일을 기록해 후세에 참고 자료로 활용하기 위해

☑ 선왕대의 과제를 확인하여 당대에 무엇을 할 것인지 파
실록 편찬의 궁극적 목적
악하기 위해

⑤ 앞 시대를 부정하고 후대 왕이 새로운 역사를 열어 가는 데 도움을 주기 위해

정답 풀이

5문단에서 실록 편찬의 1차적인 목적은 선왕의 업적을 총정리하는 데 있었으며, 이러한 총정리의 목적은 "당대에 무엇을 할 것인지를 확인하는 것" 다시 말해 "선왕대에 이루지 못하였던 과제를 확인하고 이것을 이어받는" 것이라고 하였다. 따라서 실록 편찬의 궁극적 목적으로 적절한 것은 ④이다.

3 반응의 적절성 판단하기 　　　　　　　답 ③

이 글과 〈보기〉를 읽은 학생의 반응으로 적절하지 않은 것은?

┤ 보기 ├

《국조보감》은 조선 왕조 역대 군주의 가언(嘉言)과 선정
일부만 뽑았다는 점에서 실록과 차이가 있음
(善政) 가운데서 중요한 것을 뽑아 연대순으로 기록한 편년체 사서이다. 《국조보감》에 인용된 사료는 대체로 실록의 편찬에 이용된 사료 가운데서 선택하였으므로 실록의 내용과 비슷하였으며, 실록의 내용과 비교할 때 요약한 것이 많다. 따라서 사료적 가치라는 면에서는 실록에 견주어
《국조보감》의 특징 ① – 실록에 비해 사료적 가치가 낮음
그다지 주목받지 못하고 오히려 실록을 보완하는 자료로서 인식되어 왔다. 또한 후대의 군주들에게 감계하는 것이
《국조보감》의 목적
목적이었으므로, 일부 적합하지 않은 내용은 아예 수록하
《국조보감》의 특징 ② – 실록에 비해 객관성이 떨어짐
지 않거나 기사의 일부분을 삭제·변경하기도 하였다.

실록이 그 기록의 치밀함과 보존의 엄정성 때문에 쉽게 참고하지 못했던 것과 달리 《국조보감》은 국왕들에게 따라야 할 전범과 반성의 재료로써 제공되어 항상 쉽게 볼 수 있었다.
《국조보감》의 특징 ③ – 실록과 달리 쉽게 열람할 수 있음

① 실록은 《국조보감》과 편찬 목적에 차이가 있었군.

② 실록은 《국조보감》에 비해 사료로서의 가치가 더 높겠군.

☑ 《국조보감》은 실록에 비해 역사를 객관적으로 기술하였군.
× – 실록에 비해 객관성이 떨어짐

④ 《국조보감》은 왕이 항상 열람할 수 있어서 쉽게 참고할 수 있었겠군.

⑤ 실록과 《국조보감》은 역사를 시간 순서대로 기록하였군.

정답 풀이

〈보기〉에 따르면 《국조보감》은 후대의 군주들에게 감계하려는 목적에 비추어 일부 적합하지 않은 내용은 아예 수록하지 않거나 기사의 일부분을 삭제·변경하기도 하였다. 따라서 《국조보감》이 실록에 비해 역사를 객관적으로 기술했다고 보기 어렵다.

오답 풀이

① 《국조보감》의 목적은 후대의 군주들에게 감계하는 것이다.

② 《국조보감》은 사료적 가치 면에서 실록에 비해 그다지 주목받지 못하고 오히려 실록을 보완하는 자료로서 인식되어 왔다.

④ 관리가 엄격했던 실록과 달리 《국조보감》은 쉽게 볼 수 있었다.

⑤ 실록과 《국조보감》은 시간 순서에 따라 기록한 사서이다.

어휘력 Upgrade　　※다음의 빈칸에 들어갈 알맞은 말을 〈보기〉에서 찾아 쓰시오.

┤ 보기 ├

전범
조처
총체적
행적

1 두 대에 걸쳐 삼국 통일의 위업을 이룬 그 (행적)은 역사에 길이 남을 것이다.
→ 평생 동안 한 일이나 업적

2 오늘날 수학은 명확성을 지향하는 여러 다른 학문의 (전범)으로 인식되고 있다.
→ 본보기가 될 만한 모범

3 뮤지컬 총감독은 음악, 안무, 출연진, 무대 시설 등 공연을 (총체적)으로 책임진다.
→ 있는 것들을 모두 하나로 합치거나 묶은 것

4 작업자들은 이와 같은 안전사고가 재발하지 않도록 단단히 (조처)해 달라고 요구하였다.
→ 제기된 문제나 일을 잘 정돈하여 처리함. 또는 그러한 방식

인문 06

망각은 왜 일어날까 _이정모 외

1 ⑤ 2 ②

● 지문 갈무리
인간이 기억에 실패하는 이유에 대해서는 학자들마다 조금씩 견해가 달라. 이 글은 기억의 단계와 관련지어 망각을 설명하는 세 가지 입장을 제시하고 있어.

● 주제
망각 현상을 설명하는 세 가지 관점

1 인간을 흔히 망각의 동물이라고 한다. 망각이란 기억과 반대되는 개념으로 일종의 기억 실패에 해당한다.(망각의 개념) 기억은 외부의 정보를 기억 체계에 맞게 부호로 바꾸어 저장 및 인출하는 것으로(기억의 개념) 부호화 단계, 저장 단계, 인출 단계로(기억의 단계) 나뉜다. 심리학에서는 기억 실패가 기억의 세 단계 중 어느 단계에서 일어난다고 보느냐에 따라(망각 현상에 대한 관점의 차이가 발생하는 지점) 망각 현상(중심 화제)을 각기 다르게 설명한다.
▶망각의 개념과 망각에 대한 심리학의 여러 관점

2 ㉠부호화 단계와 관련하여 망각을 설명하는 입장에서는 외부 정보가 부호화되는 과정에서 정보의 일부가 생략되거나 왜곡되어 망각이 일어난다고 본다.(부호화 단계에서 망각이 일어난다는 입장에서 본 망각의 이유) 부호화란 외부 정보를 기억의 체계에 맞게 변환하는 과정으로,(부호화의 개념) 부호에는 음운 부호와 의미 부호 등이 있다. 음운 부호는 외부 정보가 발음될 때 나는 소리에 초점을 둔 부호이고,(음운 부호의 개념) 의미 부호는 외부 정보의 의미에 초점을 둔 부호이다.(의미 부호의 개념) 「가령 '8255'라는 숫자를 부호화할 때, [팔이오오]라는 소리로 부호화하는 것은 전자에 해당하고, '빨리 오오.'와 같이 의미로 부호화하는 것은 후자에 해당한다.」(「」: 음운 부호와 의미 부호의 예) 의미 부호는 외부 정보가 갖는 의미에 집중하여 부호화하는 것이므로, 음운 부호에 비해 정교화가 잘 일어난다.(의미 부호의 특징) 정교화는 외부 정보를 배경지식이나 상황 맥락 등의 부가♥ 정보와 밀접♥하게 관련시키는 것이다.(정교화의 개념) 부호화 단계에서 망각을 설명하는 학자들은 정교화가 잘된 정보가 그렇지 않은 정보보다 기억에 유리하여 망각이 잘 일어나지 않는다고 주장한다.
▶부호화 단계에서 망각이 일어난다고 보는 입장

3 ㉡저장 단계에서 망각이 일어난다고 보는 입장에서는 망각을 부호화 단계에서의 문제가 아니라, 저장 단계에서 정보가 사라지는 현상으로 설명한다. 즉 망각은 부호화가 되어 저장된 정보 중 사용하지 않는 정보가 시간의 경과에 따라 상실되어 일어난다는 것이다.(저장 단계에서 망각이 일어난다는 입장에서 본 망각의 이유) 「독일의 심리학자 에빙하우스는 학습을 통해 저장된 단어가 시간의 경과에 따라 망각되는 양상♥을 알아보는 실험을 하였다. 그 결과 학습이 끝난 직후부터 망각이 일어나기 시작해서 1시간이 지나자 학습한 단어의 약 44% 정도가 망각되었다.」(「」: 저장 단계에서 망각이 일어난다는 입장을 뒷받침하는 사례) 이를 근거로 저장 단계에서 망각을 설명하는 학자들은 망각은 저장 단계에서 일어나는 현상이며(실험에 근거하여 내세운 견해 ①) 시간의 흐름에 비례하여 나타난다고(견해 ②) 주장하였다. 그리고 학습 직후 복습을 해야 학습 효과가 높다는 것을(견해 ③) 강조하였다.
▶저장 단계에서 망각이 일어난다고 보는 입장

4 ㉢인출 단계에서 망각이 일어난다고 보는 입장에서는 망각을 저장된 정보가 제대로 인출되지 못하여 나타나는 현상으로 설명한다. 즉 망각은 저장된 정보가 사라지는 것이 아니라, 이를 밖으로 끄집어내지 못해서 나타난다는 것이다.(인출 단계에서 망각이 일어난다는 입장에서 본 망각의 이유) 저장된 정보를 인출해 내기 위해서는 적절한 인출 단서♥가 필요하다. 일반적으로 저장된 정보와 인출 단서가 밀접할 경우 인출이 잘 되지만, 그렇지 않으면 인출 실패로 망각이 일어날 가능성이 크다. 「가령 '사랑'이라는 단어를 인출할 때 이와 의미상 연관이 큰 '애인'이라는 단어를 인출 단서로 사용하면 인출이 잘 되지만, 이와 관련이 먼 '책상'이라는 단어를 인출 단서로 사용하면 인출이 잘 되지 않는다.」(「」: 인출 단서에 따라 인출이 성공하거나 실패하는 예) 인출 단계에서의 망각은 저장된 정보를 인출할 만한 단서가 부족하거나 부적절해서 나타나는 현상이므로, 시간이 흐르더라도(저장된 정보가 사라진 것이 아니므로) 적절한 인출 단서만 제시되면 저장된 정보가 떠오를 수 있다.
▶인출 단계에서 망각이 일어난다고 보는 입장

♥ 부가(附加): 주된 것에 덧붙임.
♥ 밀접(密接): 아주 가깝게 맞닿아 있음. 또는 그런 관계에 있음.
♥ 양상(樣相): 사물이나 현상의 모양이나 상태.
♥ 단서(端緖): 어떤 문제를 해결하는 방향으로 이끌어 가는 일의 첫 부분.

독해력 Upgrade

※각 문단의 중심 내용을 다음과 같이 정리할 때, 빈칸에 들어갈 알맞은 말을 쓰시오.

1 망각의 개념과 망각에 대한 심리학의 여러 관점 → 2 (부호화) 단계에서 망각이 일어난다고 보는 입장 → 3 (저장) 단계에서 망각이 일어난다고 보는 입장 → 4 (인출) 단계에서 망각이 일어난다고 보는 입장

1 정보 간의 관계 파악하기   답 ⑤

'음운 부호'와 '의미 부호'에 대한 설명으로 적절한 것은?

① '음운 부호'는 외부 정보를 배경지식이나 맥락에 따라 수
정한 것이다.
    ×―외부 정보가 발음될 때 나는 소리에 초점을 둔 부호임

② '음운 부호'는 외부 정보를 그것에서 연상되는 의미로 처
리하는 부호이다.
    ×

③ '의미 부호'는 외부 정보를 기억의 체계에 맞게 전환하는
데 필요한 부가 정보이다.
    ×―외부 정보의 의미에 초점을 둔 부호임

④ '음운 부호'와 달리 '의미 부호'로 입력된 정보는 망각되지
않는다.
    ×―둘 다 망각됨

☑ '의미 부호'는 '음운 부호'에 비해 부호화 과정에서 정교화
가 잘 이루어진다. → 2문단

정답 풀이

2문단에서 "의미 부호는 외부 정보가 갖는 의미에 집중하여
부호화하는 것이므로, 음운 부호에 비해 정교화가 잘 일어난
다."라고 하였으므로 ⑤가 적절하다.

오답 풀이

①, ② 음운 부호는 외부 정보가 발음될 때 나는 소리에 초점을 둔 부호
이다.
③ 부가 정보는 배경지식이나 상황 맥락 등과 관련된 것이므로 의미 부
호를 부가 정보라고 설명하는 것은 적절하지 않다.
④ 2문단에 따르면 정교화가 잘된 정보가 그렇지 않은 정보보다 기억
에 유리하므로, 음운 부호에 비해 정교화가 잘 일어나는 의미 부호
가 상대적으로 망각이 잘 일어나지 않는다고 볼 수 있다. 그러나 의
미 부호 또한 부호화 과정에서 정보의 일부가 생략되거나 왜곡되어
망각이 일어날 수 있다.

2 구체적 사례에 적용하기   답 ②

㉠~㉢에서 단어 학습과 관련된 〈보기〉의 대화를 설명한다고 할
때, 그 내용으로 적절하지 **않은** 것은?

┤ 보기 ├

다련: 단어를 외울 때 기존에 알고 있는 단어와 연관 지어
    부가 정보와 밀접하게 관련시켜 정교화함
서 암기하면 좀 더 오래 기억할 수 있어.

수민: 단어를 소리로 외우지 않고 용례를 보며 의미에 집
    의미 부호로 부호화함
중하여 외우는 것이 오래 기억되지만, 시간이 많이
걸린다는 것이 흠이야.

예린: 단어 시험 볼 때는 다 맞았는데, 시험이 끝난 후 며칠
뒤에 다시 보니 그 단어들이 기억나지 않아 속상해.
    시간이 경과하자 저장된 정보가 상실됨

서정: 외운 단어를 잊어버리지 않으려면, 학습 직후부터
반복적으로 복습을 하는 것이 최고인 것 같아.
    학습 직후 복습을 해야 학습 효과가 높음

석현: 좀 전까지도 알고 있는 단어였는데, 갑자기 말하려니
까 혀끝에서만 빙빙 돌 뿐 생각이 나지 않아 답답해.
    인출 단서가 부족하여 정보가 인출되지 못함

① ㉠: 다련은 단어를 정교화하는 것이 기억에 효과적이라
는 것을 언급하고 있다.

☑ ㉠: 수민은 단어를 음운 부호로 부호화하는 과정이 시간
이 많이 걸린다는 것을 말하고 있다.
    ×―수민은 의미 부호로 부호화하며 정보를 정교화함

③ ㉡: 예린이 단어들을 기억하지 못하는 것은 시간의 경과
에 따라 저장 단계에서 망각이 일어났기 때문이다.

④ ㉡: 서정이 복습을 중요하게 여기는 이유는 학습 직후부
터 망각이 시작되기 때문이다.

⑤ ㉢: 석현에게 단어와 관련이 큰 적절한 인출 단서를 주면
단어가 생각날 수도 있다.

정답 풀이

〈보기〉에서 수민이 '단어를 소리로 외우지 않고 용례를 보며
의미에 집중하여 외우는 것'은 단어를 음운 부호가 아닌, 의
미 부호로 부호화한 것이다. 또한 용례를 보면서 단어를 암기
하는 것은 부가 정보와 관련시키는 것이므로 정교화에 해당
한다. 즉 수민이 단어를 암기하는 데 시간이 많이 걸린 이유
는 단어를 사전의 용례와 관련지어 정교화하는 데 시간이 오
래 걸렸기 때문이므로, 단어를 음운 부호로 부호화하는 과정
에서 시간이 오래 걸렸다고 볼 수 없다.

오답 풀이

① ㉠에 따르면 기존에 알고 있는 단어와 연관 지어서 단어를 암기하는
것은 외부 정보를 부가 정보와 관련시키는 정교화에 해당한다.
③ ㉡에 따르면 저장된 정보 중 사용하지 않는 정보는 시간의 경과에
따라 사라진다. 즉 시험이 끝나고 며칠이 지난 뒤 단어들이 기억나
지 않는 것은 저장된 정보가 상실되어 망각이 일어난 것이다.
④ ㉡에서는 학습이 끝난 직후부터 망각이 발생한다고 보고, 학습 직후
복습을 해야 학습 효과가 높다고 강조한다.
⑤ ㉢에 따르면 저장된 정보는 사라지지 않으며, 적절한 인출 단서가
제시되면 저장된 정보가 떠오를 수 있다. 즉 단어를 기억하지 못하
는 이유는 적절한 인출 단서가 없기 때문이므로 단어와 밀접한 관련
이 있는 인출 단서가 제시되면 기억이 회복될 수 있다.

어휘력 Upgrade   ※다음의 빈칸에 들어갈 알맞은 말을 〈보기〉에서 찾아 쓰시오.

┤ 보기 ├
밀접
부가
양상
연상

1 설 연휴 기간의 귀경길 교통 상황은 의외로 원활한 (양상)을 보였다.
    → 사물이나 현상의 모양이나 상태
2 이번 제품은 기존 기능에 새로운 기능이 (부가)되었기 때문에 가격이 좀 더 올랐다.
    → 주된 것에 덧붙임
3 이날 경기는 친선전이라기보다는 마치 올림픽 결승전을 (연상)하게 하는 접전이었다.
    → 하나의 관념이 다른 관념을 불러일으키는 현상
4 농민은 소비자와 분리되어 있는 것이 아니라 먹거리를 매개로 (밀접)하게 연관되어 있다.
    → 아주 가깝게 맞닿아 있음. 또는 그런 관계에 있음

불안에서 답을 찾은 하이데거 _서용순

1 우리는 흔히 '불안'을 부정적인 감정, 극복해야 할 감정으로 여긴다. 그런데 여기 불안을 <u>불안에 대한 일반적 인식</u> 긍정적인 의미로 바라보고 있는 한 학자가 있다. 그는 바로 독일의 실존주의 철학을 대표하 <u>불안에 대한 하이데거의 인식</u> 는 하이데거이다. [하이데거가 바라본 불안의 의미]를 알기 위해서는 하이데거의 철학 전반에 <u>중심 화제</u> 대해 살펴볼 필요가 있다.　　　　　　　　　　　　▶불안을 통념과 다르게 인식한 하이데거

2 돌멩이나 개, 소는 '존재'가 무엇인가라는 의문을 갖지 않는다. 오직 인간만이 '존재'란 <u>인간이 다른 사물과 다른 점</u> 무엇인가를 생각한다. 그런 인간을 하이데거는 '현존재(現存在)'라고 이름 붙였다. 현존재라 는 말을 사용함으로써 하이데거는 인간을 존재에 대한 의문을 가지는 독특한 존재로 간주한 <u>현존재의 의미</u> 다.　　　　　　　　　　　　　　　　　　　▶하이데거가 이름 붙인 현존재의 의미

3 현존재는 세계 안에 거주하고 있으며 현존재와 세계는 떼려야 뗄 수 없는 관계에 있다. 하이데거는 현존재와 세계의 관계를 '도구 연관'으로 설명했다. 도구 연관이란 세계의 모든 것들은 서로 수단－목적의 관계로 이루어져 있는데 이 관계가 반복적으로 이어진다는 것을 <u>도구 연관의 의미</u> 의미한다. 그래서 세계 속 사물은 다른 사물의 수단이 되고 동시에 또 다른 사물의 목적이 될 수 있다. 하이데거가 설명하는 도구 연관 네트워크는 궁극적으로 현존재의 생존을 위한 <u>도구 연관 네트워크의 최종 목적</u> 것이며 도구 연관 네트워크의 최종 목적의 자리에는 현존재가 있다.　　▶도구 연관의 의미와 체계

4 그런데 바로 여기에서 문제가 발생한다. 인간은 현존재인 자신을 위해 사물을 도구로 사 용하지만 그 사물에 얽매일 수 있다. 현존재가 목적으로서의 위상♥을 지니지 못하고 도구에 <u>도구 연관 네트워크 속에서 인간이 겪을 수 있는 문제 상황</u> 종속♥되어 자기 자신으로 살아가지 못하게 됨으로써 현존재는 세계 속의 도구와 수단 속에 서 잊히는 것이다. 이것은 현존재의 퇴락♥을 의미한다.　　　　　▶현존재가 겪을 수 있는 문제 상황

5 하이데거는 이러한 상태에서 벗어날 수 있는 가능성을 불안에서 찾는다. 불안은 우리가 특수한 사물이나 상황을 통해 구체적으로 느끼는 공포와는 다르다. 불안은 인간이라는 존재 <u>불안의 특징 ①</u> 에게만 고유하게 있는 것으로 어떤 구체적 대상에 대한 것이 아니라 인간의 삶이 가지는 유 <u>불안의 특징 ②</u> 한성에서 오는 것이다. 인간의 유한성을 인식하고 여기에서 오는 불안을 느끼는 사람은 「자 기의 본래적이고 고유한 삶을 살아갈 수 있다. 불안이 있기에 인간은 현존재의 퇴락에서 벗 「」: 불안의 긍정적 효과 어나 수단이 아닌 목적으로서 현존재의 위상을 가질 수 있는 것이다.　　▶불안에 대한 하이데거의 견해

6 인간의 유한성을 외면하는 사람은 비본래적인 세상에 몰두♥함으로써 불안을 느끼지 않 고 일상인의 위치로 살아간다. 그러나 인간의 유한성에서 유래하는 불안을 느끼는 현존재는 <u>하이데거가 불안을 긍정적으로 여긴 이유 ①</u> 자신의 본래성을 회복할 수 있다. 불안을 느끼는 현존재만이 주체적이고 능동적으로 최종 <u>이유 ②</u> 목적으로서의 삶을 살아갈 수 있는 것이다. 하이데거가 불안을 긍정적으로 바라보는 이유가 바로 여기에 있다.　　　　　　　　　　　　　　▶하이데거가 불안을 긍정적으로 여긴 이유

● **지문 갈무리**
하이데거의 철학에서 '불안'은 주체적인 삶을 살기 위해 반드시 필요한 요소야. 이 글은 하이데거의 철학 전반을 소개하면서 불안에 대한 하이데거의 견해를 제시하고 있어.

● **주제**
불안을 긍정적으로 인식한 하이데거의 철학

♥ **위상(位相):** 어떤 사물이 다른 사물과의 관계 속에서 가지는 위치나 상태.
♥ **종속(從屬):** 자주성이 없이 주가 되는 것에 딸려 붙음.
♥ **퇴락(頹落):** 지위나 수준 따위가 뒤떨어짐.
♥ **몰두(沒頭):** 어떤 일에 온 정신을 다 기울여 열중함.

독해력 Upgrade　　※각 문단의 중심 내용을 다음과 같이 정리할 때, 빈칸에 들어갈 알맞은 말을 쓰시오.

| **1** 불안을 통념과 다르게 인식한 하이데거 | → | **2** 하이데거가 이름 붙인 (현존재)의 의미 | → | **3** (도구 연관)의 의미와 체계 | → | **4** 현존재가 겪을 수 있는 문제 상황 | → | **5** (불안)에 대한 하이데거의 견해 | → | **6** 하이데거가 불안을 긍정적으로 여긴 이유 |

1 핵심 정보 파악하기   답 ④

이 글에서 궁극적으로 추구하는 삶으로 가장 적절한 것은?

① 인간의 한계를 부정하며 도전적으로 살아가는 삶

② 과거 자신의 삶을 되돌아보고 반성하며 살아가는 삶

③ 자신이 가진 것들을 다른 사람들과 나누며 살아가는 삶

☑ 인간 삶의 한계와 자신의 본질을 생각하며 살아가는 삶
    → 5, 6문단에서 파악할 수 있음

⑤ 인간을 위해 존재하는 것들을 소중히 생각하며 살아가는 삶

정답 풀이

인간의 유한성을 인식하고 여기에서 오는 불안을 느끼는 사람은 수단이 아닌 목적으로서의 위상을 갖고 주체적이고 능동적인 삶을 살아갈 수 있으며, 그렇기에 하이데거는 불안을 긍정적으로 바라본다. 따라서 하이데거의 철학에서 궁극적으로 추구하는 삶은 인간 삶의 한계와 자신의 본질을 생각하며 살아가는 삶이라고 할 수 있다.

2 구체적 사례에 적용하기   답 ④

이 글을 바탕으로 〈보기〉를 이해할 때 적절하지 <u>않은</u> 것은?

┤ 보기 ├

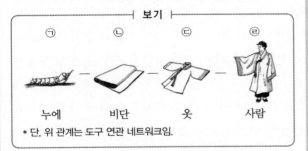

㉠   ㉡   ㉢   ㉣

누에   비단   옷   사람

* 단, 위 관계는 도구 연관 네트워크임.

① ㉠과 ㉡은 수단 – 목적의 관계이다.

② ㉠과 ㉡은 존재에 대한 의문을 갖지 않는다.

③ ㉡과 ㉢은 모두 수단인 동시에 목적이다.

☑ ㉢과 ㉣은 현존재로서 세계 안에서 존재한다.
    ✕ – ㉣(사람)만 현존재임

⑤ ㉠, ㉡, ㉢은 궁극적으로 ㉣을 위해 존재한다.

정답 풀이

2문단에 따르면 오직 인간만이 '존재'란 무엇인가를 생각하며, 이처럼 존재에 대한 의문을 가지는 독특한 존재로서의 인간을 '현존재'라고 하였다. 따라서 ㉣만이 현존재이다.

3 관점 비교하기   답 ②

이 글과 〈보기〉의 '불안'에 대한 이해로 적절한 것은?

┤ 보기 ├

인간은 세계 속에서 자유롭게 자신의 삶을 결정한다. 그런데 그 결정에는 항상 책임이 뒤따르기 때문에 인간은
    인간이 불안을 느끼는 이유
'불안'을 느낀다. 이를 극복하기 위해 인간은 자유에 걸맞은 신중함을 내면화하게 된다.
불안을 극복하는 방법

① 이 글과 〈보기〉는 '불안'을 극복의 대상으로 여기고 있다.
  ✕ – 〈보기〉에만 해당하는 진술임

☑ 이 글과 〈보기〉는 '불안'이 인간에게 미치는 영향을 밝히고 있다.

③ 이 글과 〈보기〉는 '불안'을 해소할 수 있는 방법을 제시하고 있다.
  ✕ – 〈보기〉에만 해당하는 진술임

④ 이 글은 〈보기〉와 달리 '불안'을 인간이라면 누구나 느끼는 것으로 설명하고 있다.
  ✕ – 〈보기〉에만 해당하는 진술임

⑤ 〈보기〉는 이 글과 달리 '불안'을 인간과 사물 사이의 관계에서 기인하는 것으로 보고 있다.
  ✕ – 이 글과 〈보기〉 모두 해당하지 않는 진술임

정답 풀이

이 글에서는 불안을 느낌으로써 인간이 본래성을 회복하고 목적으로서의 삶을 살아갈 수 있다고 하였으며, 〈보기〉에서는 불안 때문에 인간이 자유에 걸맞은 신중함을 기르게 된다고 하였다. 즉 이 글과 〈보기〉 모두 '불안'이 인간에게 미치는 영향을 밝히고 있다.

오답 풀이

① 이 글은 불안을 긍정적인 대상으로 여기고, 〈보기〉는 불안을 극복의 대상으로 여긴다.

③ 이 글에는 불안을 해소할 수 있는 방법이 제시되지 않았다. 〈보기〉에는 불안을 해소할 수 있는 방법으로 '자유에 걸맞은 신중함의 내면화'가 제시되어 있다.

④ 이 글에서는 인간의 유한성을 외면하는 사람은 비본래적인 세상에 몰두함으로써 불안을 느끼지 않는다고 하였다. 이와 달리 〈보기〉는 인간이라면 누구나 불안을 느낀다고 보고 있다.

⑤ 이 글은 인간의 삶이 가지는 유한성을 인식함으로써 불안을 느끼게 된다고 하였다. 그리고 〈보기〉는 인간의 결정에는 항상 책임이 뒤따르기 때문에 불안을 느끼게 된다고 하였다.

어휘력 Upgrade

※다음의 빈칸에 들어갈 알맞은 말을 〈보기〉에서 찾아 쓰시오.

┤ 보기 ├
내면화
몰두
위상
종속

1 그는 평생 벼슬을 하지 않고 소박하게 살며 학문에만 (몰두)하였다.
  → 어떤 일에 온 정신을 다 기울여 열중함

2 부모의 습관과 생활 태도는 자녀에게 무의식적으로 (내면화)되기 쉽다.
  → 정신적·심리적으로 깊이 마음속에 자리 잡힘. 또는 그렇게 되게 함

3 미국에 진출한 그 야구 선수는 뛰어난 실력을 발휘하여 한국인의 (위상)을 높여 주었다.
  → 어떤 사물이 다른 사물과의 관계 속에서 가지는 위치나 상태

4 경제적으로 특정 국가에 (종속)되면 정치나 외교 등에서도 불리한 위치에 설 수밖에 없다.
  → 자주성이 없이 주가 되는 것에 딸려 붙음

조선 성리학의 호락논쟁 _김호

● 지문 갈무리
조선 후기 성리학자들은 본성에 대한 관점에 따라 호론과 낙론으로 나뉘어 논쟁을 벌였어. 이 글은 호론과 낙론 각각의 주장을 제시하고, 이러한 논쟁을 거치며 상대주의적 가치관이 대두되었음을 설명하고 있어.

● 주제
조선 성리학자들의 호락논쟁과 상대주의적 가치관의 발전

1 중세 사회가 단일한 가치로 통일된 절대주의적 사회라면, 현대 사회는 다양한 가치의 공존을 인정하는 상대주의적 사회라고 할 수 있다. 조선의 건국과 함께 성리학이 통치 이념으로 자리 잡은 이래로 조선 성리학자들은 하늘이 인간에게 준 본성이 착하다는 성선(性善)을 절대적인 가치관으로 받아들이고 ㉠이것을 수양과 교화˙의 근거로 삼았다. 그러나 불교와 양명학은 이러한 인간관에 대해 의심을 품고 있었다. 만약 성선의 가치관이 파기된다면, 선악 판단이 불가능한 혼란으로 떨어지게 될 것이기 때문에 조선 성리학자들에게 상대주의적 가치관에 대한 대응은 조선 전기 동안 중요한 문제였다. ▶조선 전기 성리학자들이 인식한 문제

2 17세기 말 시작된 호락논쟁(湖洛論爭)은 상대주의적 가치관에 대한 대응이면서 성리학이 태생적으로 안고 있던 가치 상대주의의 가능성에 대한 심각한 내부적 논쟁이었다. 이들은 인간의 본성인 인성과 타 존재의 본성인 물성이 다르다고 주장하는 인물성이론(人物性異論)의 호론과 근본적으로 서로의 본성은 같다는 인물성동론(人物性同論)의 낙론으로 나뉘었다. 호론은 불교, 양명학 등이 불러일으키는 성선의 절대성 약화를 우려˙하였다. 그래서 호론은 인성과 물성이 다르다는 입장을 기본으로 하여 인간 본성인 성선의 회복을 주창˙하였다. ▶호락논쟁의 두 입장과 성선의 회복을 주창한 호론

3 반면 낙론은 현실적 대응 방법이 호론과 달랐다. 낙론의 선조격인 김창협은 호론의 주장을 따를 경우 발생할 도덕적 규율에 의한 억압과 욕망의 질식 상태를 인정할 수 없었다. 즉 욕망은 부정되어야 하지만 엄연한 현실이라고 본 것이다. 욕망을 인간 본성의 또 다른 모습으로 인정함으로써 결국 낙론은 모든 사물마다 고유한 각각의 가치가 있음을 인정하였다. 이러한 상대적 가치에 대한 인정으로 고유한 가치를 지닌 모든 사물을 관찰을 통해 새롭게 이해하려는 태도가 대두˙하였다. ▶사물의 상대적 가치를 인정한 낙론

4 19세기의 조선 성리학자에게 모든 것이 가치 있다는 낙론의 주장은 사물에 대한 관심을 불러일으켰다. 그래서 『추사 김정희는 고증을 통해 과거의 사물에 대해 철저하게 탐구하고자 하였고, 최한기는 김정희와 달리 사물을 과학적이고 합리적으로 이해할 수 있는 방법으로 지리·천문·의학 등의 서양 학문에 관심을 가졌다.』 ▶사물에 대한 관심을 불러일으킨 낙론의 주장

5 스스로의 노력을 통해 조선 성리학자들은 근대의 상대주의적 가치관이 자리 잡을 수 있는 토대를 마련하는 데까지 나아갔다. 하지만 봉건적 사고에서 벗어나기 위한 마지막 탈피의 순간에 일본의 강점으로 역사적 학문적 단절을 맞게 됨으로써 이러한 노력은 더 이상의 발전을 보지 못하고 중단되고 말았다. ▶상대주의적 가치관의 발전과 중단

˙교화(教化): 가르치고 이끌어서 좋은 방향으로 나아가게 함.

˙우려(憂慮): 근심하거나 걱정함. 또는 그 근심과 걱정.

˙주창(主唱): 주의나 사상을 앞장서서 주장함.

˙대두(擡頭): 머리를 처든다는 뜻으로, 어떤 세력이나 현상이 새롭게 나타남을 이르는 말.

독해력 Upgrade
※각 문단의 중심 내용을 다음과 같이 정리할 때, 빈칸에 들어갈 알맞은 말을 쓰시오.

| 1 조선 전기 성리학자들이 인식한 문제 | → | 2 호락논쟁의 두 입장과 (성선)의 회복을 주창한 호론 | → | 3 사물의 상대적 (가치)를 인정한 낙론 | → | 4 사물에 대한 관심을 불러일으킨 (낙론)의 주장 | → | 5 상대주의적 가치관의 발전과 중단 |

1 세부 정보 파악하기 답 ②

이 글을 통해 이끌어 낸 내용으로 적절하지 않은 것은?

① 불교와 양명학에는 상대주의적 가치관이 들어 있다. → 1문단

☑ 호론의 본성관은 전통 성리학자들의 태도와 상반된다. ×－일치함

③ 호락논쟁은 필연적인 성리학적 과제로부터 비롯하였다. → 2문단

④ 낙론의 주장은 사물에 대한 학문적 탐구의 길을 열었다. → 4문단

⑤ 조선 성리학의 근대적 발전은 외부의 힘에 의해 단절되었다. → 5문단

[정답] 풀이

1문단에 따르면 조선 전기의 성리학자들은 하늘이 인간에게 준 본성이 착하다는 성선을 절대적인 가치관으로 받아들였다. 그리고 2문단에 따르면 호론은 성선의 절대성 약화를 우려하여 인간 본성인 성선의 회복을 주장하였다. 따라서 호론의 본성관은 전통 성리학자들의 태도와 일치한다.

[오답] 풀이

① 1문단의 "불교와 양명학은 ~ 품고 있었다."에서 알 수 있다.

③ 2문단의 "성리학이 태생적으로 안고 있던 가치 상대주의의 가능성에 대한 심각한 내부적 논쟁이었다."에서 알 수 있다.

④ 4문단의 "낙론의 주장은 ~ 불러일으켰다."에서 알 수 있다.

⑤ 5문단의 "일본의 강점으로 ~ 중단되고 말았다."에서 알 수 있다.

2 구체적 사례에 적용하기 답 ③

㉠의 본질을 담고 있는 주장은?

1428년 진주에 사는 김화가 저지른 인륜을 어긴 범죄에 대하여 ①김화를 엄벌하자는 주장과 ②제도를 정비해야 한다는 주장이 대립되었다. 이때 세종은 ☑무엇보다 천성을 회복해야 한다며 세상에 효행의 풍습을 널리 알릴 수 있는 서적을 간행해서 ④백성들이 항상 읽게 하는 것이 좋겠다는 취지에서 《삼강행실도》를 만들었다. 이 책에는 ⑤모든 사람이 알기 쉽게 하자며 매 편마다 그림을 넣었다.

[정답] 풀이

㉠은 하늘이 인간에게 준 본성이 착하다는 성선의 가치관을 말한다. 이 가치관에 따르면 범죄는 본성에서 멀어져서 생긴 문제이므로 사람이 본래 지닌 성선을 회복하면 해결될 수 있다. 따라서 ③이 ㉠의 본질을 담고 있는 주장으로 적절하다.

3 구체적 사례에 적용하기 답 ④

이 글을 바탕으로 〈보기〉를 이해한 것으로 적절하지 않은 것은?

┤ 보기 ├

연암 박지원은 〈허생전〉을 통해 당대 사회에 대한 자신의 가치관을 드러내고 있다. 글공부에 매진하던 허생은 상업 행위로 이룬 거대한 부를 바탕으로 사회적 문제를 해결하였다. 그리고 청나라를 오랑캐로 규정한 북벌론으로 기득권을 유지하던, 당대의 지배층을 맹공하였다. 특히 청나라의 선진 문물을 수용하자는 북학파의 주장에 이러한 박지원의 사고가 큰 영향을 주었다.
호론의 입장을 바탕으로 한 인식

① 허생은 인물성동론의 태도로 청인을 인식하고 있었겠군. ○－조선인과 청인의 본성이 같다고 봄

② 북벌론은 낙론보다는 호론의 입장에 근거한 것이었겠군. ○－조선인과 청인의 본성이 다르다고 봄

③ 북학파와 지배층은 사회적 문제 해결의 관점이 달랐겠군. ○－각각 낙론과 호론에 가까운 입장

☑ 지배층은 조선인과 청인의 본성을 모두 성선으로 보았겠군. ×－청나라를 오랑캐로 규정 → 조선인과 청인의 본성이 다르다고 봄

⑤ 박지원은 인간의 욕망에 대해 긍정적으로 인식하고 있었겠군. ○－부의 추구와 같은 인간의 욕망 긍정

[정답] 풀이

〈보기〉에서 당대의 지배층은 청나라를 오랑캐로 규정하고 그들을 무력으로 공격하자는 북벌론을 주장했다고 하였다. 따라서 지배층이 조선인과 청인을 똑같이 성선의 본성을 지닌 인간으로 인정했다고 볼 수 없으므로 ④는 적절하지 않다.

[오답] 풀이

① 〈보기〉에서 박지원은 허생을 통해 청나라를 오랑캐로 규정한 지배층을 공격하였다고 했다. 이로 보아 허생은 근본적으로 서로의 본성은 같다는 인물성동론의 입장에서 청인을 인식하였다고 볼 수 있다.

② 북벌론은 오랑캐인 청나라를 공격하자는 주장이다. 이는 청인과 조선인이 서로 다른 존재라는 인식에 바탕을 둔 것이므로 인물성이론을 주장하는 호론의 입장에 근거한다고 볼 수 있다.

③ 북벌론을 주장한 지배층은 호론의 입장에 가깝고, 청나라의 선진 문물을 수용하자고 주장한 북학파는 상대적 가치를 인정한 낙론의 입장에 가깝다. 따라서 지배층과 북학파는 사회적 문제 해결의 관점이 서로 달랐다고 볼 수 있다.

⑤ 〈보기〉에서 박지원은 〈허생전〉을 통해 자신의 가치관을 드러냈다고 하였다. 허생은 상업 행위로 이룬 거대한 부를 바탕으로 사회적 문제를 해결하였으므로, 박지원은 부를 추구하는 것과 같은 인간의 욕망에 대해 긍정적으로 인식하였다고 볼 수 있다.

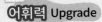

어휘력 Upgrade ※다음의 빈칸에 들어갈 알맞은 말을 〈보기〉에서 찾아 쓰시오.

┤ 보기 ├
취지
우려
대두
주창

1 약을 너무 자주 먹으면 위가 손상될 (우려)가 있다. → 근심하거나 걱정함. 또는 그 근심과 걱정

2 인구의 노령화는 이제 어느 나라에서든지 심각한 사회 문제로 (대두)하고 있다. → 어떤 세력이나 현상이 새롭게 나타남을 이르는 말

3 동학에서는 신분의 귀천이 없는 평등사상을 (주창)하여 농민들의 호응을 얻었다. → 주의나 사상을 앞장서서 주장함

4 노벨 평화상은 세계 평화에 기여한 공이 큰 사람에게 시상한다는 (취지)로 제정되었다. → 어떤 일의 근본이 되는 목적이나 긴요한 뜻

짧고 강렬한 논증을 위한 생략 삼단 논법 _김용규

1 ③   2 ⑤

1 우리가 아는 일반적인 삼단 논법은 형식적으로 보통 두 개의 전제˘와 한 개의 결론, 즉
세 개의 언어적 표현으로 이루어진다. 가령 '모든 사람은 죽는다.'(전제 1), '소크라테스는 사
람이다.'(전제 2)에서 '그러므로 소크라테스는 죽는다.'(결론)를 이끌어 내는 식이다. 여기에
서 전제의 일부를 생략할 수 있는데, 이것을 '생략 삼단 논법'이라 한다. '모든 사람은 죽는
다.'라는 전제는 누구나 다 알고 있는 사실이기 때문에 생략하고, '소크라테스는 사람이기 때
문에 죽는다.'라고만 해도 충분하다는 것이다.　▶ 생략 삼단 논법의 개념

2 그러면 어떤 전제를 생략할 수 있을까? 아리스토텔레스는 전제가 '확실한 지표'이거나
'일반적 통념'일 때 생략할 수 있다고 했다. 누구나 인정할 수 있는 절대적이고 보편타당˘한
지식이 '확실한 지표'이다. 가령 『물은 1기압일 때, 100℃에서 끓는다.'와 '지금은 1기압이고
물은 100℃이다.'에서 '그러므로 지금 물이 끓을 것이다.'라는 결론을 이끌어 낼 수 있다. 따
라서 '물은 1기압일 때, 100℃에서 끓는다.'를 생략하고 '지금 1기압이고 물이 100℃이니, 물
이 끓을 거야.'라고만 해도 된다. 왜냐하면 '물은 1기압일 때, 100℃에서 끓는다.'라는 사실은
'확실한 지표'이기 때문에 굳이 말할 필요가 없는 것이다.」　▶ 생략할 수 있는 전제인 '확실한 지표'의 개념과 예

3 다음으로 '일반적 통념'도 생략할 수 있다. 예를 들어 '부모는 자식을 사랑한다.'나 '건강
한 사람은 오래 산다.'와 같이 그 사회가 일반적으로 받아들이는 상식이 '일반적 통념'이다.
아리스토텔레스는 이것을 보편타당하지는 않지만 '사실이 됨 직한 것'이라고 불렀다. 이러
한 전제들은 '확실한 지표'와 같이 '절대적'이라고 말할 수는 없지만, 아주 '빈번하게˘' 일어나
는 것이기 때문에 생략할 수 있다는 것이다. 가령 『이 그림은 명작이다. 그래서 가격이 높다.'
라는 문장이 있다고 하자. 이 문장은 '모든 명작은 가격이 높다. 이 그림은 명작이다. 따라서
이 그림은 가격이 높다.'라는 삼단 논법에서 '모든 명작은 가격이 높다.'라는 전제를 생략한
것이다. 이 전제는 사람들에게 일반적으로 받아들여지는 통념이기 때문에 생략할 수 있다.」
　▶ 생략할 수 있는 전제인 '일반적 통념'의 개념과 예

4 우리가 일상생활에서 접하는 속담, 격언에는 '확실한 지표'나 '일반적 통념'을 생략한 삼
단 논법이 흔히 사용된다. 짧은 문구 안에 논증을 담아야 하기 때문이다. 또한 '확실한 지표'
나 '일반적 통념'인 전제를 생략하면 누구나 아는 진부한˘ 내용을 반복하는 데에서 오는 싫증
을 덜어 낼 수 있다. 이러한 과정을 통해 자연스러운 맛을 살려 낼 수 있기 때문에 표현이 더
강렬하고 생기 있게 된다. 한편 광고에서는 자기가 강조하고 싶은 전제를 오히려 생략하여,
그것을 사람들이 마치 '확실한 지표'나 '일반적 통념'처럼 생각하게 하는 기법으로 생략 삼단
논법을 매우 유용하게 이용하기도 한다.　▶ 일상생활에서 활용되는 생략 삼단 논법

● **지문 갈무리**
'생략 삼단 논법'은 그
명칭에서 알 수 있듯이
일반적인 삼단 논법에서
전제의 일부를 생략하여
나타내는 방법이야. 이
글은 어떤 전제들이 생
략될 수 있는지, 생략 삼
단 논법이 일상생활에서
어떻게 활용되고 있는지
등을 설명하고 있어.

● **주제**
생략 삼단 논법의 개념
과 효과

˘ **전제(前提):** 추리를 할
때, 결론의 기초가 되
는 판단.

˘ **보편타당(普遍妥當):**
특별하지 않고 사리에
맞아 타당함.

˘ **빈번하다(頻繁하다):**
번거로울 정도로 거듭
하는 횟수가 잦다.

˘ **진부하다(陳腐하다):**
사상, 표현, 행동 따위
가 낡아서 새롭지 못
하다.

독해력 Upgrade　※각 문단의 중심 내용을 다음과 같이 정리할 때, 빈칸에 들어갈 알맞은 말을 쓰시오.

| **1** 생략 삼단 논법의 개념 | → | **2** 생략할 수 있는 전제인 ('확실한 지표')의 개념과 예 | → | **3** 생략할 수 있는 전제인 ('일반적 통념')의 개념과 예 | → | **4** 일상생활에서 활용되는 생략 삼단 논법 |

1 세부 정보 파악하기

답 ③

이 글을 통해 알 수 있는 내용이 아닌 것은?

① 누구나 인정하는 보편타당한 전제는 생략 가능하다. → 2문단

② '확실한 지표'는 사회에서 절대적으로 받아들여지는 지식이다. → 2문단

☑ 생략 삼단 논법은 논증 과정에서의 모순을 줄이기 위해 고안되었다.

④ '일반적 통념'은 빈번하게 일어나는 일이기 때문에 생략이 가능하다. → 3문단

⑤ 사회가 일반적으로 받아들이는 통념이 반드시 옳은 것은 아니다. → 3문단

정답 풀이

생략 삼단 논법이 논증 과정에서의 모순을 줄이기 위해 고안되었다는 내용은 이 글에 제시되지 않았다.

오답 풀이

①, ② 2문단에 따르면 생략 삼단 논법에서는 전제가 '확실한 지표'인 경우 생략할 수 있다. '확실한 지표'는 누구나 인정할 수 있는 절대적이고 보편타당한 지식을 가리킨다.

④ 3문단에 따르면 '일반적 통념'은 '절대적'이라고 말할 수는 없지만 아주 '빈번하게' 일어나는 것이기 때문에 생략할 수 있다.

⑤ 3문단에 따르면 '일반적 통념'은 보편타당하지 않으며 절대적이라고 할 수도 없다.

2 구체적 사례에 적용하기

답 ⑤

〈보기〉는 어느 광고문을 분석한 결과와 그에 대한 반응이다. 이 글로 보아 ㄱ ~ ㄹ 중 적절한 반응을 모두 고른 것은?

─ 보기 ─

〈광고문〉

"나는 자연 그대로의 것을 좋아하고, 내 얼굴은 ○○○ 제품을 좋아한다."　　　　　– 어느 화장품 광고에서

〈분석〉

[전제 1] 나는 자연 그대로의 것을 좋아한다.

[전제 2] ○○○ 제품은 자연 그대로의 것이다.
'확실한 지표'나 '일반적 통념'처럼 생각하게 하려고 광고문에서 생략한 전제

[결 론] 그러므로 내 얼굴은 ○○○ 제품을 좋아한다.

〈반응〉

ㄱ. [전제 2] 대신 [전제 1]을 생략하면 [결론]은 확실한 지표가 되겠군.

ㄴ. [전제 2]는 누구나 아는 진부한 내용이기 때문에 자연스러운 맛을 살리기 위해 생략되었군.

ㄷ. [전제 2]를 '확실한 지표'나 '일반적 통념'처럼 생각하게 만들어 누구나 인정하는 당연한 사실로 여기게 했군.

ㄹ. 강조하고자 하는 [전제 2]를 숨기는 방식으로 생략 삼단 논법을 교묘히 이용하여 소비자의 구매를 유도하고 있군.

① ㄱ, ㄴ　　② ㄱ, ㄹ　　③ ㄴ, ㄷ
④ ㄴ, ㄹ　　☑ ㄷ, ㄹ

정답 풀이

〈보기〉의 광고문은 [전제 2]가 생략되고 [전제 1]과 [결론]으로만 구성되어 있다. 이 글의 4문단을 참고할 때, 〈보기〉의 광고문에서 [전제 2]를 생략한 이유는 '○○○ 제품은 자연 그대로의 것이다.'라는 전제가 마치 '확실한 지표'나 '일반적 통념'인 것처럼 착각을 불러일으키기 위해서이다(ㄷ). 즉, 강조하고 싶은 [전제 2]를 숨기는 방법으로 생략 삼단 논법을 교묘히 이용함으로써 소비자의 구매를 유도하고 있다(ㄹ).

오답 풀이

ㄱ. [전제 2] 대신 [전제 1]을 생략했다고 하여 [결론]이 확실한 지표가 되는 것은 아니다.

ㄴ. '확실한 지표'나 '일반적 통념'은 진부한 내용일 수 있기 때문에 이를 생략하면 자연스러운 표현의 효과를 얻을 수 있다. 그러나 〈보기〉에 제시된 [전제 2]는 '확실한 지표'나 '일반적 통념'이 아니라 다만 그러한 착각을 불러일으키기 위해 생략된 전제일 뿐이다.

단원 어휘 테스트

05회 01 ⓛ 02 ㉠ 03 ㉣ 04 ⓒ 05 봉쇄 06 행적 07 해소 08 선입견 09 즉흥적 10 절대적 11 주체적 12 총체적 13 추구 14 밀접 15 단서 16 대두 17 곤란하다 18 향상되었다 19 유래한 20 전환하는

06회 01 ⓒ 02 ㉠ 03 ㉣ 04 ⓛ 05 천성 06 환기 07 몰두 08 모순 09 연상 10 모호 11 고안 12 중재 13 결핍 14 매진 15 관습 16 지향 17 절제하는 18 극복하고 19 우려하며 20 빈번한

어휘력 Upgrade

※다음의 빈칸에 들어갈 알맞은 말을 〈보기〉에서 찾아 쓰시오.

─ 보기 ─
고안
교묘
빈번
진부

1 그 선수는 (교묘)하게 몸을 움직여서 공격자 반칙을 유도했다.
→ 솜씨나 재주 따위가 재치 있게 약삭빠르고 묘함

2 그녀는 자신이 (고안)한 새로운 연주법을 이번 콘서트에서 실험했다.
→ 연구하여 새로운 안을 생각해 냄

3 삼각주는 대체로 지대가 낮고 습하여 홍수가 (빈번)하게 발생하는 지형이다.
→ 번거로울 정도로 거듭하는 횟수가 잦음

4 그 영화는 너무 (진부)한 내용이어서, 끝까지 안 봐도 누구나 결말을 예상할 수 있다.
→ 사상, 표현, 행동 따위가 낡아서 새롭지 못함

톡톡 튀는 소리의 세계 _전영석

● 지문 갈무리
우리 눈에 보이지는 않지만, 음파는 물질의 밀도 또는 물의 온도나 압력 등에 따라 그 속도가 달라져. 이러한 음파의 속성을 활용하면 바닷속에 있는 물고기의 위치를 알아낼 수 있지.

● 주제
음파의 속성과 이를 활용하는 대표적인 예

1 소리는 진동으로 인해 발생한 파동♥이 전달되는 현상으로, 이때 전달되는 파동을 음파라고 한다. <u>음파</u>는 일정한 방향으로 나아가려는 직진성이 있고, 물체에 부딪치면 반사되는 성질을 갖고 있다.
▶음파의 개념과 성질

2 음파는 주파수의 크기에 따라 고주파와 저주파로 나뉜다. 고주파는 직진성이 강하고 작은 물체에도 반사파가 잘 생기며 물에 흡수되는 양이 많아 수중에서의 도달 거리가 짧다. 반면, 저주파는 직진성이 약하고 작은 물체에는 반사파가 잘 생기지 않으며 물에 흡수되는 양이 적어 수중에서의 도달 거리가 길다.
▶음파의 종류 및 고주파와 저주파의 특징

3 음파는 파동을 전달하는 물질의 밀도가 높을수록 속도가 빨라진다. 그래서 음파의 속도는 공기 중에 비해 물속에서 훨씬 빠르다. 또한 음파의 속도는 물의 온도나 압력에 따라 변화한다. 일반적으로 수온이나 수압이 높아질 경우 속도가 빨라지고, 수온이나 수압이 낮아지면 속도는 느려진다. 300m 이내의 수심에서 음파는 초당 약 1,500m의 속도로 나아간다.
▶밀도, 온도, 압력에 따른 음파의 속도 차이

4 한편 음파는 이러한 속성을 바탕으로 어업과 해양 탐사, 지구 환경 조사, 군사적 용도 등으로 폭넓게 사용된다. 음파를 활용♥하는 대표적인 예로는 물고기의 위치를 탐지하는 어군♥ 탐지기와 지구 온난화♥와 관련된 실험을 들 수 있다.
▶음파의 활용 범위와 대표적인 예

5 어군 탐지기는 음파가 물체에 부딪쳐 반사되는 원리를 이용한 기기이다. 고깃배에서 발신한 음파가 물고기에 부딪쳐 반사되는 방향과 속도를 분석하여 물고기가 있는 위치를 알아낸다. 예를 들어 어군 탐지기가 특정 방향으로 발신한 음파가 0.1초 만에 반사되어 돌아왔다면, 목표물은 발신 방향으로 75m(1,500m/s × 0.1s × 0.5) 거리에 있음을 알 수 있다. 일반적으로 가까운 거리에 있는 물고기를 찾을 때에는 반사파가 잘 생기는 고주파를 사용한다. 이에 반해 먼 거리에 있는 물고기 떼를 찾을 때에는 도달 거리가 긴 저주파를 사용한다.

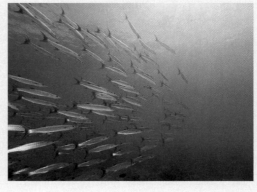
▶음파를 활용한 어군 탐지기의 원리

6 음파를 활용하면 지구 온난화 연구에 대한 기초 자료를 얻을 수도 있다. 「⊙미국의 한 연구팀은 미국 서부 해안의 특정 지점에서 발신한 음파가 호주 해안의 특정 지점에 도달하는 시간을 주기적으로 측정♥하였다. 이를 통해 연구팀은 수온이 지속적으로 높아지고 있다는 결론을 내렸다. 연구팀은 이러한 결과가 ⓛ지구 온난화를 입증♥할 수 있는 증거 중의 하나라고 주장하였다.」
▶음파를 활용한 지구 온난화 연구

「」: 음파 측정 → 수온이 높아져 음파의 속도가 빨라짐 → 지구 온난화 입증

♥ 파동(波動): 물결의 움직임과 같은 진동이 주변으로 퍼져 가는 현상.
♥ 활용(活用): 충분히 잘 이용함.
♥ 어군(魚群): 물고기의 떼.
♥ 지구 온난화(地球溫暖化): 지구의 기온이 높아지는 현상.
♥ 측정(測定): 일정한 양을 기준으로 하여 같은 종류의 다른 양의 크기를 잼.
♥ 입증(立證): 어떤 증거 따위를 내세워 증명함.

독해력 Upgrade

※각 문단의 중심 내용을 다음과 같이 정리할 때, 빈칸에 들어갈 알맞은 말을 쓰시오.

| 1 음파의 개념과 성질 | → | 2 음파의 종류 및 고주파와 (저주파)의 특징 | → | 3 밀도, 온도 및 압력에 따른 음파의 (속도) 차이 | → | 4 음파의 활용 범위와 대표적인 예 | → | 5 음파를 활용한 (어군) 탐지기의 원리 | → | 6 음파를 활용한 지구 온난화 연구 |

1 세부 정보 파악하기   답 ⑤

이 글을 통해 알 수 있는 내용이 **아닌** 것은?

① 소리는 파동이 전달되는 현상이다. → 1문단

② 물의 밀도는 공기의 밀도보다 높다. → 3문단

③ 수중에서 음파는 물을 매개로 전달된다. → 3문단

④ 음파의 속도는 수압에 따라 달라질 수 있다. → 3문단

✓ 멀리 있는 물체일수록 반사파의 양은 많아진다.
　　　　　　　　　　　　　　　　　　×－줄어든다

정답 풀이

2문단에서 고주파는 물에 흡수되는 양이 많고, 저주파는 물에 흡수되는 양이 적다고 하였다. 흡수되는 양에 차이가 있지만, 고주파와 저주파 모두 전달되는 과정에서 물에 흡수되는 것이다. 이로 보아 멀리 있는 물체일수록 반사파의 양이 줄어든다는 것을 알 수 있다.

2 구체적 사례에 적용하기   답 ④

〈보기〉의 ⓐ와 ⓑ에 대해 설명한 내용으로 적절하지 **않은** 것은?

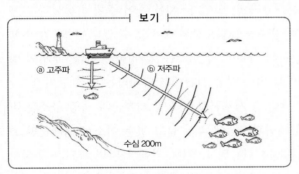

① ⓐ나 ⓑ로 물고기를 찾을 수 있는 것은 음파가 반사되어 돌아왔기 때문이군.

② ⓐ나 ⓑ가 0.1초 만에 고깃배로 돌아왔다면 물고기는 75m 거리에 있겠군.

③ ⓐ는 ⓑ에 비해 작은 물체에도 반사파가 잘 발생하므로 작은 물고기를 찾을 때 유리하겠군.

✓ ⓐ는 직진성이 약하기 때문에 가까운 곳에 있는 물고기를 찾는 데 이용되는군.
　 ×－직진성이 강함

⑤ ⓑ가 먼 곳에 있는 물고기를 찾는 데 이용되는 것은 물에 흡수되는 음파의 양이 적기 때문이군.

정답 풀이

5문단의 내용을 통해 가까운 거리에 있는 물고기를 찾을 때는 고주파를 이용한다는 것을 알 수 있지만, 이는 고주파가 직진성이 약하기 때문이 아니라 반사파가 잘 생기는 특성을 가지고 있기 때문이다. 2문단에서 고주파는 직진성이 강하다고 하였다.

오답 풀이

① 5문단에서 어군 탐지기는 음파가 물체에 부딪쳐 반사되는 원리를 이용한다고 하였다.

② 5문단에서 어군 탐지기가 발신한 음파가 0.1초 만에 반사되어 돌아왔다면, 목표물은 발신 방향으로 75m 거리에 있다고 하였다. 수심 200m에서 음파의 속도는 1500m/s이다. 고깃배에서 발신한 음파가 0.1초 만에 돌아왔으므로 고깃배에서 물고기까지는 0.05초 만에 이동한 것이다. 따라서 고깃배와 물고기 사이의 거리는 75m(1500m/s × 0.05s)가 된다.

③ 2문단에서 고주파는 직진성이 강하고 작은 물체에도 반사파가 잘 생기며, 저주파는 직진성이 약하고 작은 물체에는 반사파가 잘 생기지 않는다고 하였다.

⑤ 2문단에서 저주파는 물에 흡수되는 양이 적어 수중에서의 도달 거리가 길다고 했으며, 5문단에서 그렇기 때문에 먼 거리에 있는 물고기 떼를 찾을 때는 저주파를 사용한다고 하였다.

3 내용 추론하기   답 ⑤

ⓛ을 고려하여 ⊙의 결과를 추론한 내용으로 가장 적절한 것은?

① 음파의 양이 증가하는 추세를 보였겠군.

② 음파의 속도가 느려지는 추세를 보였겠군.

③ 음파의 주파수가 높아지는 추세를 보였겠군.

④ 음파의 도달 거리가 길어지는 추세를 보였겠군.

✓ 음파의 도달 시간이 짧아지는 추세를 보였겠군.
　○－지구 온난화 → 수온 상승 → 음파의 속도가 빨라짐

정답 풀이

지구 온난화는 지구의 기온이 상승하는 현상이므로, 지구 온난화가 이루어졌다면 바닷물의 온도도 상승했을 것이다. 즉 ⓛ과 같이 지구 온난화를 입증했다는 것은, ⊙의 실험을 통해 바닷물의 온도 상승을 확인했다는 의미이다. 3문단에서 수온이 높아질 경우 음파의 속도가 빨라진다고 하였으므로, 수온이 높아질수록 음파의 도달 시간은 점점 짧아질 것이다. 따라서 ⊙의 실험 결과, 음파의 도달 시간이 점점 짧아지는 추세를 확인했을 것이라고 추론할 수 있다.

어휘력 Upgrade

※다음의 빈칸에 들어갈 알맞은 말을 〈보기〉에서 찾아 쓰시오.

┌ 보기 ┐
매개
입증
측정
활용

1 그 사고는 목격자가 없어 (입증)이 불가능했다.
　　　　　　　　　　→ 어떤 증거 따위를 내세워 증명함

2 이 아이템을 어떻게 (활용)할지에 대하여 의논해 보자.
　　　　　　　　　　→ 충분히 잘 이용함

3 편지는 그와 나를 이어 주는 (매개)의 역할을 하고 있다.
　　　　　　　　　　→ 둘 사이에서 양편의 관계를 맺어 줌

4 환경부는 각 도시의 공기 오염도 (측정) 결과를 발표하였다.
　　　　　　　　　　→ 일정한 양을 기준으로 하여 같은 종류의 다른 양의 크기를 잼

살아남기 위한 생물종들의 전략 _캠벨

●지문 갈무리
생태적 지위가 유사하고 동일한 지역에서 서식하는 생물 집단을 동소성 개체군이라고 해. 이들이 이용할 수 있는 자원은 한정되어 있기 때문에, 경쟁에서 밀린 종은 사라지게 돼. 어떤 종들은 경쟁을 피해 공존하는 지혜를 발휘하기도 하지.

●주제
동소성 개체군 사이에서 일어나는 경쟁적 배제, 분서, 형질 치환의 개념

1 어떤 환경에서 개개의 종이 차지하는 위치를 '생태적 지위'라고 하는데, 이는 서식˙ 장소, 먹이 사슬 등의 생태적 환경에 의해 형성되는 지위를 말한다. 예를 들어, 열대 지역의 나무도마뱀의 생태적 지위는 견딜 수 있는 온도 범위, 서식할 수 있는 나뭇가지의 크기, 먹이가 되는 곤충의 종류 등 많은 요소들로 이루어진다. 생태적 지위가 유사한 종들이 지리적으로 멀리 떨어진 채 서식하고 있는 경우 이들을 '이소성 개체군'이라고 하고, 반대로 동일한 지리적 영역을 차지하고 있는 경우에는 이들을 '동소성 개체군'이라 한다.
<small>생태적 지위의 개념 / 이소성 개체군의 개념 / 동소성 개체군의 개념 / 중심 화제 / ▶생태적 지위 및 이소성 개체군과 동소성 개체군의 개념</small>

2 이소성 개체군의 경우 지리적으로 격리˙되어 있기 때문에 자원을 둘러싼 종들 간의 경쟁은 존재하지 않을 것이다. 그럼 동소성 개체군의 경우 어떤 일이 발생할까? 생태학자 가우스는 원생생물˙인 '아우렐리아'와 '카우다툼'에 대한 실험으로 종간 경쟁의 결과를 조사했다. 이 두 종을 각각 배양˙했을 때에는 각각의 개체군은 모두 잘 살지만, 두 종을 함께 기르자 한 종이 사라지는 결과를 얻었다. 이처럼 동소성 개체군 사이에서는 필연적으로 경쟁이 일어나게 되는데, 그 경쟁의 결과 어떤 종이 군집 내에서 사라지게 되는 경우, 이를 '경쟁적 배제'라고 한다.
<small>질문을 통한 독자의 관심 유발 / 경쟁적 배제의 사례 / 경쟁적 배제의 개념 / ▶동소성 개체군에서 어떤 종이 사라지는 현상인 경쟁적 배제</small>

3 그런데 실제의 자연 생태계를 보면 동소성 개체군이 공존˙하기도 하는데, 이는 이들이 제한된 자원을 둘러싼 경쟁을 피했기 때문에 가능한 일이다. 예를 들어 주행성 동물과 야행성 동물은 서로 활동하는 시간을 달리하여 경쟁을 줄임으로써 공존할 수 있다. 이와 같이 생존에 꼭 필요한 자원을 여러 가지 방법을 통해 나누어 갖는 것을 '분서'라고 한다. 분서의 방식에는 장소를 나누어 서식하는 방식, 먹이를 먹는 활동 시간대를 달리하는 방식 등이 있다.
<small>동소성 개체군이 공존할 수 있었던 까닭 / 분서의 사례 / 분서의 개념 / ▶동소성 개체군에서 필요한 자원을 나누어 갖는 현상인 분서</small>

4 제한된 자원을 둘러싼 경쟁의 결과는 동소성 개체군과 이소성 개체군의 체형 구조를 비교함으로써도 확인할 수 있다. 예를 들어, 「A섬과 B섬에 각각 살고 있는 이소성 개체군인 조류의 경우 종간 경쟁이 없기 때문에 동일한 먹이를 먹고, 이로 인해 부리의 크기가 유사하다. 그런데 이들이 동일한 지리적 영역을 이룬 채 살게 되면 서로 다른 크기의 씨앗을 먹도록 부리의 크기가 달라지는 체형의 변화가 일어나게 된다.」 이처럼 동소성 개체군의 경우 같은 자원을 두고 다툼을 벌이는 일이 없도록 서로 체형의 구조가 달라지기도 한다. 이러한 체형 구조의 변화를 '형질 치환'이라고 한다.
<small>「」: 형질 치환의 사례 / 형질 치환이 일어나는 이유 / 형질 치환의 개념 / ▶동소성 개체군에서 체형의 구조가 달라지는 현상인 형질 치환</small>

5 현재 생태계에 존재하는 모든 생물종들은 필연적으로 발생할 수밖에 없는 경쟁에 적응하면서, 경쟁적 배제와 분서, 형질 치환 등의 과정을 거친 존재들이라고 할 수 있다.
<small>▶경쟁에 적응하며 변화해 온 생물종들</small>

˙서식(棲息): 생물 따위가 일정한 곳에 자리를 잡고 삶.

˙격리(隔離): 다른 것과 통하지 못하게 사이를 막거나 떼어 놓음.

˙원생생물(原生生物): 단세포 생물을 통틀어 이르는 말.

˙배양(培養): 인공적인 환경을 만들어 동식물 세포와 조직의 일부나 미생물 따위를 가꾸어 기름.

˙공존(共存): 서로 도와서 함께 존재함.

독해력 Upgrade ※각 문단의 중심 내용을 다음과 같이 정리할 때, 빈칸에 들어갈 알맞은 말을 쓰시오.

| **1** 생태적 지위 및 이소성 개체군과 동소성 개체군의 개념 | → | **2** 동소성 개체군에서 어떤 종이 사라지는 현상인 경쟁적 (배제) | → | **3** 동소성 개체군에서 필요한 자원을 나누어 갖는 현상인 (분서) | → | **4** 동소성 개체군에서 체형의 구조가 달라지는 현상인 형질 (치환) | → | **5** 필연적으로 발생하는 경쟁에 적응하며 변화해 온 생물종들 |

1 내용 전개 방식 파악하기   답 ④

이 글에 대한 설명으로 적절하지 않은 것은?

① 예시를 통해 독자의 이해를 돕고 있다.

② 용어의 개념을 밝히면서 내용을 전개하고 있다.

③ 질문을 던지는 형식으로 독자의 관심을 유발하고 있다.

☑ 권위자의 주장을 인용하여 통념의 오류를 지적하고 있다.
 　　×－실험 결과　　　　×－개념 이해를 돕는 사례 제시

⑤ 차이점을 중심으로 대상을 두 종류로 나누어 설명하고 있다.

정답 풀이

2문단에서 생태학자 가우스의 실험 결과를 언급했지만, 이는 경쟁적 배제라는 개념을 이해시키기 위한 사례로 제시된 것일 뿐 이를 통해 통념의 오류를 지적하고 있는 것은 아니다.

오답 풀이

① 독자가 이해하기 쉽도록 경쟁적 배제의 사례, 분서의 사례, 형질 치환의 사례 등 여러 가지 사례를 제시하였다.

② 생태적 지위, 이소성 개체군과 동소성 개체군, 경쟁적 배제, 분서, 형질 치환 등의 용어의 개념을 밝히고 있다.

③ 2문단에서 "그럼 동소성 개체군의 경우 어떤 일이 발생할까?"라고 질문함으로써 독자의 관심을 유발하고 있다.

⑤ 1문단에서 생태적 지위가 유사한 종들이 분포하는 방식을 동소성 개체군과 이소성 개체군으로 나누어 설명하고 있다.

2 구체적 사례에 적용하기   답 ④

이 글을 바탕으로 〈보기〉에 대해 보인 반응으로 적절하지 않은 것은?

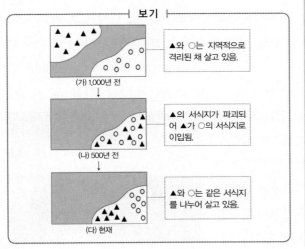

┤ 보기 ├

(가) 1,000년 전 — ▲와 ○는 지역적으로 격리된 채 살고 있음.

(나) 500년 전 — ▲의 서식지가 파괴되어 ▲가 ○의 서식지로 이입됨.

(다) 현재 — ▲와 ○는 같은 서식지를 나누어 살고 있음.

① (가)의 A와 B는 '이소성 개체군'으로 '경쟁적 배제'가 없었겠군.

② (나)의 A와 B는 '동소성 개체군'이 되면서 자원을 둘러싼 경쟁이 생겼겠군.

③ (나)의 상태가 계속 유지된다면 A나 B는 '형질 치환'이 일어날 수도 있겠군.

☑ (나)의 A와 B가 먹이를 먹는 시간대를 달리한다면 A와 B는 '이소성 개체군'이 되겠군.
 　　×－같은 서식지에서 살기 때문에 '동소성 개체군'임

⑤ (다)의 A와 B는 장소를 나누어 서식하는 방식을 통해 '경쟁적 배제'를 피한 상태이겠군.

정답 풀이

1문단에서 생태적 지위가 유사한 종들이 지리적으로 멀리 떨어진 채 서식하고 있는 경우 이들을 '이소성 개체군'이라 한다고 하였다. (나)의 A와 B는 같은 서식지에서 살고 있으므로 이소성 개체군이 아니라 동소성 개체군에 해당한다.

오답 풀이

① 2문단에서 이소성 개체군의 경우 지리적으로 격리되어 있기 때문에 자원을 둘러싼 종들 간의 경쟁은 존재하지 않는다고 하였다. (가)의 A와 B는 지리적으로 떨어진 채 서식하고 있는 이소성 개체군이므로 경쟁적 배제가 일어나지 않는다.

② 2문단에서 동소성 개체군 사이에서는 필연적으로 경쟁이 일어나게 된다고 하였다. (나)의 A와 B는 같은 서식지에서 섞여 살고 있는 동소성 개체군이므로 제한된 자원을 둘러싼 경쟁이 생길 것이다.

③ 4문단에서 동소성 개체군의 경우 같은 자원을 두고 다툼을 벌이는 일이 없도록 서로 체형의 구조가 달라지는 형질 치환이 일어나기도 한다고 하였다. (나)의 A와 B는 동소성 개체군이므로 형질 치환이 일어날 수도 있다.

⑤ 3문단에서 동소성 개체군이 공존하기 위해 선택하는 분서의 방식에는 장소를 나누어 서식하는 방식, 먹이를 먹는 활동 시간대를 달리하는 방식 등이 있다고 하였다. (다)의 A와 B는 장소를 나누어 서식하는 방식을 통해 경쟁적 배제를 피하고 있다.

어휘력 Upgrade

※다음의 빈칸에 들어갈 알맞은 말을 〈보기〉에서 찾아 쓰시오.

┤ 보기 ├
공존
격리
배양
서식

1 그 연구실에서는 콜레라균의 (배양)에 성공했다.
 → 인공적인 환경을 만들어 동식물 세포와 조직의 일부나 미생물 따위를 가꾸어 기름

2 이곳은 (서식) 환경이 좋아 새들이 많이 모여든다.
 → 생물 따위가 일정한 곳에 자리를 잡고 삶

3 흉악한 범죄자는 사회로부터 장기간 (격리)를 시켜야 한다.
 → 다른 것과 통하지 못하게 사이를 막거나 떼어 놓음

4 냉전 시대가 종식된 이후 세계는 차츰 화해와 (공존) 체제로 바뀌기 시작하였다.
 → 서로 도와서 함께 존재함

모든 걸을 삼키는 쓰나미 _한국 과학 문화 재단

1 보통, 해일은 태풍이나 저기압에 의해 생기는 경우가 대부분인데, 이 해일을 폭풍 해일 또는 저기압 해일이라고 한다. 이와 달리 해저 지진이나 해저 지형의 융기˚와 침강˚ 등에 의해 해수면이 변화하면서 발생한 해파(海波)에 의한 해일도 있다. 이를 쓰나미 혹은 지진 해일이라 한다. ▶쓰나미의 개념과 의미

2 쓰나미(tsunami)는 나루[津]와 파도[波]가 합쳐진 일본 말로 '항구의 파도'를 의미한다. 지진 해일을 쓰나미라고 부르자고 지진 관련 학회나 국제 회의 등에서 합의한 적은 없지만, 1946년 '알래스카 지진 해일' 이후 세계적으로 통용˚되고 있다. 이는 태평양에 인접한 일본이 이런 지진 해일의 피해를 많이 받았다는 사실과 관련이 깊다. ▶쓰나미라는 말의 유래

3 쓰나미는 대부분 해저판 경계 지역에서 발생하는 큰 지진에 의한 단층 운동, 해저 화산 분출, 해저 산사태 때문에 발생한다. 지진에 의해 바다 밑바닥 지층이 수직 방향으로 갑작스레 이동하면 이때 방출˚되는 에너지가 바로 위의 바닷물에 전해져 바닷물이 갑자기 상승 또는 하강하면서 지진 해일파가 발생한다. 2004년 12월, 인도네시아, 스리랑카 등을 강타한 수마트라 해저 지진도 안다만－순다 해구(trench)에서 인도－호주판이 유라시아판 아래로 갑작스럽게 이동한 단층 운동에 의해 발생한 것으로 추정˚되고 있다. ▶쓰나미의 발생 원인

4 외해(外海)에서 쓰나미가 발생하게 되면 파고˚는 1m 정도이지만 파장이 100km 이상이므로 근처에 있는 배에서는 이를 관측하기 어렵다. 쓰나미의 이동 속도는 약 시속 900km로 매우 빠르다. 그런데 해안에 가까이 올수록 수심이 얕아지기 때문에 파(波)의 속도는 느려지고 파고는 높아질 수밖에 없다. ▶쓰나미의 위험성

5 쓰나미의 발생과 피해에 대한 가장 오래된 기록은 기원전 1500년 에게해의 산토리니 화산섬의 폭발로 쓰나미가 발생해 지중해 동부와 크레타섬을 광범위하게 황폐화˚했다는 것이다. 우리나라도 쓰나미로부터 자유롭지 못하다. 실제 1900년 이후 우리나라에서 관측된 쓰나미는 1983년과 1993년 두 차례이며 모두 동해안에서 발생하였다. 그 당시 일본 서쪽 해저에서 발생한 강력한 지진의 여파로 1시간 30분～3시간 동안 10분 주기로 쓰나미가 몰려와 동해안의 여러 지역에 많은 피해를 주었다. ▶쓰나미에 대한 역사적 기록 및 우리나라의 피해 사례

6 쓰나미는 다른 해일과 발생 원인이 다르므로 대처 방법도 달라야 한다. 먼저, 해안 가까운 곳에서 발생한 쓰나미는 몇 분 이내에 해안으로 밀려오므로 지진 경보를 듣고 대피할 여유가 없다. 따라서 땅이 심하게 흔들리면 무조건 해안 지역의 주민은 높은 지대로 대피하여야 한다. 해안에서 먼 거리에서 발생한 쓰나미에 대해서는 기상청이 해일 특보를 사전에 발표하므로 재해 대책 요원의 안내에 따라 대피하면 된다. ▶쓰나미의 대처 방법

● 지문 갈무리
쓰나미는 육지에 가까이 올수록 파도의 높이가 엄청 높아지기 때문에, 일반적인 해일에 비해 훨씬 위험하지. 이 글은 쓰나미의 발생 원인과 위험성에 대해 설명하면서 그 대처 방법까지 알려 주고 있어.

● 주제
쓰나미의 발생 원인과 위험성 및 대처 방법

˚ 융기(隆起): 땅이 기준면에 대하여 상대적으로 높아짐.

˚ 침강(沈降): 지각의 일부가 아래쪽으로 움직이거나 꺼짐.

˚ 통용(通用): 일반적으로 두루 씀.

˚ 방출(放出): 비축하여 놓은 것을 내놓음.

˚ 추정(推定): 미루어 생각하여 판정함.

˚ 파고(波高): 파도의 높이.

˚ 황폐화(荒廢化): 집, 토지, 삼림 따위를 거두지 않고 그냥 두어 거칠고 못 쓰게 됨.

독해력 Upgrade

※각 문단의 중심 내용을 다음과 같이 정리할 때, 빈칸에 들어갈 알맞은 말을 쓰시오.

| **1** 쓰나미의 개념과 의미 | → | **2** 쓰나미라는 말의 (유래) | → | **3** 쓰나미의 (발생) 원인 | → | **4** 쓰나미의 위험성 | → | **5** 쓰나미에 대한 역사적 기록 및 피해 사례 | → | **6** 쓰나미의 (대처) 방법 |

1 핵심 정보 파악하기 　　　　　답 ③

이 글을 과학 잡지에 싣는다고 할 때, 제목으로 가장 적절한 것은?

① 쓰나미의 두 얼굴

② 쓰나미의 탄생과 죽음

☑ 대양의 폭군, 쓰나미의 정체
　○ –쓰나미의 의미, 유래, 발생 원인, 위험성 등을 포괄하는 제목

④ 여름철 불청객, 쓰나미의 모든 것

⑤ 역사 속으로의 여행, 자연 재해 쓰나미

정답 풀이

이 글은 쓰나미의 개념과 의미, 말의 유래, 발생 원인, 위험성, 역사적 기록 및 피해 사례, 대처 방법 등에 대해 설명하고 있다. 이러한 내용을 포괄할 수 있는 글의 제목으로는 '대양의 폭군, 쓰나미의 정체'가 가장 적절하다. 나머지는 글의 내용과 어울리지 않거나 일부분의 내용만 담고 있는 제목이다.

2 세부 정보 파악하기 　　　　　답 ②

〈보기〉에서 글을 쓰는 과정에 반영된 것을 골라 바르게 묶은 것은?

┤ 보기 ├

ㄱ. 쓰나미의 의미 및 유래 → 1, 2문단

ㄴ. 쓰나미를 예방하기 위한 노력
　　　×–발생했을 때의 대처 방법

ㄷ. 쓰나미와 폭풍 해일의 피해 비교
　　　×–발생 원인 비교

ㄹ. 쓰나미에 대한 역사적 기록 및 피해 사례 → 5문단

① ㄱ, ㄴ　　　☑ ㄱ, ㄹ　　　③ ㄴ, ㄷ

④ ㄴ, ㄹ　　　⑤ ㄷ, ㄹ

정답 풀이

1문단에서 쓰나미의 개념과 의미를, 2문단에서 쓰나미라는 말의 유래를 설명하고 있다(ㄱ). 그리고 5문단에서 쓰나미에 대한 가장 오래된 기록과 우리나라에서 발생한 쓰나미에 대한 기록 및 피해 사례를 설명하고 있다(ㄹ).

오답 풀이

ㄴ. 6문단에서 쓰나미가 발생했을 때의 대처 방법을 소개하고 있지만, 쓰나미를 예방하기 위한 노력은 설명하지 않았다.

ㄷ. 1문단에서 쓰나미와 폭풍 해일의 발생 원인을 비교하고 있을 뿐, 쓰나미와 폭풍 해일의 피해를 비교하지 않았다.

3 구체적 사례에 적용하기 　　　　　답 ⑤

4를 참고하여 〈보기〉와 같이 외해에서 쓰나미 경보 발령을 접했을 때, 배의 안전을 위한 대처 방안으로 가장 적절한 것은?

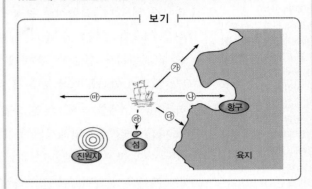

① 진원지와 최대한 멀어지기 위해 ㉮의 방향으로 이동한다.

② 항구 내로 대피하기 위해 ㉯의 방향으로 이동한다.

③ 가장 가까운 해안으로 대피하기 위해 ㉰의 방향으로 이동한다.

④ 가장 가까운 섬에 상륙하기 위해 ㉱의 방향으로 이동한다.

☑ 육지와 멀어지기 위해 ㉲의 방향으로 이동한다.
　○ –해안에 가까이 올수록 파고가 높아지기 때문에

정답 풀이

4문단에서는 쓰나미의 위험성에 대해 설명하고 있다. 외해에서 쓰나미가 발생하면 파장은 100km 이상이지만 파고는 1m에 불과해서 근처에 있는 배에서는 이를 관측하기 어렵다고 하였다. 반면에 쓰나미가 해안에 가까이 올수록 수심이 얕아지기 때문에 이동 속도는 느려지지만 파고는 높아질 수밖에 없다고 하였다. 따라서 외해에 있는 배가 쓰나미 경보 발령을 접했을 때 안전을 위해 취해야 할 적절한 대처 방안은, 최대한 육지와 멀어지기 위해 외해 쪽으로 나가는 것이다.

오답 풀이

㉮, ㉯, ㉰ 육지와 가까워지는 방향으로 이동하는 것은 배의 안전을 위한 대처 방안으로 적절하지 않다. 해안에 가까워지면서 파도의 높이가 높아진 쓰나미로 인해 위험해질 수 있다.

㉱ 섬에 상륙하기 위해 ㉱ 방향으로 이동하는 것보다는 ㉲의 방향으로 이동하는 것이 육지와 최대한 멀어질 수 있는 방법이다.

어휘력 Upgrade

※다음의 빈칸에 들어갈 알맞은 말을 〈보기〉에서 찾아 쓰시오.

┤ 보기 ├
방출
추정
통용
황폐화

1 무분별한 개발은 지구촌 전체의 (황폐화)를 초래한다.
　→ 집, 토지, 삼림 따위를 거두지 않고 그냥 두어 거칠고 못 쓰게 됨

2 은행이 자금을 (방출)하여 기업의 숨통이 조금 트였다.
　→ 비축하여 놓은 것을 내놓음

3 러시아 정부는 옛 소련 지폐의 (통용)을 전면 중단한다고 발표했다.
　→ 일반적으로 두루 씀

4 그 과학자는 자신의 (추정)을 뒷받침하는 몇 가지 가설을 제시했다.
　→ 미루어 생각하여 판정함

왕따는 싫어, 화학적 친화력 _서인호

1 ② 2 ⑤

● 지문 갈무리
화학적 친화력은 물질 간에 더 잘 결합하는 정도를 의미하는 개념이야. 화학자들의 오랜 연구 끝에, 현재는 원자들이 안정된 상태가 되려는 경향 때문에 화학적 친화력이 일어난다고 설명하고 있어.

● 주제
화학적 친화력에 대한 화학자들의 연구 과정

1 자연 상태의 산화 구리에서 구리를 얻기 위해 숯(탄소)을 넣고 가열하는 방법은 옛날부터 사용해 왔다. 화학적인 관점에서 보면 이것은 산소가 구리보다 탄소와 더 잘 결합하는 성질을 이용한 것이라고 할 수 있다. 18세기 이후 화학자들은 화합물을 만들 때 물질 간에는 더 잘 결합하는 정도, 즉 화학적 친화력이 있다고 보고 이를 규명하기 위해 노력하였다.
▶화학적 친화력의 개념과 실체 규명 노력

2 18세기 말 베리만은 화학적 친화력의 규칙을 밝히기 위해 물질 간의 상대적 인력을 추론하려 했다. 예를 들어, 어떤 화합물 AB에서 물질 B가 다른 물질 C에 의해서는 쫓겨나지만 또 다른 물질 D에 의해서는 쫓겨나지 않았다면 A에 대한 친화력은 C > B > D의 순이 된다. 그는 이와 같은 방법으로 그때까지 알려진 물질들의 친화력표를 작성하였다. 이를 받아들인 화학자들은 친화력표를 정교하게 만들다 보면 어떤 규칙을 발견할 수 있을 것이라고 생각했다. 그러나 이 방법으로는 화학적 친화력을 일으키는 힘의 실체를 규명하기 어려웠다.
▶18세기 말 연구의 성과와 한계

3 친화력에 대한 연구는 19세기에 돌턴이 제안한 원자 가설을 수용하면서 변화를 맞이하게 된다. 베르셀리우스는 원자가 가진 전기적 성질을 친화력의 근원으로 생각하고 이전의 문제를 해결하려고 했다. 베르셀리우스는 당시 발견된 볼타 전지의 전극에서 기체와 금속이 분리되는 현상을 연구하여 원자는 (+) 또는 (−) 2가지 전하를 가지고 있으며, (−)전하를 가진 원자는 전기력에 의해 (+)전하를 가진 원자와 결합한다고 주장했다. 이 이론은 다른 전하를 가진 원소끼리 결합하는 것은 잘 설명할 수 있었지만, 같은 전하를 가진 원소끼리 더 강하게 결합하는 것을 설명하기는 어려웠다.
▶19세기 연구의 성과와 한계

4 베르셀리우스가 해결하지 못했던 문제는 20세기 이후 원자의 실체가 규명되면서 설명할 수 있게 되었다. 원자는 (+)전하를 가진 핵과 (−)전하를 가진 전자가 전기적 균형을 이루고 있다. 그리고 핵 주위에는 일정 거리를 두고 전자가 들어갈 수 있는 여러 겹의 껍질이 있는데, 가장 바깥 껍질, 즉 최외각을 채우면 안정된 상태가 된다. 최외각에 전자가 남거나 모자라는 원자들은 전자를 버리거나 얻어 이온이 됨으로써 안정된 상태가 되려고 한다. 이온들끼리는 전기적 인력에 의해 서로 결합할 수 있는데, 이는 이전에 베르셀리우스가 설명했던 것이기도 하다. 그런데 최외각에 전자를 채우는 것은 원자들끼리 전자를 공유하는 것으로도 가능하다. 최외각에 전자가 모자라는 원자끼리 전자를 공유하여 결합하면 두 원자 모두 최외각의 전자를 채워 보다 안정된 결합을 할 수 있다. 그래서 현재는 화학적 친화력을 원자들이 보다 안정된 상태가 되려는 경향으로 설명하고 있다.
▶20세기 이후 연구의 성과

▾친화력(親和力): ① 다른 사람들과 사이좋게 잘 어울리는 능력. ② 원자들 간에 서로 결합하여 어떤 화합물로 되려는 경향.

▾규명(糾明): 어떤 사실을 자세히 따져서 바로 밝힘.

▾정교하다(精巧하다): 내용이나 구성 따위가 정확하고 치밀하다.

▾수용(受容): 어떠한 것을 받아들임.

▾공유(共有): 두 사람 이상이 한 물건을 공동으로 소유함.

독해력 Upgrade

※각 문단의 중심 내용을 다음과 같이 정리할 때, 빈칸에 들어갈 알맞은 말을 쓰시오.

1 화학적 친화력의 (개념)과 실체 규명을 위한 노력 ➡ 2 (18세기) 말 연구의 성과와 한계 ➡ 3 19세기 연구의 성과와 한계 ➡ 4 20세기 이후 연구의 성과

1 세부 정보 파악하기 답 ②

2를 참고할 때, 〈보기〉의 실험을 통해 추론할 수 있는 산소에 대한 친화력 순서로 올바른 것은?

┤ 보기 ├

실험 1: 산화 철과 칼륨을 반응시켰더니 산화 칼륨이 생성 되었다. → 칼륨 > 철

실험 2: 산화 철에 은을 반응시켰더니 아무런 변화가 없었 다. → 철 > 은

(단, 실험 1과 실험 2의 조건은 같다.)

① 철 > 칼륨 > 은

☑ 칼륨 > 철 > 은 → 실험 1 '칼륨 > 철' + 실험 2 '철 > 은'

③ 은 > 철 > 칼륨

④ 철 > 은 > 칼륨

⑤ 칼륨 > 은 > 철

정답 풀이

실험 1에서 산화 철과 칼륨을 반응시키자 산화 칼륨이 생성 되었다는 것은 산소가 철에서 분리해 나와 칼륨과 결합하였 다는 의미이므로 산소에 대한 친화력이 철보다 칼륨이 높다 는 것(칼륨 > 철)을 의미한다. 또 실험 2에서 산화 철에 은을 반응시키자 아무런 변화가 없었다는 것은 산소가 은을 만나 도 계속해서 철과 결합하고 있었다는 의미이므로 산소에 대 한 친화력이 은보다 철이 높다는 것(철 > 은)을 의미한다. 따 라서 산소에 대한 친화력은 '칼륨 > 철 > 은'의 순서가 된다.

2 구체적 사례에 적용하기 답 ⑤

〈보기〉는 이 글의 내용을 설명하기 위해 찾은 자료이다. 자료를 활용하기 위한 계획으로 적절하지 <u>않은</u> 것은?

┤ 보기 ├

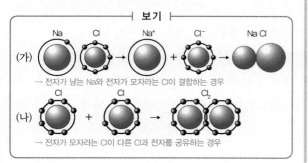

(가) → 전자가 남는 Na와 전자가 모자라는 Cl이 결합하는 경우

(나) → 전자가 모자라는 Cl이 다른 Cl과 전자를 공유하는 경우

① (가)는 Na가 최외각 전자를 버리는 것을 보여 주므로 원 자가 이온화하려는 경향을 설명하는 자료로 활용한다.
 ○ – 최외각에 전자가 남는 원자들은 전자를 버리고 이온이 됨(4문단)

② (가)는 전기적 인력에 의해 결합이 이루어짐을 보여 주므 로 베르셀리우스의 주장을 설명하는 자료로 활용한다.
 → 전기력에 의해 다른 전하를 가진 원소끼리 결합함(3문단)

③ (나)는 최외각에 전자가 모자라는 원자끼리의 결합을 보 여 주므로 전자를 공유하는 결합을 설명하는 자료로 활 용한다.
 ○ – 최외각에 전자가 모자라는 원자끼리 전자를 공유함(4문단)

④ (나)는 같은 성질을 가진 원자끼리도 결합함을 보여 주므 로 베르셀리우스가 설명하지 못했던 결합을 보여 주는 자료로 활용한다.
 ○ – 같은 전하를 가진 원소끼리 결합하는 것을 설명하기 어려움(3문단)

☑ (가)와 (나) 모두에서 Cl이 전자를 얻고 있으므로 화학 결 합은 전자를 얻는 것임을 설명하는 자료로 활용한다.

정답 풀이

〈보기〉의 (가)는 4문단의 "최외각에 전자가 남거나 모자라는 원자들은 전자를 버리거나 얻어 이온이 됨으로써 안정된 상 태가 되려고 한다."를 보여 주는 자료이다. 그리고 (나)는 4문 단의 "최외각에 전자가 모자라는 원자끼리 전자를 공유하여 결합하면 두 원자 모두 최외각의 전자를 채워 보다 안정된 결 합을 할 수 있다."를 보여 주는 자료이다. (가)에서는 Cl이 전 자를 얻고 있는 것이 맞지만, (나)에서는 전자가 하나 모자라 는 Cl 원자가 다른 Cl 원자와 전자를 공유하고 있으므로, (가) 와 (나) 모두에서 Cl이 전자를 얻고 있다는 설명은 적절하지 않다. 그리고 (가)에서는 이온들끼리 전기적 인력에 의해 결 합하고 있으므로 화학 결합이 전자를 얻는 것이라는 설명도 적절하지 않다.

오답 풀이

① 4문단에서 최외각에 전자가 남거나 모자라는 원자들은 전자를 버리 거나 얻어 이온이 된다고 하였다. (가)에서 Na가 최외각 전자를 버리 고 이온화되는 것이 이를 잘 보여 준다.

② 3문단에서 베르셀리우스는 (−)전하를 가진 원자는 전기력에 의해 (+)전하를 가진 원자와 결합한다고 하였다. (가)에서 Na^+와 Cl^-가 결 합하는 것이 이를 잘 보여 준다.

③ 4문단에서 최외각에 전자가 모자라는 원자들끼리 전자를 공유하면 보다 안정된 결합을 할 수 있다고 하였다. (나)에서 전자가 모자라는 Cl이 다른 Cl과 전자를 공유하는 것이 이를 잘 보여 준다.

④ 3문단에서 베르셀리우스의 이론은 같은 전하를 가진 원소끼리 더 강 하게 결합하는 것을 설명하기 어려웠다고 하였다. (나)에서 같은 성 질을 가진 원소끼리 결합하는 것은 이러한 한계를 보완할 수 있다.

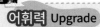

어휘력 Upgrade

※다음의 빈칸에 들어갈 알맞은 말을 〈보기〉에서 찾아 쓰시오.

┤ 보기 ├

공유
규명
수용
정교

1 그의 소설은 구성이 매우 (정교)하다.
 → 내용이나 구성 따위가 정확하고 치밀함

2 주민들은 사건의 진상 (규명)을 촉구하였다.
 → 어떤 사실을 자세히 따져서 바로 밝힘

3 정보의 (공유)는 정보화 시대에 매우 중요한 것이다.
 → 두 사람 이상이 한 물건을 공동으로 소유함

4 외래문화를 무비판적으로 (수용)한다면 문화적 정체성을 잃을 수도 있다.
 → 어떠한 것을 받아들임

지구의 하루가 길어지는 이유 _스티븐 제이 굴드

1 ③   2 ⑤   3 ⑤

● 지문 갈무리
지구의 하루가 길어지는 이유는 지구의 자전이 느려지기 때문이야. 달의 인력 때문에 방해를 받아 지구의 자전 속도가 느려지고 있지. 이 글에서는 지구의 자전 주기가 매년 100만분의 17초 정도 느려진다고 설명하고 있어.

● 주제
달의 인력으로 인해 느려지는 지구의 자전 속도와 그에 따른 지구의 하루 길이 증가

1 산호 화석에 나타난 미세한 성장선을 세면 산호가 살던 시기의 1년의 날수를 알 수 있
<u>4억 년 전인 중기 데본기의 1년의 날수를 알 수 있는 방법</u>
다. 산호는 낮과 밤의 생장˅ 속도가 다르기 때문에 하루의 변화가 성장선에 나타나고 이를 세면 1년의 날수를 알 수 있는 것이다. 이런 방법으로 웰스는 약 4억 년 전인 중기 데본기의
<u>데본기의 1년(400일) > 지금의 1년(365일)</u>
1년이 지금의 365일보다 더 많은 400일 정도임을 알게 되었다. 1년의 날수가 줄어들었다는 것은 지구의 하루가 길어졌다는 말이 된다. ▶데본기 때보다 줄어든 현재 1년의 날수

2 그렇다면 <u>지구의 하루는 왜 길어지는 것일까</u>? 그것은 바로 지구의 자전이 느려지기 때
<u>중심 화제</u>   <u>지구의 하루가 길어지는 이유</u>
문이다. 지구의 자전은 달과 밀접한 관련을 맺고 있다. 지구가 달을 끌어당기는 힘이 있듯이 달 또한 지구를 끌어당기는 힘이 있다. 달은 태양보다 크기는 작지만 지구와의 거리는 태양보다 훨씬 가깝기 때문에 지구의 자전에 미치는 영향은 달이 더 크다. 달의 인력은 지구의
<u>달이 태양보다 지구의 자전에 미치는 영향이 큰 이유</u>   <u>지구의 자전이 느려지는 원인</u>
표면을 부풀어 오르게 한다. 그리고 이 힘은 지구와 달 사이의 거리에 따라 다르게 작용하여 달과 가까운 쪽에는 크게, 그 반대쪽에는 작게 영향을 미치게 된다. 결국 지구 표면은 달의 인력과 지구-달의 원운동에 의한 원심력˅의 영향을 받아 그림처럼 양쪽이 부풀어 오르게 된다.

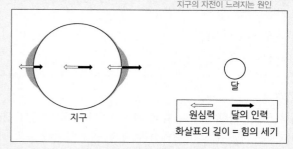

지구   달
원심력   달의 인력
화살표의 길이 = 힘의 세기

▶지구의 하루가 길어지는 이유 ① – 달의 인력

3 이때 달과 가까운 쪽 지구의 '부풀어 오른 면'은 지구와 달을 잇는 직선에서 벗어나 지구 자전 방향으로 앞서게 되는데, 그 이유는 지구가 하루 만에 자전을 마치는 데 비해 달은 한 달 동안 공전 궤도를 돌기 때문이다. 달의 인력은 이렇게 지구 자전 방향으로 앞서가는 부풀
<u>지구의 자전 속도가 느려지는 이유 = 지구의 하루가 길어지는 이유</u>
어 오른 면을 반대 방향으로 다시 당기고, 그로 인해 지구의 자전은 방해를 받아 속도가 느려진다. 한편 지구보다 작고 가벼운 달의 경우에는 지구보다 더 큰 방해를 받아 자전 속도가
<u>지구의 인력이 달에 미치는 영향</u>
더 빨리 줄게 된다. ▶지구의 하루가 길어지는 이유 ② – 지구의 자전 속도 변화

4 이렇게 지구와 달은 서로의 인력 때문에 자전 속도가 줄게 되는데, 이 자전 속도와 관련된 운동량은 '지구-달 계'˅ 내에서 달의 공전 궤도가 늘어나는 것으로 보존된다. 왜냐하면
<u>외부에서 작용하는 힘이 없을 때 운동량이 보존되기 때문</u>
일반적으로 외부에서 작용하는 힘이 없다면 운동량은 보존되기 때문이다. 이렇게 하여 결국 달의 공전 궤도는 점점 늘어나고, 달은 지구로부터 점점 멀어지는 것이다.
<u>지구와 달의 인력 때문에 지구와 달의 거리가 멀어짐</u>   ▶지구와 달의 인력으로 인한 달의 공전 궤도 변화

5 실제로 지구의 자전 주기는 매년 100만분의 17초 정도 느려지고 달은 매년 38mm씩 지구
<u>지구와 달의 인력으로 인한 실제 변화</u>
에서 멀어지고 있다. 이처럼 지구의 자전 주기가 점점 느려지기 때문에 지구의 1년의 날수는
<u>중심 화제 해명</u>
점차 줄어들 수밖에 없다. 그러나 이렇게 느려지더라도 하루가 25시간이 되려면 2억 년은 넘게 시간이 흘러야 한다.
▶지구의 자전 주기 변화와 지구와 달의 거리 변화

● 생장(生長): 생물이 나서 자람.

● 지구-달의 원운동에 의한 원심력: 지구-달의 공통 질량 중심을 기준으로 회전하는 원운동에 의해 생기는 힘으로, 지구의 모든 지역에서 힘의 크기는 동일함.

● 지구-달 계: 태양이나 다른 천체의 영향력이 없다고 가정한, 지구와 달로 이루어진 계.

독해력 Upgrade

※각 문단의 중심 내용을 다음과 같이 정리할 때, 빈칸에 들어갈 알맞은 말을 쓰시오.

1 데본기 때보다 줄어든 현재 1년의 날수 → **2** 지구의 하루가 길어지는 이유 ① – 달의 (인력) → **3** 지구의 하루가 길어지는 이유 ② – 지구의 (자전) 속도 변화 → **4** 지구와 달의 인력으로 인한 달의 (공전) 궤도 변화 → **5** 지구의 자전 주기 변화와 지구와 달의 거리 변화

1 내용 전개 방식 파악하기 답 ③

이 글의 내용 전개 방식으로 가장 적절한 것은?

① 현상에 대한 이론의 변화를 통시적으로 고찰하고 있다.

② 현상에 대한 문제점을 지적하고 해결 방안을 제시하고 있다.

☑ 현상이 일어나는 원인을 밝히고 미래의 상황을 예측하고
    ○-앞으로도 지구의 1년의 날수는 줄어들 것임
있다.
○-지구의 1년의 날수가 줄어드는 현상의 원인

④ 현상과 관련된 다양한 이론을 병렬식으로 나열하여 소개
하고 있다.

⑤ 현상과 관련된 이론의 한계를 분석하고 새로운 가설을
제안하고 있다.

정답 풀이

이 글에서는 먼저 지구의 1년의 날수가 점차 줄어드는 현상이
달의 인력으로 인해 지구의 자전 속도가 느려지기 때문임을
밝히고 있다. 그리고 지구의 1년의 날수는 앞으로도 점차 줄
어들 것이라고 미래의 상황을 예측하고 있다.

2 구체적 사례에 적용하기 답 ⑤

**이 글을 바탕으로 〈보기〉의 A~E에 대해 설명할 때, 적절하지 않
은 것은?**

┤ 보기 ├

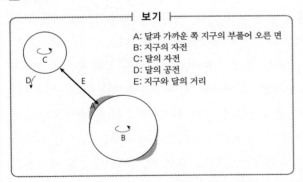

A: 달과 가까운 쪽 지구의 부풀어 오른 면
B: 지구의 자전
C: 달의 자전
D: 달의 공전
E: 지구와 달의 거리

① 달의 인력과 지구-달의 원운동에 의한 원심력으로 A가
나타난다. →2문단

② B의 주기가 D의 주기보다 빨라 A가 지구와 달을 잇는 직
선에서 벗어나 앞서게 된다. →3문단

③ B의 진행 방향으로 앞서 나간 A를 달의 인력이 그 반대
방향으로 다시 끌어당긴다. →3문단

④ 지구의 인력이 달에 작용하여 C의 속도가 느려진다.
→4문단

☑ 운동량을 보존하기 위해 D의 궤도와 E는 점점 줄어든다.
×-점점 늘어난다

정답 풀이

4문단에서 자전 속도가 줄어듦에 따라 운동량을 보존하기 위
해 달의 공전 궤도는 점점 늘어나고, 달은 지구로부터 점점
멀어진다고 하였다. 따라서 D(달의 공전)의 궤도는 점점 늘어
나고, E(지구와 달의 거리)는 점점 멀어질 것이다.

3 내용 추론하기 답 ⑤

이 글을 통해 알 수 있는 내용으로 가장 적절한 것은?

① 인력의 크기는 지구와 달의 거리에 비례하여 커지는군.
×-반비례

② 지구의 자전 속도가 느려질수록 1년의 날수가 늘어나는군.
×-줄어듦

③ 달은 지구와 멀어지며 '지구-달 계'의 운동량을 줄이게
되는군. ×-운동량이 보존됨

④ 달의 인력이 지구에 미치는 힘은 지구의 모든 부분에 일
정하게 작용하는군. ×-거리에 따라 다르게 작용

☑ 달과 반대쪽의 지구 표면이 부풀어 오른 것은 달의 인력
보다 지구-달의 원운동에 의한 원심력의 영향이 크기
때문이군.

정답 풀이

2문단에서 지구 표면은 달의 인력과 지구-달의 원운동에 의
한 원심력의 영향을 받아 양쪽이 부풀어 오른다고 하였다. 이
때 지구-달의 원운동에 의한 원심력은 지구의 모든 지역에
서 동일한데, 달의 인력은 달과 가까운 쪽에는 크게, 그 반대
쪽에는 작게 영향을 미친다고 하였다. 따라서 달과 반대쪽의
지구 표면이 부풀어 오른 것은 달의 인력보다 지구-달의 원
운동에 의한 원심력이 영향을 크게 미친 것으로 볼 수 있다.

오답 풀이

① 2문단에서 달은 지구와의 거리가 태양보다 가까워서 지구의 자전에
더 큰 영향을 미친다고 하였다. 따라서 인력의 크기는 지구와 달의
거리에 반비례한다고 볼 수 있다.

② 5문단에서 지구의 자전 주기가 점점 느려지기 때문에 지구의 1년의
날수는 점차 줄어들 수밖에 없다고 하였다.

③ 4문단에서 자전 속도와 관련된 운동량은 '지구-달 계' 내에서 달의
공전 궤도가 늘어나는 것으로 보존된다고 하였다.

④ 2문단에서 달의 인력이 지구에 미치는 힘은 지구와 달 사이의 거리
에 따라 다르게 작용한다고 하였다.

어휘력 Upgrade

※다음의 빈칸에 들어갈 알맞은 말을 〈보기〉에서 찾아 쓰시오.

┤ 보기 ├

가설
병렬
생장
통시적

1 이 품종은 (생장)이 무척 빠르다.
→생물이 나서 자람

2 한국 문학사의 흐름을 (통시적)으로 살펴볼 필요가 있다.
→시간의 경과에 따라 나타나는 사물의 변화와 관련되는 것

3 한눈에 볼 수 있도록 물건들을 (병렬)로 배치하는 게 좋겠어.
→나란히 늘어놓음

4 그 교수는 자신의 (가설)을 증명하기 위해 실험을 진행하고 있다.
→어떤 사실을 설명하려고 임시로 세운 이론

인체의 화학 공장, 간

1 ④　　**2** ④

1 우리 몸 안에서 가장 큰 장기는 간으로, 커다란 크기만큼 하는 일이 많아서 '인체의 화학 공장'이라고 한다. 우선 우리가 음식을 섭취하게 되면 위나 장에서 영양소를 흡수하게 되는데, 여기서 흡수된 여러 영양소는 대부분 혈액을 통해 간으로 이동한다. 간은 그 영양소들을 몸에서 요구하는 다른 영양소로 만들거나, 우리 몸을 위해 저장하기도 한다. 이런 것들이 가능한 이유는 간의 구조와 혈액의 공급 방식 때문이다.　▶인체에서 여러 중요한 기능을 하는 간

2 「간은 육각형 기둥 모양의 간소엽이라는 작은 공장들로 이루어져 있고 그 내부는 간의 주요 기능을 수행하는 간세포로 채워져 있다.」 「간소엽의 중심부에는 중심 정맥이 놓여 있어 간을 거친 혈액을 간정맥으로 보내 심장으로 흐르게 한다. 그리고 육각형 기둥의 각 모서리에는 간문맥, 간동맥, 담관이 지나가고 있는데, 간문맥과 간동맥은 혈액이 다른 장기에서 간으로 유입되는 관이고, 담관은 담즙이 간에서 배출되는 관이다.」　▶간과 간소엽의 구조

3 인체의 거의 모든 장기의 혈액 순환은 혈액이 동맥으로 들어와 모세 혈관을 거치면서 산소와 영양소의 교환이 이루어진 다음에 정맥을 통해 나가는 방식이다. 그러나 간의 혈액 순환은 예외적으로 혈액이 간동맥과 간문맥이라는 2개의 혈관을 통해서 들어와 미세 혈관을 지나 중심 정맥으로 흘러 나간다. 동맥인 '간동맥'을 통해서 들어오는 혈액은 산소를 운반하고, 소장과 간을 연결하는 혈관인 '간문맥'을 통해서 들어오는 혈액은 위나 장에서 흡수된 영양소를 간으로 이동시킨다. 이 두 혈관들은 간소엽 내부에서 점차 가늘어져 '시누소이드'라는 미세 혈관으로 합쳐진다. 시누소이드를 흐르는 혈액은 대사 활동에 필요한 산소와 영양소를 간세포에 공급하고, 간세포의 대사 활동의 결과물인 대사산물과 이산화 탄소 같은 노폐물♥ 등을 흡수하는데 이러한 과정을 '물질 교환'이라 한다. 이렇게 시누소이드를 거친 혈액은 중심 정맥으로 유입된 후, 다시 간정맥으로 합쳐져 심장으로 들어간다.　▶간의 혈액 순환 방식

4 이러한 혈액 순환을 통해서 간에서는 단백질 합성이 일어난다. 식사를 통해 몸으로 들어온 단백질은 위나 장에서 아미노산의 형태로 분해되어 혈액과 함께 간으로 이동된다. 간세포는 시누소이드를 통해 공급된 아미노산을 분해하여 혈액 응고♥에 관여하는 새로운 단백질을 합성한다. 이때 아미노산이 분해되는 과정에서 유독♥ 물질인 암모니아가 생성되는데, 간은 이것을 요소로 변화시켜 콩팥으로 보내어 몸 밖으로 배출하게 한다. 또한 간은 비타민 A를 저장하기도 하고, 지방의 소화를 촉진♥시키는 담즙을 생산하여 담관을 통해 쓸개로 보내기도 한다.　▶다양한 간의 역할

5 그러나 간의 일부 기능은 간세포만으로 감당할 수 없어서 간은 다른 세포의 도움을 받아야 한다. 간세포와 시누소이드 사이에 존재하는 세포들 중 쿠퍼 세포는 몸 안으로 들어온 바이러스를 면역♥ 체계에 노출시켜 몸이 면역 작용을 할 수 있도록 유도한다. 이처럼 간은 1분마다 1.4L의 혈액을 여과하면서 복잡하고 중요한 기능을 담당하여 우리 몸이 건강을 유지할 수 있도록 하고 있는 것이다.　▶우리 몸의 건강 유지를 돕는 간

독해력 Upgrade　※각 문단의 중심 내용을 다음과 같이 정리할 때, 빈칸에 들어갈 알맞은 말을 쓰시오.

1 인체에서 여러 중요한 기능을 하는 간 ➡ **2** 간과 (간소엽)의 구조 ➡ **3** 간의 (혈액) 순환 방식 ➡ **4** 다양한 간의 역할 ➡ **5** 우리 몸의 건강 유지를 돕는 간

1 세부 정보 파악하기   답 ④

이 글에서 알 수 있는 내용으로 적절하지 **않은** 것은?

① 쿠퍼 세포는 몸이 면역 작용을 할 수 있도록 돕는다.
                                   → 5문단
② 간은 우리 몸에 필요한 영양소를 만들거나 저장한다.
                                          → 1문단
③ 간에서 나온 혈액은 간정맥을 통해 심장으로 흐른다.
                                          → 3문단
☑ 간으로 이동된 요소는 간동맥에 의해 몸 밖으로 배출된
   ×－간에서 암모니아를 요소로 변화시킨 다음 콩팥으로 보내 몸 밖으로 배출함
  다.
⑤ 간은 다른 장기와 달리 2개의 혈관으로 혈액을 공급받는
  다. → 3문단

정답 풀이

4문단에 따르면 간세포는 간에 공급된 아미노산을 분해하여 새로운 단백질을 합성하는데, 이때 아미노산이 분해되는 과정에서 유독 물질인 암모니아가 생성된다. 간은 암모니아를 요소로 변화시킨 다음 콩팥으로 보내 몸 밖으로 배출하게 한다. 따라서 간으로 이동된 요소가 간동맥에 의해 몸 밖으로 배출된다는 설명은 적절하지 않다.

오답 풀이

① 5문단에서 쿠퍼 세포는 몸 안으로 들어온 바이러스를 면역 체계에 노출시켜 몸이 면역 작용을 할 수 있도록 유도한다고 하였다.
② 1문단에서 간은 위나 장에서 흡수되어 간으로 이동한 영양소들을 몸에서 요구하는 다른 영양소로 만들거나 우리 몸을 위해 저장하기도 한다고 하였다.
③ 3문단에서 시누소이드를 거친 혈액은 중심 정맥으로 유입된 후, 다시 간정맥으로 합쳐져 심장으로 들어간다고 하였다.
⑤ 3문단에서 인체의 다른 장기와 달리, 간은 예외적으로 혈액이 간동맥과 간문맥이라는 2개의 혈관을 통해서 들어온다고 하였다.

2 구체적 사례에 적용하기   답 ④

〈보기〉는 **간소엽**의 일부를 확대한 그림이다. 이 글을 바탕으로 ⓐ~ⓔ를 이해한 내용으로 적절하지 **않은** 것은?

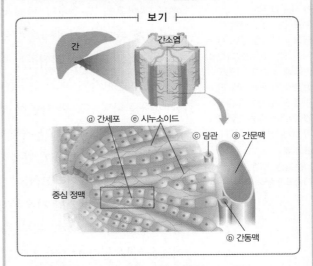

① 장에서 흡수된 영양소는 ⓐ를 통해서 간으로 들어오는군.
                                     → 3문단
② 간에서 만들어진 담즙은 ⓒ를 통해 쓸개로 보내지는군.
                                     → 4문단
③ ⓓ는 ⓔ에서 산소와 영양소를 공급받아 대사 활동을 하
  는군. → 3문단
☑ ⓔ에서 만들어진 노폐물은 중심 정맥으로 보내지는군.
   ×－노폐물은 간세포의 대사 활동의 결과물
⑤ ⓔ는 ⓐ와 ⓑ가 간소엽 내부에서 점차 가늘어져 합쳐진
  것이군. → 3문단

정답 풀이

3문단에서 시누소이드(ⓔ)를 흐르는 혈액은 간세포(ⓓ)의 대사 활동의 결과물인 대사산물과 이산화 탄소 같은 노폐물 등을 흡수하며, 이렇게 시누소이드를 거친 혈액이 중심 정맥으로 유입된다고 하였다. 따라서 노폐물은 시누소이드가 아니라 간세포에서 만들어진다.

오답 풀이

① 3문단에서 간문맥(ⓐ)을 통해서 들어오는 혈액은 위나 장에서 흡수된 영양소를 간으로 이동시킨다고 하였다.
② 4문단에서 간은 지방의 소화를 촉진시키는 담즙을 생산하여 담관(ⓒ)을 통해 쓸개로 보낸다고 하였다.
③ 3문단에서 시누소이드(ⓔ)를 흐르는 혈액은 대사 활동에 필요한 산소와 영양소를 간세포(ⓓ)에 공급한다고 하였다.
⑤ 3문단에서 간문맥(ⓐ)과 간동맥(ⓑ)의 두 혈관은 간소엽 내부에서 점차 가늘어져 시누소이드(ⓔ)라는 미세 혈관으로 합쳐진다고 하였다.

어휘력 Upgrade ※다음의 빈칸에 들어갈 알맞은 말을 〈보기〉에서 찾아 쓰시오.

보기
노폐물
면역
유독
촉진

1 예방 주사를 맞은 사람은 그 병에 (면역)이 되었다.
                 → 몸속에 들어온 항원에 대해 항체가 만들어져서 저항력을 가지는 일
2 광고는 판매를 (촉진)시키기 위한 가장 대표적인 수단이다.
               → 다그쳐 빨리 나아가게 함
3 운동이 지나치면 근육에 (노폐물)이 쌓여 피로를 느끼게 된다.
               → 생물체의 신진대사 과정에서 만들어지는 불필요한 찌꺼기
4 최근 아동용 장난감에서 (유독) 성분이 발견되어 사회적으로 큰 파장을 일으켰다.
               → 독성이 있음

아름다운 체조 연기의 비밀

● 지문 갈무리

체조 선수가 회전할 때 팔이나 다리를 굽힌 채 회전하는 이유는 회전 반경을 줄여 회전 속도를 높이기 위해서야. 여기에는 각운동량 보존의 법칙이라는 과학적 원리가 담겨 있지.

● 주제

각운동량 보존 법칙의 개념과 구체적 사례

1 체조 선수들의 연기를 지켜보고 있으면 유난히 회전 연기가 많은 것을 알 수 있다. 철봉
_{흥미 있는 소재를 통해 중심 화제에 대한 궁금증을 유발함}
에서 뛰어올라 공중에서 두세 바퀴를 회전하고 멋지게 착지˚하는 연기는 그야말로 탄성을 자아내게 한다. 그러면서 한편으로는 여러 가지 궁금증이 생긴다. 체조 선수가 회전할 때 팔이나 다리를 굽힌 채 회전하는 이유는 무엇일까? 어떻게 순식간에 몇 바퀴를 돌 수 있을까?
_{회전 속도를 높이기 위해 → 4문단에서 답을 찾을 수 있음}
결론부터 말하자면 체조 선수들의 회전 연기 속에는 예술적인 측면 외에도 물리 현상에 대한 이해를 바탕으로 한 다분히 과학적인 행동이 섞여 있다. ▶체조 선수들의 회전 연기에 대한 의문

2 어떤 물체가 회전하기 위해서는 최초의 돌림힘˚이 있어야 한다. 돌림힘이 없으면 물체는
_{각운동량의 발생 조건}
회전할 수 없다. 돌림힘이 발생하여 물체가 회전하게 되었을 때, 회전하는 모든 물체가 갖는
물리량을 각운동량이라고 한다. 각운동량은 회전체의 질량과 속도, 그리고 회전 반경˚을 곱
_{각운동량을 구하는 방법}
한 값이다. 「일단 생겨난 각운동량은 외부의 돌림힘이 더해지지 않는 한, 회전하는 동안에 질
_{「」: 각운동량 보존 법칙의 개념}
량과 속도, 회전 반경의 곱이 항상 같은 값을 유지하면서 그 운동량을 ㉠보존」하려 하는데
이것을 「각운동량 보존의 법칙」이라 한다. ▶각운동량과 각운동량 보존 법칙의 개념
_{중심 화제}

3 우리가 일상생활 속에서 접하는 물리 현상 중에서도 각운동량 보존의 법칙이 적용˚되는
경우를 쉽게 찾아볼 수 있다. 「예를 들어 회전의자에 사람이 앉아 있는 경우, 의자를 적당히
_{「」: 일상생활에서 각운동량 보존 법칙이 적용되는 사례}
회전시킨 후에 추가로 돌림힘을 주지 않은 상태에서 양팔을 벌리면 회전 속도가 느려진다.
_{회전 반경이 커지기 때문에}
다시 양팔을 가슴 쪽에 모으면 회전 속도는 빨라진다. 대략 머리와 엉덩이를 잇는 신체 중심
_{회전 반경이 작아지기 때문에}
축을 회전축이라고 할 때, 양팔을 벌리면 회전 반경은 커지나 전체적인 질량은 변하지 않으
므로 각운동량 보존의 법칙에 의해 회전 속도가 느려지게 되는 것이다. 반대로 양팔을 가슴
쪽으로 모으면 다시 회전 반경이 작아졌으므로 속도는 빨라질 수밖에 없다.」
▶각운동량 보존의 법칙이 적용된 사례

4 체조 선수들의 회전 연기도 마찬가지다. 체조 선수가 천천히 회전하기를 원할 때는 몸
_{각운동량 보존의 법칙이 적용된 또 다른 사례}
을 펴서 속도와 회전수를 최대한 줄이지만, 빠
_{회전 반경이 커져 회전 속도가 느려짐}
른 회전을 원할 때는 몸을 굽혀 회전 반지름을
_{회전 반경이 작아져 회전 속도가 빨라짐}
최소화하는 것이다. 그리고 체조 선수들은 공
중회전 회전 후 착지하는 순간 팔을 힘껏 펼쳐
_{회전 속도를 줄여 안전하게 착지하기 위해서}
보이는데 이는 관중을 위한 쇼맨십일 수도 있
지만 각운동량 보존의 법칙을 생각한다면 회전
속도를 줄여 안전하게 착지하기 위한 과학적
행동으로 볼 수 있다.

▶체조 선수들의 회전 연기에 담긴 과학적 원리

˘ 착지(着地): 공중에서 땅으로 내림.
˘ 돌림힘(토크, torque): 물체에 작용하여 물체를 회전시키는 원인이 되는 물리량.
˘ 회전 반경: 회전의 중심축으로부터 물체까지의 거리, 즉 반지름.
˘ 보존(保存): 잘 보호하고 간수하여 남김.
˘ 적용(適用): 알맞게 이용하거나 맞추어 씀.

독해력 Upgrade   ※각 문단의 중심 내용을 다음과 같이 정리할 때, 빈칸에 들어갈 알맞은 말을 쓰시오.

| **1** 체조 선수들의 회전 연기에 대한 의문 | ➡ | **2** 각운동량과 각운동량 보존 법칙의 (개념) | ➡ | **3** 각운동량 보존의 법칙이 적용된 (사례) | ➡ | **4** 체조 선수들의 회전 연기에 담긴 과학적 원리 |

1 세부 정보 파악하기 답 ④

이 글을 통해 알 수 있는 내용이 아닌 것은?

① 각운동량의 개념 → 2문단
② 각운동량의 발생 조건 → 2문단
③ 각운동량 보존의 사례 → 3문단
✓ 회전축이 각운동량에 미치는 영향
  ✕ – 회전 반경
⑤ 회전체의 질량과 회전 속도의 관계 → 2문단

정답 풀이

2문단에서 각운동량은 회전체의 질량과 속도, 회전 반경을 곱한 값이라고 하였으므로 각운동량에 영향을 미치는 것은 회전체의 질량, 속도, 회전 반경임을 알 수 있다. 3문단에 회전축이 언급되어 있기는 하지만, 이는 회전 반경에 따라 회전 속도에 변화가 있음을 설명하기 위한 것이다.

오답 풀이

① 2문단에서 각운동량의 개념을 회전하는 모든 물체가 갖는 물리량이라고 설명하였다.
② 2문단에서 어떤 물체가 회전하기 위해서는 최초의 돌림힘이 있어야 한다고 각운동량의 발생 조건을 설명하고 있다.
③ 3문단에서 사람이 앉아 있는 회전의자의 사례를 들어 각운동량 보존의 법칙에 대해 설명하고 있다.
⑤ 2문단에서 각운동량은 회전체의 질량과 속도, 회전 반경을 곱한 값이며, 일단 생겨난 각운동량은 보존된다고 하였다. 이를 통해 회전체의 질량에 변화가 있으면 회전 속도도 변화함을 알 수 있다.

	몸을 붙여서 회전 반지름을 최소화했기 때문에 회전 속도가 빨라져서 여러 번의 회전이 가능한 것입니다. ……… ③
	무릎을 굽혀서 자세를 최대한 낮추는 것 ✕ – 착지하는 순간 팔을 힘껏 펼쳐 보이는 것 은 회전 속도를 줄여 안전하게 착지하려는 계획적 행동입니다. ……… ✓
	1등 한 선수의 키가 가장 작네요. 모든 조건이 같다면 작은 선수가 회전 속도나 회전수에서 유리할 수 있습니다. …… ⑤

정답 풀이

4문단에서 체조 선수들이 착지하는 순간 팔을 힘껏 펼쳐 보이는 것은 회전 속도를 줄여 안전하게 착지하기 위한 것이라고 하였다. 무릎을 굽혀서 자세를 낮추는 것과 회전 속도를 줄이는 것의 연관 관계는 이 글에서 확인할 수 없다.

오답 풀이

① 몸을 쭉 펴면 회전 반경이 커져 회전 속도가 느려질 것이다.
② 발을 철봉에 대면 회전 반경이 작아져 회전 속도가 빨라질 것이다.
③ 몸을 붙이면 회전 반경이 작아져 회전 속도가 빨라질 것이다.
⑤ 키가 작으면 회전 반경이 작아져 회전 속도를 더 높이거나 회전수를 늘릴 수 있으므로 유리할 것이다.

2 구체적 사례에 적용하기 답 ④

다음은 철봉 경기 해설의 일부이다. 이 글을 통해 확인할 수 없는 것은?

경기 장면	해설 내용
	회전 속도를 최대한 늦추려면 몸을 펼 수 있는 한 쭉 펴야 합니다. ………… ①
	저렇게 발을 철봉에 대고 돌면 몸을 폈을 때보다 같은 힘이라도 회전 속도가 빨라지게 됩니다. ……………… ②

3 어휘의 문맥적 의미 파악하기 답 ①

㉠의 의미를 포함하고 있는 말로 볼 수 없는 것은?

✓ 아이는 모래를 가지고 장난하기를 좋아한다.
  도구나 수단으로 사용하다
② 그 사람의 목걸이를 오랫동안 간직하고 있다.
  잘 간수하여 두다
③ 이 양식은 겨우살이를 위해 갈무리된 것이다.
  잘 정리되거나 간수되다
④ 스승님은 연구 결과를 논문으로 남기고 있다.
  다 없애거나 처리하지 않고 나머지가 있게 하다
⑤ 어머니께서 물려주신 것이라 소중히 지니고 있다.
  몸에 간직하여 가지다

정답 풀이

㉠의 '보존'은 '잘 보호하고 간수하여 남김.'의 뜻이다. ②~⑤는 모두 이러한 의미를 포함하고 있다. 하지만 ①에서 '가지다'는 '도구나 수단으로 사용하다.'의 의미로 사용되었다.

어휘력 Upgrade

※다음의 빈칸에 들어갈 알맞은 말을 〈보기〉에서 찾아 쓰시오.

보기
갈무리
보존
적용
착지

1 법은 누구에게나 공평하게 (적용)되어야 한다.
  → 알맞게 이용하거나 맞추어 씀
2 그 고문서는 (보존) 상태가 별로 좋지 않았다.
  → 잘 보호하고 간수하여 남김
3 어머니는 텃밭에서 수확한 채소의 (갈무리) 때문에 바쁘셨다.
  → 물건 따위를 잘 정리하거나 간수함
4 낙하산 부대 장병들은 안전하게 (착지)할 수 있는 장소를 찾고 있다.
  → 공중에서 땅으로 내림

인류의 생존을 위협하는 바이러스_오상진

● 지문 갈무리
바이러스는 자신의 생존 전략인 다양성을 유지하기 위해 돌연변이와 재편성을 통해 유전자를 증식시키지. 이러한 과정에서 생겨나는 변종 바이러스는 항원의 대변이를 일으켜 인류의 생존을 위협할 수 있어.

● 주제
유전적 다양성을 추구하는 바이러스의 생존 전략과 바이러스의 위험성

1 모든 생명체는 바이러스에 감염될 수 있다. 바이러스는 물질대사에 필요한 단백질을 스스로 합성하지 못하기 때문에 생존에 필요한 모든 물질을 숙주˅ 세포에서 얻는다. 그런데 모든 생명체들은 그들의 주위 환경의 변화에 따라서 끊임없이 변화하고 있다. 그렇기 때문에 생명체를 숙주로 삼아 살아가는 바이러스는 숙주의 변화 속도보다 더 빠른 속도로 변하지 않으면 생존 경쟁에서 도태˅될 위험에 빠지게 된다. 따라서 바이러스는 어떤 미생물보다 더 높은 유전적 다양성을 지닌다. 이러한 바이러스의 다양성은 '돌연변이'나 '재편성'과 깊은 관련이 있다.
▶ 높은 유전적 다양성을 지닌 바이러스

2 ㉠'돌연변이(mutation)'란 유전자를 구성하는 기본 단위인 뉴클레오티드의 치환, 삭제 또는 삽입이 일어남으로써 유전 정보가 바뀌는 것을 말한다. 일반적으로 바이러스는 핵산과 단백질로 구성되어 있으며, DNA 바이러스와 RNA 바이러스로 나누어진다. RNA 바이러스는 유전자 복제 오류를 스스로 교정할 능력이 없기 때문에 돌연변이가 발생할 확률이 DNA 바이러스에 비해 약 10만~1000만 배 높다. 대표적인 RNA 바이러스로는 인플루엔자 바이러스, 사스코로나 바이러스 그리고 에볼라 바이러스 등이 있다.
▶ 바이러스의 생존 전략 ① – 돌연변이

3 한편 ㉡'재편성(reassortment)'은 분절화된 게놈˅을 가지는 바이러스들 사이에서 일어날 수 있는데, 인플루엔자 바이러스에서 잘 나타난다. 인플루엔자 바이러스는 단일 가닥의 RNA가 8조각으로 나뉘어 하나의 게놈을 구성하고 있으며, 바이러스의 증식˅이 일어나기 위해서는 8조각의 RNA가 다 함께 있어야 한다. 사람, 조류, 돼지, 말 등을 감염시킬 수 있는 인플루엔자 바이러스는 상동성(相同性)은 있으나 완전히 일치하지는 않는다. 그런데 사람의 인플루엔자 바이러스와 조류의 인플루엔자 바이러스가 동시에 돼지에 침투하여 증식할 경우, 각각의 8개 게놈 조각이 서로 섞여 재편성이 일어난다. 이렇게 만들어진 바이러스는 생명체에 기존 바이러스와는 다른 항원˅으로 작용한다.
▶ 바이러스의 생존 전략 ② – 재편성

4 그런데 인체의 면역 체계는 새롭게 만들어진 바이러스를 위험 인자로 인식하지 못하기 때문에 바이러스의 감염과 증식에 대해 속수무책˅인 상태가 된다. 이와 같은 현상을 항원의 '대변이(antigenic shift)'라 하며, 이러한 '대변이'는 전 세계적인 유행병을 일으킬 수 있다. 세계적으로 유행한 독감은 대개 이와 같은 '대변이'에 의해 일어난 것으로, 스페인 독감, 아시아 독감, 홍콩 독감, 조류 독감, 신종 플루(H1N1) 등이 그 예이다.
▶ 세계적인 유행병을 일으킬 수 있는 변종 바이러스

5 이처럼 바이러스는 유전적 변이를 통한 다양성을 추구하며, 다양성은 바이러스의 생존 전략이라고 할 수 있다. 우리 주변에는 인류의 생존을 위협하는 많은 바이러스가 있다. 그러므로 바이러스의 변화를 예의 주시하며, 백신의 개발, 세계적 보건 의료 체계 확립 등 지속적이고 장기적인 대응책을 마련해 나가는 지혜가 필요하다.
▶ 인류의 생존을 위협하는 바이러스와 그에 대한 대응 방법

˅숙주(宿主): 기생 생물에게 영양을 공급하는 생물.

˅도태(淘汰): 환경이나 조건에 적응하지 못하여 사라져 없어짐.

˅게놈(Genom): 낱낱의 생물체가 가진 한 쌍의 염색체.

˅증식(增殖): 생물이나 조직 세포 따위가 세포 분열을 하여 그 수를 늘려 감.

˅항원(抗原): 생체 내에서 면역 반응을 일으켜 항체를 만들게 하는 물질.

˅속수무책(束手無策): 손을 묶은 것처럼 어찌할 도리가 없어 꼼짝 못 함.

독해력 Upgrade   ※각 문단의 중심 내용을 다음과 같이 정리할 때, 빈칸에 들어갈 알맞은 말을 쓰시오.

1 높은 유전적 (다양성)을 지닌 바이러스 → **2** 바이러스의 생존 전략 ① – (돌연변이) → **3** 바이러스의 생존 전략 ② – (재편성) → **4** 세계적인 유행병을 일으킬 수 있는 변종 바이러스 → **5** 인류의 생존을 위협하는 바이러스와 그에 대한 대응 방법

1 세부 정보 파악하기   답 ④

이 글을 통해 해결할 수 있는 의문이 <u>아닌</u> 것은?

① 바이러스의 구성 요소는 무엇인가? → 2문단

② 바이러스의 생존 전략은 무엇인가? → 5문단

③ 바이러스에 대응하기 위한 방법은 무엇인가? → 5문단

☑ 바이러스가 증식하기 위한 숙주의 조건은 무엇인가?
   ×

⑤ 바이러스가 인류의 생존에 위협이 되는 이유는 무엇인가? → 4문단

정답 풀이

1문단에서 바이러스는 생존에 필요한 모든 물질을 숙주 세포에서 얻으며 생존 경쟁에서 도태되지 않기 위해 숙주의 변화 속도보다 더 빠른 속도로 변화한다고 설명하고 있을 뿐, 바이러스가 증식하기 위한 숙주의 조건이 무엇인지에 대해서는 언급하지 않았다.

오답 풀이

① 2문단에서 바이러스는 핵산과 단백질로 구성되어 있다고 하였다.

② 5문단에서 바이러스의 생존 전략은 유전적 변이를 통한 다양성을 추구하는 것이라고 하였다.

③ 5문단에서 바이러스의 변화 주시, 백신 개발, 세계적 보건 의료 체계 확립 등을 바이러스에 대응하기 위한 방법으로 소개하고 있다.

⑤ 4문단에서 인체의 면역 체계는 새롭게 만들어진 바이러스를 위험 인자로 인식하지 못하며, 그렇기 때문에 변종 바이러스가 세계적인 유행병을 일으킬 수 있다고 경고하고 있다.

2 구체적 사례에 적용하기   답 ④

이 글을 바탕으로 할 때, 〈보기〉의 ⓐ~ⓔ에 대한 설명으로 적절하지 <u>않은</u> 것은?

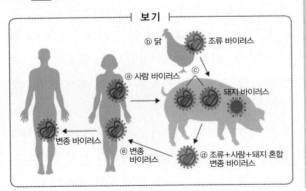

┤ 보기 ├

ⓑ 닭   조류 바이러스

ⓐ 사람 바이러스   ⓒ

돼지 바이러스

변종 바이러스

ⓔ 변종 바이러스

ⓓ 조류+사람+돼지 혼합 변종 바이러스

① ⓐ: 유전적 다양성의 결과로 생긴 바이러스의 일종이다.

② ⓑ: 조류 바이러스에 대한 숙주 역할을 한다.

③ ⓒ: 두 바이러스는 상동성이 있으나 완전히 일치하지는 않는다.

☑ ⓓ: 뉴클레오티드의 치환, 삭제 또는 삽입을 통해 만들어진다.
    ×─재편성에 의한 결과

⑤ ⓔ: 인체의 면역 체계가 위험 인자로 인식하지 못한다.

정답 풀이

3문단의 내용을 참고할 때, 〈보기〉의 ⓓ는 바이러스의 재편성에 의한 결과이다. 하지만 ④에서 설명하고 있는 뉴클레오티드의 치환, 삭제 또는 삽입은 돌연변이와 관련된 것이므로 적절하지 않다.

오답 풀이

① 1문단에서 바이러스는 어떤 미생물보다 더 높은 유전적 다양성을 지닌다고 하였다.

② 1문단에서 바이러스는 생존에 필요한 모든 물질을 숙주 세포에서 얻는다고 하였다.

③ 3문단에서 사람, 조류, 돼지, 말 등을 감염시킬 수 있는 인플루엔자 바이러스는 상동성은 있으나 완전히 일치하지는 않는다고 하였다.

⑤ 4문단에서 인체의 면역 체계는 새롭게 만들어진 바이러스를 위험 인자로 인식하지 못한다고 하였다.

3 핵심 정보 파악하기   답 ①

㉠과 ㉡에 대한 설명으로 가장 적절한 것은?

☑ ㉠과 ㉡은 모두 인플루엔자 바이러스에서 잘 일어난다.

② ㉠과 ㉡은 모두 게놈 조각의 급격한 변화가 일어난다.
       ×─㉡과 관련된 설명

③ ㉠과 ㉡은 모두 DNA 바이러스에서 더 잘 일어난다.
           ×─RNA 바이러스

④ ㉠은 ㉡과 달리 단백질의 합성과 분해 과정에서 일어난다.
        ×─㉠과 ㉡ 모두 관련이 없음

⑤ ㉡은 ㉠과 달리 유전자 복제 오류의 교정 과정에서 일어난다.
        ×─㉠과 관련하여 언급된 내용

정답 풀이

2문단에서 돌연변이의 발생 확률은 RNA 바이러스가 DNA 바이러스보다 훨씬 높으며, 대표적인 RNA 바이러스로는 인플루엔자 바이러스가 있다고 하였다. 그리고 3문단에서 재편성은 분절화된 게놈을 가지는 바이러스들 사이에서 일어날 수 있는데, 인플루엔자 바이러스에서 잘 나타난다고 하였다.

어휘력 Upgrade

※다음의 빈칸에 들어갈 알맞은 말을 〈보기〉에서 찾아 쓰시오.

┤ 보기 ├

도태
속수무책
숙주
증식

1 오늘은 현미경을 통해 세균의 (증식) 과정을 관찰해 보자.
    → 생물이나 조직 세포 따위가 세포 분열을 하여 그 수를 늘려 감

2 그의 기습 공격에 나는 (속수무책)으로 당할 수밖에 없었다.
    → 손을 묶은 것처럼 어찌할 도리가 없어 꼼짝 못 함

3 겨우살이는 참나무나 버드나무 따위를 (숙주)로 하여 영양을 얻는다.
    → 기생 생물에게 영양을 공급하는 생물

4 이 지역에서 날개에 무늬가 없는 나방은 천적에 의해 (도태)가 이루어졌다.
    → 환경이나 조건에 적응하지 못하여 사라져 없어짐

소인국과 거인국 사람들은 존재할 수 있을까 _존 타일러 보너

1 「조나단 스위프트의 〈걸리버 여행기〉에는 소인국과 거인국 사람들이 등장한다. 그들은 걸리버와 같은 인간의 형태를 지니고 있으며, 소인국 사람들은 걸리버보다 12배 작게, 거인국 사람들은 걸리버보다 12배 크게 묘사되어 있다.」 물론 이와 같은 일은 소설 속에서나 가능한 일이다. 그렇다면 현실에서는 왜 불가능할까?
└「」: 생명체의 크기와 생존 방식의 관계를 설명하기 위한 예
중심 화제   ▶12배 작거나 큰 사람의 존재가 불가능한 이유에 대한 의문

2 우선, 면적과 부피의 관계를 살펴보자. 예를 들어,「각 변의 길이가 1m인 주사위의 표면적은 1m×1m×6(개)=6㎡, 부피는 1m×1m×1m=1㎥이다. 변의 길이를 2배로 늘리면 표면적은 24㎡, 부피는 8㎥로 커진다.」즉 길이가 L배 길어지면 표면적은 L^2, 부피는 L^3에 비례하여 커지게 되는데, 이러한 법칙을 '면적－부피의 법칙'이라 한다. 이 법칙은 밀도가 일정하고 형태를 그대로 유지한 채 크기만 바뀌는 경우라면 물체가 어떤 형태이든 그대로 적용된다.
└「」: 면적－부피의 법칙을 설명하기 위한 예
면적－부피의 법칙의 개념
▶면적－부피의 법칙의 개념

3 소인국 사람과 거인국 사람에게도 이 법칙을 적용할 수 있다. 걸리버의 키와 몸무게를 174㎝, 68㎏이라고 가정하면, 소인의 키는 걸리버의 1/12인 14.5㎝이고, 거인의 키는 걸리버보다 12배 더 큰 약 21m이다. 물체의 밀도가 일정하다면 무게는 부피에 비례하기 때문에 소인은 걸리버의 $1/12^3$인 40g, 거인은 걸리버보다 12^3배 더 무거운 117t 정도 ⓐ나가게 된다. 그런데 이렇게 되면 소인국 사람과 거인국 사람들은 정상적인 생활을 할 수 없게 된다.
174×1/12
174×12
68×1/(12×12×12)
68×(12×12×12)
▶걸리버와 비교한 소인국과 거인국 사람들의 키와 무게

4 인간과 같은 항온˚ 동물은 체온을 일정하게 유지하기 위해서 몸에서 끊임없이 에너지를 생산하고 발산˚해야만 한다. 그런데 세포의 대사 활동을 통해 생산되는 열에너지는 몸의 부피에 비례하고, 적정 체온을 유지하기 위해 체외로 발산되는 열에너지는 몸의 표면적에 비례한다. '면적－부피의 법칙'을 적용하면 소인국 사람은 걸리버에 비해 부피는 $1/12^3$로, 표면적은 $1/12^2$로 줄어든다. 이는 에너지 생산량은 $1/12^3$이나 줄었는데 몸 밖으로 나가는 에너지의 양은 $1/12^2$밖에 줄지 않았다는 것을 의미한다. 생산되는 에너지의 양보다 발산되는 에너지의 양이 더 많아진 소인국 사람은 체온을 유지하는 것이 힘들어질 것이다.
생산되는 에너지 양과 부피의 관계
발산되는 에너지 양과 표면적의 관계
부피가 표면적보다 더 많이 줄어듦
생산되는 에너지 양보다 발산되는 에너지 양이 많아짐
소인국 사람들의 존재가 불가능한 이유   ▶소인국 사람들이 존재할 수 없는 이유

5 거인국 사람도 심각한 상황에 처하게 된다. 동물은 근육의 힘으로 무게를 지탱하는데, 근육이 낼 수 있는 힘의 세기는 근육의 단면적에 비례한다. 만일 근육 모양을 그대로 유지한 채 몸의 길이가 2배가 된다면, '면적－부피의 법칙'에 따라 근육 단면적이 2^2인 4배가 되어 힘의 세기도 4배로 커지게 된다. 거인국 사람은 걸리버보다 12배 더 크기 때문에 다리 힘의 세기는 12^2배 늘어나지만 무게는 12^3배 늘어난다. 이는 거인국 사람의 무게가 다리로 버틸 수 있는 힘의 세기보다 커진다는 것을 뜻한다. 결국 거인국 사람은 다리가 부러지거나 땅에 주저앉게 될 것이다.
근육의 힘의 세기와 단면적의 관계
다리 힘의 세기(표면적)보다 무게(부피)가 더 많이 늘어남
거인국 사람들의 존재가 불가능한 이유
▶거인국 사람들이 존재할 수 없는 이유

6 크기는 형태를 결정하는 중요한 요인이다. 그뿐만 아니라 크기는 생명체의 생존 방식과도 연관이 깊다. 만약 ㉠〈걸리버 여행기〉의 등장인물들이 실제로 존재한다고 가정한다면, 소인국과 거인국 사람들은 결코 인간의 형태와 생존 방식을 지니고 있지 못할 것이다.
글 전체의 주제
면적－부피의 법칙에 따라 인간과 같은 형태를 유지하거나 같은 방식의 삶을 살 수 없음
▶크기와 연관이 깊은 생명체의 생존 방식

● 지문 갈무리
실제로 걸리버보다 12배 작다면 소인국 사람들은 체온을 유지할 수 없어. 또 걸리버보다 12배 크다면 거인국 사람들은 다리가 부러질 거야. 이 글은 소인국과 거인국 사람들이 존재할 수 없는 이유를 '면적－부피의 법칙'에서 찾고 있어.

● 주제
'면적－부피의 법칙'으로 살펴본 생명체의 크기와 생존 방식의 연관성

˅ 항온(恒溫): 늘 일정한 온도.

˅ 발산(發散): ① 감정 따위를 밖으로 드러내어 해소함. ② 속에 들어 있는 열이나 냄새, 성분 따위가 밖으로 퍼져 나감.

독해력 Upgrade

※각 문단의 중심 내용을 다음과 같이 정리할 때, 빈칸에 들어갈 알맞은 말을 쓰시오.

| **1** 소인국과 거인국 사람들의 존재 가능성에 대한 의문 | → | **2** 면적－부피의 법칙의 개념 | → | **3** 소인국과 거인국 사람들의 키와 무게 유추 | → | **4** (소인)국 사람들이 존재할 수 없는 이유 | → | **5** (거인)국 사람들이 존재할 수 없는 이유 | → | **6** (크기)와 연관이 깊은 생명체의 생존 방식 |

1 내용 전개 방식 파악하기
답 ⑤

이 글에 대한 설명으로 적절하지 않은 것은?

① 예시를 통해 독자의 이해를 돕고 있다. → 글 전체, 2문단

② 다른 대상과의 비교를 통해 설명하고 있다. → 글 전체

③ 핵심 개념을 밝히면서 내용을 전개하고 있다. → 2문단

④ 질문을 던짐으로써 독자의 관심을 유발하고 있다. → 1문단

✔ 전문가의 의견을 인용하여 현상의 원인을 분석하고 있다.
× - 나타나지 않음

정답 풀이

이 글은 소인국 사람들과 거인국 사람들이 현실에 존재하는 것이 불가능한 이유를 '면적-부피의 법칙'을 통해 설명하고 있다. 전문가의 의견을 인용한 부분은 나타나지 않는다.

오답 풀이

① 글 전체적으로 소인국과 거인국 사람들의 예를 들었고, 2문단에서 주사위의 예를 들었다.

② 글 전체적으로 걸리버와 소인국, 거인국 사람을 비교하고 있다.

③ 2문단에서 면적-부피의 법칙의 개념을 밝히고 있다.

④ 1문단에서 "그렇다면 현실에서는 왜 불가능할까?"라고 질문함으로써 독자의 관심을 유발하고 있다.

2 내용 추론하기
답 ④

이 글을 읽고 ㉠에 대하여 추론한 내용으로 가장 적절한 것은?

① 소인국 사람은 대사 활동을 줄일수록 생존에 유리하겠군.
× - 늘려야 생존에 유리함

② 거인국 사람은 근육이 낼 수 있는 힘의 세기가 작아지겠군.
× - 힘의 세기가 커짐

③ 소인국 사람은 가늘어진 다리로 인해 땅에 주저앉게 되겠군.
× - 무게보다 다리 힘의 세기가 더 커짐

✔ 거인국 사람은 비정상적으로 다리가 굵어야 걸을 수 있겠군.

⑤ 소인국 사람은 근육의 단면적을 늘려야만 움직일 수 있겠군.
× - 근육의 단면적을 늘릴 필요가 없음

정답 풀이

면적-부피의 법칙에 따라 걸리버보다 12배 큰 거인국 사람의 근육 단면적은 12^2배 늘어난다. 그리고 근육이 낼 수 있는 힘의 세기는 근육 단면적에 비례하므로, 다리 힘의 세기도 12^2배 늘어난다. 반면 무게는 부피에 비례하므로, 거인국 사람의 무게는 12^3배 늘어난다. 5문단에서 이처럼 거인국 사람의 무게

가 다리로 버틸 수 있는 힘의 세기보다 커지기 때문에 거인국 사람은 다리가 부러지거나 땅에 주저앉게 될 것이라고 하였다. 따라서 거인국 사람은 비정상적으로 다리가 굵어야 다리 힘이 세져서 무게를 지탱하고 걸을 수 있을 것이다.

오답 풀이

① 4문단에서 생산되는 에너지의 양보다 발산되는 에너지의 양이 더 많아진 소인국 사람은 체온을 유지하는 것이 힘들어진다고 하였다. 열에너지 생산은 세포의 대사 활동을 통해 이루어지므로 소인국 사람은 세포의 대사 활동을 아주 많이 늘려야 체온을 유지할 수 있을 것이다.

② 5문단에서 근육 모양을 그대로 유지한 채 몸의 길이가 2배가 된다면, 힘의 세기가 4배로 커지게 된다고 하였다. 따라서 거인국 사람은 근육이 낼 수 있는 힘의 세기가 커질 것이다.

③, ⑤ 소인국 사람은 다리 힘의 세기가 $1/12^2$배 줄어들지만 무게는 $1/12^3$배 줄어든다. 즉 소인국 사람은 무게보다 다리 힘의 세기가 더 커지므로, 가늘어진 다리로 인해 땅에 주저앉지는 않을 것이다. 따라서 단면적을 늘려 근육이 낼 수 있는 힘의 세기를 키울 필요도 없을 것이다.

3 어휘의 문맥적 의미 파악하기
답 ①

ⓐ의 문맥적 의미와 가장 유사한 것은?

✔ 그녀의 반지는 값이 많이 나가 보인다.
값이나 무게 따위가 어느 정도에 이르다

② 차가 시동을 넣자 천천히 앞으로 나갔다.
앞쪽으로 움직이다

③ 그는 이미 10년 넘게 한 직장을 나가고 있다.
일정한 직장이나 일터에 다니다

④ 한번 든 독감이 겨우내 나가지 않아 고생을 했다.
감기 따위의 병이 낫다

⑤ 기사가 신문에 나가자 사회가 온통 들쑤신 듯했다.
말이나 사실, 소문 따위가 널리 알려지다

정답 풀이

ⓐ의 '나가다'는 '값이나 무게 따위가 어느 정도에 이르다.'의 의미로 사용되었다. 이와 유사한 의미로 사용된 것은 ①이다.

단원 어휘 테스트

07회 01 ㉡ 02 ㉢ 03 ㉠ 04 ㉣ 05 예시 06 숙주 07 융기 08 가설 09 공존 10 황폐화 11 입증 12 도태 13 촉진 14 방출 15 매개 16 친화력 17 서식한다 18 측정해 19 수용하는 20 규명하는

08회 01 ㉡ 02 ㉢ 03 ㉣ 04 ㉠ 05 병렬 06 생장 07 응고 08 추론 09 공유 10 정교 11 발산 12 갈무리 13 통용 14 착지 15 격리 16 속수무책 17 발생하는지 18 유발했다 19 활용하기 20 보존하기

어휘력 Upgrade ※다음의 빈칸에 들어갈 알맞은 말을 〈보기〉에서 찾아 쓰시오.

┌ 보기 ┐
발산
예시
유발
항온

1 인간의 몸은 (항온)을 유지한다.
→ 늘 일정한 온도

2 그의 난폭 운전이 교통 체증을 (유발)했다.
→ 어떤 것이 다른 일을 일어나게 함

3 나는 적절한 (예시)를 들어 가면서 그에게 내용을 쉽게 설명해 주었다.
→ 예를 들어 보임

4 그 행사는 청소년들이 건전하게 욕구를 (발산)할 수 있는 좋은 기회가 될 것이다.
→ 감정 따위를 밖으로 드러내어 해소함

보이지 않는 창고, 클라우드 서비스_찰스 밥콕

● 지문 갈무리
동일한 '구름'을 여러 장소에서 볼 수 있듯이, 동일한 데이터를 어디서나 이용할 수 있고 여럿이 공유할 수도 있어. 이것을 가능하게 하는 것이 바로 '클라우드'야. 이 글은 클라우드가 제공하는 서비스, 주요 기술, 장점과 단점 등을 설명하고 있어.

● 주제
클라우드의 특징과 장단점

1 요즘 널리 사용되는 IT 관련 용어가 있으니 바로 클라우드(Cloud)이다. 그렇다면 클라우드는 무엇인가? 클라우드란 인터넷상의 서버를 통해 데이터를 저장하고 이를 네트워크로 연결하여 콘텐츠를 사용할 수 있는 컴퓨팅 환경을 말한다. ▶클라우드의 개념

2 그렇다면 클라우드는 기존의 웹하드와 어떤 차이가 있을까?「웹하드는 일정한 용량의 저장 공간을 확보해 인터넷 환경의 PC로 작업한 문서나 파일을 저장, 열람, 편집하고 다수의 사람과 파일을 공유할 수 있는 인터넷 파일 관리 시스템」이다. 한편 클라우드는 이러한 웹하드의 장점을 수용하면서 콘텐츠를 사용하기 위한 소프트웨어까지 함께 제공한다. 그리고 저장된 정보를 개인 PC나 스마트폰 등 각종 IT 기기를 통하여 언제 어디서든 이용할 수 있게 한다. 이것은 클라우드 컴퓨팅 기반의 동기화 서비스를 통해 가능하다. 즉 클라우드 컴퓨팅 환경을 기반°으로 사용자가 보유°한 각종 단말기끼리 동기화 절차를 거쳐 동일한 데이터와 콘텐츠를 이용할 수 있게 하는 시스템인 것이다. ▶웹하드와 클라우드의 차이

3 클라우드는 구름[cloud]과 같이 무형의 형태로 존재하는 하드웨어, 소프트웨어 등의 컴퓨팅 자원을 자신이 필요한 만큼 빌려 쓰고 이에 대한 사용 요금을 지급하는 방식의 컴퓨팅 서비스이다. 여기에는 서로 다른 물리적인 위치에 존재하는 컴퓨팅 자원을 가상화 기술로 통합해 제공하는 기술이 활용된다. ▶클라우드의 이용 방식과 활용되는 기술

4 클라우드는 평소에 남는 서버를 활용하므로 클라우드 환경을 제공하는 운영자에게도 유용하지만, 사용자 입장에서는 더욱 유용하다. 개인적인 데이터 저장 공간이 따로 필요하지 않기에 저장 공간의 제약도 극복할 수 있다. 가상화 기술과 분산 처리 기술로 서버의 자원을 묶거나 분할하여 필요한 사용자에게 서비스 형태로 제공되기 때문에 개인의 컴퓨터 가용률이 높아지는 것이다. 이러한 높은 가용률은 자원을 유용하게 활용하는 그린 IT 전략과도 일치한다. ▶컴퓨터 가용 측면에서 클라우드의 장점

5 또한 클라우드 컴퓨팅을 도입하는 기업 또는 개인은 컴퓨터 시스템을 유지, 보수, 관리하기 위하여 들어가는 비용과 서버의 구매 및 설치 비용, 업데이트 비용, 소프트웨어 구매 비용 등 엄청난 비용과 시간, 인력을 줄일 수 있고, 에너지 절감°에도 기여할 수 있다. 하지만 서버가 해킹당할 경우 개인 정보가 유출될 수 있고, 서버 장애가 발생하면 자료 이용이 불가능하다는 단점도 있다. 따라서 사용자들이 안전한 환경에서 서비스를 이용할 수 있도록 보안에 대한 대책을 강구°하고 위험성을 최소화할 수 있는 방안을 마련하여야 한다.

▶클라우드의 경제적 효용 및 단점

♥ 기반(基盤): 기초가 되는 바탕. 또는 사물의 토대.
♥ 보유(保有): 가지고 있거나 간직하고 있음.
♥ 절감(節減): 아끼어 줄임.
♥ 강구(講究): 좋은 대책과 방법을 궁리하여 찾아내거나 좋은 대책을 세움.

독해력 Upgrade　　※각 문단의 중심 내용을 다음과 같이 정리할 때, 빈칸에 들어갈 알맞은 말을 쓰시오.

1 (클라우드)의 개념 → **2** (웹하드)와 클라우드의 차이 → **3** 클라우드의 이용 방식과 활용되는 기술 → **4** 컴퓨터 가용 측면에서 클라우드의 (장점) → **5** 클라우드의 경제적 효용 및 단점

1 핵심 정보 파악하기
정답 ③

이 글에 언급되지 <u>않은</u> 것은?

① 클라우드의 개념 → 1문단
② 클라우드의 장점 → 4문단, 5문단
✓ 클라우드의 변천 과정
④ 클라우드의 해결 과제 → 5문단
⑤ 클라우드의 주요 구성 기술 → 3문단, 4문단

정답 풀이

이 글에서는 클라우드의 변천 과정에 대해 언급하지 않았다.

오답 풀이

① 1문단에서 클라우드의 개념을 제시하였다.
② 4문단과 5문단에서 데이터 저장 공간의 제약 극복, 각종 비용과 시간 및 에너지 절감 등 클라우드의 장점을 제시하였다.
④ 5문단에서 클라우드가 보안에 대한 대책을 강구하고 위험성을 최소화할 방안을 마련해야 함을 언급하였다.
⑤ 3문단과 4문단에서 가상화 기술과 분산 처리 기술에 대해 언급하였다.

2 개념을 적용하여 자료 해석하기
정답 ②

이 글과 〈보기〉를 참고할 때, ⓐ~ⓒ에 대한 설명으로 적절한 것은?

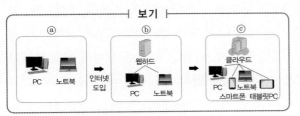

ⓐ PC 노트북 → 인터넷 도입 → ⓑ 웹하드 PC 노트북 → ⓒ 클라우드 PC 노트북 스마트폰 태블릿PC

① ⓐ에서는 <u>온라인 컴퓨팅 작업이 주로 이루어진다.</u>
 ×─오프라인 컴퓨팅 환경임
✓ ⓑ부터 인터넷 환경의 저장 공간을 사용하기 시작한다.
③ ⓒ에서는 <u>사용자보다 운영자 중심의 컴퓨팅 환경이 만들</u>어진다.
 ×─사용자 중심의 컴퓨팅 환경임
④ 소프트웨어의 제공 유무에 따라 <u>ⓐ와 ⓑ로 분류된다.</u>
 ×─ⓑ와 ⓒ로 분류됨
⑤ <u>ⓑ와 달리 ⓒ에서는 인터넷 서비스를 활용할 수 있다.</u>
 ×─ⓑ도 인터넷 서비스를 활용할 수 있음

정답 풀이

ⓐ는 오프라인 컴퓨팅, ⓑ는 웹하드, ⓒ는 클라우드 환경이

다. 인터넷 환경을 기반으로 한 저장 공간을 사용하는 시스템은 웹하드와 클라우드이므로, ⓑ부터 인터넷 환경의 저장 공간을 사용하기 시작한다는 설명은 적절하다.

오답 풀이

① 인터넷이 도입되기 전이므로 ⓐ에서는 오프라인 컴퓨팅 작업이 주로 이루어진다.
③ ⓒ에서는 개인이 각종 IT 기기를 통해 클라우드에 저장된 정보를 언제 어디서든 이용할 수 있는, 사용자 중심의 컴퓨팅 환경이 만들어진다.
④ 웹하드와 달리 클라우드는 콘텐츠를 사용하기 위한 소프트웨어까지 함께 제공한다. 따라서 소프트웨어의 제공 유무에 따라 ⓑ와 ⓒ로 분류된다.
⑤ ⓑ와 ⓒ 모두 인터넷 서비스를 활용할 수 있는 환경이다.

3 구체적 사례에 적용하기
정답 ⑤

'클라우드' 서비스를 활용한 사례로 보기 어려운 것은?

① 회사원 가 씨: 클라우드에 업무 파일을 올려 팀과 자료를 공유해야겠군.
② 연구원 나 씨: 클라우드에 올려 놓은 프레젠테이션 파일을 스마트폰으로 확인할 수 있겠군.
③ 방송인 다 씨: 제작한 동영상 파일을 소프트웨어를 별도로 구입하지 않아도 볼 수 있겠군.
④ 대학생 라 씨: 내 과제 파일이 PC에서 삭제된다 해도 클라우드에 저장되어 있으니 걱정하지 않아도 되겠군.
✓ 기업인 마 씨: <u>클라우드의 가상화 기술을 활용하여 사원들의 업무 처리 과정을 실시간으로 살펴볼 수 있겠군.</u>
 ×─가상화 기술을 통해 실행할 수 있는 내용이 아님

정답 풀이

3문단에 따르면 가상화 기술은 서로 다른 물리적 위치에 존재하는 컴퓨팅 자원을 통합하여 제공하는 기술이므로 업무 처리 과정을 실시간으로 살펴보게 하는 것과는 직접적인 관련이 없다.

오답 풀이

① 클라우드를 활용하면 인터넷상의 서버를 통해 데이터를 저장하고 이를 다수의 사람과 공유할 수 있다.
②, ④ 클라우드에 저장된 파일은 개인 PC나 스마트폰 등 각종 IT 기기를 통해 언제 어디서든 이용할 수 있다.
③ 클라우드는 콘텐츠를 사용하기 위한 소프트웨어까지 함께 제공하기 때문에 사용자가 소프트웨어 구매 비용을 줄일 수 있다.

어휘력 Upgrade

※다음의 빈칸에 들어갈 알맞은 말을 〈보기〉에서 찾아 쓰시오.

보기
강구
기반
보유
절감

1 판소리는 전승되는 설화에 (기반)을 두고 형성되었다.
 →기초가 되는 바탕. 또는 사물의 토대
2 그녀는 현역 체조 선수들 가운데 최고 기록을 (보유)하고 있다.
 →가지고 있거나 간직하고 있음
3 시에서는 오염된 물이 지하수로 유입되는 것을 막기 위해 대책을 (강구)하고 있다.
 →좋은 대책과 방법을 궁리하여 찾아내거나 좋은 대책을 세움
4 우리 가족들은 난방비를 (절감)하기 위해 실내에서도 어느 정도 옷을 따뜻하게 입는다.
 →아끼어 줄임

제책 기술은 어떻게 발전해 왔나 _김진섭

1③   2③

● 지문 갈무리
낱장으로 되어 있는 원고나 인쇄물을 묶고 표지를 붙여 한 권의 책으로 꾸미는 일을 '제책'이라고 해. 이 글은 제책 기술의 유형을 책 묶기 방식이 발전해 온 과정을 중심으로 설명하고 있어.

● 주제
제책 기술의 발전 과정

1 종이가 개발되기 전, 인류는 동물의 뼈나 양피지 등에 필요한 정보를 기록해 왔다. 하지만 담긴 정보량에 비해 부피가 방대하였고 그로 인해 보존과 가독에 어려움을 겪었다. 그런데 종이의 개발로 부피가 줄어들면서 「종이로 된 책이 주된 기록 매체가 되었고 책의 보존성과 가독성, 휴대성 등을 더욱 높이기 위한 제책 기술의 발달이 요구되었다.」
「」: 제책 기술의 등장 배경
종이 개발에 따른 기록 매체의 변화 / 중심 화제 / ▶기록 매체의 변화와 제책 기술 발달에 대한 요구

2 서양은 종이 책을 만들기 시작했을 때 제지 기술이 동양에 비해 미숙했고 질 나쁜 종이로 책을 제작해야 했기에 책의 내구성을 높이기 위한 기술이 필요했다. 그래서 「표지에 가죽을 씌우거나 나무판을 덧대는 방법을 개발했는데 이를 양장(洋裝)이라 한다.」 양장은 내지 묶기와 표지 제작을 따로 한 후에 합치는 방법이다. 내지는 실매기 방식을 활용해 실로 단단히 묶고, 표지는 판지에 천이나 가죽 등의 마감 재료를 접착하여 만든다. 표지와 내지를 결합할 때는 책등과 결합되는 내지 부분에 접착제를 발라 책등에 붙인다. 또한 내지보다 두껍고 질긴 종이인 면지를 표지와 내지 사이에 접착제로 붙여 이어 줌으로써 책의 내구성을 높인다. 표지 부착 후에는 가열한 쇠막대로 앞뒤 표지의 책등 쪽 가까운 부분을 눌러 홈을 만들어 책의 펼침성이 좋도록 한다. ▶책의 내구성을 높이기 위한 양장 방식

3 「18세기 말에 유럽은 산업 혁명으로 인쇄가 기계화되면서 대량 생산을 위한 기반이 갖추어지고, 경제의 발전으로 일부 계층에만 국한됐던 독서 인구가 확대되어」 제책 기술도 대량 생산이 가능한 방식으로 발전해야 했다. 이를 위해 간편하게 철사를 사용해 매는 제책 기술이 개발되었는데 처음에는 '옆매기'라 불리는 기술을 사용하였다. 그러나 옆매기는 책장 넘김이 용이하지 않아 '가운데매기'라 불리는 중철(中綴)이 주된 방식으로 자리 잡았다. 중철은 「인쇄지를 포개 놓고 책장이 접히는 한가운데 부분을 ㄷ자형 철침을 이용해 매었는데, 보통 2개의 철침으로 표지와 내지를 고정하지만 표지나 내지가 한가운데서부터 떨어지는 경우가 잦아 철침을 4개로 박기도 하였다.」 중철은 광고지, 팸플릿 등 오랜 보관이 필요 없거나 분량이 적은 인쇄물에 사용해 왔으며, 중철된 책은 쉽게 펼치거나 넘길 수 있고 두루마리처럼 말아서 간편하게 휴대할 수도 있다. ▶산업 혁명 이후 대량 생산을 가능하게 한 중철 방식

4 20세기 중반에는 화학 접착제가 개발되며 무선철(無線綴)이라는 제책 기술이 등장했다. 이름처럼 실이나 철사 없이 화학 접착제만으로 책을 묶는 방식이다. 이 방법은 자동화가 가능해 대량 생산에 더욱 적합했고, 생산 단가가 낮아지면서 판매 가격을 낮출 수 있어 책의 대중화에 기여했다. 그리고 1990년대에는 습기경화형 우레탄 핫멜트가 개발되면서 개발 초보다 내구성이 더욱 강화된 책을 만들게 되었다. 무선철 기술은 지금도 계속 보완, 발전하고 있으며 그로 인해 오늘날 대부분의 책은 무선철 방식으로 제작되고 있다. ▶화학 접착제의 개발로 등장한 무선철 방식

▼ 방대하다(尨大하다): 규모나 양이 매우 크거나 많다.

▼ 내구성(耐久性): 물질이 원래의 상태에서 변질되거나 변형됨이 없이 오래 견디는 성질.

▼ 국한(局限): 범위를 일정한 부분에 한정함.

▼ 용이하다(容易하다): 어렵지 아니하고 매우 쉽다.

▼ 휴대(携帶): 손에 들거나 몸에 지니고 다님.

독해력 Upgrade ※각 문단의 중심 내용을 다음과 같이 정리할 때, 빈칸에 들어갈 알맞은 말을 쓰시오.

| **1** 기록 매체의 변화와 제책 기술 발달에 대한 요구 | → | **2** 책의 내구성을 높이기 위한 (양장) 방식 | → | **3** 산업 혁명 이후 대량 생산을 가능하게 한 (중철) 방식 | → | **4** 화학 접착제의 개발로 등장한 (무선철) 방식 |

1 핵심 정보 파악하기 답 ③

이 글의 표제와 부제로 가장 적절한 것은?

① 제책 기술의 발전과 한계
  – 문제점 진단과 보완 방안을 중심으로
② 제책 기술 현대화의 경향
  – 화학 접착제의 개발을 중심으로
✔ 제책 기술의 등장 배경과 유형
  1문단   2~4문단
  – 책 묶기 방식의 발전 과정을 중심으로
  양장 → 중철 → 무선철
④ 제책 기술의 발전과 사회적 영향
  – 기술 개발의 방향과 문제점을 중심으로
⑤ 제책 기술의 필요성과 의의
  – 책의 내구성 향상 단계를 중심으로

정답 풀이

이 글의 1문단에서는 종이 책이 주된 기록 매체가 되면서 책의 보존성과 가독성, 휴대성 등을 더욱 높이기 위해 제책 기술이 발달하게 되었다고 설명함으로써 제책 기술의 등장 배경을 밝히고 있다. 그리고 2~4문단에서 실매기 방식을 이용한 양장, 철사를 이용한 옆매기와 중철, 화학 접착제를 이용한 무선철 등 책 묶기 방식의 발전 과정을 중심으로 제책 기술의 유형을 설명하고 있다.

오답 풀이

① 제책 기술의 발전 과정을 설명하면서 부분적으로 한계점을 언급하긴 했지만, 각 기술의 문제점과 보완 방안을 중심으로 설명한 것은 아니다.
② 종이 책이 등장한 이후부터 현재에 이르기까지 제책 기술의 발전 과정을 차례로 제시하였으므로 일부의 내용만 포함하는 '제책 기술 현대화의 경향'은 표제로 적절하지 않다. 또한 화학 접착제의 개발은 4문단에만 나타나 있으므로 부제 역시 적절하지 않다.
④ 제책 기술의 사회적 영향에 대해 다루지 않았으며, 기술 개발의 문제점을 중심으로 설명하지도 않았다.
⑤ 제책 기술의 필요성이 1문단에 제시되어 있고 책의 내구성 향상에 대해 부분적으로 언급하기는 하였으나, 전체적으로는 책 묶기 방식을 중심으로 제책 기술의 발전 과정을 설명하였다.

2 세부 정보 파악하기 답 ③

〈보기〉는 양장 에 따라 제작한 책의 단면이다. ㉠~㉤에 대한 설명으로 적절하지 않은 것은?

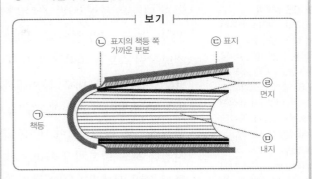

보기

ⓛ 표지의 책등 쪽 가까운 부분
㉢ 표지
㉣ 면지
㉠ 책등
㉤ 내지

① ㉠은 접착제를 활용하여 ㉤과 결합되도록 하였다.
② ㉡은 가열한 쇠막대로 눌러 펼침성을 향상시켰다.
✔ ㉢은 따로 제작한 뒤 실매기를 통해 ㉣과 결합시켰다.
  ✕ – 접착제를 이용함
④ ㉣은 ㉤보다 튼튼한 종이를 사용해 책의 내구성을 높였다.
⑤ ㉤은 실로 묶은 후 ㉣을 활용하여 ㉢과 결합시켰다.

정답 풀이

〈보기〉의 ㉠은 책등, ㉡은 표지에서 책등과 가까운 부분, ㉢은 표지, ㉣은 면지, ㉤은 내지이다. 양장은 내지 묶기와 표지 제작을 따로 한 후에 합치는 방법이므로 ㉢(표지)을 따로 제작한다는 설명은 적절하다. 그러나 ㉢(표지)을 ㉣(면지)과 결합할 때는 접착제를 이용하므로 실매기를 통해 ㉢과 ㉣을 결합시킨다는 설명은 적절하지 않다. 실매기는 내지를 묶을 때 사용하는 방법이다.

오답 풀이

① ㉠(책등)은 결합되는 ㉤(내지) 부분에 접착제를 발라 붙인다.
② 표지와 내지를 결합한 후에는 가열한 쇠막대로 ㉡(표지의 책등 쪽 가까운 부분)을 눌러 홈을 만들어 책의 펼침성이 좋도록 한다.
④ ㉣(면지)은 내지보다 두껍고 질긴 종이를 사용함으로써 책의 내구성을 높인다.
⑤ ㉤(내지)은 실매기 방식을 활용해 실로 단단히 묶는다. 그리고 내지보다 두껍고 질긴 종이인 ㉣(면지)을 ㉢(표지)과 ㉤(내지) 사이에 접착제로 붙여 이어 준다.

어휘력 Upgrade

※다음의 빈칸에 들어갈 알맞은 말을 〈보기〉에서 찾아 쓰시오.

보기
국한
방대
용이
휴대

1 그녀는 사막을 탐험하여 (방대)한 양의 기록을 남겼다.
  → 규모나 양이 매우 크거나 많음
2 책등이 보이도록 꽂아 두어야 나중에 원하는 책을 찾기가 (용이)하다.
  → 어렵지 아니하고 매우 쉬움
3 주최 측은 이번 행사에 참여할 수 있는 대상을 대학생으로 (국한)하였다.
  → 범위를 일정한 부분에 한정함
4 밖에는 비가 쉬지 않고 내리고 있었으나, 대부분의 승객은 우산을 (휴대)하지 않았다.
  → 손에 들거나 몸에 지니고 다님

컴퓨터 보조 기억 장치 HDD와 SSD _김연우

1 컴퓨터를 구성하고 있는 여러 가지 장치 중에서 가장 핵심적인 역할을 담당하고 있는 3가지 요소는 중앙 처리 장치(CPU), 주기억 장치, 보조 기억 장치이다. 보통 주기억 장치로 '램'을, 보조 기억 장치로 'HDD(Hard Disk Drive)'를 쓴다. 이 세 장치의 성능이 컴퓨터의 전반적인 속도를 좌우˙한다고 할 수 있다.
　▶컴퓨터의 속도를 좌우하는 핵심적인 세 장치

2 CPU나 램은 내부의 미세 회로 사이를 오가는 전자의 움직임만으로 데이터를 처리하는 반도체 재질이기 때문에 고속으로 동작이 가능하다. 그러나 HDD는 원형의 자기 디스크를 물리적으로 회전시키며 데이터를 읽거나 저장하기 때문에 자기 디스크를 아무리 빨리 회전시킨다 해도 반도체의 처리 속도를 따라갈 수 없다. 게다가 디스크의 회전 속도가 빨라질수록 소음이 심해지고 전력 소모량이 급속도로 높아지는 단점이 있다. 이 때문에 CPU와 램의 동작 속도가 하루가 다르게 향상되고 있는 반면, HDD의 동작 속도는 그렇지 못했다.
　▶CPU나 램과 달리 속도의 한계를 지닌 HDD

3 그래서 HDD의 대안으로 제시된 것이 바로 'SSD(Solid State Drive)'이다. SSD의 용도나 외관, 설치 방법 등은 HDD와 유사하다. 하지만 SSD는 HDD가 자기 디스크를 사용하는 것과 달리 반도체를 이용해 데이터를 저장한다는 차이가 있다. 그리고 물리적으로 움직이는 부품이 없기 때문에 작동 소음이 작고 전력 소모가 적다. 이런 특성 때문에 휴대용 컴퓨터에 SSD를 사용하면 전지 유지 시간을 늘릴 수 있다는 이점이 있다.
　▶HDD의 대안으로 제시된 SSD의 특징

4 SSD는, 「컴퓨터 시스템˙」과 SSD 사이에 데이터를 주고받을 수 있도록 연결하는 부분인 '인터페이스', 데이터를 저장하는 '메모리', 그리고 인터페이스와 메모리 사이의 데이터 교환 작업을 제어하는 '컨트롤러', 외부 장치와 SSD 간의 처리 속도 차이를 줄여 주는 '버퍼 메모리'로 이루어져 있다. 이 중에 주목해야 할 것이 데이터를 저장하는 메모리다. 이 메모리를 무엇으로 쓰는지에 따라 '램 기반 SSD'와 '플래시 메모리 기반 SSD'로 나뉜다.
　▶SSD의 구성 요소와 메모리에 따른 SSD의 분류

5 램 기반 SSD는 매우 빠른 속도를 발휘˙하는데, 이것을 장착˙한 컴퓨터는 전원을 켠 후 1~2초 만에 윈도우 운영 체제의 부팅을 끝낼 수 있을 정도다. 다만 램은 전원이 꺼지면 저장 데이터가 모두 사라지기 때문에 컴퓨터의 전원을 끈 상태에서도 SSD에 계속해서 전원을 공급해 주는 전용 전지가 반드시 필요하다. 이런 단점 때문에 램 기반 SSD는 많이 쓰이지 않는다.
　▶램 기반 SSD의 특징

6 그래서 일반적으로 SSD는 플래시 메모리 기반 SSD를 지칭˙한다. 플래시 메모리는 전원이 꺼지더라도 기록된 데이터가 보존되기 때문에 HDD를 쓰던 것처럼 쓰면 된다. 그리고 플래시 메모리 기반 SSD를 장착한 컴퓨터는 램 기반 SSD를 장착한 컴퓨터보다 느리긴 하지만 HDD를 장착한 동급 사양의 컴퓨터보다 최소 2~3배 이상 빠른 부팅 속도와 프로그램 실행 속도를 기대할 수 있다.
　▶플래시 메모리 기반 SSD의 특징

● 지문 갈무리
HDD와 SSD는 컴퓨터의 보조 기억 장치로 사용되는 것들이야. 이 글은 HDD가 지닌 처리 속도의 한계를 설명하고, 그것의 대안으로 등장한 SSD의 특징과 종류에 대해 설명하고 있어.

● 주제
컴퓨터 보조 기억 장치 HDD의 대안으로 제시된 SSD의 특징

- 좌우(左右): 어떤 일에 영향을 주어 지배함.
- 컴퓨터 시스템: CPU, 램 등 컴퓨터를 동작시키는 장치의 집합체.
- 발휘(發揮): 재능, 능력 따위를 떨치어 나타냄.
- 장착(裝着): 의복, 기구, 장비 따위에 장치를 부착함.
- 지칭(指稱): 어떤 대상을 가리켜 이르는 일. 또는 그런 이름.

독해력 Upgrade

※각 문단의 중심 내용을 다음과 같이 정리할 때, 빈칸에 들어갈 알맞은 말을 쓰시오.

| **1** 컴퓨터의 (속도)를 좌우하는 핵심적인 세 장치 | → | **2** CPU나 램과 달리 속도의 한계를 지닌 (HDD) | → | **3** HDD의 대안으로 제시된 (SSD)의 특징 | → | **4** SSD의 구성 요소와 메모리에 따른 SSD의 분류 | → | **5** (램) 기반 SSD의 특징 | → | **6** 플래시 메모리 기반 SSD의 특징 |

1 세부 정보 파악하기 　답 ②

이 글에 대한 이해로 적절한 것은?

① HDD를 설치하는 것보다 SSD를 설치하는 방법이 복잡하다.
　　×–SSD와 HDD는 설치 방법이 유사함

☑ HDD는 데이터 처리 방식의 한계 때문에 속도의 향상이 더딘 편이었다. → 2문단

③ SSD의 소음이 큰 이유는 데이터를 읽을 때 자기 디스크가 회전하기 때문이다.
　　×–SSD는 반도체를 이용하며 소음이 작음

④ 운영 체제를 빠르게 쓰고 싶다면, SSD보다 HDD를 보조 기억 장치로 쓰는 것이 낫다.
　　×–SSD를 쓰는 것이 나음

⑤ 전자를 움직여 데이터를 읽는 것보다 자기 디스크를 움직여 데이터를 읽는 것이 전력을 적게 쓴다.
　　×–전력 소모가 큼

정답 풀이

2문단에서 HDD는 원형의 자기 디스크를 물리적으로 회전시키며 데이터를 읽거나 저장하기 때문에 자기 디스크를 아무리 빨리 회전시킨다 해도 반도체의 처리 속도를 따라갈 수 없다고 하였다. 그래서 반도체 재질인 CPU와 램의 동작 속도가 하루가 다르게 향상되고 있는 것과 달리 HDD의 동작 속도는 그렇지 못했다고 하였다.

오답 풀이

① 3문단에서 SSD의 용도나 외관, 설치 방법 등은 HDD와 유사하다고 하였으므로, HDD를 설치하는 것보다 SSD를 설치하는 방법이 복잡하다고 할 수 없다.

③ 2문단에 따르면 HDD는 자기 디스크를 회전시켜 데이터를 읽는데, 디스크의 회전 속도가 빨라질수록 소음이 심해진다고 하였다. 반면 3문단에서 SSD는 물리적으로 움직이는 부품이 없기 때문에 작동 소음이 작다고 하였다.

④ 5문단과 6문단에 따르면 램 기반 SSD를 장착한 컴퓨터는 1~2초 만에 윈도우 운영 체제의 부팅을 끝낼 수 있을 정도로 매우 빠른 속도를 발휘하고, 플래시 메모리 기반 SSD를 장착한 컴퓨터도 HDD를 장착한 동급 사양의 컴퓨터보다 최소 2~3배 이상 빠른 부팅 속도와 프로그램 실행 속도를 기대할 수 있다. 따라서 운영 체제를 빠르게 쓰고 싶다면 HDD보다 SSD를 보조 기억 장치로 쓰는 것이 낫다.

⑤ 2문단에서 자기 디스크를 움직여 데이터를 읽는 HDD는 디스크의 회전 속도가 빨라질수록 전력 소모량이 급속도로 높아지는 단점이 있다고 하였다. 반면 3문단에서 반도체를 이용해 데이터를 읽는 SSD는 전력 소모가 적다고 하였다. 2문단의 첫 문장에서 반도체 재질이 전자의 움직임으로 데이터를 처리한다는 것을 알 수 있다.

2 개념을 적용하여 자료 해석하기 　답 ③

이 글을 바탕으로 〈보기〉에 대해 이해한 것으로 적절하지 <u>않은</u> 것은?

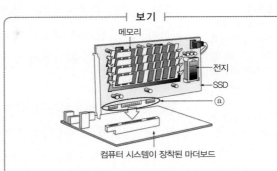

┤ 보기 ├
메모리
전지
SSD
ⓐ
컴퓨터 시스템이 장착된 마더보드

＊ 위 그림은 CPU와 램 등의 컴퓨터 시스템이 장착된 마더보드(Mother Board)에 SSD를 꽂으려는 모습이다.

① 〈보기〉의 SSD에는 컨트롤러와 버퍼 메모리 장치가 있다.

② ⓐ는 SSD가 컴퓨터 시스템과 데이터를 주고받는 부분이다.

☑ 〈보기〉의 SSD는 전지가 있는 것으로 보아 일반적으로 쓰이는 것이다.
　　램 기반 SSD
　　일반적으로 쓰이는 것은 플래시 메모리 기반 SSD

④ 〈보기〉의 SSD는 다른 종류의 SSD에 비해 데이터 처리 속도가 빠르다.

⑤ 〈보기〉의 SSD에 전지가 없다면 컴퓨터 전원이 꺼졌을 때 메모리에 있는 데이터가 다 지워질 것이다.

정답 풀이

〈보기〉의 SSD는 전지가 있는 것으로 보아 램 기반 SSD이다. 5문단에서 전용 전지가 반드시 필요하다는 단점 때문에 램 기반 SSD는 많이 쓰이지 않는다고 하였다. 그리고 6문단에서 일반적으로 SSD는 플래시 메모리 기반 SSD를 지칭한다고 하였다. 따라서 〈보기〉의 SSD는 일반적으로 쓰이지 않는 램 기반 SSD인 것을 알 수 있다.

오답 풀이

① SSD는 인터페이스, 메모리, 컨트롤러, 버퍼 메모리로 구성되므로 〈보기〉의 SSD에도 컨트롤러와 버퍼 메모리가 있다.

② ⓐ는 컴퓨터 시스템과 SSD 사이에 데이터를 주고받을 수 있도록 연결하는 부분인 인터페이스이다.

④ 6문단에서 플래시 메모리 기반 SSD를 장착한 컴퓨터는 〈보기〉와 같은 램 기반 SSD를 장착한 컴퓨터에 비해 느리다고 하였다.

⑤ 램 기반 SSD에 전용 전지가 반드시 필요한 이유는 전원이 꺼지면 저장 데이터가 모두 사라지기 때문이다.

어휘력 Upgrade

※다음의 빈칸에 들어갈 알맞은 말을 〈보기〉에서 찾아 쓰시오.

┤ 보기 ├
발휘
장착
좌우
지칭

1 흔히 태백산맥 동쪽을 영동 지방으로 (지칭)한다.
　→ 어떤 대상을 가리켜 이르는 일. 또는 그런 이름

2 선수들의 정신력이 경기의 승패를 (좌우)할 수 있다.
　→ 어떤 일에 영향을 주어 지배함

3 그는 탁월한 외교술을 (발휘)하여 협상을 유리하게 이끌었다.
　→ 재능, 능력 따위를 떨치어 나타냄

4 어머니는 할머니의 건강을 위해 안마기가 (장착)된 의자를 사 오셨다.
　→ 의복, 기구, 장비 따위에 장치를 부착함

감전 사고를 예방하는 접지의 원리 _신윤기

● 지문 갈무리
전기를 이용할 때 누전이 발생하여 감전 사고가 일어날 수 있는데, '접지'를 설치함으로써 이를 예방할 수 있어. 이 글은 전류의 성질과 저항의 크기를 이용하여 감전 사고를 예방하는 접지의 원리를 설명하고 있어.

● 주제
감전 사고를 예방하는 접지의 원리

1 전기는 편리하여 일상생활에서 사용되지 않는 곳이 거의 없지만, 누전˘이 발생하면 감전 사고의 위험이 있다. 이러한 감전 사고를 예방˘하기 위한 방법 중 가장 보편적인 것이 '접지'이다. 접지란 다양한 형태의 금속인 접지 전극을 땅에 묻고 이를 전기 기기 및 설비의 일부와 전선으로 연결하여 누전 전류를 접지 전극으로 흐르게 하여 땅으로 흡수시키는 기술을 말한다. ▶접지의 목적과 개념

2 접지에는 외부로부터 전기를 공급받아 가정으로 전달하는 시설에 설치하는 설비 접지와 일상생활에서 사용하는 전기 기기에 설치하는 기기 접지가 있다. 설비 접지는 수전 설비˘와 연결된 접지선을 변전실로 모아서 접지 전극과 연결하는 것이고, 기기 접지는 냉장고나 세탁기 등의 전기 기기와 연결된 접지선을 각 층 또는 각 방의 내벽에 있는 접지판에 연결한 다음, 이를 모아서 접지 전극과 연결하는 것이다. ▶설비 접지와 기기 접지의 차이

3 그렇다면 ㉠감전에 따른 사고를 예방할 수 있는 접지의 원리는 무엇일까? 접지 전극과 사람의 몸은 모두 전류에 대한 저항이 있는데 이를 접지 저항과 인체 접촉 저항이라고 하며 그 크기는 서로 다르다. 일반적으로 설비 접지 전극의 저항은 20Ω˘, 기기 접지 전극의 저항은 100Ω이다. 인체 접촉 저항은 평상시에 약 30~50㏀이지만, 인체가 젖어 있을 경우에는 그 값이 1㏀ 정도로 낮아진다. ▶접지 저항과 인체 접촉 저항의 크기

4 〈그림〉은 누전이 발생한 상황을 나타낸 것으로, 여기서 A와 B는 각각 설비 접지 전극과 기기 접지 전극이다. 만약 A와 B를 설치하지 않았다면 누전에 의해 새어 나가는 전류가 몸 쪽으로 흐르게 되어 감전 사고로 이어질 수 있다. 그러나 전류는 저항이 작은 곳으로 흐르는 성질이 있으므로,「접지 전극을 설

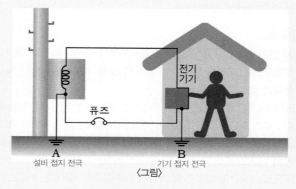

〈그림〉
설비 접지 전극 A
기기 접지 전극 B

치하면 저항이 큰 몸 쪽보다는 저항이 작은 접지 전극 쪽으로 전류가 분산˘되어 감전 사고의 위험을 감소˘시킬 수 있다.」이 경우에도 극히 작은 전류가 몸 쪽으로 흐를 수 있는데, 전류의 크기는 저항의 크기에 반비례하므로 저항의 크기가 매우 작은 A와 B로 더 큰 전류가 흐른다. 이로 인해 퓨즈가 녹아 끊어져, 몸 쪽으로 흐를 수 있는 작은 전류 또한 차단˘되어 감전에 따른 사고를 보다 확실히 예방할 수 있다. ▶저항의 크기를 이용하는 접지의 원리

5 이와 같이 설비 접지와 기기 접지는 누전 시 발생하는 전류를 땅으로 흡수시킴과 동시에, 접지 저항과 인체 접촉 저항의 차를 이용하여 감전에 따른 사고를 예방하는 기술인 것이다. ▶접지의 역할

ㆍ누전(漏電): 전기가 전깃줄 밖으로 새어 흐름.

ㆍ예방(豫防): 질병이나 재해 따위가 일어나기 전에 미리 대처하여 막는 일.

ㆍ수전 설비: 외부로부터 전기를 공급받기 위한 시설.

ㆍΩ(옴): 저항의 크기(값)를 나타내는 단위. 1㏀=1000Ω.

ㆍ분산(分散): 갈라져 흩어짐.

ㆍ감소(減少): 양이나 수치가 줆.

ㆍ차단(遮斷): 액체나 기체 따위의 흐름 또는 통로를 막거나 끊어서 통하지 못하게 함.

독해력 Upgrade ※각 문단의 중심 내용을 다음과 같이 정리할 때, 빈칸에 들어갈 알맞은 말을 쓰시오.

| **1** (접지)의 목적과 개념 | → | **2** 설비 접지와 기기 접지의 차이 | → | **3** 접지 저항과 (인체 접촉) 저항의 크기 | → | **4** (저항)의 크기를 이용하는 접지의 원리 | → | **5** 접지의 역할 |

1 **세부 정보 파악하기** 답 ③

> **이 글에서 답을 확인할 수 없는 물음은?**
>
> ① 접지를 하는 목적은 무엇인가? → 1문단, 5문단
>
> ② 설비 접지와 기기 접지의 차이는 무엇일까? → 2문단
>
> ☑ 접지에 사용되는 금속에는 어떤 것들이 있을까?
>
> ④ 저항의 크기와 전류의 크기는 어떤 관계가 있을까? → 4문단
>
> ⑤ 접지는 누전 전류를 어디로 흡수시키려는 기술인가? → 1문단, 5문단

정답 풀이

1문단의 "다양한 형태의 금속인 접지 전극"에서 접지에 금속이 사용된다는 것을 알 수 있다. 그러나 접지에 사용되는 금속에 어떤 것들이 있는지에 관한 정보는 이 글에 제시되지 않았다.

오답 풀이

① 1문단과 5문단을 통해 접지를 설치하는 목적이 감전 사고를 예방하는 것임을 알 수 있다.

② 2문단에서 설비 접지는 외부로부터 전기를 공급받아 가정으로 전달하는 시설에 설치하는 것이고, 기기 접지는 일상생활에서 사용하는 전기 기기에 설치하는 것이라고 하였다.

④ 4문단에서 전류의 크기는 저항의 크기에 반비례한다고 하였다.

⑤ 1문단과 5문단을 통해 접지가 누전 전류를 땅으로 흡수시키는 기술임을 알 수 있다.

2 **내용 추론하기** 답 ①

> **이 글로 보아, ㉠의 가능성이 가장 낮은 경우는?** (단, <, =, >는 저항의 상대적 크기를 나타낸 기호임.)
>
> ☑ 설비 접지 저항 < 기기 접지 저항 < 인체 접촉 저항
>
> ② 설비 접지 저항 < 기기 접지 저항 = 인체 접촉 저항
>
> ③ 설비 접지 저항 > 기기 접지 저항 > 인체 접촉 저항
>
> ④ 설비 접지 저항 > 기기 접지 저항 = 인체 접촉 저항
>
> ⑤ 설비 접지 저항 = 기기 접지 저항 > 인체 접촉 저항

정답 풀이

전류는 저항이 작은 쪽으로 흐르는 성질이 있다. 그러므로 사람의 몸 쪽으로 전류가 흐르지 않도록 하려면 접지 전극의 저항이 인체 접촉 저항보다 작아야 한다. 따라서 감전 사고의 가능성이 가장 낮은 경우는 설비 접지 저항과 기기 접지 저항의 크기가 인체 접촉 저항보다 작은 ①이다.

3 **반응의 적절성 판단하기** 답 ⑤

> ┤ 보기 ├
>
> ○○○ 씨는 설거지를 하다가, 전자레인지에서 데우던 음식을 꺼내려 하였다. 전자레인지에 젖은 손을 댄 순간,
> 인체가 젖어서 인체 접촉 저항이 평소보다 매우 낮은 상태
> 감전으로 인해 정신을 잃고 쓰러졌다.
>
> **이 글을 읽고 <보기>에 대해 보인 반응으로 가장 적절한 것은?**
>
> ① 누전된 전류는 몸보다, 저항이 큰 접지 전극 쪽으로 흘러갔겠군.
>
> ② 전자레인지에 설비 접지가 이루어졌다면 감전당하지 않았겠군.
>
> ③ 전자레인지 자체의 저항 크기가 접지 전극의 저항 크기에 영향을 주었겠군.
>
> ④ 기기 접지보다는 설비 접지 쪽으로 더 많은 전류가 흐른 것이 사고의 원인이 될 수 있겠군.
>
> ☑ 인체 접촉 저항의 크기가 평상시보다 매우 낮은 상태였
> 손이 젖어서 인체 접촉 저항이 평소보다 매우 낮아짐
> 던 것이 사고의 원인 중 하나이겠군.

정답 풀이

3문단에서 인체가 젖어 있을 경우에 인체 접촉 저항이 크게 낮아진다고 하였다. <보기>에서 ○○○ 씨는 손이 젖어 있었으므로 인체 접촉 저항의 크기가 평상시에 비해 매우 낮은 상태였다. 전류의 크기는 저항의 크기에 반비례하므로 저항이 낮아진 만큼 더 큰 전류가 인체로 흘렀을 가능성이 있으며, 이것이 감전 사고의 원인 중 하나라고 추측할 수 있다.

오답 풀이

① 전류는 저항이 작은 쪽으로 흐르므로, 누전된 전류가 저항이 큰 접지 전극 쪽으로 흘렀을 것이라는 반응은 적절하지 않다.

② 일상생활에서 사용하는 전기 기기에 설치하는 것은 기기 접지이므로, 전자레인지에 설비 접지가 이루어졌다고 가정하는 것은 적절하지 않다.

③ 기기 자체의 저항 크기와 접지 전극의 저항 크기의 영향 관계는 이 글과 <보기>를 통해서는 알 수 없다.

④ 기기 접지보다 설비 접지 쪽으로 더 많은 전류가 흐른 것이 감전 사고의 원인이 되는지에 대한 정보는 이 글과 <보기>에서 확인할 수 없다.

어휘력 Upgrade ※다음의 빈칸에 들어갈 알맞은 말을 <보기>에서 찾아 쓰시오.

┤ 보기 ├

감소
분산
예방
차단

1 방음벽 덕분에 외부의 소음이 완전히 (차단)되었다.
→ 액체나 기체 따위의 흐름 또는 통로를 막거나 끊어서 통하지 못하게 함

2 충치를 (예방)하려면 음식물을 먹은 뒤엔 꼭 이를 닦아야 한다.
→ 질병이나 재해 따위가 일어나기 전에 미리 대처하여 막는 일

3 무분별한 산지 개발로 전 국토의 녹지 비율이 점차 (감소)하고 있다.
→ 양이나 수치가 줆

4 출퇴근 시간마다 폭주하는 교통량을 (분산)하기 위해 순환 도로 건설을 추진 중이다.
→ 갈라져 흩어짐

최악의 화재 참사를 막는 불꽃 감지기 _중앙 소방 학교

1 불꽃 감지기는 화재 시 발생하는 불꽃을 초기에 발견하여 인명 및 재산 피해를 최소화하기 위해 설치하는 장치이다. 주로 가연성 액체를 취급˘하는 장소, 도로나 터널, 격납고 등에서 발생하는 화재를 초기에 발견하기 위해 불꽃 감지기를 사용한다. 그런데 불꽃 감지기는 화재로 발생한 불꽃을 자연광이나 인공조명과 어떻게 구분하는 것일까? ▶불꽃 감지기의 개념과 설치 장소

2 불꽃 감지기는 연소하는 물질에서 나오는 에너지 파장을 분석하여 화재 여부를 판단한다. 고온의 물질이나 연소하는 물질은 특정 파장에서 최대치 에너지를 방사˘하는데, 불꽃 감지기는 바로 이러한 에너지를 감지˘하여 화재 여부를 판단하고 경보를 울린다. ▶불꽃 감지기가 화재 여부를 판단하는 원리

3 대부분의 물질에서는 자외선, 적외선 등의 파장이 검출된다. 이에 따라 불꽃 감지기의 종류에는 자외선 감지 방식과 적외선 감지 방식이 있다. 자외선 감지 방식은 가격이 싼 대신에 형광등, 태양광, 용접 불꽃 등에서 나오는 자외선에 오작동을 하기 때문에 잘 쓰이지 않는다. 반면 적외선 감지 방식은 가격은 비싸지만 자외선 방식에 비해 오작동이 적어서 화재가 우려되는 곳에 많이 설치된다. ▶불꽃 감지기의 종류와 특징

4 적외선 감지의 대표적 방식으로는 플리커 검출 방식과 2파장 검출 방식이 있다. 플리커 검출 방식은 불꽃에서 발생하는 적외선의 깜박거림인 플리커를 감지하는 방식이다. 일반적으로 태양광이나 인공조명에 비해 화재 시 발생하는 불꽃은 깜박거림이 매우 심하다. 따라서 불꽃 흔들림의 변화량을 검출하면 화재 여부를 판별˘할 수 있다. 2파장 검출 방식은 두 개 이상의 파장을 동시에 검출하는 방식이다. 화재 불꽃의 경우 2㎛, 4.4㎛ 부근에서 두 번의 방사를, 도시가스 불꽃의 경우 2㎛, 3㎛, 4.4㎛ 부근에서 세 번의 방사를 보이기 때문에 2파장 검출 방식에서는 이것을 모두 화재로 판단한다. 반면 햇빛은 0.44㎛에서, 전기난로와 같은 고온의 물체는 2㎛ 부근에서만 강한 에너지 방사를 보이기 때문에 2파장 검출 방식에서는 화재로 판단하지 않는다. ▶적외선 감지의 대표적 방식

5 ㉠적외선 방식의 불꽃 감지기는 천장이나 벽에 떨어지지 않도록 부착하는데 제품의 감지 방향을 고려하여 사각지대가 생기지 않도록 해야 한다. 또한 불꽃이 잘 감지되는 방향으로 설치하되 감지 목적물과 감지기 사이에 감지를 방해하는 장애물을 제거해야 한다. 정상적으로 가스레인지를 사용해도 가스레인지 불꽃에 감지기가 반응할 수 있으므로 이와 같은 오작동을 막기 위해서는 가스레인지와 가까운 곳에 감지기를 설치하지 않아야 한다. 이외에도 오작동을 일으킬 수 있는 다른 요인이 없는지 꼼꼼하게 점검한 후 설치해야 한다. 또한 공간이 넓어서 전체를 감지할 수 없는 경우에는 감지기를 추가 설치하는 것을 고려해야 한다. ▶적외선 방식 불꽃 감지기를 설치할 때의 유의점

● 지문 갈무리
불꽃 감지기는 말 그대로 화재 시 발생하는 불꽃을 발견하기 위한 장치야. 이 글은 불꽃 감지기가 화재 여부를 판단하는 원리를 중심으로 불꽃 감지기의 종류를 설명하고, 불꽃 감지기를 설치할 때 어떤 점에 유의해야 하는지를 알려 주고 있어.

● 주제
불꽃 감지기의 원리와 종류 및 설치상의 유의점

˘취급(取扱): 물건을 사용하거나 소재나 대상으로 삼음.

˘방사(放射): 중심에서 사방으로 내뻗침.

˘감지(感知): 느끼어 앎.

˘판별(判別): 옳고 그름이나 좋고 나쁨을 판단하여 구별함. 또는 그런 구별.

독해력 Upgrade ※각 문단의 중심 내용을 다음과 같이 정리할 때, 빈칸에 들어갈 알맞은 말을 쓰시오.

| **1** 불꽃 감지기의 (개념)과 설치 장소 | → | **2** 불꽃 감지기가 (화재) 여부를 판단하는 원리 | → | **3** 불꽃 감지기의 종류와 특징 | → | **4** (적외선) 감지의 대표적 방식 | → | **5** 적외선 방식의 불꽃 감지기를 설치할 때의 유의점 |

1 핵심 정보 파악하기 답 ②

'불꽃 감지기'에 대해 언급하지 않은 것은?

① 개념 → 1문단   ✓ 구조

③ 종류 → 3문단   ④ 설치 장소 → 1문단

⑤ 작동 원리 → 2문단, 4문단

정답 풀이

이 글에서는 불꽃 감지기가 어떤 요소로 이루어져 있는지 그 구조에 대해서는 언급하지 않았다.

오답 풀이

① 1문단에서 "화재 시 발생하는 불꽃을 초기에 발견하여 인명 및 재산 피해를 최소화하기 위해 설치하는 장치"라고 불꽃 감지기의 개념을 설명하였다.

③ 3문단에서 불꽃 감지기의 종류에 자외선 감지 방식과 적외선 감지 방식이 있다고 하였다.

④ 1문단에서 불꽃 감지기가 주로 가연성 액체를 취급하는 장소, 도로나 터널, 격납고 등에 설치되어 사용된다고 하였다.

⑤ 2문단과 4문단에서 에너지 파장을 분석하여 화재 여부를 감지하는 불꽃 감지기의 작동 원리를 설명하였다.

✓ 2파장 검출 방식의 감지기에서는 (a)와 (b)를 화재로 판단하지 않겠군.

⑤ 플리커 검출 방식의 감지기로는 (a)와 (c)를 구분할 수가 없겠군.
　　　　　　× - 구분할 수 있음

정답 풀이

〈보기〉에서 (a)와 (b)는 각각 한 번씩 큰 에너지를 방사하고 있다. 4문단에 따르면 2파장 검출 방식은 두 개 이상의 파장을 동시에 검출하는 방식으로, (a)와 (b)처럼 한 번만 에너지 방사를 보이는 경우는 화재로 판단하지 않는다.

오답 풀이

① 3문단에서 자외선 감지 방식은 태양광에서 나오는 자외선에 오작동을 하기 때문에 잘 쓰이지 않는다고 하였다.

② 2파장 검출 방식에서는 한 번만 강한 에너지를 방사하는 (b)를 화재로 판단하지 않는다.

③ (c)는 세 번 방사되기 때문에 2파장 검출 방식에서는 이것을 화재로 판단하는 오작동이 일어날 수 있다. 하지만 자외선 감지 방식은 적외선 방식보다 오히려 오작동이 더 잘 일어난다.

⑤ 플리커 검출 방식은 불꽃에서 발생하는 적외선의 깜박거림을 감지하는 방식으로, 불꽃 흔들림의 변화량을 검출하여 (a)와 (c)를 구분할 수 있다.

2 구체적 사례에 적용하기 답 ④

이 글로 볼 때 〈보기〉의 소방관이 보일 반응으로 적절한 것은?

┤ 보기 ├

소방관 ○○○은 화재 예방을 위해 집 안에 불꽃 감지기를 설치하려고 한다. 우선 집 안에서 방사되는 파장을 검출하였더니 아래 그림과 같은 파장이 존재함을 알 수 있었다.

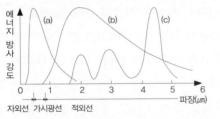

① (a)를 고려하여 자외선 방식의 감지기를 설치해야겠군.
　　× - 자외선 방식은 오작동이 잘 일어남

② (b)를 방사하는 물체 때문에 2파장 검출 방식의 감지기가
　　　　　　× - (b)를 화재로 판단하지 않음
오작동하겠군.

③ (c)로 인한 오작동을 막으려면 자외선 감지기를 설치해야
　　　　　× - 자외선 방식은 오작동이 더 잘 일어남
겠군.

3 세부 정보 파악하기 답 ④

㉠의 설치상 유의점으로 적절하지 않은 것은?

〈설치상 유의점〉

① 장애물을 피해 설치하세요.

② 불꽃이 발생하는 방향으로 설치하세요.

③ 넓은 곳에는 다수의 감지기를 설치하세요.

✓ 발열 물질에 설치할 경우 밀착하여 설치하세요.
　× - 발열 물질과 가까운 곳에 설치하면 오작동할 수 있음

⑤ 감지기를 부착면에 단단히 고정하여 설치하세요.

정답 풀이

5문단의 "가스레인지 불꽃에 감지기가 반응할 수 있으므로 이와 같은 오작동을 막기 위해서는 가스레인지와 가까운 곳에 감지기를 설치하지 않아야 한다."라는 내용을 고려할 때, 불꽃 감지기는 가스레인지와 같은 발열 물질과 너무 가까운 곳에 설치하지 않는 것이 적절함을 알 수 있다.

어휘력 Upgrade　※다음의 빈칸에 들어갈 알맞은 말을 〈보기〉에서 찾아 쓰시오.

┤ 보기 ├

감지
밀착
취급
판별

1 그 가게는 생선과 과일 등을 두루 (취급)한다.
　　　→ 물건을 사용하거나 소재나 대상으로 삼음

2 수달은 긴 수염으로 물고기의 움직임을 (감지)한다.
　　　→ 느끼어 앎

3 렌즈는 눈의 각막에 (밀착)되므로 반드시 세척을 잘 해 주어야 한다.
　　→ 빈틈없이 단단히 붙음

4 구체적인 기준이 없으면 어떤 작품이 좋은 작품인지 (판별)하기가 어렵다.
　　　→ 옳고 그름이나 좋고 나쁨을 판단하여 구별함. 또는 그런 구별

에너지 손실을 줄이는 패시브 하우스 _이필렬

● 지문 갈무리
패시브 하우스는 에너지
효율을 높인 에너지 절
약형 건축물이야. 이 글
은 에너지 손실을 최소
화하기 위한 장치들을
중심으로 패시브 하우스
의 여러 특징을 설명하
고 있어.

● 주제
패시브 하우스의 개념과
특징

1 '패시브 하우스(Passive House)'는 단열˚을 강화˚하여 에너지 손실을 최대한 줄인 건축
_{중심 화제}   _{패시브 하우스의 개념}
물이다. 이 건축물은 실내의 에너지 손실을 최소화하면서도 햇빛과 신선한 공기를 공급받을
                    _{패시브 하우스의 특징 ①}   _{특징 ②}
수 있고, 습도 조절을 잘 할 수 있도록 설계된 것이다.   ▶패시브 하우스의 개념과 주요 특징
  _{특징 ③}

2 패시브 하우스는 특히 겨울철에 건물 안으로 들어온 에너지와 안에서 발생한 에너지가
오랫동안 건물 안에 머물러 있도록 만들어졌다. 에너지 손실을 최소화하기 위해서는 열이
빠져나가지 않게 전체 단열 계획을 잘 짠 다음, 까다로운 기준에 부합하는 특수 단열재로 시
      _{내부의 열 손실을 최소화하는 방법}
공해야 한다.   ▶에너지 손실을 최소화하기 위한 시공 방법

3 건물의 실내에는 신선한 공기가 공급되어야 한다. 일반적인 건물은 창문을 열거나 환풍
기를 돌려서 신선한 공기를 공급받지만, 패시브 하우스에서는 그렇게 할 수 없다. 왜냐하면
외부 공기가 공급되면 실내 에너지가 빠져나가기 때문이다. 이러한 문제는 나가는 공기가
  _{일반적인 건물과 달리 창문을 열거나 환풍기를 돌릴 수 없는 이유}
품고 있는 에너지를 들어오는 공기가 회수˚해 올 수만 있으면 해결할 수 있다. 패시브 하우
스에서 이 일을 가능하게 해 주는 것이 열 교환 환기 장치이다. 이 장치는 주로 실내 바닥이
                               _{에너지 손실 방지와 환기를 위한 장치}
나 벽면에 설치하는데, 실내의 각 방과 실외로 연결되는 배관을 따로 시공하여 실내외 공기
  _{열 교환 환기 장치의 설치 방법}
를 교환한다. 구성 요소는 팬, 열 교환 소자, 공기 정화 필터, 외부 후드 등이다.
            _{열 교환 환기 장치의 구성 요소}   ▶열 교환 환기 장치의 특징과 구성 요소

4 그중 핵심 요소인 ㉠열 교환 소자는 열과 수분의 투과율을 높이기 위해 열전도율이 뛰
어나도록 만든다. 실내외의 공기가 나가고 들어올 때 이 열 교환 소자를 통과하는데, 그 과
      _{열·수분의 투과율과 열전도율이 비례함}
정에서 「실내 공기의 주 오염원인 CO_2는 통과시켜 배출한다. 하지만 열 교환 소자는 나가는
      _{「 」: 열 교환 소자의 기능}
공기가 지니고 있던 80% 내외의 열과 수분을 배출하지 않고 투과시켜 들어오는 공기와 함
께 실내로 되돌아오게 한다.」 이러한 장치 덕분에 창을 열지 않아도 환기가 가능하다. 실외의
                              _{에너지 손실을 줄이면서도 환기할 수 있음}
황사나 꽃가루 등은 공기 정화˚ 필터로 걸러지므로 외부로부터 신선한 공기를 공급받을 수
있다.   ▶열 교환 소자의 기능

5 햇빛을 통한 에너지 공급도 건물에서는 중요하다. 햇빛은 창호를 통해 들어오는데, 여기
서 에너지의 손실 방지와 햇빛의 공급 사이에 모순이 생긴다. 일반적으로 실내에 햇빛을 많
  _{햇빛을 들어오게 하기 위해서는 에너지의 손실이 불가피하기 때문에}
이 공급하기 위해서는 두께가 얇은 유리나 창호지를 사용해야 한다. 그러나 두께가 얇을수
록 에너지의 손실이 더 커질 수밖에 없다. 패시브 하우스에서는 이 문제를 해결하기 위해서
3중 로이 유리(Low-E Glass)를 사용한다. 이것에는 두께가 얇고 투명한 유리 세 장에 에너
  _{에너지 손실을 방지하고 햇빛을 공급하기 위한 장치}
지 흐름을 줄이는 금속 막이 씌워져 있고, 이들 유리 사이에는 무거운 기체가 채워져 있다.
투명한 유리는 햇빛을 많이 통과시키고, 금속 막과 무거운 기체는 실내 에너지가 빠져나가
  _{3중 로이 유리의 기능}
는 것을 막는다.   ▶3중 로이 유리의 기능

6 습도 조절도 중요한 요소이다. 일반 건물에서 습도 조절이 제대로 이루어지지 않아 곰팡
이가 피는 것은, 외부 공기가 스며들어 벽체 표면의 습도를 높이기 때문이다. 또, 곰팡이는

˚ 단열(斷熱): 물체와 물
체 사이에 열이 서로
통하지 않도록 막음.
또는 그렇게 하는 일.
˚ 강화(強化): 수준이나
정도를 더 높임.
˚ 회수(回收): 도로 거두
어들임.
˚ 정화(淨化): 불순하거
나 더러운 것을 깨끗
하게 함.

독해력 Upgrade ※각 문단의 중심 내용을 다음과 같이 정리할 때, 빈칸에 들어갈 알맞은 말을 쓰시오.

| **1** 패시브 하우스의 개념과 주요 (특징) | → | **2** 에너지 손실을 (최소화)하기 위한 시공 방법 | → | **3** 열 교환 환기 장치의 특징과 구성 요소 | → | **4** 열 교환 소자의 기능 | → | **5** 3중 로이 유리의 기능 | → | **6** (습도) 조절에 효과적인 패시브 하우스 |

집 안 전체의 습도가 아주 높거나, 전체 습도는 낮고 벽체 표면이나 벽체 속의 습도가 높아도 생긴다. 그러나 패시브 하우스는 밀폐성과 단열성이 뛰어나 겨울철 벽체의 온도와 실내 온도가 거의 비슷하기 때문에 이슬 맺힘이나 곰팡이가 생기지 않는다.

패시브 하우스에 이슬 맺힘이나 곰팡이가 생기지 않는 이유

▶습도 조절에 효과적인 패시브 하우스

1 세부 정보 파악하기 　답 ①

'패시브 하우스'에 대한 설명으로 적절하지 않은 것은?

☑ 외부 후드를 설치하여 실내 습도를 조절한다.
　×–이 글에서는 외부 후드와 습도 조절의 관계를 알 수 없음
② 황사나 꽃가루가 실내로 유입되는 것을 차단한다.
　→4문단
③ 특수 단열재를 사용해 내부의 열 손실을 최소화한다.
　→2문단
④ 두께가 얇은 3중 로이 유리를 활용하여 에너지 손실을 막는다. →5문단
⑤ 단열과 밀폐성이 뛰어나서 이슬 맺힘이나 곰팡이가 생기지 않는다. →6문단

정답 풀이
외부 후드는 3문단에서 열 교환 환기 장치의 구성 요소로 언급되고 있다. 실내 습도를 조절하기 위해 외부 후드를 설치한다는 내용은 이 글에서 확인할 수 없다.

오답 풀이
② 4문단에서 실외의 황사나 꽃가루 등은 열 교환 환기 장치의 공기 정화 필터로 걸러진다고 하였다.
③ 2문단에서 패시브 하우스는 에너지 손실을 최소화하기 위해 전체 단열 계획을 잘 짠 다음 까다로운 기준에 부합하는 특수 단열재로 시공해야 한다고 하였다.
④ 5문단에서 패시브 하우스는 두께가 얇고 투명한 유리 세 장에 금속 막을 씌우고 이들 유리 사이에 기체를 채운 3중 로이 유리를 사용하여, 햇빛을 많이 공급받으면서도 실내 에너지가 빠져나가는 것을 막는다고 하였다.
⑤ 6문단에서 패시브 하우스는 밀폐성과 단열성이 뛰어나 겨울철 벽체의 온도와 실내 온도가 거의 비슷하기 때문에 이슬 맺힘이나 곰팡이가 생기지 않는다고 하였다.

2 개념을 적용하여 자료 해석하기 　답 ①

이 글을 참고하여, ⊙의 작동 원리를 도식화한 〈보기〉를 바르게 이해한 것은?

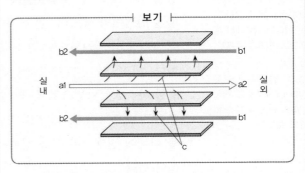

☑ a1 공기에서 열과 수분이 줄어든 공기가 a2이다.
② a2 공기가 최대화되면 b2 공기가 최소화된다.
　×
③ b1 공기에서 CO_2가 없어진 공기가 b2이다.
　×
④ c는 b2 공기에 포함되어 있지 않다.
　×–포함되어 있음
⑤ c의 양은 열 교환 소자의 열전도율에 반비례한다.
　×–비례함

정답 풀이
4문단에 따르면 '열 교환 소자'는 실내 공기의 주 오염원인 CO_2는 통과시켜 배출하고, 나가는 공기가 지니고 있던 80% 내외의 열과 수분은 투과시켜 들어오는 공기와 함께 실내로 되돌아오게 한다. 따라서 〈보기〉의 실내 공기 a1이 열 교환 소자를 통과할 때 80% 안팎의 열과 수분은 밖으로 배출되지 않고 투과되며, 이 열과 수분은 b1과 함께 실내로 되돌아와 b2가 된다. 따라서 a2는 a1에서 열과 수분이 줄어든 공기이다.

오답 풀이
② a2가 최대화되면 b2가 최소화된다는 정보는 확인할 수 없다.
③ b1이 실내로 들어올 때 CO_2가 없어진다는 정보는 확인할 수 없다.
④ c는 a1이 열 교환 소자를 통과할 때 투과된 열과 수분으로, b1과 함께 실내로 들어온다. 따라서 c는 b2에 포함되어 있다.
⑤ 열 교환 소자의 열전도율이 높을수록 열과 수분의 투과가 활발하게 일어나 c의 양이 늘어난다. 즉 열전도율과 c의 양은 비례한다.

어휘력 Upgrade

※다음의 빈칸에 들어갈 알맞은 말을 〈보기〉에서 찾아 쓰시오.

보기
강화
유입
정화
회수

1 (정화)되지 않은 폐수를 하천에 몰래 버리던 공장들이 적발되었다.
　→불순하거나 더러운 것을 깨끗하게 함
2 큰 강들은 대다수가 황해로 흘러들고 작은 강들은 동해로 (유입)한다.
　→액체나 기체, 열 따위가 어떤 곳으로 흘러듦
3 동계 스포츠 경쟁력을 (강화)하기 위해 훈련 시설을 늘리고 체계적으로 지원해야 한다.
　→수준이나 정도를 더 높임
4 그 제품에 중대한 문제가 있음이 드러나자 회사에서는 판매 중인 제품을 (회수)하기 시작했다.
　→도로 거두어들임

지구 온난화를 막을 CCS 기술의 원리 _김재창 외

1 ④ **2** ②

● **지문 갈무리**
이 글은 지구 온난화의 주범인 이산화 탄소를 모아서 저장하는 CCS 기술에 대해 설명하고 있어. 특히 '연소 후 포집 기술'에 초점을 맞추어 다섯 가지 공정이 각각 어떻게 구현되는지를 구체적으로 설명하고, 이 기술이 극복해야 할 과제도 덧붙이고 있지.

● **주제**
CCS 기술의 개념 및 특징과 CCS 기술의 핵심 분야인 연소 후 포집 기술의 원리

1 이산화 탄소에 의한 지구 온난화로 기상 이변˅이 빈번해지면서 최근 이산화 탄소 포집˅
_{CCS 기술이 주목받게 된 이유}
및 저장 기술인 CCS(Carbon Capture & Storage) 기술이 주목을 받고 있다. CCS 기술은
_{중심 화제}
화석 연료를 사용하는 화력 발전소, 제철소, 시멘트 공장 등에서 발생할 수 있는 대량의 이
산화 탄소를 고농도로 포집한 후 안전한 땅속에 저장하는 기술이다.
_{CCS 기술의 개념}
▶CCS 기술이 주목받게 된 이유와 CCS 기술의 개념

2 CCS 기술에는 '연소 후 포집 기술', '연소 전 포집 기술', '순산소 연소 포집 기술'이 있다.
_{CCS 기술의 종류}
연소 후 포집 기술은 화석 연료가 연소될 때 생기는 배기가스에서 이산화 탄소를 분리하는
_{연소 후 포집 기술의 개념}
방법이고, 연소 전 포집 기술은 화석 연료에 존재하는 이산화 탄소를 연소 전 단계에서 분리
_{연소 전 포집 기술의 개념}
하는 방법이다. 순산소 연소 포집 기술은 화석 연료를 연소시킬 때 공기 대신 산소를 주입하
_{순산소 연소 포집 기술의 개념}
여 고농도의 이산화 탄소만 배출되게 함으로써 별도의 분리 공정˅ 없이 포집할 수 있는 기술
이다. 이 중 연소 후 포집 기술은 현재 가동˅되고 있는 수많은 이산화 탄소 발생원에 직접 적
_{연소 후 포집 기술이 CCS 기술의 핵심 분야로 떠오른 이유}
용할 수 있는 방법으로 화력 발전소를 중심으로 실용화되기 시작하면서 CCS 기술의 핵심
분야로 떠오르고 있다. 연소 후 포집 기술은 흡수, 재생, 압축, 수송, 저장 등의 다섯 공정으
_{연소 후 포집 기술의 공정 과정}
로 나뉘어 진행되며 이를 위해서는 흡수탑, 재생탑, 압축기, 수송 시설, 저장조 등이 마련되
_{연소 후 이산화 탄소 포집을 위한 설치물들}
어야 한다.
▶CCS 기술의 종류 및 핵심 분야로 떠오른 연소 후 포집 기술

3 화력 발전소에서 배출되는 배기가스에는 물, 질소 그리고 10~15% 농도의 이산화 탄소
가 포함되어 있다. 이 배기가스는 먼저 흡수탑 하단으로 들어가게 되고, 흡수탑 상단에서 주
_{연소 후 포집 기술의 공정 ① - 흡수}
입되는 흡수제와 접촉하게 된다. 흡수제에는 미세 구멍, 즉 기공이 무수히 많이 뚫려 있는데
_{흡수제로 이산화 탄소를 흡수하는 원리}
이 기공에 이산화 탄소가 유입되면 화학 반응을 일으키면서 달라붙게 된다. 흡수제가 배기
가스에서 이산화 탄소만을 선택적으로 포집하면 물과 질소는 그대로 굴뚝을 통해 대기 중으
로 배출된다. 흡수제가 이산화 탄소를 포집할 수 있는 한계, 즉 흡수 포화점에 다다르면 흡
_{흡수 포화점의 개념}
수제는 연결관을 통해 재생탑 상단으로 이동하게 되고, 여기에서 고온의 열처리 과정을 거
_{공정 ② - 재생}
치게 된다. 열처리를 하는 이유는 흡수제에 달라붙어 있는 이산화 탄소를 분리하기 위해서
이다. 흡수제에 달라붙어 있던 이산화 탄소는 130℃ 이상의 열에너지를 받으면 기공 밖으로
_{이산화 탄소를 분리하여 흡수제를 재생하는 원리}
빠져나오게 되고, 이산화 탄소와 분리된 흡수제는 다시 이산화 탄소를 포집할 수 있는 원래
의 상태로 재생된 후, 흡수탑 상단으로 보내져 재사용된다. 이처럼 흡수제가 이산화 탄소를
포집하고 흡수제가 다시 재생되는 흡수와 재생 공정을 반복하면 90% 이상 고농도의 이산화
_{흡수와 재생 공정을 반복하여 얻은 결과}
탄소를 모을 수 있게 되는데, 이렇게 모아진 이산화 탄소는 이송˅에 편리하도록 압축기에서
_{이산화 탄소를 압축하는 이유} _{공정 ③ - 압축}
압축 공정을 거치게 된다. 압축된 이산화 탄소는 파이프라인이나 철도, 선박 등의 수송 시
_{공정 ④ - 수송}
설을 통해 땅속의 저장소로 이송되고, 저장소로 이송된 이산화 탄소는 800m 이상의 깊이에
_{공정 ⑤ - 저장}
있는 폐유전이나 가스전 등에 주입되어 반영구적으로 저장된다.
▶연소 후 포집 기술로 이산화 탄소를 포집하는 공정 과정

4 오늘날 CCS 기술은 지구 온난화를 막을 수 있는 가장 현실적인 대안으로 인정받고 있
_{CCS 기술의 의의}

˅ **이변(異變):** 예상하지 못한 사태나 괴이한 변고.

˅ **포집(捕執):** 물질 속에 있는 미량의 성분을 분리하여 잡아 모으는 일.

˅ **공정(工程):** 한 제품이 완성되기까지 거쳐야 하는 하나하나의 작업 단계.

˅ **가동(稼動):** 사람이나 기계 따위가 움직여 일함. 또는 기계 따위를 움직여 일하게 함.

˅ **이송(移送):** 다른 데로 옮겨 보냄.

독해력 Upgrade

※각 문단의 중심 내용을 다음과 같이 정리할 때, 빈칸에 들어갈 알맞은 말을 쓰시오.

| **1** (CCS 기술)이 주목받게 된 이유와 CCS 기술의 개념 | → | **2** CCS 기술의 종류 및 핵심 분야로 떠오른 (연소 후 포집) 기술 | → | **3** 연소 후 포집 기술로 (이산화 탄소)를 포집하는 공정 과정 | → | **4** CCS 기술의 의의와 한계 및 극복 방안 |

다. 하지만 공정을 진행하는 과정에서 많은 에너지가 소요되는 것은 극복할 과제이다. 이
<u>CCS 기술의 한계이자 극복 과제</u>
에 따라 현재 진행되고 있는 연소 후 포집 기술의 핵심적 연구는 ㉠<u>흡수 포화점이 향상된</u>
<u>흡수제를 개발</u>하여 ㉡<u>경제성이 높은 이산화 탄소 포집 기술을 구현하는 방향으로 진행되</u>
<u>연소 후 포집 기술 연구의 목표</u>   CCS 기술의 한계를 극복할 수 있는 방안
고 있다.
                                              ▶CCS 기술의 의의와 한계 및 극복 방안

---

1 개념을 적용하여 자료 해석하기   답 ④

이 글을 바탕으로 〈보기〉를 설명한 내용으로 적절하지 <u>않은</u> 것
은?

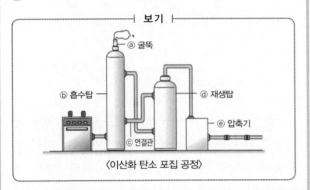

〈이산화 탄소 포집 공정〉

① ⓐ로 배출되는 배기가스에는 물과 질소가 포함되어 있다.

② ⓑ에서는 화학 반응을 통해 이산화 탄소가 흡수제에 달
라붙는다.

③ ⓒ는 흡수 포화점에 다다른 흡수제가 이동하는 통로이다.

④ ⓓ에서는 <u>흡수제가 이산화 탄소의 열을 흡수하면서 재생</u>
된다.   ✕ ─ 이산화 탄소에 열처리를 하여 흡수제와 분리시킴

⑤ ⓔ에서는 고농도의 이산화 탄소가 이송에 편리하도록 압
축된다.

정답 풀이

ⓓ의 '재생탑'에서는 고온의 열처리가 이루어지는데, 열처리
를 하는 이유는 흡수제에 달라붙어 있는 이산화 탄소를 분리
하기 위해서이다. 이산화 탄소는 130℃ 이상의 열에너지를
받으면 흡수제의 기공 밖으로 빠져나오기 때문에 흡수제가
다시 이산화 탄소를 흡수할 수 있는 상태로 재생되는 것이다.
즉 흡수제가 이산화 탄소의 열을 흡수하는 것이 아니라 열처
리 과정에서 이산화 탄소가 열을 공급받는 것이므로 ④는 적
절하지 않다.

오답 풀이

① 배기가스에는 물, 질소, 이산화 탄소가 포함되어 있는데, 흡수제는
이 중 이산화 탄소만을 선택적으로 포집한다. 따라서 물과 질소는
ⓐ의 '굴뚝'을 통해 대기 중으로 배출된다.

② ⓑ의 '흡수탑'에서는 흡수제와 접촉한 이산화 탄소가 화학 반응을 일
으키면서 흡수제의 기공에 달라붙게 된다.

③ 흡수 포화점에 다다른 흡수제는 ⓒ의 '연결관'을 통해 재생탑 상단으
로 이동되어 재생 공정을 거친다.

⑤ ⓔ의 '압축기'는 포집된 고농도의 이산화 탄소를 이송에 편리하도록
압축하는 역할을 한다.

---

2 내용 추론하기   답 ②

㉠이 ㉡으로 이어질 수 있는 이유로 가장 적절한 것은?

① 흡수와 재생 공정을 일원화할 수 있기 때문에
    ✕ ─ 흡수와 재생 공정은 기존과 같게 이루어짐

② 흡수와 재생 공정의 반복 횟수를 줄일 수 있기 때문에

③ 재생 공정에서 흡수제의 재생률을 높일 수 있기 때문에
    ✕ ─ 흡수 포화점과 흡수제의 재생률은 관련이 없음

④ 재생 공정이 없어도 이산화 탄소를 포집할 수 있기 때문에
    ✕ ─ 재생 공정은 그대로 이루어짐

⑤ 포집한 이산화 탄소를 저장소로 옮기는 운송비를 줄일
    수 있기 때문에   ✕ ─ 흡수제 개발과 운송비는 관련이 없음

정답 풀이

흡수탑에서 흡수 포화점에 다다른 흡수제는 재생탑으로 이동
되어 재생 과정을 거치게 된다. 이산화 탄소의 포집은 이 흡수
와 재생 공정이 반복되면서 이루어지는데, 흡수 포화점이 향
상된 흡수제를 개발하면 흡수제가 이전보다 더 많은 이산화
탄소를 포집할 수 있게 되어 재생탑으로 이동하는 횟수를 줄
일 수 있다. 그리고 그에 따라 재생탑에서 흡수탑으로 흡수제
가 이동하는 횟수도 줄일 수 있다. 이처럼 흡수와 재생 공정의
반복 횟수를 줄이게 되면 재생탑에서 이루어지는 열처리에 드
는 에너지 소모도 줄어들기 때문에 경제성이 높아지는 것이다.

어휘력 Upgrade

※다음의 빈칸에 들어갈 알맞은 말을 〈보기〉에서 찾아 쓰시오.

┌ 보기 ┐
가동
공정
이변
이송
└──┘

1 사건 현장에 도착한 구조대는 응급 환자를 병원으로 즉각 (이송)했다.
    → 다른 데로 옮겨 보냄

2 올해 영화제에서는 신인 감독의 작품이 대상을 수상하는 (이변)이 일어났다.
    → 예상하지 못한 사태나 괴이한 변고

3 공장 생산품의 불량률을 낮추기 위해 모든 (공정)을 기계화·자동화하기로 했다.
    → 한 제품이 완성되기까지 거쳐야 하는 하나하나의 작업 단계

4 검찰은 대규모로 발생한 금융 비리를 파헤치기 위해 합동 수사단을 꾸려 (가동)하고 있다.
    → 사람이나 기계 따위가 움직여 일함

날개 없는 선풍기에서 어떻게 바람이 생길까

1 ④   2 ④

● 지문 갈무리
날개 없는 선풍기는 말 그대로 날개 없이 바람을 만들어 내는 선풍기야. 이 글은 날개 없는 선풍기의 구조를 분석적으로 제시하고, 공기가 흡입되어 바람이 만들어지는 원리와 과정을 구체적으로 설명하고 있어.

● 주제
날개 없는 선풍기에서 바람이 만들어지는 원리

1 선풍기가 처음 개발된 이후, 동력이나 기능은 달라졌지만 날개가 회전하며 바람을 일으키는 선풍기의 모습에는 큰 변화가 없다. 하지만 영국의 한 회사가 날개 없는 선풍기를 개발했다. 날개가 없는데 바람이 어떻게 생기는 것일까?
중심 화제
질문을 통해 글에서 다룰 중심 내용 제시
▶ 날개 없는 선풍기의 바람 생성 원리에 대한 의문

2 날개 없는 선풍기는 스탠드와 고리 몸통으로 이루어져 있다. 스탠드의 내부에는 공기를 빨아들이도록 제트 엔진처럼 팬과 모터가 있다. 고리 몸통은 「내부가 비어 있어 공기가 지나가도록 설계되어 있으며, 여기에는 이 공기가 바깥으로 나가도록 둥근 고리 몸통을 따라 난 작은 틈이 있다.」
날개 없는 선풍기의 구성 요소
스탠드의 내부 구조
「 」: 고리 몸통의 내부 구조
▶ 스탠드와 고리 몸통의 내부 구조

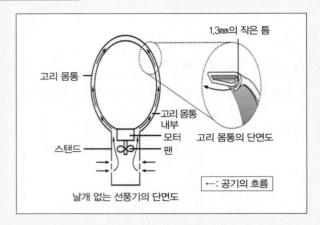

날개 없는 선풍기의 단면도
1.3㎜의 작은 틈
고리 몸통
고리 몸통 내부
모터
스탠드
팬
고리 몸통의 단면도
← : 공기의 흐름

3 또한 고리 몸통 단면의 형태는 비행기 날개의 단면을 뒤집어 놓은 것과 비슷한 구조이다. 이런 구조로 만든 이유는 고리 몸통 안쪽과 바깥쪽의 기압 차이를 만들어 고리 몸통 주변의 공기를 이동시키기 위한 것이다. 비행기 날개의 경우, 윗면이 아랫면보다 불룩하다. 「공기는 비행기의 평평한 아랫면보다 불룩한 윗면을 지나갈 때 속도가 더 빨라지게 되는데, 공기의 속도가 빠른 윗면은 기압이 낮아지고 속도가 느린 아랫면의 기압은 상대적으로 높아지게 된다. 공기는 고기압에서 저기압으로 힘이 작용해 이동하므로, 기압이 높은 날개의 아래쪽에서 기압이 낮은 날개의 위쪽으로 힘이 작용해 공기가 이동하면서 비행기가 뜨는 것이다.」 날개 없는 선풍기의 고리 몸통 단면에도 이 원리가 반영되어 있다.
고리 몸통 단면의 특징
비행기 날개 단면을 뒤집어 놓은 듯한 구조로 만든 이유
「 」: 비행기가 뜨는 원리 = 고리 몸통 단면에 반영된 원리
공기의 이동과 기압의 관계
▶ 고리 몸통의 구조에 반영된 공기 이동 원리

4 날개 없는 선풍기는 바람을 만들기 위해 우선 스탠드의 팬을 작동하여 주변의 공기를 빨아들인다. 이렇게 흡입된 공기는 고리 몸통 내부로 올라가는데, 이때 스탠드의 내부보다 좁아진 고리 몸통 내부의 공간으로 인해 약 88km/h 정도로 그 유속이 빨라지게 된다. 또한 고리 몸통 내부로 빠르게 밀려 올라온 공기는 1.3㎜의 작은 틈을 통해 고리 몸통 밖으로 나온다. 이때 고리 몸통 내부의 공간보다 훨씬 더 좁은 틈 때문에 공기가 더 가속된다. 이렇게 빨라진 공기로 인해 고리 몸통 안쪽의 기압은 낮아지고 고리 몸통 바깥의 기압은 상대적으로 높아지게 된다. 이 때문에 고리 몸통 주변의 공기가 고리 몸통 내부에서 나온 빠른 공기와 같은 방향으로 이동하여 합쳐지면서 바람이 생기는 것이다. 이때 고리 몸통 안쪽을 통과하는 공기의 양은 처음 스탠드에 흡입된 공기의 양보다 15배 정도 증가하게 된다.
날개 없는 선풍기에서 바람이 만들어지는 과정 ①
과정 ②
고리 몸통 내부의 공간이 좁기 때문에
과정 ③
지나는 공간이 더 좁아지기 때문에
과정 ④
과정 ⑤
기압 차이로 고리 몸통 주변의 공기가 고리 몸통 안쪽으로 유도되었기 때문에
▶ 날개 없는 선풍기가 바람을 만드는 과정과 원리

✔ 단면(斷面): 물체의 잘라 낸 면.
✔ 흡입(吸入): 기체나 액체 따위를 빨아들임.
✔ 가속(加速): 점점 속도를 더함. 또는 그 속도.

독해력 Upgrade

※ 각 문단의 중심 내용을 다음과 같이 정리할 때, 빈칸에 들어갈 알맞은 말을 쓰시오.

| **1** 날개 없는 선풍기의 바람 생성 원리에 대한 의문 | ⇒ | **2** (스탠드)와 고리 몸통의 내부 구조 | ⇒ | **3** 고리 몸통의 구조에 반영된 (공기) 이동 원리 | ⇒ | **4** 날개 없는 선풍기가 (바람)을 만드는 과정과 원리 |

1 세부 정보 파악하기 　　　　　답 ④

'날개 없는 선풍기'에 대한 설명으로 적절하지 <u>않은</u> 것은?

① 기존 선풍기의 외형과는 차이가 있다. → 1문단

② 공기의 속도에 따른 기압 차이를 활용한 것이다.
　　　　　　　　　　　　　　　　→ 3문단, 4문단

③ 고리 몸통 내부의 공기의 속도는 약 88km/h 정도이다.
　　　　　　　　　　　　　　　　　　　　→ 4문단

☑ 스탠드에 있는 1.3㎜의 작은 틈은 고리 몸통을 따라 나
　×－스탠드에는 작은 틈이 나 있지 않음
있다.

⑤ 고리 몸통의 단면은 비행기 날개의 단면을 뒤집어 놓은
구조와 비슷하다. → 3문단

정답 풀이

날개 없는 선풍기에서 작은 틈이 나 있는 부분은 스탠드가 아니라 고리 몸통이다. 2문단과 4문단에 따르면 날개 없는 선풍기의 고리 몸통은 내부가 비어 있어 공기가 지나가도록 설계되어 있으며, 여기에는 이 공기가 바깥으로 나가도록 둥근 고리 몸통을 따라 난 1.3㎜의 작은 틈이 있다. 이는 그림으로 제시된 고리 몸통의 단면도에서도 확인할 수 있다.

오답 풀이

① 1문단에서 날개가 회전하며 바람을 일으키는 기존의 선풍기들과 달리 날개 없는 선풍기는 날개가 없다고 하였으므로 서로 외형이 다름을 알 수 있다.

② 3문단에서 고리 몸통의 구조에 반영된 비행기 날개의 구조를 들어 공기의 속도에 따라 기압 차이가 발생하여 공기가 이동하는 원리를 설명하였고, 4문단에서는 이 원리에 따라 날개 없는 선풍기에서 바람이 생기는 과정을 설명하였다.

③ 4문단에서 스탠드의 팬을 작동하여 빨아들인 공기는 고리 몸통 내부로 올라가는데, 이때 스탠드의 내부보다 좁아진 고리 몸통 내부의 공간으로 인해 약 88km/h 정도로 그 유속이 빨라지게 된다고 하였다.

⑤ 3문단에서 날개 없는 선풍기의 고리 몸통 단면의 형태는 비행기 날개의 단면을 뒤집어 놓은 것과 비슷한 구조라고 하였다.

2 개념을 적용하여 자료 해석하기 　　　　　답 ④

〈보기〉는 '날개 없는 선풍기'가 바람을 만드는 과정을 간략히 나타낸 것이다. 이에 대한 설명으로 적절하지 <u>않은</u> 것은?

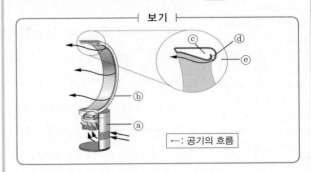

┤ 보기 ├

←: 공기의 흐름

① ⓐ에 있는 팬이 작동되어 외부의 공기를 빨아들인다.

② ⓑ에 흐르고 있는 공기는 ⓐ보다 좁아진 공간으로 인해 속도가 빨라진다.

③ ⓒ의 공기는 ⓓ를 빠져나오면서 속도가 더 빨라진다.

☑ 고리 몸통 바깥 공기인 ⓔ는 고리 몸통 안쪽과의 기압 차
　×－고리 몸통 안쪽을 통과하는 공기 양이 처음 스탠드에 흡입된 공기 양의 15배
이로 인해 ⓒ의 공기 양보다 15배 정도가 더 많다.

⑤ 고리 몸통 바깥 공기인 ⓔ가 기압 차이에 의해 고리 몸통 안쪽으로 흘러, ⓓ에서 나온 공기와 합쳐지면서 선풍기의 바람이 된다.

정답 풀이

기압 차이에 의해 고리 몸통 바깥 공기인 ⓔ가 고리 몸통 내부에서 나온 빠른 공기와 같은 방향으로 이동하여 합쳐지면서 바람이 생긴다. 이때 고리 몸통 안쪽을 통과하는 공기의 양은 처음 스탠드에 흡입된 공기 양의 15배 정도이다. 따라서 고리 몸통 바깥 공기인 ⓔ가 고리 몸통 안쪽 공기인 ⓒ의 양보다 15배 정도가 더 많다는 설명은 적절하지 않다.

오답 풀이

① 날개 없는 선풍기는 바람을 만들기 위해 우선 스탠드의 팬을 작동하여 주변의 공기를 빨아들인다.

② 고리 몸통 내부로 올라간 공기는 스탠드의 내부보다 좁아진 고리 몸통 내부의 공간으로 인해 속도가 빨라진다.

③ 고리 몸통 내부로 들어간 공기는 둥근 고리 몸통을 따라 난 작은 틈 사이로 빠져나오며 속도가 더 빨라진다.

⑤ ⓐ~ⓓ를 거치며 빨라진 공기로 인해 고리 몸통 안쪽의 기압은 낮아지고 고리 몸통 바깥의 기압은 상대적으로 높아진다. 이 때문에 고리 몸통 바깥의 공기가 고리 몸통 내부에서 나온 빠른 공기와 같은 방향으로 이동하여 합쳐지면서 바람이 생긴다.

어휘력 Upgrade ※다음의 빈칸에 들어갈 알맞은 말을 〈보기〉에서 찾아 쓰시오.

┤ 보기 ├
가속
단면
외형
흡입

1 잘라 낸 나무의 (단면)에는 여러 개의 나이테가 있었다.
　→물체의 잘라 낸 면

2 이 집은 (외형)만 화려한 것이 아니라 실속 또한 대단하다.
　→사물의 겉모양

3 무거운 수레는 내리막길에 들어서자 (가속)이 붙어 무섭게 달리기 시작했다.
　→점점 속도를 더함. 또는 그 속도

4 공기 청정기는 실내의 공기를 (흡입)해서 필터를 통해 먼지를 걸러 내는 원리를 이용한 것이다.
　→기체나 액체 따위를 빨아들임

깊이 정보를 이용해 3차원 세상을 열다 _안양근

● 지문 갈무리
3차원 공간 좌표에서의 거리를 의미하는 깊이 정보는 3차원 콘텐츠를 제작할 때 필수적인 개념이야. 이 글은 깊이 정보의 개념을 밝히고, 깊이 정보를 획득하는 방법으로 수동적 깊이 센서 방식과 능동적 깊이 센서 방식(TOF 카메라)을 소개하고 있어.

● 주제
컴퓨터로 깊이 정보를 획득하는 방법

1 최근 컴퓨터로 하여금 사람의 신체 움직임을 3차원적으로 인지하게 하여, 이 정보를 기반으로 인간과 컴퓨터가 상호 작용하는 다양한 방법들이 연구되고 있다. 리모컨 없이 손짓으로 텔레비전 채널을 바꾼다거나 몸짓을 통해 게임 속 아바타를 조종하는 것 등이 바로 그것이다. 【깊이 정보를 활용한 기술】 이때 컴퓨터가 인지하고자 하는 대상이 3차원 공간 좌표에서 얼마나 멀리 있는지에 대한 정보가 필수적인데 이를 '깊이 정보'라 한다. 【깊이 정보의 개념】 ▶ 깊이 정보의 개념

2 깊이 정보를 획득하는 방법으로 우선 수동적▼ 깊이 센서 방식이 있다. 이는 사람이 양【중심 화제】【깊이 정보를 획득하는 방법 ①】쪽 눈에 보이는 서로 다른 시각 정보를 결합하여 3차원 공간을 인식하는 것과 비슷한 방식으로, 두 대의 카메라로 촬영하여 획득한 2차원 영상들로부터 깊이 정보를 추출▼하는 것이다.【수동적 깊이 센서 방식의 깊이 정보 획득 방법】하지만 이 방식은「두 개의 영상을 동시에 처리해야 하므로 시간이 많이 걸리고, 또한 한쪽【「」: 수동적 깊이 센서 방식의 단점】카메라에는 보이지만 다른 카메라에는 보이지 않는 부분에 대해서는 정확한 깊이 정보를 얻기 어렵다. 두 카메라가 동일한 수평선상에 정렬▼되어 있어야 하고, 카메라의 광축▼도 평행을 이루어야 한다는 제약 조건도 따른다.」 ▶ 수동적 깊이 센서 방식의 특징

3 그래서 최근에는 능동적▼ 깊이 센서 방식인 TOF(Time of Flight) 카메라를 통해 깊이【깊이 정보를 획득하는 방법 ②】정보를 직접 획득하는 방법이 주목받고 있다. TOF 카메라는「LED로 적외선 빛을 발사하고,【「」: TOF 카메라의 깊이 정보 획득 방법】그 신호가 물체에 반사되어 돌아오는 시간 차를 계산하여 거리를 측정한다. 한 대의 TOF 카메라가 1초에 수십 번 빛을 발사하고 수신하는 것을 반복하면서 밝기 또는 색상으로 표현된 동영상 형태로 깊이 정보를 출력한다.」 ▶ TOF 카메라의 깊이 정보 획득 방법

4 TOF 카메라는 기본적으로 빛을 발사하는 조명과, 대상으로부터 반사되어 돌아오는 빛【TOF 카메라의 구성】을 수집하는 두 개의 센서로 구성된다. 그중 한 센서는 빛이 발사되는 동안만, 나머지 센서는 빛이 발사되지 않는 동안만 활성화된다. 전자는 A 센서, 후자는 B 센서라 할 때 TOF 카메라가 깊이 정보를 획득하는 기본적인 과정은 다음과 같다. 먼저 조명이 켜지면서 빛이 발【TOF 카메라가 깊이 정보를 획득하는 과정 ①】사된다. 동시에, 대상으로부터 반사된 빛을 수집하기 위해 A 센서도 켜진다. 일정 시간 후【과정 ②】조명이 꺼짐과 동시에 A 센서도 꺼진다. 조명과 A 센서가 꺼지는 시점에 B 센서가 켜진다.【과정 ③】【과정 ④】만약 카메라와 대상 사이가 멀어서 반사된 빛이 돌아오는 데 시간이 걸려 A 센서가 활성화되어 있는 동안에 A 센서로 다 들어오지 못하면 나머지 빛은 B 센서에 담기게 된다. 결국 대【B 센서에 담기는 것】상으로부터 반사된 빛이 A 센서와 B 센서로 나뉘어 담기게 되는데 이러한 과정이 반복되면서 대상과 카메라 사이가 가까울수록 A 센서에 누적되는 양이 많아지고, 멀수록 B 센서에【대상과 카메라의 거리와 두 센서에 누적되는 반사광 양의 관계】누적되는 양이 많아진다. 이렇게 A, B 각 센서에 누적되는 반사광의 양의 차이를 통해 깊이 정보를 얻을 수 있는 것이다. ▶ TOF 카메라의 구성과 깊이 정보 획득 과정

5 TOF 카메라도 한계가 없는 것은 아니지만 실시간으로 빠르고 정확하게 깊이 정보를 추【TOF 카메라의 장점】출할 수 있기 때문에 다양한 분야에서 응용되고 있다. ▶ TOF 카메라의 장점

▼ 수동적(受動的): 스스로 움직이지 않고 다른 것의 작용을 받아 움직이는 것.

▼ 추출(抽出): 전체 속에서 어떤 물건, 생각, 요소 따위를 뽑아냄.

▼ 정렬(整列): 가지런하게 줄지어 늘어섬. 또는 그렇게 늘어서게 함.

▼ 광축(光軸): 렌즈의 중심과 초점을 연결한 선.

▼ 능동적(能動的): 다른 것에 이끌리지 아니하고 스스로 일으키거나 움직이는 것.

독해력 Upgrade   ※각 문단의 중심 내용을 다음과 같이 정리할 때, 빈칸에 들어갈 알맞은 말을 쓰시오.

| 1 (깊이 정보)의 개념 | → | 2 (수동적) 깊이 센서 방식의 특징 | → | 3 (TOF) 카메라의 깊이 정보 획득 방법 | → | 4 TOF 카메라의 구성과 깊이 정보 획득 과정 | → | 5 TOF 카메라의 장점 |

1 세부 정보 파악하기 　답 ④

이 글의 내용과 일치하지 <u>않는</u> 것은?

① 능동적 깊이 센서 방식은 실시간으로 깊이 정보를 제공해 준다. → 5문단

② 능동적 깊이 센서 방식은 한 대의 카메라로 깊이 정보를 측정할 수 있다. → 3문단

③ 수동적 깊이 센서 방식은 사람이 3차원 공간을 인식하는 방법과 유사하다. → 2문단

☑ 수동적 깊이 센서 방식은 두 대의 카메라가 대상을 앞과 뒤에서 촬영하여 깊이 정보를 측정한다.
　　× – 두 카메라가 동일한 수평선상에 정렬되어 있어야 함

⑤ 컴퓨터가 대상을 3차원적으로 인지하기 위해서는 깊이 정보가 필요하다. → 1문단

정답 풀이

2문단에서 수동적 깊이 센서 방식은 두 카메라가 동일한 수평선상에 정렬되어 있어야 하고, 카메라의 광축도 평행을 이루어야 한다고 하였다. 따라서 두 대의 카메라가 대상을 앞과 뒤에서 촬영하여 깊이 정보를 측정한다는 내용은 적절하지 않다.

오답 풀이

①은 5문단, ②는 3문단, ③은 2문단, ⑤는 1문단에서 그 내용을 확인할 수 있다.

2 개념을 적용하여 자료 해석하기 　답 ⑤

〈보기〉는 TOF 카메라의 깊이 정보 측정 과정을 나타낸 것이다. 이에 대한 이해로 적절하지 <u>않은</u> 것은?

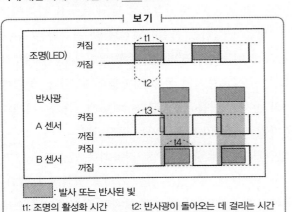

┤ 보기 ├

조명(LED) 켜짐／꺼짐　t1
반사광　t2
A 센서 켜짐／꺼짐　t3
B 센서 켜짐／꺼짐　t4

　：발사 또는 반사된 빛
t1: 조명의 활성화 시간　　t2: 반사광이 돌아오는 데 걸리는 시간
t3: A 센서의 활성화 시간　　t4: B 센서의 활성화 시간

① 카메라와 물체 사이의 거리가 멀어지면 t2는 길어진다.

② t1과 t2가 같다면 반사광은 t4 동안 B 센서에만 담긴다.

③ 조명이 켜지고 t1의 종료 지점에서 B 센서가 활성화된다.

④ t2에서는 A 센서와 B 센서 모두 반사광을 감지할 수 없다.

☑ 카메라와 물체 사이의 거리가 0이라면 t2와 t3가 같아진다.
　　× – t2 = 0, t3 ≠ 0

정답 풀이

〈보기〉에서 카메라와 물체 사이의 거리가 0이면 반사광이 돌아오는 시간도 0이므로 t2(반사광이 돌아오는 데 걸리는 시간)는 0이다. 그런데 A 센서는 조명이 활성화되는 시간에 함께 활성화되므로 t3(A 센서의 활성화 시간)는 t1(조명의 활성화 시간)과 동일하다. 켜진 조명은 빛을 발사하고 '일정 시간 후' 꺼지므로 t1은 0이 아니다. 즉 카메라와 물체 사이의 거리가 0일 때 t2는 0이고 t3는 0이 아니므로, t2와 t3가 같아지지 않는다.

오답 풀이

① 카메라와 물체 사이의 거리가 멀어지면 반사된 빛이 돌아오는 데 시간이 더 많이 걸리므로 t2는 길어진다.

② t1과 t2가 같다면 조명이 꺼지는 시점부터 반사광이 센서에 담기게 된다. 조명이 꺼짐과 동시에 A 센서가 꺼지고 B 센서가 활성화되므로 반사광은 t4 동안 B 센서에만 담긴다.

③ B 센서는 조명과 A 센서가 꺼지는 시점에 켜진다. 따라서 t1의 종료 지점에서 B 센서가 활성화된다.

④ t2는 빛이 물체에 반사되어 센서에 도달하기까지 걸리는 시간이다. 즉 t2에서 반사광은 센서에 도달하기 전이므로 이때는 모든 센서가 반사광을 감지할 수 없다.

단원 어휘 테스트 ✔

09회 01 ㉢ 02 ㉠ 03 ㉤ 04 ㉢ 05 밀착 06 기반 07 강구 08 판별 09 국한 10 이송 11 좌우 12 회수 13 보유 14 정화 15 지칭 16 응용 17 지급한다 18 차단하기 19 용이하다 20 방대해서

10회 01 ㉢ 02 ㉤ 03 ㉤ 04 ㉠ 05 감지 06 취급 07 정렬 08 가동 09 핵심적 10 필수적 11 전반적 12 수동적 13 휴대 14 적합 15 분산 16 예방 17 유입되는 18 추출하기가 19 감소했다 20 소요되는

어휘력 Upgrade

※다음의 빈칸에 들어갈 알맞은 말을 〈보기〉에서 찾아 쓰시오.

┤ 보기 ├
능동적
수동적
정렬
추출

1 손님이 오기 전에 상 위에 식기와 수저들을 (정렬)해 두었다.
　→ 가지런하게 줄지어 늘어섬. 또는 그렇게 늘어서게 함

2 이 보고서는 사원들이 제출한 자료에서 핵심만 (추출)한 것이다.
　→ 전체 속에서 어떤 물건, 생각, 요소 따위를 뽑아냄

3 남이 하기에 나도 한다는 식의 (수동적)인 태도는 바람직하지 않다.
　→ 스스로 움직이지 않고 다른 것의 작용을 받아 움직이는 것

4 지역 발전을 위해서는 주민들이 그 지역의 일에 (능동적)으로 참여하는 자세가 필요하다.
　→ 다른 것에 이끌리지 아니하고 스스로 일으키거나 움직이는 것

기술에 대한 철학자들의 관점 _이중원

○ : 시대의 흐름에 따른 내용 전개

1 기술이라는 용어는 고대 그리스에서 사용된 '테크네'에서 유래하였다. ㉠플라톤은 소크라테스의 영향을 받아 사물의 본질을 밝혀내는 정신적인 활동을 에피스테메, 삶의 가치를 달성하는 데 필요한 도구를 생산해 내는 실용적인 활동을 테크네로 구분하였다. ㉡아리스토텔레스도 이에 동의하였지만, 플라톤과 달리 정치, 법률 등은 어떤 이론을 지니고 있지 않은 실제적인 활동이라는 측면에서 테크네에 속한다고 보았다. 이러한 고대 그리스의 철학자들은 삶의 정신적 가치보다는 물질적인 가치를 더 중시한다는 이유로 기술을 부정적으로 간주하였다. ▶ 기술을 부정적으로 바라본 고대 그리스 철학자들의 관점

2 그러나 기술에 대한 이러한 관점은 근대 초기의 마키아벨리, 베이컨, 데카르트 등에 의해 강한 비판을 받았다. 예컨대 16세기 영국 철학자인 ㉢베이컨은 인쇄술이나 화약 발명 등의 기술이 정치적인 정복이나 철학적인 논쟁보다 훨씬 이롭다고 주장하였다. 또한 독일의 철학자 피히테는 기술이 인간을 자연의 강압으로부터 해방시켜 줄 것이라는 믿음에서, 기술을 통한 자연의 정복을 선(善)으로 규정하였다. ▶ 기술을 긍정적으로 바라본 근대 초기 철학자들의 관점

3 하지만 기술의 발전에 따라 기술이 인류의 생존 자체를 위협할 수도 있다는 점에서 기술을 바라보는 새로운 철학적 관점이 등장하였다. 20세기에 이르러 독일의 철학자 하이데거를 필두로 기술의 진정한 본질은 무엇인지, 기술은 인간에게 어떤 존재적 의미와 가치를 지니는지 등에 대한 진지한 철학적 고민이 시작된 것이다. ㉣하이데거는 기술을 도구로 파악하였지만, 그 기술은 인간이 세계의 사물들과 교섭하는 창구로서 사물들의 존재 의미를 구성하는 능력을 지닌 비중립적 존재임을 강조한다. 하이데거에 따르면 거대한 우주를 관측할 때 우리는 전파 망원경 같은 도구를 통해 세계에 대한 정보를 얻게 되는데, 이때 도구가 세계와 어떻게 관계를 맺는가에 따라 우리가 갖는 세계에 대한 존재론적 의미가 달라진다는 것이다. ▶ 기술에 대한 현대 철학자 하이데거의 관점

4 가령「맨눈으로 황금빛 보름달을 관찰하는 경우, 천체 망원경으로 달의 운동을 관측하는 경우, 그리고 특수 기능의 전파 망원경으로 달을 구성하는 물질들의 성분을 관측하는 경우,」이때 각각의 도구를 통해 드러나는 달의 존재 의미는 달라진다.「첫 번째 달은 시적인 존재로서의 의미를, 두 번째 달은 지구 주위를 도는 위성으로서의 존재 의미를 갖게 된다. 하지만 세 번째 달은 특정한 광물질의 보고로서의 존재 의미를 갖게 된다.」이렇게 기술은 세계의 존재론적 의미를 새롭게 구성하는 능력을 가지고 있다고 하이데거는 주장한다. ▶ 기술에 의해 세계의 존재론적 의미가 구성된다고 본 하이데거

5 이처럼 하이데거는, 기술은 더 이상 인간과 세계에 중립적으로 작용하는 단순한 도구가 아니며, 인간과 세계의 관계를 왜곡시키거나 변형시킬 수 있는 힘을 가지고 있다고 보았다. 그는 기술이 더 이상 인간을 위한 도구가 아니라, 인간으로 하여금 세계를 특정한 방식으로 보도록 압박하는 존재일 수 있음을 경고하고 있다. ▶ 기술에 대한 하이데거의 경고

● 지문 갈무리
기술에 대한 논의는 고대부터 현대에 이르기까지 꾸준히 이어져 왔어. 이 글은 기술에 대한 철학자들의 입장을 시대별로 소개하고, 그중 현대 철학자 하이데거의 입장을 보다 자세히 설명하고 있어.

● 주제
기술에 대한 시대별 철학적 관점의 변화

▾ 달성(達成): 목적한 것을 이룸.
▾ 실용적(實用的): 실제로 쓰기에 알맞은 것.
▾ 강압(強壓): 강한 힘이나 권력으로 강제로 억누름.
▾ 교섭(交渉): 어떤 일을 이루기 위하여 서로 의논하고 절충함.
▾ 보고(寶庫): 귀중한 것이 많이 나거나 간직되어 있는 곳을 비유적으로 이르는 말.

독해력 Upgrade ※각 문단의 중심 내용을 다음과 같이 정리할 때, 빈칸에 들어갈 알맞은 말을 쓰시오.

| **1** 기술을 부정적으로 바라본 고대 (그리스) 철학자들의 관점 | → | **2** 기술을 (긍정)적으로 바라본 근대 초기 철학자들의 관점 | → | **3** 현대 철학자 (하이데거)의 기술에 대한 관점 | → | **4** 기술에 의해 세계의 존재론적 의미가 구성된다고 본 하이데거 | → | **5** 기술에 대한 하이데거의 경고 |

1 내용 전개 방식 파악하기　답 ④

이 글의 내용 전개에 대한 설명으로 가장 적절한 것은?

① 기술에 대한 상반된 철학적 이론들을 절충하고 있다.

② 기술에 대한 철학적 쟁점들을 문답 방식으로 설명하고 있다.

③ 기술에 대한 유사한 개념들을 하나의 이론으로 통합하고 있다.

④ 기술에 대한 관점들을 통시적으로 소개한 뒤 그중 한 입장을 고찰하고 있다.
　'고대 → 근대 초기 → 20세기'의 시간 순서에 따라 전개함
　하이데거의 견해를 자세히 제시함

⑤ 기술에 대한 다양한 주장을 설명한 후 근거를 들어 각각을 비판하고 있다.

정답 풀이

이 글은 기술에 대한 여러 철학자들의 관점을 고대, 근대, 현대에 이르기까지 시간적 순서에 따라 소개하고, 그중 현대 철학자 하이데거의 입장을 집중적으로 살펴보고 있다.

2 정보 간의 관계 파악하기　답 ③

㉠~㉢에 대한 설명으로 적절한 것은?

① ㉠과 ㉡은 법률을 테크노로 구분한 점에서 공통적이다.
　× - ㉡에만 해당함

② ㉠과 ㉢은 기술을 통한 자연 정복을 선으로 규정한 점에서 공통적이다.
　× - 둘 다 해당하지 않음 → 피히테의 관점

③ ㉠과 ㉣은 기술을 부정적으로 파악한 점에서 공통적이다.
　○ - 플라톤과 하이데거의 기술에 대한 부정적 관점이 각각 1문단, 5문단에 제시됨

④ ㉡과 ㉢은 정신을 기술보다 우위에 둔 점에서 공통적이다.
　× - ㉡에만 해당함

⑤ ㉢과 ㉣은 기술을 인간 존재를 탐구하는 도구로 본다는 점에서 공통적이다.
　× - 둘 다 해당하지 않음

정답 풀이

고대 그리스 철학자인 ㉠(플라톤)은 삶의 정신적 가치보다는 물질적인 가치를 더 중시한다는 이유로 기술을 부정적으로 간주하였다. 또 ㉣(하이데거)은 기술이 인간을 위한 도구가 아니라 인간으로 하여금 세계를 특정한 방식으로 보도록 압박하는 존재일 수 있음을 경고하였다. 따라서 기술을 부정적으로 파악한 점에서 플라톤과 하이데거는 공통적이다.

오답 풀이

① ㉠(플라톤)은 법률을 테크노로 구분하지 않았다.

② ㉠(플라톤)과 ㉢(베이컨) 모두 기술을 통한 자연 정복을 선으로 규정하지 않았다. 이는 근대 독일의 철학자 피히테의 관점이다.

④ ㉡(아리스토텔레스)은 정신을 기술보다 우위에 두었으나, ㉢(베이컨)은 기술이 정치적 정복이나 철학적인 논쟁보다 훨씬 이롭다고 주장하였다.

⑤ ㉢(베이컨)과 ㉣(하이데거) 모두 기술을 인간 존재를 탐구하는 도구로 여기지 않았다.

3 관점 비교하기　답 ④

이 글의 하이데거(A)와 〈보기〉의 돈 아이디(B)를 비교한 내용으로 적절하지 않은 것은?

┤ 보기 ├

'돈 아이디'는 기술이 '나'의 확장된 신체 일부로 체현되어 '유사-자아'가 된다고 보았다. 이때 기술은 비중립적인 존재로 '나'와 공생적인 관계를 맺어 세계와 마주하게 된다. 예컨대 망원경으로 달을 관측할 때, 달 표면에 관한 특정한 시각 경험은 확장되겠지만, 동시에 맨눈으로 달을 바라보았을 때의 경험은 축소된다. 기술로 인해 '나'와 세계의 관계는 일부 바뀌고, '나'의 존재론적 의미도 달라진다는 것이다.
　하이데거와 다른 견해 ①
　하이데거와 공통된 견해 ①
　하이데거와 다른 견해 ②
　하이데거와 공통된 견해 ②

① (A), (B) 모두 기술을 비중립적인 존재로 보고 있군.

② (A), (B) 모두 기술이 인간과 세계의 관계를 변형시킬 수 있다고 보고 있군.

③ (A)와 달리 (B)는 기술을 확장된 신체의 일부로 보고 있군.

④ (B)와 달리 (A)는 기술이 인간에게 특정한 관점을 갖게 한다고 보고 있군.
　× - (A), (B) 둘 다 해당하는 진술

⑤ (A)는 기술을 인간을 압박하는 존재로 본 반면, (B)는 기술과 인간을 공생적 관계로 보고 있군.

정답 풀이

이 글에서 하이데거는 기술을 인간과 세계의 관계를 왜곡시키거나 변형시킬 수 있는 힘을 가진 존재, 인간으로 하여금 세계를 특정한 방식으로 보도록 압박하는 존재라고 파악한다. 그리고 〈보기〉에서 돈 아이디는 기술로 인해 '나'와 세계의 관계, '나'의 존재론적 의미가 달라질 수 있다고 본다. 이를 바탕으로 할 때 하이데거와 돈 아이디 모두 기술이 인간에게 특정한 관점을 갖게 한다고 보고 있음을 알 수 있다.

어휘력 Upgrade

※다음의 빈칸에 들어갈 알맞은 말을 〈보기〉에서 찾아 쓰시오.

┤ 보기 ├
고찰
교섭
달성
보고

1 천연자원의 (보고)인 바다가 점점 오염되고 있다.
　→ 귀중한 것이 많이 나거나 간직되어 있는 곳을 비유적으로 이르는 말

2 한국 여자 양궁 팀은 올림픽 단체전에서 8연패를 (달성)했다.
　→ 목적한 것을 이룸

3 그는 사회 변화에 따른 가족 형태의 변모 과정을 (고찰)한 논문을 발표했다.
　→ 어떤 것을 깊이 생각하고 연구함

4 노사 양측은 여섯 시간 가까이 (교섭)을 계속하였으나 서로의 입장을 좁히지 못했다.
　→ 어떤 일을 이루기 위하여 서로 의논하고 절충함

《경국대전》이 보여 주는 조선의 통치 원리 _최연식 외

1 ①   2 ⑤

● 지문 갈무리
이 글은 동양의 유교 사회가 근대적인 법체계를 갖추지 못했다는 서양의 오해에 대해 반박하고 있어. 반박의 근거로 《경국대전》에 법적 안정성, 합목적성, 평등의 정신이 모두 반영되어 있음을 밝히고, 조선이 근대적 법체계에 따라 운영된 사회였음을 말하고 있지.

● 주제
근대적 법전인 《경국대전》에 의해 운영된 조선 사회

▾ 부재(不在): 그곳에 있지 아니함.

▾ 결여(缺如): 마땅히 있어야 할 것이 빠져서 없거나 모자람.

▾ 용인(容認): 용납하여 인정함.

▾ 참작(參酌): 이리저리 비추어 보아서 알맞게 고려함.

▾ 삼복(三覆): 죽을죄에 해당하는 죄인을 세 번 심리하던 일.

1 프랑스의 법률가 몽테스키외는 동양의 유교 사회를 '법이 아닌 도덕에 의해 다스려지는 사회'라고 말했다. ╌동양의 유교 사회에 대한 몽테스키외의 판단╌ 동양의 유교 사회를 근대적인 법이 부재▾하고 백성들에게 도덕만을 강조하는, 합리성이 결여▾된 사회로 판단한 것이다. 그렇다면 「유교를 통치 이념으로 삼았던 조선도 '법이 아닌 도덕'에 의해 다스려진 사회였을까? 이 질문에 대한 답은 조선 시대의 법전인 《경국대전》에서 찾을 수 있다.」 「 」: 문답 형태로 중심 화제를 제시함 ▶동양 유교 사회에 대한 서양의 판단과 조선 사회에 대한 궁금증
중심 화제

2 서양인들이 동양의 유교 사회에 근대적인 법이 부재한다고 판단한 근거 중 첫 번째는 법적 안정성이 떨어진다는 것이다. ╌서양인들이 동양 유교 사회에 근대적 법이 부재한다고 판단한 근거 ①╌ 경국대전이 편찬되기 전까지 조선은 「왕이 바뀔 때마다 기존의 법전에 왕의 명령을 덧붙이는 방식으로 법전을 새로 편찬했다. 이로 인해 법 조항 사이에 통일성이 없어졌고 결국 안정적인 법 집행이 어려운 지경에까지 이르렀다.」 「 」: 경국대전 편찬 이전까지 조선의 법전 편찬 방식과 문제점 이에 세조는 기존 법전과 왕들의 명령을 통일성 있게 정리해 나감과 동시에 우리 고유의 관습법을 반영하여 법 조항을 상세히 기록해 나갔다. ╌법적 안정성을 갖추기 위한 노력╌ 이 작업은 30여 년간 이어졌고 성종 때에 이르러 경국대전은 완성되었다. 시대가 변하더라도 크게 바꿀 필요가 없는 법을 만들겠다는 편찬 의도대로 ╌경국대전의 편찬 의도╌ 경국대전은 조선이 왕의 절대적인 권한을 용인▾하지 않고 법에 의해 안정적으로 운영되는 데 그 역할을 다했다. ╌조선 시대의 법이 법적 안정성을 갖추고 있음을 보여 주는 근거╌ ▶유교 사회가 법적 안정성이 떨어진다는 서양인들의 판단에 대한 반박

3 서양인들의 두 번째 판단 근거는 유교 사회의 법은 합목적성을 갖추고 있지 않다는 것이다. ╌서양인들이 동양 유교 사회에 근대적 법이 부재한다고 판단한 근거 ②╌ 경국대전 편찬에 참여한 학자 최항은 '사람은 욕망이 싹트면서 선한 바탕을 잃어버린다. 그래서 덕치를 이상으로 하되, 현실에서는 법을 수단으로 삼아야 한다.'고 말했다. 백성들을 옥죄어 오로지 상벌로만 다스리는 것은 유교의 이상에 부합하지 않는다고 생각하고 법이 덕치라는 이상을 위한 수단으로 사용되어야 한다는 것이다. ╌법에 대한 최항의 관점╌ 이에 따라 경국대전에는 「사형을 집행할 때에는 세 차례에 걸쳐 상황을 참작▾할 자료가 있는지 조사하고 충분한 논의 후 형량을 조정하여 왕이 최종적인 판결을 내려야 한다는 '삼복▾' 제도가 명시되어 있다. 「 」: 삼복 제도의 절차 이는 법으로써 죄인을 처벌하는 데에만 목적을 두지 않고 법을 수단으로 하여 백성을 덕으로 다스리려는 목적을 이루고자 한 것이라 볼 수 있다. ╌조선 시대의 법이 합목적성을 갖추고 있음을 보여 주는 근거╌ ▶유교 사회의 법에 합목적성이 없다는 서양인들의 판단에 대한 반박

4 서양인들의 마지막 판단 근거는 법에 평등의 정신이 반영되어 있지 않다는 것이다. ╌서양인들이 동양 유교 사회에 근대적 법이 부재한다고 판단한 근거 ③╌ 철저한 신분제 사회 속에서 편찬되었음에도 불구하고 경국대전의 전체 처벌 규정 가운데 45%는 비리를 저지르거나 백성을 괴롭히는 관리들에 대한 처벌 규정이다. ╌조선 시대의 법에 반영된 평등의 정신 ①╌ 이는 지배층이라 해도 유교 이념에 어긋난 행동을 하면 처벌을 받아야 한다는 인식에서 비롯된 것으로 고려 말 지배층의 부정부패로 인한 혼란을 겪으며 얻은 교훈의 결과였다. 더불어 세금을 거두는 기준을 명확하게 제시하여 합리적으로 세금을 징수하도록 하고, ╌평등의 정신 ②╌ 출산을 앞둔 관노비에게 80일간의 휴가를 주는 등 ╌평등의 정신 ③╌ 사회 복지법적인 성격을 지닌 조항도 만들어 피지배층을 고려한 법을 만들기 위한 노력을 기울였다. ▶유교 사회의 법에 평등 정신이 없다는 서양인들의 판단에 대한 반박

독해력 Upgrade ※각 문단의 중심 내용을 다음과 같이 정리할 때, 빈칸에 들어갈 알맞은 말을 쓰시오.

| 1 동양 유교 사회에 대한 서양의 판단과 조선 사회에 대한 궁금증 | → | 2 유교 사회가 법적 (안정성)이 떨어진다는 서양인들의 판단에 대한 반박 | → | 3 유교 사회의 법에 (합목적성)이 없다는 서양인들의 판단에 대한 반박 | → | 4 유교 사회의 법에 (평등 정신)이 없다는 서양인들의 판단에 대한 반박 | → | 5 근대성을 지닌 법에 의해 운영된 조선 사회 |

5 이상의 내용을 통해 우리는 <u>조선이 근대성을 지닌 법으로 운영된 사회</u>라는 것을 알 수 있다. 더불어 지배층의 모범을 강조하면서 현실적인 법을 통해 궁극적으로 덕치를 추구한 조선의 왕과 관리들의 노력 또한 확인할 수 있다.
<small>이 글의 중심 내용</small>

▶근대성을 지닌 법에 의해 운영된 조선 사회

---

1 세부 정보 파악하기 답 ①

'경국대전'에 대한 설명으로 적절하지 않은 것은?

☑ 왕이 바뀔 때마다 전면적인 수정이 반복되었다.
×－시대가 변하더라도 크게 바꿀 필요가 없는 법을 만드는 것이 목적이었음
② 왕의 절대적인 권한을 견제하는 기능을 하였다. → 2문단
③ 피지배층의 사회 복지를 위한 관련 조항이 있었다.
→ 4문단
④ 판결의 오류를 줄이기 위한 법률 제도가 포함되었다.
→ 3문단
⑤ 지배층의 부정부패를 예방하기 위한 노력이 반영되었다.
→ 4문단

정답 풀이

2문단에서 경국대전의 편찬 의도가 '시대가 변하더라도 크게 바꿀 필요가 없는 법'을 만드는 것이었음을 알 수 있다. 이에 따라 기존 법전과 왕들의 명령을 통일성 있게 정리하고 우리 고유의 관습법을 반영하는 등 30여 년의 작업 끝에 경국대전이 완성되었으며, 편찬 의도대로 경국대전은 조선이 법에 의해 안정적으로 운영되는 데 그 역할을 다하였다. 따라서 왕이 바뀔 때마다 전면적인 수정이 반복되었다는 것은 경국대전에 대한 설명으로 적절하지 않다.

오답 풀이

②는 2문단에서, ③은 4문단에서, ④는 3문단의 삼복 제도에서, ⑤는 4문단의 관리들에 대한 처벌 규정에서 확인할 수 있다.

---

2 관점 비교하기 답 ⑤

이 글의 '최항과 〈보기〉의 '한비자'에 대한 설명으로 적절한 것은?

┤ 보기 ├

한비자는 <u>인간은 본래 이기적인 존재이므로 재화가 한</u>
<small>법이 필요한 이유</small>
정된 상황에서는 다툼이 발생할 수밖에 없다고 보았다. 이때 왕이 덕으로 사람들을 다스리는 것에는 한계가 있으므로 법으로 사람들을 다스릴 수밖에 없으며, 이를 통해 궁
<small>상벌을 통한 통치 주장</small>
극적으로 부국강병을 이룰 수 있다고 주장하였다.
<small>한비자가 본 법의 궁극적 목적</small>

① 최항은 인간이 법으로 인해 선한 바탕을 잃는다고 보았다.
×－욕망이 싹트면서 선한 바탕을 잃는다고 보았음
② 한비자는 법으로 인간의 본성을 회복할 수 있다고 보았다.
×－인간은 본래 이기적인 존재라고 보았음
③ 최항과 한비자는 모두 상과 벌로만 백성을 다스리려 하
×－최항은 덕치를 이상으로 삼았음
였다.
④ 최항은 법의 부정적 기능을, 한비자는 긍정적 기능을 강
×－법의 부정적 기능을 강조하지 않았음
조하였다.
☑ 최항은 덕치를, 한비자는 부국강병을 위해 법의 필요성을 인정하였다.

정답 풀이

최항은 법이 덕치라는 이상을 위한 수단으로 사용되어야 한다고 보았다. 그리고 〈보기〉의 한비자는 법을 통해 궁극적으로 부국강병을 이룰 수 있다고 보았다. 즉 최항은 덕치를 위해, 한비자는 부국강병을 위해 법이 필요하다고 보았음을 알 수 있다.

오답 풀이

① 최항은 사람이 욕망이 싹트면서 그로 인해 선한 바탕을 잃어버린다고 보았다.
② 〈보기〉의 한비자는 인간이 본래 이기적인 존재이며, 그로 인해 다툼이 발생하게 되므로 법으로 사람들을 다스려야 한다고 보았다. 이때 법은 인간의 이기적인 본성을 회복시키는 수단이 아니라, 이기적인 인간을 통치하는 수단이다.
③ 최항은 백성들을 상벌로만 다스리는 것은 유교의 이상에 부합하지 않는다고 생각하고, 법을 수단으로 삼아 덕으로 백성을 다스려야 한다고 보았다. 반면에 〈보기〉의 한비자는 덕으로 사람들을 다스리는 것에는 한계가 있으므로 법으로 사람들을 다스릴 수밖에 없다고 보았다.
④ 최항과 〈보기〉의 한비자는 모두 법의 필요성을 인정하고 있으므로, 둘 다 법의 긍정적 기능을 강조하였다고 볼 수 있다.

어휘력 Upgrade

※다음의 빈칸에 들어갈 알맞은 말을 〈보기〉에서 찾아 쓰시오.

┤ 보기 ├
부재
용인
전면적
참작

1 팀원들의 여러 가지 사정을 (참작)하여 행사 일정을 조정하였다.
→이리저리 비추어 보아서 알맞게 고려함
2 사회는 그 구성원들이 사회적으로 (용인)된 방식으로 행동하기를 유도한다.
→용납하여 인정함
3 그 팀은 내용상으로 앞서는 경기를 하고도 골 결정력의 (부재)로 우승을 놓쳤다.
→그곳에 있지 아니함
4 시민들은 여론이 반영되지 않은 도시 계획에 대해 (전면적)인 재검토를 요구하였다.
→일정한 범위 전체에 걸치는 것

미술품의 가치를 되살리는 복원 작업 _ 히라오 요시미츠

● 지문 갈무리
이 글은 미술품 복원 작업의 개념, 종류, 과정 등 미술품 복원 작업에 대한 전반적인 내용을 다루고 있어. 그리고 'X선 투과 사진법'과 '형광 X선 분석법' 등 미술품 복원 작업 과정에서 이용되는 과학적 분석 방법에 대해서도 자세히 알려 주고 있지.

● 주제
과학적 분석 방법을 활용하는 미술품 복원 작업

▼ 복원(復元): 원래대로 회복함.

▼ 미관(美觀): 아름답고 훌륭한 풍경.

▼ 보강(補強): 보태거나 채워서 본디보다 더 튼튼하게 함.

▼ 감광(感光): 사진에서, 필름에 바른 감광제에 빛을 쬐어 흑백의 상을 만듦.

▼ 식별(識別): 분별하여 알아봄.

▼ 양자(陽子): 원자핵을 구성하는, 양의 전하를 지닌 작은 알갱이.

1 미술 작품은 사용된 재료의 자연적 노화 현상이나 예기치 않은 사고, 재해 등으로 작품의 일부가 손상되기도 하는데, 손상된 작품을 작가의 의도를 살려 원래의 모습으로 되돌려 놓는 것을 미술품 복원♥ 작업이라고 한다. 복원 작업을 할 때에는 미관♥적인 면보다는 작가가 표현하고자 하는 의도에 초점을 맞추어 인위적인 처리를 가급적 최소화하여야 한다.
▶미술품 복원 작업의 개념과 유의점

2 미술품 복원 작업은 목적에 따라 예방 보존 작업과 긴급 보존 처리 작업, 보존 복원 처리 작업으로 ㉠나눌 수 있다. 먼저 예방 보존 작업은 「작품의 손상을 사전에 방지하는 작업으로, 작품 보존에 적합한 온도 및 습도를 제공하고, 사고 예방 안전 장비를 설치하는 등 작품 전시에 필요한 최적의 환경을 제공하여 작품의 수명을 오래 지속시키기 위한 모든 활동」이 해당된다. 긴급 보존 처리 작업은 「작품의 손상이 매우 심해서 빠른 시일 내에 보존 처리를 하지 않으면 안 되는 작품들을 선별하여 위험 요소를 제거하거나 철거하는 작업으로, 허물어져 가는 벽화를 보강♥하거나, 모자이크 형식의 작품 사이에 생긴 잡초를 제거하는 일 등이 해당된다. 그리고 「작품의 깨진 조각을 재배열하여 조합하는 경우처럼 작품의 일부가 심하게 없어지거나, 파손되었을 때에는 보존 복원 처리 작업을 실시한다. 이 작업을 진행할 때에는 작품이 만들어진 목적과 작가의 의도를 살려야 하기 때문에, 작품의 원본과 작품에 대한 완전한 이해와 존중이 요구된다.
▶목적에 따른 미술품 복원 작업의 종류와 특징

3 미술품 복원 작업은 작품의 상태를 조사하는 것에서부터 출발한다. 이를 위해 육안으로 작품을 조사하기도 하지만, 주로 'X선 투과 사진법'을 이용한다. 「X선은 파장이 0.01~10nm인 전자파로 파장의 길이가 매우 짧은 편이다. 파장이 짧은 전자파는 물체를 투과하는 성질이 있는데, 파장이 짧을수록 투과력이 증가하며, 물체의 밀도가 크고 두께가 두꺼울수록 투과력은 감소한다. 또한 X선은 필름을 감광♥시키는 성질이 있기 때문에, 미술품을 사이에 두고 X선원의 반대 측에 필름을 놓은 후 X선을 쪼이면, 필름에 흑백의 영상을 얻을 수 있다. 이때 X선의 투과력이 감소할수록 투과율 또한 감소하여 물체의 영상은 필름에 하얗게 나타난다.」 따라서 흑백의 명암 차를 분석하면 물체의 밀도와 두께뿐만 아니라, 육안으로 식별♥할 수 없는 미술품의 손상 부위도 찾아낼 수 있는 것이다.
▶미술품 복원 작업에 이용되는 X선 투과 사진법의 원리

4 작품의 상태를 조사한 후에는 손상 정도에 맞게 복원 작업을 진행하는데, 작품을 오염시키고 있는 이물질을 제거하는 클리닝 작업을 먼저 실시한다. 이 작업은 작품이 원래의 모습을 찾도록 하는 데 큰 기여를 하지만, 여러 가지 화학 약품을 사용하기 때문에 작품에 손상을 가할 위험성이 매우 큰 작업이다. 따라서 클리닝 작업을 실시하기 전에는 작품에 사용된 재료의 화학 성분을 분석해야 하는데, 이때 사용하는 방법이 ㉡'형광 X선 분석법'이다. 작품을 이루고 있는 재료의 원소는 원자로 이루어져 있으며, 원자의 중심에 있는 원자핵은 양자♥와 중성자로 이루어져 있다. 그리고 원자핵 주변에는 전자가 있다. 원소마다 고유의 원자핵

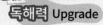

※각 문단의 중심 내용을 다음과 같이 정리할 때, 빈칸에 들어갈 알맞은 말을 쓰시오.

| **1** 미술품 복원 작업의 개념과 유의점 | → | **2** (목적)에 따른 미술품 복원 작업의 종류와 특징 | → | **3** 미술품 복원 작업에 이용되는 (X선 투과) 사진법의 원리 | → | **4** 클리닝 작업 실시 전에 사용되는 (형광 X선) 분석법의 원리 | → | **5** 미술품 복원 작업을 고려한 미술품 감상의 의의 |

구조와 전자 수를 가지고 있으며, 원소의 전자는 원자핵 주위를 정해진 궤도를 따라 돌고 있다. 「분석하고자 하는 대상에 X선을 쪼이면, 안쪽 궤도의 전자는 X선과 충돌한 후 밖으로 튀어나오게 된다. 그 자리를 바깥쪽에 위치한 전자가 이동하면서 원소에 따라 고유의 형광 X선이 발생하는데, 이 형광 X선의 파장을 분석하면 실험 재료 속에 포함되어 있는 원소의 종류를 알 수 있다.

「 」: 형광 X선 분석법의 원리

〈심희수 초상〉 복원 작업 전과 후

또한 원소가 많이 포함되어 있을수록 형광 X선의 방출량이 증가하므로, X선의 세기를 측정하면 원소의 양 또한 알 수 있다.」 이러한 형광 X선 분석법은 실험 재료를 파괴하지 않고 분

형광 X선 분석법의 장점

석할 수 있으며, 측정 준비에 소요되는 시간이 짧고, 측정 또한 몇 분 만에 완료되기 때문에 벽화나 단청처럼 측정 대상을 이동시키기 어려운 경우의 성분 분석에 널리 사용되고 있다.

형광 X선 분석법이 유용하게 사용되는 경우   ▶클리닝 작업 전에 사용되는 형광 X선 분석법의 원리

5 클리닝 작업을 마친 미술품은 이후 여러 과정을 거쳐 원래의 모습을 회복하게 된다. 이

미술품 복원 작업 과정 ③   미술품 복원 작업 과정 ④

처럼 우리 주변의 미술 작품들은 끊임없는 복원 처리 과정을 거치면서 원래의 모습을 간직하며 그 생명을 연장해 왔다. 따라서 미술 작품을 감상할 때 이러한 측면을 고려하여 감상한다면 작품을 보다 폭넓게 이해할 수 있을 것이다.

복원 작업을 고려한 미술품 감상의 의의   ▶미술품 복원 작업을 고려한 미술품 감상의 의의

---

1 내용 전개 방식 파악하기 답 ③

이 글에 대한 설명으로 가장 적절한 것은?

① 미술품 복원 과정을 설명하면서 미술품이 지닌 경제적 가치를 탐색하고 있다.

② 미술품 복원 작업의 종류를 구분하고 그것을 근거로 하여 예술의 형식을 분류하고 있다.

✔ 미술품 복원 작업의 특징과 과정을 서술하면서 과학적 분석 방법이 활용되는 원리를 설명하고 있다.

④ 미술품 복원 작업이 등장하게 된 배경을 검토하며 과학적 분석 방법의 장점과 한계를 평가하고 있다.

⑤ 미술품 복원에 대한 평가가 작업 방식에 따라 달라지는 원인을 제시하고 과학적 분석과의 관계를 설명하고 있다.

정답 풀이

이 글은 1문단에서 미술품 복원 작업의 개념, 2문단에서 미술품 복원 작업의 종류와 특징, 3~5문단에서 미술품 복원 작업의 과정을 제시하고 있다. 그리고 작업의 과정을 제시할 때 'X선 투과 사진법', '형광 X선 분석법' 등의 과학적 분석 방법이 활용되는 원리를 설명하고 있다.

오답 풀이

① 미술품의 복원 과정에 대해 설명하고 있지만, 미술품이 지닌 경제적 가치에 대해서는 언급하지 않았다.

② 미술품 복원 작업의 종류를 그 목적에 따라 세 가지로 구분하고 있으나, 이를 근거로 하여 예술의 형식을 분류하지는 않았다.

④ 미술품 복원 작업에 활용되는 과학적 분석 방법의 원리와 장점에 대해서는 설명하고 있으나, 이러한 과학적 분석 방법의 한계를 평가하지는 않았다.

⑤ 작업 방식에 따라 미술품 복원에 대한 평가가 달라진다는 내용은 언급되지 않았으며, 과학적 분석 방법과의 관계 역시 나타나지 않는다.

③을 바탕으로 〈보기〉의 영상을 이해한 것으로 적절하지 않은 것은?

┤ 보기 ├

밀도가 같은 동일한 재질로 이루어진 목판의 글자가 일부 손상되어 복원 작업을 하려고 한다. 목판을 복원하기 전에 'X선 투과 사진법'을 사용하여 다음과 같은 영상을 얻었다.

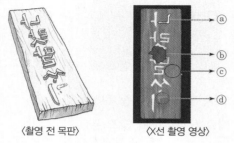

〈촬영 전 목판〉　　　　〈X선 촬영 영상〉

☑ ⓐ~ⓓ 중에서 X선의 투과율이 가장 낮은 곳은 ⓑ이겠군.
　　×－X선 투과율이 가장 낮은 곳은 ⓐ이고, 가장 높은 곳은 ⓑ임
② 파장이 짧은 X선을 사용할수록 ⓒ는 더 검게 나타나겠군.
③ ⓑ를 보니 목판에는 육안으로 식별할 수 없는 손상 부위가 있겠군.
④ ⓐ와 ⓒ의 명암 차이는 해당 부위의 목판 두께가 다르기 때문이겠군.
⑤ ⓓ는 목판의 해당 부위가 손상되었기 때문에 ⓐ보다 검게 나타난 것이겠군.

정답 풀이

3문단에서 X선의 투과력이 감소할수록 투과율 또한 감소하여 물체의 영상은 필름에 하얗게 나타난다고 하였다. 〈보기〉의 ⓐ~ⓓ 중에서 가장 하얗게 나타난 곳은 ⓐ이므로 X선의 투과율이 가장 낮은 곳은 ⓐ이다. 그리고 ⓑ는 ⓐ~ⓓ 중에서 가장 검게 나타났으므로 X선의 투과율이 가장 높은 곳이다.

오답 풀이

② X선의 투과력이 감소할수록 물체의 영상은 필름에 하얗게 나타난다고 하였으므로, 반대로 투과력이 높아지면 물체의 영상은 필름에 더 검게 나타난다. 그런데 파장의 길이가 짧을수록 X선의 투과력은 증가하므로, 파장이 짧은 X선을 사용할수록 ⓒ는 더 검게 나타난다.
③ ⓑ는 촬영 전 목판에서는 확인할 수 없었는데, X선 촬영 영상에서는 다른 곳보다 검게 나타났다. 이처럼 명암 차이가 나타난 것으로 보아 목판 내부에 육안으로 보이지 않는 손상 부위가 있을 것이라고 추측할 수 있다.

④ X선의 투과력은 물체의 밀도가 크고 두께가 두꺼울수록 감소하며, 투과력이 감소할수록 물체의 영상은 필름에 하얗게 나타난다. 그런데 〈보기〉에서 목판의 밀도는 모두 같다고 하였으므로, ⓐ와 ⓒ의 명암 차이가 생긴 것은 두께 때문임을 알 수 있다. 즉 글씨가 있는 ⓐ의 두께가 ⓒ보다 더 두껍기 때문에 X선의 투과력이 감소하여 더 하얗게 촬영된 것이다.
⑤ 〈보기〉의 촬영 전 목판을 보면 ⓓ의 글자가 손상되어 있다. 손상으로 인해 ⓓ의 목판 두께가 ⓐ보다 얇아졌으며, 따라서 X선의 투과율이 증가하여 ⓐ보다 검게 나타난 것이다.

이 글을 이해한 내용으로 가장 적절한 것은?

① 작품 보존에 필요한 최적의 환경을 제공하는 것은 보존 복원 처리 작업에 해당한다.
　　×－예방 보존 작업임
② 작품에 사용된 재료의 자연적 노화로 인해 발생한 작품의 손상은 복원 작업에서 제외된다.
　　×－복원 작업의 대상이 됨
☑ 허물어져 가는 벽화의 성분 분석을 할 때에는 형광 X선 분석법을 사용하는 것이 효과적이다. → 4문단
④ 형광 X선은 원소의 안쪽 전자 궤도에 위치한 전자가 X선과 충돌하여 바깥쪽 궤도로 이동할 때 발생한다.
　　×－바깥쪽에 위치한 전자가 원소의 안쪽 궤도로 이동할 때 발생함
⑤ 미술 작품의 보존 작업은 작품 원본에 대한 이해를 바탕으로 작가의 의도보다 미관적인 면에 초점을 두어야 한다.
　　×－미관적인 면보다는 작가의 의도에 초점을 맞춰야 함

정답 풀이

4문단에서 형광 X선 분석법은 "벽화나 단청처럼 측정 대상을 이동시키기 어려운 경우의 성분 분석에 널리 사용되고 있다." 라고 하였으므로, 허물어져 가는 벽화의 성분 분석을 할 때에 형광 X선 분석법을 활용하는 것이 효과적이라고 볼 수 있다.

오답 풀이

① 2문단에 따르면 작품 보존에 필요한 최적의 환경을 제공하는 것은 예방 보존 작업에 해당한다.
② 1문단에 따르면 작품에 사용된 재료의 자연적 노화로 인해 발생한 작품의 손상도 미술품 복원 작업의 대상이 된다.
④ 4문단에 따르면 형광 X선은 원소의 안쪽 궤도에 위치한 전자가 X선과 충돌하여 바깥쪽 궤도로 이동할 때 발생하는 것이 아니라, 안쪽 궤도의 전자가 바깥쪽 궤도로 나간 후 그 자리에 바깥쪽에 위치한 전자가 이동할 때 발생한다.
⑤ 1문단에 따르면 복원 작업을 할 때에는 미관적인 면보다는 작가가 표현하고자 하는 의도에 초점을 맞추어야 한다.

4 다른 상황과 비교하기 　　　답 ④

㉮와 〈보기〉의 ㉯에 대한 설명으로 적절하지 않은 것은?

┌─── 보기 ├───
화재로 인해 손상된 미술품을 복원하기 위해서는 <u>작품 표면에 생긴 이물질인 그을음을 제거</u>해야 한다.
_{산소 원자 복원법의 목적}
「그을음은 보통 탄화수소(CH)로 이루어져 있는데, 그을음에 산소(O)
_{「 」: 산소 원자 복원법의 원리}
를 쏘게 되면 탄소는 산소와 반응하여 이산화 탄소(CO_2)나 일산화 탄소(CO)가 되어 증발한다. 또한 수소는 산소와 반응하여 수증기(H_2O)가 되므로 작품에 생긴 그을음은 사라지게 된다.」 이러한 방법을 ㉯'산소 원자 복원법'이라고 하는데, 미술품을 이루는 원소들은 오랜 시간 동안 공기 중에 노출된 상태이므로 이 방법을 사용해도 <u>작품의 손상이 일어나지 않는다.</u>
_{산소 원자 복원법의 장점}
└─────────────────

① ㉮와 ㉯는 모두 복원하고자 하는 작품을 손상시키지 않기 위해 사용하는 방법이다.
② ㉮는 클리닝 작업을 실시하기 전에, ㉯는 클리닝 작업을 실시할 때 시행하는 방법이다.
③ ㉮는 특정 성분을 분석하는 것이 목적인 반면, ㉯는 특정 성분을 제거하는 것이 목적이다.
✓ ㉮는 X선에 의해 원소의 양이 증가하는 원리를, ㉯는 산소 원자에 의해 원소끼리 결합하는 원리를 활용한다.
_{×─X선에 의해 형광 X선이 발생되는 원리를 활용함}
⑤ ㉮의 결과는 작품을 구성하고 있는 원소에 의해 결정되지만, ㉯의 결과는 작품을 구성하는 원소의 영향을 받지 않는다.

정답 풀이

㉮(형광 X선 분석법)는 X선과 전자가 충돌하여 전자의 이동이 일어나는 과정에서 형광 X선이 발생하는 원리를 이용하는 것인데, 발생한 형광 X선을 분석하면 원소의 종류나 양을 알 수 있다. X선에 의해 원소의 양이 증가하는 원리를 활용하는 것은 아니므로, ㉮에 대한 진술은 적절하지 않다. ㉯(산소 원자 복원법)는 탄화수소로 이루어진 그을음에 산소를 쏘아 탄소 원자와 수소 원자가 산소와 각각 결합하는 원리를 활용한다고 하였으므로, ㉯에 대한 진술은 적절하다.

오답 풀이

① ㉮는 실험 재료를 파괴하지 않고 분석할 수 있는 방법이라고 하였고, 〈보기〉의 ㉯도 작품의 손상이 일어나지 않는다고 하였다.

② 클리닝 작업을 실시하기 전에 작품에 사용된 재료의 화학 성분을 분석할 때 사용하는 방법이 ㉮라고 하였다. 그리고 작품을 오염시키고 있는 이물질을 제거하는 것이 클리닝 작업이라고 하였으므로, 작품 표면에 생긴 이물질인 그을음을 제거하는 ㉯는 클리닝 작업에 해당한다.
③ ㉮는 작품을 이루고 있는 재료의 화학 성분을 알아내는 것이 목적이라고 하였고, ㉯는 작품 표면에 생긴 그을음을 제거하는 것이 목적이라고 하였다.
⑤ ㉮는 형광 X선을 분석하여 작품 재료에 포함되어 있는 원소의 종류와 양을 알아내는 방법이므로, ㉮의 결과는 작품을 구성하고 있는 원소에 의해 결정된다. 반면 ㉯는 작품을 구성하는 원소와 상관없이 표면에 생긴 이물질만을 제거하는 방법이므로, ㉯의 결과는 작품을 구성하는 원소의 영향을 받지 않는다.

5 어휘의 문맥적 의미 파악하기 　　　답 ②

㉠과 문맥적 의미가 가장 유사한 것은?

① 이 사과를 세 조각으로 나누자.
_{'하나를 둘 이상으로 가르다'의 의미}
✓ 나는 물건들을 색깔별로 나누는 작업을 한다.
_{'여러 가지가 섞인 것을 구분하여 분류하다'의 의미}
③ 형제란 한 부모의 피를 나눈 사람들을 말한다.
_{'같은 핏줄을 타고나다'의 의미}
④ 우리 차라도 한잔 나누면서 이야기를 해 봅시다.
_{'음식 따위를 함께 먹거나 갈라 먹다'의 의미}
⑤ 상금을 모두에게 공정하게 나누어야 불만이 생기지 않는다.
_{'몫을 분배하다'의 의미}

정답 풀이

㉠의 '나누다'는 '여러 가지가 섞인 것을 구분하여 분류하다.'의 의미로 사용되었다. 이는 '나는 물건들을 색깔별로 나누는 작업을 한다.'의 '나누다'와 문맥적 의미가 유사하다.

단원 어휘 테스트

11회 01 ⓛ 02 ㉠ 03 ㉣ 04 ⓒ 05 공생 06 결여 07 징수 08 보고 09 교섭 10 육안 11 참작 12 식별 13 최적 14 복원 15 보강 16 절충 17 방지하려면 18 탐색하고 19 달성하고 20 연장하기로

어휘력 Upgrade ※다음의 빈칸에 들어갈 알맞은 말을 〈보기〉에서 찾아 쓰시오.

┌─ 보기 ─┐
미관
복원
식별
최적
└──────┘

1 쌀을 생산하는 데에는 온대 기후가 (최적)이다.
　　　　　　　　　　　　　→ 가장 알맞음
2 이 절은 전쟁 때 불타 없어졌다가 최근에 (복원)되었다.
　　　　　　　　　　　　　→ 원래대로 회복함
3 도로 옆 자투리땅에 꽃을 심었더니 거리의 (미관)이 훨씬 좋아졌다.
　　　　　　　　　　　　　→ 아름답고 훌륭한 풍경
4 교통 표지판은 운전자가 밤에도 선명하게 (식별)할 수 있도록 만들어져 있다.
　　　　　　　　　　　　　→ 분별하여 알아봄

www.ggumtl.co.kr

청소년들 모두가 아름다운 꿈을 이룰 그날을 위해
꿈을담는틀은 오늘도 희망의 불을 밝힙니다.

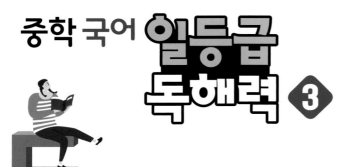

중학 국어 일등급 독해력 ③

●● 비문학을 어렵게 느끼고 다가가기 힘들어하는 학생들이 많습니다. 이 책은 학생들에게 비문학 독해란 무엇인지 알려 주고 독해 연습을 통해 비문학과 차차 친해질 수 있도록 하지요. – 김경아 선생님

●● 독해력과 어휘력은 국어 공부뿐만 아니라 모든 학습의 바탕입니다. 이 책을 단짝처럼 옆에 두고 매일매일 공부하면 독해력과 어휘력을 키울 수 있고, 이는 학교 공부를 잘할 수 있는 바탕이 됩니다. – 백승재 선생님

●● 다양한 글 읽기는 사고의 폭을 넓히고 지식을 확장시켜 줍니다. 이 책은 예술, 사회, 인문, 과학, 기술, 융합의 다양한 지문을 수록하여 풍부하고 핵심적인 이슈들을 짚어 보게 합니다. – 최홍민 선생님

●● 최근 수능 국어에는 정보량이 많은 긴 비문학 지문이 출제되고 있습니다. 이러한 흐름을 볼 때 이제 중학생에게도 비문학 독해 학습이 꼭 필요해졌습니다. 이 책은 지문과 문제에서 수능 유형을 충실하게 반영하여, 수능까지 내다본 비문학 공부를 시작하기에 더없이 좋은 교재입니다.

– 송경님 선생님

지은이 꿈을담는틀 편집부 **펴낸곳** (주)꿈을담는틀
펴낸이 백종민 **등록번호** 제302-2005-00049호
대표전화 1544-6533 **팩스** 02-749-4151 **펴낸날** 2019년 9월 25일 초판 1쇄
주소 서울시 영등포구 당산로 50길 3 꿈을담는빌딩 **홈페이지** www.ggumtl.co.kr

수능 만점 기본 탄탄 수능 핵심 연계 교재

수능 공부를 이제 막 시작하는 학생들을 위한 친절한 지침서!

기본 원리부터 유형 학습, 실전 학습까지
가장 쉽고 빠르게 핵심을 익히는 수능 필독서!

기본 완성 시리즈

하지만
나는 걱정 없어.
꿈틀 기본완성
시리즈가
있으니까!

수능 국어 대비를
어떻게 해야 할지 모르겠어.
국어 기초도 부족하고.
어떡하지?

◉ 수능국어 기본완성
수능 대표 유형에 대한 접근법과
실전 감각을 익히는 실전 문제를
통해 수능 국어의 기본을 다지고
자신감을 키운다.

◉ 문학 기본완성
문학 영역에 자주 출제되는 28개
문제 유형을 익히고, 실전 문제를
통해 수능 실전에 적용하는 능력
을 기른다.

◉ 비문학 독서 기본완성
수능 독해의 기본 원리와 수능
대표 유형을 파악하고, 실전 문
제를 통해 비문학 독서의 기본을
다진다.